iHuman

成
为
更
好
的
人

TOM WAITS
ON
TOM WAITS

醉钢琴与地下蓝调

汤姆·威兹谈
汤姆·威兹

[美]
小保罗·马赫
——编
业之——译

GUANGXI NORMAL UNIVERSITY PRESS
广西师范大学出版社
·桂林·

醉钢琴与地下蓝调：汤姆·威兹谈汤姆·威兹
ZUI GANGQIN YU DIXIA LANDIAO: TANGMU WEIZI TAN TANGMU WEIZI

Tom Waits on Tom Waits: interviews and encounters
edited by Paul Maher Jr.

Published by Chicago Review Press, Incorporated
Arranged by Inbooker Cultural Development (Beijing)Co., Ltd.

著作权合同登记号桂图登字：20-2016-296 号

图书在版编目（CIP）数据

醉钢琴与地下蓝调：汤姆·威兹谈汤姆·威兹／（美）小保罗·马赫编；业之译．—桂林：广西师范大学出版社，2020.7
ISBN 978-7-5598-2267-3

Ⅰ．①醉… Ⅱ．①小…②业… Ⅲ．①汤姆·威兹—访问记 Ⅳ．①K837.125.7

中国版本图书馆 CIP 数据核字（2020）第 069013 号

广西师范大学出版社出版发行
（广西桂林市五里店路 9 号　邮政编码：541004
网址：http://www.bbtpress.com）
出版人：黄轩庄
全国新华书店经销
广西广大印务有限责任公司印刷
（桂林市临桂区秧塘工业园西城大道北侧广西师范大学出版社集团有限公司创意产业园内　邮政编码：541199）
开本：880 mm × 1 240 mm　1/32
印张：15.375　　字数：380 千
2020 年 7 月第 1 版　　2020 年 7 月第 1 次印刷
定价：85.00 元

《名利场》：在什么场合下你会撒谎？

汤姆·威兹：还需要一个场合吗？

摘自“普鲁斯特问卷”

《名利场》2004 年 11 月

致中国读者

亲爱的中国读者：

能够漂洋过海为你们带来这本书，给我带来莫大的欢愉。汤姆·威兹用以向世人言说的词语和音乐，全是用通及全人类的语言写就的。当我开始编纂此书中的访谈时，根本不会想到会被翻译成如此多种语言，而此书能够远及伟大的中国，更是超乎最美好的期望。在遍览每一篇访谈时，希望你们能让自己身临其境，把自己带入混乱而激荡的1970年代时光中，在那时威兹先生初露峥嵘，从凯鲁亚克式长眠中鲜活地起身，他备受残损，满身倦怠，却下定决心要用一种全新的嗓音向大众表达。而后延续到1980年代的，则是他打破自己的旧格局，给世界带来别具一格的创新音乐。我们能活生生地见证如此精彩的音乐演化，真是非凡的体验。

我希望你们在阅读此书时，能像我在编辑此书时一样获得诸多愉悦。

非常感谢！

目录

第三部

导言

汤姆·威兹，即使他粗俗地咆哮、如同城市嬉皮士那般叫嚷（本书有几十处这样描述他的嗓音，几十处！），可能也还是达到了《每日电讯报》判定给他的地位——“这个星球上最伟大的艺人”。他用诙谐感来迷醉、惊吓并驯服所有粗野的受众。威兹是对话这门伟大艺术的践行者，他编起故事来就像一个巡回演艺团演员，或者一个在大萧条时期扒火车去往某个未被遗弃的乐土的流浪汉。

在近四十年的生涯里，威兹的音乐和艺术人格都有转变。他并未去满足我们这个形态日新月异的时代，也从未变成唱片公司阵阵心血来潮的提线木偶。当很多同时代的创作歌手，如鲍勃·迪伦、尼尔·杨等，纷纷迷失于1980年代，威兹一爪一爪地剖开自己的灵魂，从中拽出恶魔，以音乐才华炖成沸腾肉汤，填补留下的空洞。威兹用一张又一张专辑，构筑了一整个听觉宇宙。

威兹的高谈阔论和他那钻石般精确的歌词一样扣人心弦。他时不时地成为变调的合成，映射出一部语言影响的名人录：艾伦·金斯堡、杰克·凯鲁亚克、路易斯·阿姆斯特朗[1]、某个街头杂耍艺人、某个台球房常客、流浪汉、游吟歌手、马克·吐温、查尔斯·布考斯基、迪恩·莫里亚蒂[2]，或者艾伦·洛马克斯[3]为国会图书馆录制的民歌的无名歌手们。在他最阴郁的时刻，他变成

---

1 路易斯·阿姆斯特朗（Louis Armstrong，1901—1971），美国爵士时代最伟大的音乐家之一，摇摆曲风开创者。

2 凯鲁亚克小说《在路上》的主要人物，该角色以凯鲁亚克的朋友尼尔·卡萨迪为原型。

3 艾伦·洛马克斯(Alan Lomax，1915—2002)，美国民谣史上最重要的歌曲采集家，录音工程师。其录制的美国民谣档案，现保存于美国国会图书馆，是美国民谣文化最丰富的藏宝库。

大股无精打采的有机词语软泥，让人想起他曾经的合作者：威廉·巴勒斯。这种合成使他既能接上地气，又能保持“在场”。用他自己的话说，他是“真的去了”（real gone）[1]。然而，这副模样实际上是威兹的自我保护机制。事实上，威兹遍览群书，见多识广，对当代流行文化自有敏锐的意识。他从未把自己呈现为一个活在过去的尖刻老古董，即使他的音乐热切地借鉴往昔。威兹公开地承认自己深受各种新旧形式音乐的恩惠。他什么都是，唯独不因循守旧。这就是乐迷们喜欢他的原因。

汤姆·威兹那嘉年华千镜屋般的人格面具，散发出的更多是谦卑气质，而不是大明星的做派。他看起来像是“伙计们中的一员”，仿佛是那个我们都认识的扯淡专业户，最好的段子手，总能从花边轶事里胡诌出好玩故事的人。他从未像别的从业者那样仿佛履行义务一般，陷入摇滚乐这行的泥潭：滥用毒品。相反，他通过组建一个家庭来完成个人的涅槃—— 一直到今天，他都会无情地阻挡乐迷侵入他的家庭，也会防卫那些想通过窥探隐私来发布爆炸新闻的采访者。他平易近人，但让人无法靠近。

威兹是那个上学时我们都希望遇到的老师。想象一下那种声音吧：他读着《白鲸》、《哈克贝利·费恩历险记》和约翰·斯坦贝克，就像一块碎锡纸片擦过他的喉咙。甚至申饬学生写超长无标点句子的不良习惯，这样的事情经他手不就能趣味横生了吗？我在等他录一本朗读《圣经》的有声书，难道他就不能把心存怀疑的无神论者变成禁欲教徒吗？他有能耐把你有限的注意力钉在墙上，就钉在那里不动。虽然很多人曾试图偷师威兹，但他们中的大多数都失败了，他们看起来像苍白的冒充者，只会彰显他们的傲慢无知，而非饱经风霜、威严不凡。

威兹也具备令人叹服的舞台表现力。他罕见的现场演出，无论在纽约、丹佛，还是埃尔帕索，总因场次不够而门票早早售罄。他的歌词（无论他是否把那当作诗）仿佛是被重型中音号角，或是一辆雪佛兰皮卡上的垃圾箱盖

---

1 威兹 2004 年的专辑名。

撞上挡板发出的刺耳韵律，又或是拉里莫大街[1]某处的酒吧里，一台吃灰的立式钢琴上断裂的白色琴键发出的叮当声加了着重号。在众多关于他的私制现场录音[2]中，人们可以听到一个男人自信地和台下激赏他的观众们互动。他的音乐采用一种大胆而协同的力度变化，只有威兹展现出真实的自己或者祭出摇滚史上最高明的骗术时，才能这般毫不费力。

作为一个现象级的性格演员，威兹饰演了一系列杰出角色，足以让众多奥斯卡提名者妒忌。他是一个完蛋的流浪汉（《紫苑草》，1987）；一个处于疯狂边缘、被太阳晒黑的沙漠先知（《多米诺》，2005）；一个穿着束身服吃苍蝇的德古拉伯爵家的男仆（《惊情四百年》，布莱姆·斯托克编剧，1992）；一个生来没出息且酗酒的豪华轿车司机（《银色·性·男女》，1993）；一个喝着台球桌苏打水、向街头帮派喋喋不休讲哲学的男人（《斗鱼》，1983）；以及圣诞老人（《魔法奇幻秀》，2009）。对我来说，能让我坚持看完其中一些电影的唯一原因，是想要尽情享受由威兹主导的珍贵银幕时光，品味他魅力无穷的表演。（他很明确地告诉一个采访者说：他更多的是在“表演”，并非做一个“演员”。）

在大多数情形下，威兹的采访是精彩纷呈，还是令人泄气，取决于记者的采访目的。如果威兹的采访者着手这项严峻任务的方式是试图破解某些密码，那么他很可能只会带走一些花边轶事中的俏皮话，而不是一个完整的故事。威兹绕开问题的策略已经变成了一门艺术。威兹装备了采自《农夫年鉴》[3]的民间智慧：他会把一只脚踩在花边轶事里，再用另一只来应付合同要求必须赴约的媒体见面会，以此态度犁过整场采访。甚至在他自己采访自己的时候，他都会建造一所迷宫。在大多数情况下，威兹和迪伦一样，会篡改采访的预设来配合自己的心情。《新闻周刊》说，威兹“比迪伦还要迪伦”。他

1 美国丹佛市最老的街道之一，曾以藏污纳垢闻名，后为酒吧聚集地。

2 指乐迷或非行业授权人士私带录音设备进入摇滚乐表演现场录制的录音带。

3 美国最重要的农业指导期刊，创刊于 1818 年，以天气预报和详尽的农业、园艺等知识指导而出名。

丰富的知识储备就像一个无尽的经验之泉，任他成桶捞取，因此他能提供的名言引语之多，也许只有《圣经》和本杰明·富兰克林才能超过。

本书的内容并没有试图涵盖威兹事业的所有方面，而是从他年复一年的经历中描绘他创造性的进步。有很多访谈记录我本希望能够收入本书，却无法取得出版授权。总体而言，本书收集的采访摘自鲜为人知的音乐小报，它们在 1970 年代，就像博客在 21 世纪一样流行。尽管威兹也常常接受主流杂志采访，如《花花公子》《滚石》和《纽约时报》，但是那些杂志高额的版权费本书无力承担，并且大致而言，那些采访已经可以从其他书籍或者伟大的互联网资源——《汤姆·威兹文库》中找到。我试图收录那些威兹真诚地与采访者分享独特想法的案例。在面对一份滑板运动杂志时，威兹就像面对《名利场》[1]一样，不会摆谱。请像阅读《农夫年鉴》那样阅读这本厚书，因为本书被赋予了相似的功能：给世界带来一些似乎可有可无的智慧，这种知识深得威兹之心。翻阅本书，人们能体察到汤姆·威兹连珠炮式的妙语更像是远古民间智慧的衍生品，而非来自一个摇滚明星的自大，这样才让一切变得更好。汤姆·威兹用他的火焰持续孕育新的守护者，用他作品的真诚、广阔以及音乐的多样性，激起更多人敬畏的崇拜。他打开了一扇不妥协的艺术之门，这种艺术能剥离掉所有商业意图。

本书致力于保存汤姆·威兹过往中的珍贵遗产。在一次采访中，威兹说："不是我埋汰，纸媒音乐采访印发两天后，就会在垃圾桶里排成行。访谈都做不得数，它们不会被锁进保险库里，把你和你说的话捆绑在一起。"本书并没有试图把威兹和他说的话捆绑在一起，而是愿意成为一座文件柜，保存他那令人钦佩的过往，那时摇滚新闻作为一种艺术形式尚占据支配地位，而威兹正是其中最有价值的题材之一。

非常感谢堪称职业典范并且坚持不懈的于瓦尔·泰勒，他展现了自己卓

1 美国老牌主流明星杂志，1913 年创刊，报道对象多是上流人物、演艺明星，西方所谓名流无不以登上《名利场》杂志封面为荣。

越的编辑才华，承担起这个项目的责任，无论顺风逆风都始终掌舵。也感谢芝加哥评论出版社和我那不知疲倦的文学经纪人，来自 LitPub 公司的迈克尔 · K. 多尔。我最深的感激要送给那些无私慷慨的记者，他们允许此书收录他们的采访作品。同样感谢肯 · 兰福德，他详究地调查了威兹早期事业的每一处细节，无论其是否重要。没有他的调查，我的工作很可能会更为复杂耗时。感谢所有为《汤姆 · 威兹文库》作出贡献的人，那是一座关于威兹的知识库，威兹自己也会为其感到无比骄傲。

第一部

关门时间（1973）

汤姆·威兹最早的表演生涯始于1960年代中后期——当时他并不是一个民谣歌手，而是一个摇滚乐手。他拿一把圣乔治牌电吉他，在一支名叫“系统”（The Systems）的乐队里负责校准节奏，不过那段经历并未持续很久。

随后在南加州，他参与了“夜猫子叫之夜”（Hoot Night），在像基督教青年会、伯尼塔旅社、后门俱乐部和曼哈顿俱乐部这样的地方（“夜猫子叫”在民谣/乡村音乐行话中，指让表演者即兴表演的开放式舞台活动）。在加利福尼亚的使命海滩，许多大长腿、小麦色皮肤的年轻姑娘和成群结队的漫游嬉皮士点燃篝火，威兹找到了属于他的圈子并试图实现自己的愿望：成为一个既能登台表演又能挣到钱的音乐家。在青春时期，他既没有染上“披头士狂热”[1]，也没有搭车去过海特－阿什伯利[2]或成为“花童”[3]中的一员。威兹在使命海滩的遗迹咖啡馆做保安和门童的工作，等候着轮到他登上舞台的时机。有个在同一间咖啡馆当服务员的女朋友并不碍事，她总会替威兹向“遗迹”的管理层美言几句。更重要的是，威兹这份不起眼的工作也不算全无益处：他有机会聆听并吸收了大量的音乐风格和变调，在之后漫长的职业生涯中他将继续利用它们。

1　指1960年代美国因披头士乐队的巡回演出（即所谓“英伦入侵”时期）而将披头士乐队视为超级偶像的狂热现象。

2　美国旧金山市南部的一个街区，被普遍认为是嬉皮士运动的起源地和大本营之一。

3　即嬉皮士或嬉皮士运动追随者的别称，在反战游行中他们常给拦路的士兵的枪管上插上花，而且热衷编织头戴花环，因而得名“花童”。

到 1970 年 11 月，这个谦恭的看门人，也许是世界上最有礼貌的保安，出现在了《圣地亚哥论坛报》的广告里：“歌手马科和戴维，以及汤姆·威兹，周五及周六晚 8 点半到 10 点半表演。”根据当时遗迹咖啡馆的老板鲍勃·韦布的回忆，“托马斯·威兹”，这是他给自己署的名，为民谣 / 流行双人组“米歇尔·克莱尔”（由米歇尔·米尔纳和克莱尔·哈特组成）暖场。

1971 年，威兹跑去洛杉矶颇负盛名的游吟诗人俱乐部试试运气，该俱乐部坐落于圣莫尼卡大道，当时那里是一大批音乐家想要推销自己的地方。如果威兹运气好的话，他能在每个月的周一晚间得到唱四首歌的机会。因为不引人注目，当时没有人知道他的名字或认得出他的脸，他有时能连演两场。这差事一直持续到 1972 年，直到威兹在游吟诗人俱乐部引起了大卫·格芬[1]的注意。

据杰伊·S. 雅各布出版于 2000 年的威兹传记《狂野岁月》：

> 1972 年那天晚上，格芬本没打算在游吟诗人俱乐部待多久，但他很快改变了主意。当晚掌控舞台的家伙看起来更像一个流浪汉，而不是一个摇滚音乐人。当大卫·格芬被充满威兹魅力的氛围笼罩时，他的屁股几乎都没怎么沾到椅子。“我注意到他时，他在唱一首叫《葡萄柚月亮》的歌，”大卫·格芬最近回忆道，“我觉得那是一首很棒的歌，所以我整组听了下来。”他看了表演，也听了歌，于是命运之轮开始转动：这里有一个能做出迷人唱片的艺术家。“[演出]之后，我说我对他感兴趣。他说：‘我会叫我的经纪人赫布·科恩给你打电话。’”格芬离开了俱乐部，才想起科恩其实有自己的唱片公司，然后“整件事就完了”。但是，让他惊讶的是，科恩真的打来了电话：“他有兴趣代表汤姆和我谈个合约……赫布说觉得

1　大卫·格芬（David Geffen，1943— ），美国商业巨头，好莱坞梦工厂电影公司三位创始人之一。1970 年创立庇护所唱片公司（Asylum Records）。

不该由自己来制作汤姆的唱片，但我来制作这张唱片就可以帮助他发行。所以我给了他［汤姆］合约，而他出了一张伟大的处女作唱片。”

汤姆·威兹和他的乐队第一次巡演的主题是“关门时间”，从1973年4月延续到6月。乐队的成员是：汤姆·威兹——木吉他、钢琴和主唱；韦布——立式贝斯；里奇·菲尔普斯——小号；约翰·“放克手指”·福沙——吉他。这次巡演让汤姆有机会尝试他的另一种志趣：吸收广阔的乡村音乐养料，并在其中注入他心目中的英雄凯鲁亚克式的活力。他们的第一站是华盛顿特区地窖门俱乐部，为汤姆·拉什[1]做了六个晚上暖场。然后北上剑桥、马萨诸塞，在哈佛广场的到处咖啡馆又演了五场。在此期间，汤姆和韦布跑了一趟马萨诸塞洛厄尔，试图找到凯鲁亚克在不到四年前去世时留下的无字碑。在曼哈顿马克斯的堪萨斯城俱乐部，他为查理·里奇[2]开场；改天又在宾夕法尼亚州布林茅尔学院和亚特兰大（为布法罗·鲍勃·史密斯[3]暖场）演出。当他们到达西海岸时，汤姆·威兹在加州雷德兰兹第一次成为演出的主角，观众是每人捐款一美元的普通人（阿瑟·李·哈珀和布法罗镍壶乐队为威兹暖场）。

威兹的热情正在为冲出圣地亚哥而燃烧，追求音乐爱好的同时，他在当地做了几份兼差。1973年，他向《音乐世界》记者杰夫·沃克解释说：“圣地亚哥的音乐家总是待在原地，希望有好事找上来。但好事从没来过。在那地方什么也不会发生。你在高中组个摇滚乐队，最后走出来也就沦落到在某个假时髦俱乐部里给一个驻场女歌手伴奏，要不就在一个摇滚乐队里弹点大兵舞曲，赚包花生钱。”为了加重自己的筹码，威兹去了洛杉矶。“我能来就尽量常来，但是除非真的有好机会，我没想过搬到这里住。只是不想最后

1　汤姆·拉什（Tom Rush，1941— ），美国民谣和蓝调歌手。

2　查理·里奇（Charlie Rich，1932—1995），美国乡村歌手。1973年有两首热门金曲。

3　布法罗·鲍勃·史密斯（Buffalo Bob Smith，1917—1998），本名为罗伯特·埃米尔·施密特，出生于纽约布法罗，儿童电视节目《豪迪·杜迪》（Howdy Doody）的主持人。

沦落到在加油站打工混饭。”巴尼·霍斯金斯，威兹传记《路的低侧》(2009)的作者采访了沃克：

“他很放得开。”沃克回忆道，“我们谈了音乐、爵士乐和垮掉派诗歌。他乘兴抓起小号吹了几个小段。我们都很爱他。”沃克说威兹刚在市区做了个纹身，还感到疼。“星期四下午弄的，清醒得像个法官，”他谈起这个设计成心和花状的文身，“是的，还挺疼。”

当杰夫和他的女友摄影师金姆·戈特利布开车回到他们位于月桂谷的家时，他们决定让威兹做杂志6月刊的封面明星。“因为我们是一本自由杂志，没必要非把谁都知道的人放上封面，”戈特利布说，“把还没多少人知道的人物放上封面，我们也承担得起。”沃克补充说：“我们离开的时候对自己说，‘这将会成为一张重要的唱片，而这个家伙会成为一个重要的艺术家’。和他会面你会感到真的很荣幸。”沃克看出威兹的垮掉派－流浪汉做派是一种有意识的身份声明。“在我看来，那都是有意为之的，他要拓展他所出自的边界和流派，”他说，“但他很有前瞻性，一点也不会守旧或者故作神秘。”

在逾四十年的电台广播历程中，KPFK电台的《民谣现场》节目对日渐减少的当代民谣的听众至关重要。这种电台节目在民谣乐迷和音乐人中广受欢迎，大家都很欣赏主持人霍华德·拉曼和洛兹·拉曼对该音乐流派最纯粹的献身精神。威兹在《民谣现场》节目中的多次亮相让他被归入民谣流派，但他最终将之抛在脑后，而选择了更多插电的方式制作音乐。洛兹·拉曼在2010年回忆了威兹的早期岁月：

我还真不知道为什么把汤姆·威兹拉进《民谣现场》节目。我们邀请他来，他就同意了。也许是因为这让他有机会能在电台做现场表演。我想我们当时是洛杉矶唯一的音乐电台直播节目。我还记得当时给了汤姆一美元去买《滚石》杂志，让他读读上面对他第一张唱片的评论。几年后我们想出个主意，要用汤姆·威兹在1970年代圣地亚哥民谣音乐节上的表演制作一份谢礼，送给我们本地电台的捐助人。汤姆给我来电，叫我不要用他的演出音乐。那会我们开玩笑说当年给他的那一美元，算上这些年的利息，他现在也该欠我们一小笔钱了。我只记得汤姆和霍华德相处得很好，那次做节目他肯定很享受，所以后来又来了。在节目里，他说了点那时不允许广播的话，什么他的"猴屎褐色汽车"之类的。

采访汤姆·威兹

《民谣现场》，KPFK 电台

1973 年 9 月 21 日

霍华德·拉曼

汤姆·威兹（下简称汤）：要真正地说，我是来自圣地亚哥，不过出生在加州惠蒂尔城，那里是尼克松总统的家乡。我想，他事实上偶尔会去我们那家教堂。那是很久以前了，他从惠蒂尔城出来后，已走了很长的路。后来我家搬到了圣地亚哥，我觉得我算是圣地亚哥一带长大的。大概十岁的时候我家搬到那里。

霍华德·拉曼（下简称霍）：我听说你试过写乡村歌曲，是真的吗?

汤：我在 KSON 电台时写了不少，那是圣地亚哥最大的乡村音乐电台。那会我听了很多，也写了很多乡村歌曲。不过现在它们没法再让我激动了。我还有一整柜那些玩意儿，但是我现在已经尝试往别的方向上写歌了。

霍：你那时用吉他更多吧?

汤：是的，我那会可是没少弹吉他，也弹了几年钢琴。在钢琴上写歌和在吉他上写歌是不同的，你的感觉会不一样。实际上很多时候，你作曲时脑海中会装着某个别的艺术家。我就这样写过一首，当时脑子里出现的是雷·查尔斯[1]，那首歌名叫《圣地亚哥小夜曲》。

霍：你脑子里想着雷·查尔斯写了那首歌？

汤：是的，我好像觉得他会那么写——我可不认识他，从没和他聊过。

霍：我猜你在圣地亚哥演出过？

汤：我在圣地亚哥周围演了几年，那些年，那里还有俱乐部开张——现在要找一个演出的地方很难。像卢·柯蒂斯的民谣艺术稀有唱片店（Folk Arts）周末还能有点活动。我曾经在遗迹俱乐部演过，那里现在关门了，变成了一家灵修书店或者别的什么。鲍勃·韦布是那里的老板，我那会是看大门的。我曾经在那里参加"夜猫子叫"，后来我不那么干了，我说我就在门口坐着，挣五美元一晚，后来我开始偶尔在周末上台演。杰克·谭普钦[2]当时也在旁边什么地方演。我在洛杉矶没上过几次演出，但我在东海岸演出过，和一个乐队，在路上待了两个月——差不多一个月前回来的。我在雷德兰兹演过一次，不过现在城周边没多少俱乐部开着。我还会偶尔在游吟诗人俱乐部嚎几嗓子；目前还没和那里签约。听说有家俱乐部快开张了，叫洛克西[3]，也许我会在日落大道那边演。不过现在我一直待在家里，睡了不少大觉，试着写几首曲子。

[在钢琴上弹了段《Ol' 55》]想把这做成单曲唱片，但没成。它收在我的专辑《关门时间》里，是一首写我自己的汽车的老歌，一首"汽车"歌曲。

霍：你后来怎么离开圣地亚哥，拿到别的演出合同？

汤：我那时坐着公交车出门，每周一晚上唱四五首歌。我猜那时候算是

---

1 雷·查尔斯（Ray Charles，1930—2004），美国灵歌音乐家、钢琴演奏家，节奏蓝调音乐的先驱。《滚石杂志》"100个最伟大的歌手"排第二。

2 杰克·谭普钦（Jack Tempchin，1947— ），美国创作歌手。老鹰乐队经典《Peaceful Easy Feeling》出自其手。

3 位于洛杉矶日落大道，日后成为洛杉矶最有名的夜店之一。

跃入了演艺圈的大门，在那里遇到了赫布·科恩，得到了一份写歌的合同。写了几年后，得到了庇护所唱片公司的唱片合同。出了唱片就巡演，干得不错。巡演是我从未干过的事，大多数我们演出的地方，我甚至都没去过，真是很激动人心的巡演。和我一道的还有立式贝斯手鲍勃·韦布，小号手里奇·菲尔普斯，外加一个吉他手约翰·“放克手指”·福沙。

霍：在外面跑了多久？

汤：两个月。跑遍了差不多整个东海岸，在底特律、费城、亚特兰大、佐治亚、丹佛、波士顿和纽约都有演。

霍：写歌合同期间有没有给别人写过歌？

汤：写歌合同大概是这么回事——我来写歌，写的歌跑到别的艺人那里，那些人自己不写歌，只会跑来说他们要写一首关于青蛙或者别的什么的歌。有很多人写作，他们为不同的群体担任特约撰稿人。而我则是给任何将录制它的人写歌，不过目前还没有人，也许以后这点能改变。

霍：你听谁的歌？

威：我听好多长波电台，因为我都收不到短波的。我听雷·查尔斯的歌；我有很多他的老唱片。让我想想，还有黛安娜·罗丝[1]，我挺喜欢她。我也有些老比莉·荷莉戴的唱片，我听她的东西。摩斯·艾利森、戴尔·埃文斯、迈尔斯·戴维斯[2]，什么都听一点。写歌的时候我想融合不同风格，这么做很重要。有架钢琴的话，写歌对我来说更容易点，我能找到很多在吉他上总也找不到的东西，所以在钢琴上写歌还是有帮助的。在弹钢琴以前我就弹吉他了。我不是个技术流，没有足够大的“华彩手指”[3]。能在一种乐器上写歌和成为一种乐器的演奏大师，不是一回事儿。写歌更像是一个在乐器上做研究

1　黛安娜·罗丝（Diana Ross，1944— ），美国黑人女歌手。1960 年代至上女声主唱。1972 年凭饰演比莉·荷莉戴提名奥斯卡金像奖。

2　摩西·阿里森（Mose Alison）、戴尔·伊万斯（Dale Evans）、迈尔斯·戴维斯（Miles Davids）都是爵士时代顶级的歌手和音乐人。

3　指弹奏吉他华彩时所需要的酷炫指法。

的过程，所以你可以缺乏技术，但研究能力很强。现在我很期待，这个月什么时候进录音室，和庇护所公司一起，做下一张专辑。为了做这件事，我正在设法让团队齐心协力。我觉得写歌是最难的一件事，我试图完成其中的大部分。

霍：在给赫布·科恩写歌的时候，你有没有落下演出？

汤：我只在“游吟诗人”夜猫子叫，就那点，在洛杉矶没演太多。我曾经在“遗迹”演了很多次，但那都是过去了。

霍：你是否一直都想做个音乐家？

汤：是，真的是。我想不到还有什么事儿让我真心想干。看起来如今没谁啥都想做，然而也没谁想做个棒球手或别的什么。大家都想做摇滚明星。我对音乐真的很感兴趣，但我一直没把写歌当回事儿，我估摸直到1960年代后期，大概1968年、1969年，我开始写歌了。在那之前我只会听很多音乐，参加学校管弦乐队，小学、初中、高中都吹小号，那之后跟几个弹古典钢琴的朋友厮混，东学点西学点。学会了弹吉他，在遗迹俱乐部跌跌撞撞地混着。实际上我第一个碰上，也让我第一次产生热情的创作歌手是杰克·谭普钦，那会儿大概是1968年，在埃尔卡洪大道的糖果公司俱乐部。他被请去和“闪电”霍普金斯一起演，他演得很放松。我想这就是我想亲手试试的事情，所以就真的试着去做了。我不知道。我猜这种事你做着做着就能更顺手。你听更多的音乐，就能拿更多视角看待旋律和歌词，还有其他东西。那会在圣地亚哥，唯一能演出的地方是一些民谣俱乐部。我有段时间经常去那里跳舞。我初中时在一个叫系统的乐队里玩。

霍：那会是吹小号吗？

汤：那会我弹节奏吉他，也唱。我听了很多黑人歌手，真挺多的。对那种音乐真的很感兴趣。那会詹姆斯·布朗[1]和火焰乐队很火。我上的是奥法雷

1　詹姆斯·布朗（James Brown，1933—2006），美国黑人艺术家，“灵魂乐教父”。其职业生涯始于成为著名火焰乐队（The Famous Flames）成员。

尔初中，学校里几乎都是黑人。那会我去巴尔博亚公园，见到了詹姆斯·布朗。那可把我激动晕了，兄弟，那会我才上七年级。所以我一直留意这种音乐，也会尽可能听更多类型的音乐。

[开始弹《大巴站，大巴站》[1]] 有一点蓝调的曲风，讲的是市区的灰狗大巴站。有趣的是，没有很多人会经常去洛杉矶市区。《洛杉矶自由报》写过一篇长文叫《洛杉矶市区，谁还需要？》。我自从搬来后——我搬来一年了——倒是常去那边闲晃。我住在银湖（Silver Lake），离市区也就十分钟路。我去那边也就是闲晃。真的没几个人住那里，大伙都在那儿上班，或者闲晃，就那样。

[开始弹《希望自己不会爱上你》[2]] 你把全世界酒吧的歌拿来接在一起，大概能从这儿一直延伸到堪萨斯城，有成千上万首呢。这只是又一首。

[开始弹《关门时间》[3]] 这首歌里的乐器是立式贝斯、小号，还有钢琴，在演唱会舞台上很有效果。我们拿这首歌当演出压轴曲。

[开始弹《星期六夜晚的心》[4] 的一部分] 这是首新歌，我弹的时候可能会有点紧张。这首歌大概是讲了星期六晚上在好莱坞大道上飙车的事。鲍勃·韦布和我在某天下午张罗着写这首歌，是个星期六下午，寻找星期六夜晚之心这个想法还没在任何曲子上见过，我们都是凯鲁亚克的粉丝，这也算是某种对他的致敬。

霍：进录音室有没有让你感到压力，要赶在最后期限前写更多的歌？

汤：没什么压力，真的。在巡演以前我就写了不少，不过最好进录音室前，在刚好需要的数量之外再多准备几首，那样就能从里面挤出十二首、十四首或者不管多少首，塞满唱片两个面。

霍：你是自己选歌的吗？

---

1 威兹 1974 年专辑《星期六夜晚的心》中的歌曲，当时尚未发布。

2 威兹 1973 年专辑《关门时间》中的歌曲。

3 威兹 1973 年专辑《关门时间》中的歌曲。

4 威兹 1974 年专辑《星期六夜晚的心》中的歌曲，当时尚未发布。

汤：在选择将哪些歌曲录进唱片时，会和制作人合作。如果我可以随便选，我更希望唱片叫《寻找星期六夜晚的心》，我想，不过现在都上广播了，我也只能接着录。我一直在试着写歌，为了写出曲子，揪着心去撞墙。有时候曲子很容易就自己冒出来了，有时候根本出不来。

[开始弹《星期六夜晚的心》]这首歌我五分钟就写出来了。写歌的问题，对我来说，就是酝酿歌曲的想法，让它在你的脑海中形象化，然后写下来就根本不是个事，很容易就出来了。我想，对我构成挑战的是，设法想到点什么，作为一首歌的素材，予以处理、选取和发展，而不是仅仅就……比方说，好，一首情歌，好，然后就“我爱你……”，通常都那么干。比如《半套房》这首歌，出来得就很快。我不晓得，好像那些很难产的歌，最后也没变成什么好歌。你可以看出，是写曲调困难，还是决定使用“爱”、“鸽子”或“以上”[1]困难，你懂的。

[开始弹《大乔和幻影309》[2]]我不知道这歌谁写的，我认识的人里头也没谁知道。实际上，如果有谁知道，也许你可以打电话告诉我。第一次是听到雷·比埃尔弹，他也是一位圣地亚哥音乐人。这是第一首真正让我目眩神迷的民谣，听到雷弹唱这首歌时，激动得我背都直打寒战。

威兹在1973年11月开始第二次巡演。虽然从财务上看巡演是亏本的，可是威兹的名声也由此传到了东海岸。鲍勃·韦布（当时他为了省钱，已经和威兹合住了一段时间汽车旅馆）后来向威兹的年代史编者肯·兰福德回忆起1973年11月下旬的演出：

在某个时刻，我们又被匆忙塞进豪华轿车，开去曼哈顿中城某

1　三个词分别为 love、dove 和 above，韵脚相同。

2　威兹 1975 年专辑《小饭馆的夜鹰》中的歌曲。

个未知的地方。大家都在瞎猜，但是没有人知道我们到底去哪。我们开进中城某个地下车库的深处，大概是地下六层，然后穿过一连串酒店入口那样的大门，再走上大号电梯。我们被快速带到某一层楼，那里有很大的房间，摆满了大钢琴，还有我见过的最华丽的大更衣室，里面有淋浴间，摆了新鲜水果和花。我们被告知这里是林肯艺术中心的艾弗里·费雪厅[1]。我们当晚就在那里演出，四千名观众吵吵嚷嚷，是我见过喝得最高的一群纽约人。那是我第一次拿一把电贝斯演出，我想也是威兹第一次拿电键盘演出（他当时可是严格意义上的钢琴师）。那是当时我们所有表演过的舞台中最大的一个，也是我们俩面对过的观众里最难驾驭的一伙人。我俩肯定都不会忘掉那次经历。

第二天，乐队离开纽约，去加拿大安大略和弗兰克·扎帕[2]一起演出。随后他们回到美国去俄亥俄演了几场。在马萨诸塞的洛厄尔，威兹在洛厄尔科技学院的科斯特洛体育馆演出。当地作家鲍勃·鲍曼也在听众席中，他后来这样写道：汤姆·威兹有一个很不错的乐队，奏着某种“雾蒙蒙”的蓝调声响。这个男人的嗓音和这种蓝调声响真是绝配。乐队很均衡（对他们这么小的组合来说，这也不算难），稳健。他们是一个很好的暖场乐队，能说的就这么多。另一场在马萨诸塞的演出，促使一个评论者为后来所有的记者定下了报道基调：“戴着贝雷帽的汤姆·威兹和贝斯手一起在周日为音乐会做暖场演出。无论嘴里是否叼着烟，他的歌词从来都不清不楚，声音刺耳，崩解在体育馆里的回声里。我从他的音乐里听不出什么特别的，但是感觉在高大的舞台上和众多观众面前，演出对他而言似乎是种受苦。看他那么容易就被观众吓到，大概在一个舞台很近、场地较小、能听到原声的场地演出时，他才能展现出

1　林肯艺术中心是纽约殿堂级的古典音乐会场建筑，艾弗里·费雪厅是其中最大的演出厅之一。

2　弗兰克·扎帕（Frank Zappa，1940—1993），美国创作歌手，涵盖了几乎所有的音乐风格，以幽默诙谐、风格多变著称。

自己是一个不错的艺人，才能与观众轻松、亲密地互动。”不管听者是否“听清”他，汤姆都坚持不懈，也毫不介怀批评之声，就像吉姆·莫里森[1]穿着他的蜥蜴皮夹克那样舒服。

12 月 3 日，威兹和韦布回到洛杉矶，他们做室友的日子结束了。宣传《关门时间》专辑的巡演，并没有让威兹挣到什么钱。他在接受卢·柯蒂斯于次年 1 月的采访时，对此发了火。

柯蒂斯在圣地亚哥的艺术组织——民谣艺术稀有唱片店，成了一个对威兹来说颇具吸引力的地方。他和《汤姆·威兹文库》分享了与威兹亲身接触的体验：

> 你知道最初是汤姆讲故事的能力吸引了我。我们就站在遗迹俱乐部门口，汤姆和其他艺人，像雷[·比埃尔]、韦恩·斯特龙伯格、汤姆·普雷斯利，有时候鲍勃·拉博也来；要么就在“遗迹”关门后，跑去萨斯卡牛排馆点个汉堡和啤酒，坐下来聊天，互相讲故事，胡扯些人物、政治什么的，一直到凌晨或者直到店家打烊赶我们出来。汤姆讲故事是最有意思的，也许是那段时光里我最怀念的……我还一直保留着那盒名叫“荤段子工坊”的带子，他和他的好哥们、好同行雷·比埃尔一起录的。

从没处演到“夜猫子叫”到巡演在路上

《圣地亚哥读者杂志》

1974 年 1 月 13 日（发刊日期：1974 年 7 月 18—24 日）

卢·柯蒂斯和斯蒂芬·斯温

汤姆·威兹唤起了某种对美好旧日时光的乡愁式情感，却没有牺牲作品

1 吉姆·莫里森（Jim Morrison，1943—1971），洛杉矶大门乐队主唱，著名的27俱乐部的一员。

的原创性。他对音乐、现场和1950年代的垮掉派文化有强烈的兴趣，然而他的音乐却经得起当今市场的考验。

汤姆是一个收集并研究下流故事和歌曲的人，他在第八届圣地亚哥州际民谣节时参与了一个此类主题的工作坊，同时他也作为表演者在那次音乐节登台。

他的歌里装着侧面着火发热的汽车、昏暗咖啡屋（不是他起初开始表演的那种咖啡屋）里那些在地下生活的人，以及所有怀旧电影和书籍里被悼念的事物。即使你从未过过那种日子或者不愿去回忆它们，这些事物仍旧会给你新鲜感、兴奋和与众不同的刺激。汤姆是一个有独创性的人。一个有所建树却不会忘记他和他的听众是从哪里来的好人。

遗迹

（位于加州使命海滩的民谣俱乐部，1960年代早期开业，1972年关闭）

卢·柯蒂斯（下简称卢）：我是在加州丘拉维斯塔认识你的，那会你念山顶高中。我还记得你第一次在遗迹俱乐部玩“夜猫子叫”[“夜猫子叫”是一种对业余爱好者开放的晚间活动，有歌手潜质的可以自由上台表演]。

汤姆·威兹（下简称汤）：在鲍勃·拉博接管舞台之前，是由我来“夜猫子叫”。我以翻唱鲍勃·迪伦的歌开场。我那会经常唱这种歌，但是没有自己写歌。那会是想试着多学点歌，多点传统血液，以便更好地混进“遗迹”的圈子，因为那会写歌还不怎么火。我那会也就唱唱密西西比·约翰·赫特[1]之类的。

卢：所以你在那时获得了第一次在遗迹俱乐部的周末演出。

汤：第一次有机会周末演出，是和鲍勃·拉博一起，后来我们又分享了几次舞台时光。是鲍勃·韦布给了我第一次周末演出的机会。我已经在“遗迹”

1 密西西比·约翰·赫特（Mississippi John Hurt，1892—1966），美国乡村蓝调歌手。

玩“夜猫子叫”有一阵子了，而且我的女朋友也是那里的服务员。她替我在鲍勃面前美言几句，后来鲍勃就跑过来说：“我们姑且试试。”而我当时是“遗迹”看大门的，那本身也是我迈出的重要一步，因为这样一来，我每周都可以在那儿听音乐。那里是那种你走进去说不定就能碰到三四年没见过的老伙计的地方，是那种你回到城里时为了看谁还在城里，通常会走入的地方。

所有那群人当时都在那里混。当“遗迹”关门的时候，在相当长的时间里，你甚至都很难跟他们联系上。现在你可以在民谣艺术稀有唱片店联系上他们。在“遗迹”的很多夜晚，外面的门口和里面一样好玩，就好像有两场演出在同时进行。有些人晚上经常就是跑来门口，甚至都不进去。

卢：——段子大会。你有没有想过成为一名喜剧演员，一个幽默大师？幽默大师比喜剧演员听起来更好。

汤：是个更好的词。有时候你很难就那么上台直接介绍一首歌说“这首歌的名字叫……”要是我没法把听众里的一两个人逗笑，我都觉得不安。我认为让听众自在很重要。同时演出本身也得精彩，让人愉快。你不能太过放松。你要让他们好像坐在自家客厅里，但是大伙买票进来，不是为了感觉像在自家客厅，而是要看到精彩演出。我喜欢时不时讲几个带颜色的段子。那样观众们就会更轻松惬意。

卢：那么早先，你有没有参与过南湾（South Bay）的音乐活动？

汤：参加了好几个组合，主要在初中，模仿“冲浪者”“冒险”和“海滩男孩”[1]之类的，和我现在做的一点也不像。实际上，我认为最初一批出唱片的创作歌手是詹姆斯·布朗和雷·查尔斯。我买过的第一张专辑是詹姆斯·布朗的《爸爸买了个新皮包》。我那会在上法雷尔初中，詹姆斯·布朗是我那时的偶像。不过第一批我能亲自接触到的原创歌手是圣地亚哥那些。所有混在“遗迹”“糖果公司”，还有“后门”的本地人，一直到我见到了杰克·谭

1 冲浪者（Surfaris）、冒险（Ventures）和海滩男孩（Beach Boys）都是1960年代脍炙人口的流行乐队。

普钦、雷·比埃尔，还有泰德·斯塔克［据卢考察为圣地亚哥第一位原创歌手，现隐居俄勒冈州］。那会没多少人，但在这里演出的这几个，都是值得一听的。

卢： 你那会只弹吉他，是什么让你转到钢琴上？

汤： 我有几个弹钢琴的朋友，家里也曾有一架钢琴，但我从不坐上去，因为那能把我吓死。我那时不知道怎么进入它。我最终鼓起勇气，投资了几百美元买了架钢琴。开始坐在琴旁，在上面乱弹一气，几年后我开始试着在上面写歌。现在我主要在钢琴上写歌，它给了我更多的自由。

卢： 我在你的钢琴弹奏里听到了一些熟悉的影子，有点弗洛伊德·克莱默[1]的意思在里头。

汤： 是的，有点儿他的意思。

卢： 可能有些拉格泰姆（ragtime）[2]的元素？

汤： 我是挺拖拖拉拉（ragged）的。所以用拉格泰姆这词大致合适。我弹钢琴的方式就像是在徒步，主要是从写歌的角度，演出的时候我尽可能好好弹。我无论如何算不上一个钢琴家，但我弹得出来。

第一张专辑：《关门时间》

卢： 现在，你怎么看待一张专辑的整个制作过程？它是怎么弄出来的？

汤： 我住在圣地亚哥，然后从这里坐巴士去游吟诗人俱乐部玩“夜猫子叫”，坐在前排那里等，尽量找机会在周一晚上唱四首歌。他们允许你一个月一次。一开始没几个人知道我，也认不出我，所以有时候我唱两次。“游吟诗人”那时就像某种交易市场，像奴隶拍卖。大伙都想把自己的音乐卖出去。

卢： 你怎么和庇护所唱片搭上的？

1　弗洛伊德·克莱默（Floyd Cramer，1933—1997），美国殿堂级钢琴家，“纳什维尔之声”的缔造者之一，以“滑音”演奏风格而知名。

2　一种原始的音乐风格，1897 年至 1918 年间在美国中西部地区十分普及。其最初是作为舞蹈音乐，主要特点是切分音。

汤：一开始我遇到了赫布·科恩，他给我签了一个写歌的合同。我在“游吟诗人”遇到他的，然后，我自己拿着带子去了庇护所唱片公司，弄到了唱片合同。我目前就是这情况，遵循合同一年出一张唱片。

卢：走进录音棚看到所有你从没见过的超级设备，是什么感觉？

汤：感觉有点吓人。你一下意识到你原来可以调动这么多的资源。我很幸运，在录音棚里基本上是我自己在掌舵。我有个好乐队，相处得很好。我们排练了一周半、两周，然后直接进棚。

卢：录唱片花了多长时间？

汤：大概四个礼拜。我学会了这么一件事——在录音棚里你要足够明白地告诉一个乐手你想怎么做，而不是只会说“我们试试这效果怎样”，然后给人家去掌控。因为一个能在洛杉矶录音棚干活的合格乐手，人家都会演奏各种不同风格，所以你得明确知道自己想要什么，我想那是最困难的一部分。因为你意识到你能用这么多设备，你能录进二十四个音轨，就好好发挥你的神通吧。最难的是把样样都分清。这肯定是一个学习的过程。我做得很开心。

巡演

卢：说起巡演，你有很多在路上的经历。你做过多少次巡演了？

汤：两次。第一次，我和一个［四人］乐队一起。我们一起排练了一礼拜，然后分头去东海岸。我和很多组合一起玩过，不过那是第一次我能面对一个属于自己的伴奏乐队，对我而言，真的很兴奋。我们在很多小俱乐部演出，得到了为好几位我长期崇拜的音乐人做暖场演出的机会。在旧金山的公寓俱乐部，给约翰·哈蒙德[1]，那是很棒的一周。在纽约，给查理·里奇，他那会正在回归乐坛的路上，还没出最近很火的那几首歌。他就像冰块一样冷酷。玩了很多节奏蓝调，实际上几乎没有西部乡村风。我们还在乔治城给汤姆·拉

1　约翰·哈蒙德（John Hammond，1942—），美国蓝调歌手。

什；在首都，给丹尼·奥奇菲；在丹佛，给蒂姆·韦斯伯格。给自己仰慕多时的人暖场感觉真好。一伙人一起旅行的感觉也很棒。

卢：第二次巡演是跟着弗兰克·扎帕？

汤：是最近的一次，持续了三礼拜。我和鲍勃·韦布一起。我们给弗兰克（以及他的发明之母乐队）暖场演出，基本都在大学的音乐厅、市政剧场里，每次三十分钟。我很受震撼。奇怪的是他对我的表演还挺满意。他本想找个其他什么人替他暖场，但是那个人明显承受了很大压力，受不了某些观众，只肯在俱乐部里演。所以他需要有个开场表演，而我们有同一个经理人赫布·科恩，他让我去和弗兰克会合。我就和弗兰克在多伦多聚首，一直陪他到巡演的最后一场。

卢：未来有什么计划？

汤：我准备自己去东海岸两个礼拜。我没法负担带乐队一起去。我第一次带着四人乐队去巡演的时候亏了些钱。我现在要回到当时演过的俱乐部自个儿再演一遍，试试看能不能成。和第一次情况一样，就是给随便哪个顶尖的人物垫场。出门大概一共六个礼拜。

卢：然后，第二张专辑在制作中？

汤：第二张专辑会叫作《寻找星期六夜晚的心》，如果是我说了算的话。我打算录一些在“遗迹”打工时写的老歌。在第二张专辑之后，我又写了很多歌，我自己都很惊讶。看来我可能要让所有这些歌堆在那里，为外出和［字迹难以辨认］做准备，不仅落到骨瘦如柴的下场，还面临着让一张唱片和一定程度的流行来扼杀作为创作者的我的局面。

卢：现在你在路上巡演的时候，是不是大部分用专辑以外的音乐曲目？

汤：一半一半。我现在唱专辑以外的歌要更多一些。我们在大多数俱乐部演出的主要目的是宣传专辑，因为很多人压根还不知道我是谁。现在我想的是，期待能在第二次巡演的时候，看到很多一年前第一次巡演时记住我的人。现在，期待出发。

记者肯尼·维斯伯格如此谈及他对威兹的第一次采访："当时几乎没什么苗头能看出他会继续前行，成为我们这个时代最有影响力、受到模仿最多的音乐人。他的处女作《关门时间》刚刚发行时，他仅仅被唱片分类架认为是庇护所唱片旗下一位老派风格的创作歌手，他当时的特色只是些许淡淡的粗粝嗓音，最终这种嗓音会让'书包嘴'[路易斯·阿姆斯特朗的别名]在相比之下听起来就像纳京高[1]。"

威兹到了科罗拉多的丹佛，还在忍耐他的暖场演出配额。在拥有二百三十个座位的埃贝茨球场俱乐部（那是威兹遇到查克·E.魏斯[2]的地方），他先是给罗杰·麦吉恩、约翰·斯图尔特和吉恩·克拉克[3]做了两个晚上的暖场表演，给杰里·杰夫·沃克[4]做了五次暖场表演。在维斯伯格的记忆中，原创歌手的经历促使更多身为同行的音乐人向威兹靠近："他看起来像一个垮掉派和流浪汉的结合体，大多数曲子都是坐在一台兰迪·纽曼[5]式钢琴前弹奏的，他刚刚有点发掘出他那种诗意的念白，这在后来被认为是他的独门绝技。"

在牛津酒店大堂里一起喝咖啡的时候，威兹吐露了自己对于日渐成名的感想："我在想，对一个艺人来说，成名到底是福气还是诅咒。我现在有点曝光度了，但没有高到让我的脑袋整天转个不停，这挺让我开心。我搞了一次三周时间的东海岸巡演，给弗兰克·扎帕暖场，一晚上面对三四千观众。我被台下扔过很多农产品，但我一直把它当作对自己的一种激励。"

1　纳京高（Nat King Cole，1919—1965），最有影响力的黑人爵士乐手之一，爵士摇摆曲风奠基人之一。

2　查克·E. 魏斯（Chuck E. Weiss，1952—　），蓝调实验音乐人，威兹长年好友兼长期合作者。

3　罗杰·麦吉恩（Roger McGuinn），约翰·斯图尔特（John Stewart）和吉恩·克拉克（Gene Clark），都是当时红极一时的音乐人，吉恩曾是著名的 The Byrds 乐队成员。

4　杰里·杰夫·沃克（Jerry Jeff Walker，1942—　），美国乡村音乐风创作歌手。

5　兰迪·纽曼（Randy Newman，1943—），美国钢琴演奏家、创作歌手。

汤姆·威兹：星期六夜晚探寻者

《科罗拉多日报》

1974 年 2 月 18 日刊

肯尼·维斯伯格

四年前，汤姆·威兹是一个披萨店伙计，在加州纳雄耐尔城（National City）的拿破仑披萨店上班。有五年的时间，他做过厨子、清洁工、水管工和维修员。“我们做的是城里最好的披萨，所以那是有意义的一段时光。但是一段时间后，它变得不只是一份工作了。那里变成了第二个家，这可有点过了。”

在汤姆家里，总有一把吉他和一把尤克里里。他是弹奏着西班牙浪漫曲和冲浪音乐的混合乐曲长大的。在圣地亚哥的遗迹俱乐部，他超越了自己的音乐漫游阶段，开始玩民谣。现在他在埃贝茨球场（周日），给罗杰·麦吉恩和杰里·杰夫·沃克做暖场演出。

“现在这个阶段，做暖场演出对我来说再理想不过。我没有任何压力，没有谁是花了四美元来看我的。但我确实觉得有责任和观众们建立起联系，我也在很努力这样做。在这里比以前跟着弗兰克·扎帕巡演要容易得多。”

汤姆是被弗兰克·扎帕的经理人赫布·科恩发掘的，当时他在洛杉矶的游吟诗人俱乐部参与周一晚上的“夜猫子叫”演出。他得搭上早晨六点的大巴，经过几次换乘，然后设法在俱乐部排进一个好的位置。有一回他只有机会在台上唱三四首歌，然后就得飞奔到车站，赶回圣地亚哥的早班大巴。

“‘游吟诗人’的‘夜猫子叫’演出有点像一个奴隶交易市场。人们卖掉自己的灵魂，只为上台表演。很多时候也算值得。大伙里面有从佐治亚州、得克萨斯州、纽约市赶过来的……但如果他们演不出什么名堂……”

汤姆倒是只需要承担往返旅行三百英里的风险，他几乎每周一都在那里表演，坚持了一年多。“我听到好些故事，说那些叼着雪茄的家伙就坐在那里，等着把你签下来。你知道麦吉恩的曲子《这么说你想做个摇滚明星？》，好吧，

‘游吟诗人’就是一切开始的地方。”

他的第一张专辑，发行已经有一年，名叫《关门时间》。我们手头拿到的唯一的描述是，说它是对酒吧间乡愁的直观化。《弗吉尼亚大道》这首歌讲的是清晨所有俱乐部关门后，徘徊在大街上的家伙们最终为了安全感，选择了坐灰狗大巴逃离。《希望自己不会爱上你》唱的是有关在酒吧间里幻想的破灭。《玛莎》讲的是一个男人四十年后的追悔——当年一笔勾销的青春情欲竟成为生活最后的所有。他还爱着玛莎，各自都已结婚生子，但他栩栩如生的回忆并未因此暗淡下去。

《Ol’55》一看便知，是关于一个男人对汽车的爱，特别是在早晨六点和情人度过了一个温存的夜晚后。那是汤姆的第一支单曲，虽然在榜单上蜗牛似的爬上去几位，但看起来只是汤姆职业生涯令人满意地前进的障碍。因为这张专辑没有一首单曲红起来，庇护所唱片公司不让汤姆继续和制作人杰里·耶斯特合作了。

“在我看来，杰里是一个很好的人，也是一个很棒的制作人。我本来还期待继续和他合作我的第二张专辑，但是‘庇护所’想找一个能理解我的歌，帮我打造流行金曲的制作人。在我一切就绪的四个月之后，他们还是没找到合适的人。”

“这张专辑的名字会是《寻找星期六夜晚的心》，会一直顺着一条思路，而不是随机地选几首歌放进去。”

同时，汤姆还在俱乐部继续演出，他的第一张专辑赢得了不少俱乐部老板的钟爱，比如查克·莫里森，他高兴地打电话给汤姆让他去开演。“有了第一张专辑就像有了文凭，好像是学位证一样。无论你有多棒，没出过一张专辑的话，像埃贝茨那样的俱乐部就不会让你来演。我现在就得做第二张专辑，因为第一张已经是过时的东西了。”

然而事实是——汤姆的歌永远不会过时，如果还有版面该多好，我还想告诉你们更多有关他的事情。如果你赶不上周日埃贝茨俱乐部的演出，那么这里有这样一张唱片——《关门时间》，它配得上黑胶日益上涨的价钱。它是一张杰作。

在第二张正式专辑《星期六夜晚的心》发布之前，汤姆还是得继续忍受那项费劲的差事：为弗兰克·扎帕和发明之母乐队的那群吵吵嚷嚷的歌迷暖场。到了 1974 年 4 月 24 日，他已经积累了足够的名气，名字被放进第八届圣地亚哥民谣音乐节的花名册里，音乐节在蒙特祖玛演出厅举行。三天后他参加了一下午的“火辣故事”工作坊。刚结束扎帕的加州巡演之旅，汤姆就回到《民谣现场》节目接受采访。

汤姆·威兹采访

《民谣现场》，KPFK 电台

1974 年 7 月 23 日

霍华德·拉曼

霍华德·拉曼（下简称霍）：很多民谣音乐人其实并不适合给摇滚乐队做暖场演出。

汤姆·威兹（下简称汤）：你对面就坐着这么一位。我倒是觉得我变得更在行了，不过你得先建立起某种态度，一段时间后才做得到。你得带着去取悦不想被你取悦的人的意愿上台。大多数晚上表演得还挺顺。在南边我去了几个小演出厅，那种地方适合我，无论如何，我觉得自己表演得不错。

霍：看起来可是挺大的挑战啊。

汤：的确是。但也是好事儿，我想如果老是在那些你还没开口，就觉得你是史上最佳的人面前演出，你真的会很厌烦。我很享受这种挑战，旅行也是很棒的。

［开始弹《在一个雾夜》］这是一首电影插曲，电影原声音乐的创作要比

电影本身晚很久。电影1947年就已经上映了，可是这歌是我几周前写的。写的是一个雾夜，这种场景经常在午夜场放映的三角关系电影里见到。讲的就是那种永恒的三角关系，乔治·拉夫特、弗雷德·麦克默里和罗莎琳德·罗素[1]，三个人里总有一个人得离开，这一回走的是乔治·拉夫特，而弗雷德·麦克默里有辆老普利茅斯车，他开在雾蒙蒙的路上，西装翻领的领尖儿伸出车外，收音机里传来这首歌。

霍：你现在是不是在录你的第二张专辑？

汤：在和发明之母乐队巡演前刚录完一张。我录的唱片由博恩斯·豪制作，名叫《寻找星期六夜晚的心》。大概会在9月中旬发行。

霍：《雾夜》在上面吗？

汤：是的，我想大概会。我们录了十五首歌，他会选出不超过十二首，十一首或者十二首，因为里面有几首比较长，我在里面加了一些念白，那是名副其实的……就像是一盘不同的歌曲组成的水果沙拉，我对此非常骄傲。我觉得它会是一张造成轰动的唱片，我不知道，只是猜想而已，不过我自己在家听了很多遍，觉得这唱片很好。和博恩斯·豪合作让我很痛快，我还有一支很棒的伴奏乐队。歌曲都有很强的感染力，我想，反正总会在9月出来，那时我们看看会怎么样。在一张唱片里，你面对的是如此多人的集体努力，得让他们都满意，所以从来不是一个人说了算。我很享受跟一个乐队合作，我演出的时候很少有这样的机会，所以我非常享受。我觉得他们让歌曲无懈可击，而不是像很多乐队那样，只是给别人的歌曲贴个创可贴[2]。我对此非常骄傲。

霍：在圣地亚哥音乐节，你把《星期六夜晚的鬼魂》这首歌和《星期六夜晚的心》放在一起表演。那是一时兴起？

汤：对，是的。他们说每个人可以演唱一首歌，所以我想如果把一首歌拉得很长，基本上就能唱两首了。所以我很快念了那首诗[3]，然后唱了歌曲，

1　三人均为20世纪四五十年代的老牌银幕巨星，共同出演了一系列电影。

2　英文中"创可贴"（Band-Aid）和"乐队襄助"恰好是同一个词，汤姆在此玩了一个俏皮双关语。

3　《鬼魂》这首歌几乎就是钢琴和念白。

听起来就像诗是歌的一部分。所以我演两首的计划就得逞了。

霍：你被叫去返场了。

汤：我很享受整个音乐节。那是我第一次出现在圣地亚哥音乐节花名册上；我以前去了音乐节很多次，但从没被叫去演出，所以我感觉自己就是其中一分子了，所以真的很棒。你看，在那个歌曲创作工作坊，杰克·谭普钦、吉姆·林格，还有布鲁斯·菲利普斯[1]都在。那是我第一次看到布鲁斯·菲利普斯演出，让我大为折服。他就像圆形门把手上的鹿内脏那样棒。他唱得如同猫叫一样妙极，打从老祖母的奶头被绞进绞拧机里，我还没这么开心过。[2]

霍：你写了不少诗吧？

汤：有几首差不多的东西。我不知道是不是真的算诗，这就像，我不是在写歌，而是写了满口的词语，然后把它们讲出来，而不是唱出来。我猜你大概可以管它们叫诗。对，还有不少。很多情况下，我觉得要想观众们听着还算顺耳，歌曲就不能仅仅是一首歌曲——不只是在脑中回荡一首歌的旋律和情绪，回想这个人有什么样的嗓子，乐器的音效如何。你会因此错过很多歌词，所以我喜欢你提到的这点。

[*开始弹奏《星期六夜晚的鬼魂》*]这首歌讲的是纳雄耐尔城，这座城市属于圣地亚哥的一个郊区，在这里主要出没的是水手。纳雄耐尔大道有声名狼藉的"汽车一英里"（Mile of Cars）[3]，其北端是伯奇－罗伯茨停尸房、"金桶"夜店和艾斯卡特兰酒水铺，夹在胜利摩托店和伯奇－罗伯茨之间的是拿破仑披萨店，开了有二十五年。我从十五岁起在那里打工，那会儿是真年轻。现在我都离开那么多年，倒是可以坐下来，好好给那地方写点有助益的东西。

[*演奏《星期六夜晚的心》*]这首歌我们只用了贝斯和吉他。我们录了点

1　布鲁斯·菲利普斯（Bruce Phillips，1935—2008），美国劳工运动组织者、创作歌手、诗人，被誉为"大西南的金嗓子"。

2　"鹿内脏""猫叫"和"绞拧机"三处都是习语。

3　加州的汽车文化中心，从 1904 年纳雄耐尔城出现第一辆汽车开始，越来越多的汽车经销商来到这里。1955 年，这一地带便获得这个名字。

考赫吉雅[1]的交通声，我也就是把麦克风伸出车窗，高峰时段在路上乱跑二十分钟，随后从录音中剪了一段放到歌里。还真的挺配。

霍：《关门时间》还买得到吗？

汤：我不知道，最近没在什么地方看到过。实际上，可能都绝版了。这张对我来说不亏不赚，就是闹出了点动静，还算不错，现在大概下架了。我的朋友在到处找这张，但是找不到。也许在第二张专辑出来的时候，他们会重新发行这张唱片，我们到时候再看。我今晚本来想演唱一首全新的歌，我在这个捣蛋鬼上费了不少功夫，但啥也没写出来。下一次我会有全新的东西。歌名叫《寻找情感股息的浪漫投资》，我觉得这歌肯定能冲到排行榜最上头。不过它还没写完。

霍：你会为出新专辑特地写新歌吗？

汤：写了一些，我想概念上算是那种。我脑子里装着专辑的故事线，串起一些歌，就像书的章节，那可不是随便拿来的几首民谣，而是一些联结在一起的东西。当我写了《星期六夜晚》，我就开始构想一些从别处进入星期六这个主题的东西，差不多是这样。

[*开始弹奏《大巴站，大巴站》*]这首歌有点儿本地色彩，讲的是洛杉矶第六大街和市区，讲的是灰狗大巴车站，星期六晚上去大巴站，口袋里装了一把两毛五硬币，用来买看电视的椅子，那里是约会的好地方。

[*开始弹奏《我挡风玻璃上的钻石》*]这首歌讲的是在雨中开车。我以前总是在圣地亚哥和洛杉矶之间来回跑，通常得半路停几次车，引擎老是给我找茬。所以这首讲的是在雨中开车，大概写于1973年。所以“弄点深红色给我，曼陀罗”[2]。

霍：你怎么会想到写那种念白的东西？

1　洛杉矶旁的一座小镇。

2　引自歌手内沃斯·诺维斯（Nervous Norvus，1912—1968）轰动一时的名曲《输血》。这首歌讲述了一个车祸的故事，颇具传奇色彩。原歌词为：“弄点血花苞，花苞，在我身上倒点深红色，曼陀罗。”威兹1975年的歌曲《小饭馆的夜鹰》中也引用过此句。

汤：我不知道。我第一次对念白真正有印象，是在一张叫作《杰克·凯鲁亚克/史蒂夫·艾伦》的专辑里。凯鲁亚克念词，史蒂夫·艾伦弹奏一些音乐。他的念白就铺在音乐上，听起来真的、真的有效果。我以前从没听过那样的东西，所以我照着样子写了点小东西。

霍：我猜想这里有 1950 年代某种狂热的东西。

汤：是啊，洛德·巴克利[1]之类的，它能让你作为歌曲创作人得到解放，能让你把颜料罐推翻，而压根不担心任何韵律。我很享受写那样的东西。最近我非常关注那类东西，兴趣比正经地写歌还大。

霍：你读了很多凯鲁亚克的东西？

汤：嗯，我是读了很多。实际上我还在某些像《流氓》和《无赖》那样有趣的杂志上找到过他的文章。他出版过不少小说，也有不少文章登在那种露点杂志上。凡是讲他的东西，我都读过。

霍：还有别的作家吗？

汤：哦，有啊。查尔斯·布考斯基也许是当代文学领域里最重要的，也是最有特色的小说家、诗人、散文家之一。我得说，在我看来他是个前卫派，和我一个水平线。

霍：你现在有什么计划呢？

汤：现在我就想在某个地方待上一阵。在雷德兰兹我有一场演出，在麦凯布俱乐部也有一场，8 月在圣地亚哥的民谣艺术稀有唱片店还有一场。9 月，我的唱片出来的时候，我会去东海岸，大概巡演三个月，在那边的俱乐部圈子里。

霍：有没有出唱片后必须巡演的合同条款？

汤：好吧，我觉得那是为自己好。你总归要出去演唱自己唱片的歌曲，出去卖力做销售，也可以说，是给自己拉皮条。每个人都这么干。你跟杂志

---

1 洛德·巴克利（Lord Buckley，1906—1960），美国舞台表演家、录音表演家、独白演员，以长段垮掉派式的念白和直刺现实的表达著称。

谈话什么的，看看会不会帮到忙。所以 9 月份开始，我要搞这些。在那之前，我会写一堆东西，如果这张唱片反响好，我会进棚录下一张，我希望是这样。

霍：你写歌的路子是怎样的，像做一门手艺，还是靠灵感附体？

汤：写歌绝对是一门手艺。你可以找两个写歌的来，一边放一个，谁写得好、谁写得不好，你就能分辨出谁是手艺人。

霍：我知道有不少创作歌手说写的东西都是自然浮现。

汤：不，那不对。那不是什么神圣的灵感。有很多时候你有感触要写歌，但我不觉得你晃几下，舌头动动就能出来。我觉得那都是胡说八道，大梦话。你得对一个概念、一个想法好好用功，你得读书，听别人写的歌，听电台，听金曲串烧，听 KPFK 电台，然后才有希望越来越精进。当然，这也是见仁见智。有些我喜欢的创作歌手，别人不一定那么喜欢。这还是一个个人品味的问题，像兰迪・纽曼那样的歌手——他把一首歌组装起来的时候可真是一个手艺人，他能唤起听众这样的感觉，即他的歌是来自他真正的心血。而有些人，像——好吧，我们在直播，我可不想这会埋汰谁，不过有些人，像那谁谁谁（无厘头地咕哝几句），写的都是扯淡的、小孩子一样的歌，一点料都没有，也没有什么主张。我觉得，写歌肯定还得是一门手艺。

霍：除了兰迪・纽曼，你还听别的创作歌手吗？

汤：是啊，除了听他的歌，我还喜欢摩斯・艾利森。我觉得他是一个非常简练的创作歌手。他总是那么风格鲜明，没办法你只能爱他到死。他就像一罐蜜糖倒在你身上。我真的很钦佩他。我还一直听《这些蠢事（让我想起你）》。是乔治・格什温，还是科尔・波特写的？科尔・波特吧 [实际上，那是一对英国歌曲作家写的，埃里克・马施维茨作词，杰克・斯特雷齐作曲]。有一首歌和格什温的几句歌词有些相似。那现在我得挑一首有真手艺的歌。《为月亮醉倒》就有点儿手艺。你得拿一串词语放到旋律里恰当的地方去，就是这桩事儿。有时候你有很多词，但不知道怎么放；有时候你不需要那么多词语，有时候又需要。我觉得那才是显出手艺的歌。《星期六夜晚的鬼魂》就是一首有手艺的歌，它是非写实的。

星期六夜晚的心（1974）

1974年10月，庇护所唱片公司发行了威兹的第二张专辑《星期六夜晚的心》。威兹保留了所有歌曲的创作权益，博恩斯·豪则是这张专辑的策划、制作人以及音效师。豪和威兹保持着舒适的工作关系，因为豪的爵士乐背景让这位年轻的游吟诗人心生敬畏，威兹渴望把一只脚保留在爵士乐中。豪回忆道："我告诉他，他的音乐和歌词有凯鲁亚克的质感，他一听我还知道凯鲁亚克，立刻被镇住了。我告诉他，我也玩过爵士鼓，他听了都快要发疯了。我还告诉他，我为诺曼·格兰兹[神韵唱片公司[1]的创立者、艾拉·菲兹杰拉德的经理人和制作人，爵士乐最有才华的倡导者之一]工作时，诺曼找到了一些带子，上面是凯鲁亚克在旅馆里朗诵自己垮掉派时期的诗歌的录音。我告诉威兹，我会给他拷贝一份。这就确立了我们的关系。"豪还懂得以最佳方式捕捉威兹男中音里深情的洪亮，并且也知道怎样用最好的方法把威兹录进麦克风，从而给予这些早期录音作品陈年佳酿的质感。

吉姆·胡格哈特当时是汤姆的贝斯手。2000年，他告诉《贝斯杂志》：

> 他把他要展现的东西写在口袋里的一叠小纸片上。我们去录音，有时候开头只有我和汤姆两个人。我唯一想抱怨汤姆的地方就是：他总是在纸片堆里找来找去，然后说"好，给我一点像这样的声音"，一边打响指给我一个节拍，然后他就仿佛是对着我弹出的贝斯线咆

1　1956年创立，拥有世界上最大的爵士乐唱片目录。

哮出这些词语，然后这就成了曲调。我想抱怨的是当专辑出来的时候，写的是“汤姆·威兹词曲”。如果能把我也算上去，那就好了。假如给我一点机会分享版税，也不会让他少赚多少，因为没有其他人会玩他的东西，我想，即使有也很少。不过除此之外，和他合作让我很享受，每一点都让我很享受。

《星期六夜晚的心》专辑文案

1974 年 10 月

汤姆·威兹

蒙蒙的细雨打在窗玻璃上，霓虹调酒棒搅动起夜晚的空气，白色母球般特立独行的月亮滚过黑曜石色天空，一辆辆大巴车在不眠不休的大街角落呻吟咆哮。而午夜的街道，穿过安乐街驶来的卡车和在橱窗前漫步的顾客，我皱眉坐在诺姆家饭馆里本周特价六十九美分的薄饼配鸡蛋前，试着要在这片都市浮华中活动下肠子。我尝过星期六夜晚的滋味，在底特律，在圣路易斯，在塔斯卡卢萨，在新奥尔良、亚特兰大、纽约、波士顿、孟菲斯。去年我做过的旅行，比这辈子之前所有的加起来还多。至于我受欢迎的程度，在夜店圈子里我还是个相对模糊的角色。而现在我的第二张专辑是对星期六夜晚这个中心主题多方面的充分研究，是杰克·凯鲁亚克不懈地从这个国家的一头追寻到另一头的东西，我尝试着从我见到的魔法中舀起一勺钻石。音乐上，我受到摩斯·艾利森、塞隆尼斯·孟克、兰迪·纽曼、乔治·格什温、欧文·柏林[1]、雷·查尔斯、斯蒂芬·福斯特、弗兰克·辛纳屈的影响。

我最爱的作家，杰克·凯鲁亚克、查尔斯·布考斯基、迈克尔·C. 福特、

1　欧文·柏林（Irving Berlin，1888—1989），美国历史上最伟大的歌曲创作人之一，第二国歌《天佑美国》出自其手。

罗伯特·韦布、格雷戈里·柯尔索、劳伦斯·费林盖蒂、拉里·麦克默特里、哈珀·李、萨姆·琼斯、尤金·奥尼尔、约翰·雷奇，还有更多。我开一辆1965年产的雷鸟车，阀门需要修理，一周至少要耗四夸脱机油，跑长途一加仑开四公里：这辆皮卡该报废了。光在洛杉矶城区我就吃了三张违章罚单。我是一个糟糕的坐式钢琴弹奏者，不过我有很好的旋律感。我在咖啡馆、酒吧和停车场写歌。我最爱的唱片是《凯鲁亚克和艾伦》，汉诺威唱片公司发行。

我1949年12月7日出生在加州波莫纳，有时候喝得很大，桌球打得不赖。我心目中的好时光是星期二晚上坐在墨西哥提华纳的曼哈顿俱乐部里。我目前住在洛杉矶银湖一带，一心要做洛杉矶人，绝对没有搬到科罗拉多州去住小木屋的想法。我喜欢烟雾、车流、乖张的人们、汽车事故、吵闹的邻居、拥挤的酒吧，我把大多数时间花在开车去看电影的路上。

现在，有了两张毕业文凭一样的专辑，《关门时间》和《星期六夜晚的心》，我相信自己能获得足够多的俱乐部的预约演出，来让我的事业前进。我为不少艺人做过暖场演出，包括弗兰克·扎帕和发明之母乐队、布法罗·鲍勃和豪迪·杜迪评论乐队、查理·里奇、约翰·斯图尔特、比利·普雷斯顿、约翰·哈蒙德、杰里·杰夫·沃克、鲍勃·拉博、丹尼·奥基夫，还有其他人；我见过《曼哈顿家具店》里的艾德·芭芭拉[1]。

你我共同的朋友

汤姆·威兹

威兹忙碌的巡演日程给了他大把尝试新歌的机会。在科罗拉多州丹佛的埃贝茨球场俱乐部，威兹坐在钢琴前，将一个纸团展开，再用手抚平，演唱了早期版本的《夜鹰明信片》。这个姿态，一半为了演出效果，一半出于真心，然而仍旧呈现出由威兹自己严格掌控的歌词内容。这首歌是未经雕琢的钻石，是从马拉松般的历程中一板一眼地推敲出来的，是在烟雾缭绕的快餐厅的午

1　鲍勃·维恩歌曲里的人物。

夜咖啡中，在后台，或者远离家乡的汽车旅馆的深夜，一支接一支地抽着烟，等待着走向聚光灯的时刻写就的。

威兹引诱着（他至今仍然能做到）众多当代音乐同行形成对自己最有利的印象。约翰·哈蒙德回忆了1974年他在亚利桑那州的斯科茨代尔遇到汤姆·威兹的情形。当晚有约翰的演出，不过他提前来到了巴克尼大厅，想看看给自己暖场的艺人："当汤姆上台时，我忍不住怀疑地多看了几眼：'什么？那是谁啊？'不过那是在汤姆的声音直窜天花板之前。他唱了很多不可思议的歌曲，我甚至都不想看到他停下来。当汤姆表演完了，我自己都不想上台了。我想看他再演一场。不过我还是上台演了。演完后汤姆还在演出的地方闲待着，他告诉我他是我的乐迷。我说我从来没有听到过像他那样的声音……"

不管台上台下，汤姆都是一个生动有趣、魅力超凡的人。他的歌前献词可以打动任意不同的观众，这使得他的演出更加富有人情味。在一次演出中，他的献词主要是送给一位醉倒在前排的赞助商。及至巡演尾声，他的歌间逗趣变成了大段的幽默独白。在丹佛的演出中，他一次次谈起了丹佛臭名昭著的拉里莫大街，这条贫民街是他的英雄尼尔·卡萨迪、艾伦·金斯堡和杰克·凯鲁亚克在1940年代晚期走过的地方。威兹非常清楚把艰辛生活的现实带入艺术会产生的危险，正如命运多舛的凯鲁亚克一样。他总是站在自己激情的浪尖，如他自己所说，"忙得像个独臂贝斯手"。

采访汤姆·威兹

《民谣现场》，KPFK电台

1975年1月12日

霍华德·拉曼和洛兹·拉曼

拉曼（下简称拉）：你在路上跑了三个月？

汤姆·威兹（下简称汤）：哈没错，我快到圣诞节才回来。这趟巡演我从丹佛开始，到匹兹堡结束，演遍了夜店圈。挺不错的，跑了三个月。

拉：都是在俱乐部里？

汤：费城的一场是在音乐厅，剩下的都是在俱乐部。在这里的游吟诗人俱乐部演过很多。还不错。

拉：比给弗兰克和发明之母乐队做暖场强吧？

汤：那可不，比那强多了。

拉：你都被安排和谁一起演出？

汤：布法罗·鲍勃和豪迪·杜迪评论——那场我演得很棒。我当时在密歇根州东兰辛一间名叫马厩的俱乐部里。那还真是一间旧的马厩，被他们改成了俱乐部。假如晚上关门后你去听，还能听到后排的纯种马在叫。那是很大的一个地方，像大斗牛场那么吓人。在那里要演像样挺困难的。还有一次，我出现在玛莎和范戴拉合唱团的演出单上。那里的舞台像邮票那么大，他们答应给我一架钢琴，所以就把钢琴放在老后面，也不说什么时候把琴搬上台。我登上了不少奇怪的演出单，也有不少好的。我给比利·普雷斯顿做了一次暖场演出，那可真是个坑。我也接过不少好的演出单。偶尔你会被扯进糟糕的排班，不过时不时又会进好的演出单。我愿意给每间我所在的俱乐部的头牌艺人做暖场，不管是谁，所以我不跟乐队一起巡演了，我就自个儿走。

拉：你上一张专辑颇受好评。你现在已经开始准备新专辑了吗？

汤：呃，对，不过我还没进录音棚，正在给新专辑写歌。也许叫《安乐街》，我不知道，我还在把玩一些想法，所以现在算是在处理一些素材了。

拉：你在巡演路上会写些什么吗？

汤：那很难做到，在路上就很难有机会安心坐在琴键前，除了演出的时候。大部分时间我一晚演两场，有时候演三场，连续六晚，然后空着第七晚，比如周一。有时候从周一演到周六，有时候周一到周日，所以很难找到机会专心坐下来推敲音符。我写了不少主歌的部分，但这的确是个问题，在路上。我说不清，可能每个人都要有不同的氛围才能创作，我还算应付得来。大概5月的什么时候我会进棚。我现在在家待了好一阵子——有大把时间写歌——

但在外面写歌就挺难。

拉：你一直在完善自己的歌曲，甚至《我挡风玻璃上的钻石》现在都和专辑里不一样了，对吗？

汤：对，没错。每个写歌的人都有备用零件，只是拆掉和重装的问题。它就像一个化油器。我要炫弄这辆1954年款凯迪拉克的汽缸垫。我买了这车，第一次从车商那儿买车，我之前并不知道他们都是骗子，职业诈骗犯。我当时在胜利大道的伯班克，去了这家名叫杰里·李的二手车店。我看到了这辆黑色1954款的凯迪拉克，着迷得不行。它是1954年后期款，豪华型，我发誓它跑起来像台缝纫机。我有一辆老奥兹莫比尔车，雪佛兰出的破烂，你开出去在街区里转转，它一到路口就得咳嗽几下。我花了四百美元买这辆该死的凯迪拉克，直接开去诺加莱斯，还真能跑，一路都在哼哼。这车有最具音乐天赋的传动系统。

拉：你上回提到的那辆雷鸟怎么了？

汤：我就停那儿了。我会把它当作我的办公室来用。不怎么打算开了。那辆车是猴屎褐色的，状况很糟糕。我离开佛蒙特州的时候在雨中卷进了一起四车追尾事故，我负全责，那是我第一次出车祸。我也就跑个二十五迈，车来车往的，你知道红绿灯打下来是怎样的，他们说塞车了，但看起来因为有交通灯，大伙都跑得挺畅快，整个街上一片彩虹渐变效应，詹姆斯·布朗的《爸爸买了个新皮包》从电台里冒出来，我于是彻底精神恍惚。因为这首歌人生第一次出车祸，我觉得也算是值啦。

拉：你也许会为这事儿写一首歌？

汤：不，我接下来六个月得隐姓埋名。我有律师什么的。我们不该在广播里聊这事，但这种事也稀疏平常。我的雷鸟临时发生故障，这回还是开不了。我就把它停那儿，准备啥时候上街用二十五美元卖掉。现在我有这辆凯迪拉克，它很棒。它有液压流体传动的声音，听起来就像“啦啦啦啦啦”……很美好的一辆车。我从不为经济实惠牺牲舒适性，不过这车爱吃油，吃壳牌汽油吃到发疯，吃不够。

拉：你写歌的时候脑子里会装着其他什么事儿吗？

汤：有一两回。通常不会。你要是写歌的时候，脑子里还想着财务、结余、股息、约会、长绒毛地毯、卡温格大道写字楼十五层的涤纶面料、富美家牌咖啡桌什么的，那可就很难了。我经常试着，像我前面说的，营造一个不同的氛围来创作。就拿《安乐街》来说，我创作时好像处在繁华城区的肠道当中，用这种视角写歌，而不是，我不知道，用你的巴赞提（Bazanti）靴子上从长毛绒地毯上蹭来太多的哈巴狗屎。那样你啥也写不了。

拉：你有没有用什么法子来强迫自己写歌？

汤：我车库里有把老虎钳，我把自己的脑袋卡进去，拧紧。好吧，我从不强迫自己写歌，但是你如果不偶尔下点苦功夫，你啥鸟歌也写不出，所以我常常试着去敦促自己……我现在有机会给芭芭拉·史翠珊写几首歌，这差事挺难的，我是说给自己之外的人写歌挺难。我在写几首她可能会唱的。我打包票她那里有几千首这样的歌，不过至少我也把自己的筹码放进去了。我不知道。咖啡和啤酒常常能帮我营造创作氛围。奥尔森太太[1]在背后盯着我有很多年。我对麦斯威尔咖啡有瘾，这在写歌时常常能帮到我。你永远不知道下一刻会撞上什么样的灵感。

拉：在游吟诗人俱乐部，小壮举乐队（Little Feat）的那些器材好像弄得你挺尴尬的？

汤：他们舞台上有不少装备。我差点给挂那儿的那些个小镲片做人工结扎手术。有很多电子装备摆在那，逼得我东躲西藏，不过演出效果还行，我觉得。我也就用了一盏聚光灯，而不是想让所有的铬合金器材都亮起来。开始演出那晚，我喝得很高，有不少媒体记者什么的在场，容易把你弄得神经过敏，我想。然后我去了明尼阿波利斯，再然后去了匹兹堡，然后回家。那是最让我神经紧张的一次演出。其他因素不谈，我从未在那里演出过。我在

1 由著名演员弗吉尼亚·克里丝汀（1920—1996）扮演的广告人物，以端着一杯福爵牌（Folgers）咖啡的形象在美国家喻户晓。

那里玩过几次“夜猫子叫”，所以在那里正式演出，不管怎样都有些难，不过最后还算顺利。

［开始弹《为月亮醉倒》］这是关于科罗拉多丹佛的一首歌。我每次都住在一个叫作牛津旅馆的地方，它位于十七街和花齐街（Wazee）交叉处，离拉里莫大街就一个街区。拉里莫大街可是牛鬼蛇神出没的地方，那帮人就靠倒腾垃圾桶里的照片过活。小伙子，那可是老凯鲁亚克和卡萨迪踏足过的地方。现在有不少变化。他们造起了所谓的拉里莫广场，好像是个当代的、类似精品店的小购物中心。这看起来荒谬得可怕——因为街对面就是一群守信的、虔诚的酒鬼，他们毫不隐瞒地出现在一个叫作杜松子磨坊的门前。还有一个地方叫终点酒吧，离圣菲火车站一个街区。他们管那里叫作终点酒吧，可是谁也不知道二十年后的今天，那里真的快被临终病人塞满了。这首就叫《为月亮醉倒》，有各种不同的月亮——银色光洁的月亮、白色母球似的月亮、涂了黄油的母球月亮，都从一面开始往下融化——而这首讲的是麝香葡萄酒味的月亮。

1975 年初，威兹坐在马可·巴拉对面接受采访，他发誓要维护自己艺术的真诚性，不管别人会怎样理解他。他要求采访人尽可能接近事实，一点也不要美化他的形象、美化他们和威兹相逢时粗鄙的周遭环境。巴拉回忆道：

> 我在 1975 年为《洛杉矶自由报》做了一趟汤姆·威兹的采访，从头到尾都很享受这差事。我承认我那会是他的忠实粉丝，那时的报纸编辑约翰·卡朋特也是，我们在几天前的晚上刚看了他在好莱坞游吟诗人俱乐部的现场演出，那俱乐部和我们坐下采访他的公爵咖啡馆以及棕榈酒吧在同一条街上。那时正是卡朋特主张把自己的报纸打造为西海岸版的《乡村之声》[1]，重点关注音乐和电影，不

1　美国纽约的文艺报刊，创立于 1955 年。

幸的是，不到一年后，他在一起肇事逃逸的案件中遇害。至于采访本身，威兹一开始有点儿紧张。他对我们当时这位特刊主编抱有超乎寻常的尊重，因为他知道这篇稿子会由这位编辑来审阅。汤姆让我把他提供的信息表达得尽量准确，尽管当时也有啤酒和幽默。我记了笔记，和他一起又过了一遍。然后汤姆给了我发表的许可。这是几年前的事情了，但我欣赏他现在的作品超过之前的任何时期，包括他的古怪，那是建立在辛酸、怀旧和真实的永恒基础之上。

汤姆·威兹：洛杉矶是诗

《洛杉矶自由报》

1975 年 1 月 17 日

马可·巴拉

“你知道有蒙蒙的细雨打在窗玻璃上，一根霓虹调酒棒搅动起夜晚闷热的空气，贝尔蒙特大街交通堵塞如同即兴演奏会，而黄油母球月亮如同一块黄色饼干，特立独行地滚过黑曜石天空……大巴车纷纷呻吟着、粗喘着开过这片街角，而我在无眠的大街上冻僵，午夜从安乐街起步穿过城市的道路，街上漫步的电影观众和外地访客挤成一团团死结，而一座座高大楼房亮起灯就像一排多米诺骨牌……现在你认识了所有穿普瑞纳棋盘格休闲裤、戴福斯特·格兰特面罩式墨镜的二手车销售员，他们在厄尔·谢布公司 39.95 美元的五颜六色的商品前来回踱步，像一群拱廊里的烘焙厨师，他们都身穿豹纹夹克，染成蓝色的粗布上面印着彩色电视测试图，双面针织涤纶休闲裤暗示着某种得州姬兰[1]式的日常。

“他们说，‘你好，傻瓜，我们看得上你的钱，就像看得上这里其他人

1 美国女影星玛丽·路易丝·姬兰（1884—1933）的艺名。

的一样’，然后引诱着所有来回漫步寻找新玩意的丑角水手：新油漆，厂房空气，短波－长波的梦想……可你知道那些尿黄色的、没有执照的个体出租车挤在出租车区，他们像弹子机一样等待着开始一段去往某个神奇之地的愉快旅行，抑或在像‘欢迎卡车’这样尘土飞扬的路边小餐馆边排队等待，那里满是刹车片已破产的高速前进的彼得比尔特牌、肯沃斯牌、吉米牌卡车；他们超期驾驶、营养不良、被拖欠工钱，迟到一天少给一块钱，他们大眼圆睁眼皮降了半旗而我就在那个角落……

“我站在角落，像一个刚进城的小镇青年在街角，叼着根没屁股的香烟，一边抚摸山羊胡下巴，尝试着某种柴郡猫招牌式咧嘴笑，一边扶着一根根停车计时器当拐杖……我来到这里醉醺醺地漫步。我是……你知道太阳身披黄色爬出二十三号大街街尾的窨井盖孔，而吸血鬼的月亮躲在阴暗处寻找道路，好回到圣莫里茨饭店预付了房费的房间，而轻轨列车闯过高架桥，听上去像吉恩·克鲁帕[1]的鬼魂身背一只上凸轮和一排玻璃排气管，晃荡在白鲑池斯诺克台球房，塞了一个又一个五分硬币……

“是啊，塞了一个又一个五分硬币，那钴蓝色的梦都冒了烟，电台呻吟出金曲串烧，粉笔吱吱作响，地板嘎嘎摩擦，奥林匹亚啤酒灯牌透过黄色灯罩的裂缝眨着眼，而杰克·钱斯身子靠着一台沃立舍牌钢琴，面对一记三球入袋瞪大了眼……

“我在寻找某种带来浪漫股息的情感投资，倚靠着楼梯栏杆，逗留了……又逗留了一个酩酊大醉的礼拜。”

汤姆·威兹懒洋洋地坐在公爵咖啡屋角落的凳子上，一叠报纸散落在他脚下，面前的吧台胡乱摆着些空酒杯、烟灰缸和一堆合订本——某种自拼贴刊物[2]，他回顾着自己在路上的三个月，然后回到圣莫尼卡大道的家中，就在这里，在热带汽车旅馆（Tropicana Motel）楼下的这间明亮、嘈杂、繁忙的公

1　吉恩·克鲁帕（Gene Krupa，1909—1973），美国著名爵士音乐家。

2　自拼贴书刊指用从报纸杂志上剪下来的字母或素材拼贴出的图稿和文章，威廉·巴勒斯以此发展出“拼贴”写作风格，后来的众多朋克乐队以此风格做专辑封面。

共餐厅里，他戴着帽子、穿着马甲，衬衫皱了吧唧，眼中带着一点疲倦、朦胧和警觉—— 一个狡黠的微笑从一只空咖啡杯上升起。

“我爱这座城市，”他说，“我爱洛杉矶，不过现在我的感受还有点模糊，因为我还没有一辆车。”

“我在找一辆车，要找到一辆像模像样的车还挺有点压力，你知道，弄不好就会碰到‘你丢下一百美元买了辆车，然后又耗去三千五百美元，它却反过来，挖去你的双眼，你只得用十二美元把它卖掉’的情况，我是说你不能老是办这样的事儿。”

我觉得汤姆·威兹的歌曲和故事里总提到别克路霸（Roadmaster）和颇具音乐天赋的液压传动声，以及一种更古老的、已经过时的价值体系，即舒适性是最核心的要素，并且像他说的那样，“你就在汽油表上盖一大块胶布得了，反正知道这车开得到希拉本德”。

我建议他买辆奔驰或保时捷，最好车顶还有滑雪板架。

“啊哈。我得考虑自己的形象啊，我其实想要的是一辆有创意的战车，比如老款的普利茅斯。一辆普利茅斯蝙蝠车，或者那种体型好看的车。”我们决定丢下癫狂吵闹的公爵咖啡馆，到街上溜达溜达。当我们坐定在棕榈酒吧畅饮啤酒，谈话继续。

“我喜欢开车，”他说，“这对我写歌很有帮助。每个人需要不同的创作氛围，对有些人来说是射进阳光的百叶窗，或者身处落基山脉，或者在一间为保护你而消过毒的房间里。”

“现在乡下是没有音乐的，音乐都在城市里。二十七街的交响曲。交通堵塞的即兴演奏会一直不断。有时候我在外面路上，几乎愿意割掉我的左肾来换取下午五点半在海港高速上的时光，就为听听那声音。我爱这声音。”

我觉得他刺耳的声音让我有点难以消受，不过他的情感却让我颇为欣赏，尤其考虑到他的表达丝毫不带有那些才华低劣、只知浮夸虚饰之人常有的矫揉造作。汤姆·威兹对连续用卷舌发元音和辅音很有感觉，他将之拼凑起来，以一种真诚诗意的媒介来叙述体验，只是很不幸，他的处理方式并非总是富于启迪。

灰色的五十年代

汤姆·威兹的自我认同感可以追溯到灰色的、因酒精而恍惚的1950年代，那时感知的程度和激进的艺术奇想迎面撞上——如他自己所说——“吉列蓝色剃刀疗法”，以及那种对恐惧的刻薄批评。凯鲁亚克的鬼魂、流浪汉格雷戈里·柯尔索，还有那群彼此隔绝、理想不停幻灭的酒徒们，他们偶尔触到了未掺水的才华。

“我只是刚刚到来，恰好发现自己找到了这样一种生活方式。至于如何跟那些个流行的、时尚的生活方式——无论在我之前的，还是当下时兴的，抑或将要到来的——联系起来，我可没法知道。我就是我行我素。”

经验似乎是最好的老师，威兹从“圣地亚哥拿破仑披萨店供应至凌晨三点、变戏法一般的披萨”中获得参照，“那气味从最前面的顾客队伍，一直游动到这座都市的肠道，游动到深夜的瑙加海德革[1]人群。而我从学校里什么狗屎东西也没学到”。

与此同时，对文学的爱好似乎并未离身，亦并非不可及。威兹把他折中式的阅读称作一种“自然的进步”，那是促使他从披萨店迈向舞台的动力。凯鲁亚克的影响、游吟诗人俱乐部的试音、唱片合同，一切似乎都适得其所。他最为专注的这份爱好并未有什么充分缘由，只想用以扩展自己的历程，拉近和观众之间的距离，并让自己持续成长。

“我试图把自我带到舞台上，做到某种程度的自由发挥，让自己尽可能生动有趣、令人愉快而不去默记任何东西。我想避免表演的矫揉造作。”

他和观众的融洽互动，源于一种散漫不羁的酒吧幽默，包括那些尴尬事、聪明的示拙、闲聊的回忆和时机恰到好处的段子包袱。

1　一种家具装潢用的织物，表面涂有一层橡胶或乙烯基树脂。

“我喜欢漫画。我喜欢那些让自己的舞台表现带有幽默感的人。我不喜欢那些带着半职业的颓废感登台，总想告诉你他们内心是多么伤痛的人。舞台表演应该带有补偿观众的娱乐价值。我不喜欢整个氛围像在教堂里。”

威兹总是单独表演，他称之为“一条通往观众的快车道”。在俱乐部圈子里作为暖场艺人超过两年，他经历过的观众从“喝香蕉代基里酒的人群到刚刚干掉两三瓶‘清洁先生’的十五岁小屁孩”，不一而足。

他在下一次路上巡演中，将会作为主角登场，然而，这并不是他专注于实现的目标。他还有其他更崇高的抱负：“有一天我要开一家修车厂，或者二手车卖场。那才够派。”

现在，暖烘烘地晒着伴有康胜（Coors）啤酒的夕阳，汤姆·威兹将暂时安心于磨练技艺，去录制他的第三张也是最重要的一张专辑《安乐街》，从上一张专辑《星期六夜晚的心》来看，销量显然好到足够让他继续音乐事业。他没有进入金曲榜单、称雄前四十位的野心，他忠诚于一个清晰明确的口头传统，这种传统当下的范例是嬉皮－圣贤哲学附录，是棕榈酒吧的背景幕布，是一块洛杉矶的欢迎横幅，是一个新的开始。

一天晚上，在北好莱坞帕洛米诺俱乐部一场热烈的演出结束之后，汤姆·德莱尔坐在威兹的车里，“威兹开着他的1954年款凯迪拉克，载着约翰[即约翰·斯图尔特，金斯顿三人组成员]和他的客人去约翰和巴菲的家里。他开车开得疯狂，边开边抽烟，高谈阔论、手舞足蹈，当他终于在约翰家门口停车时，约翰是手脚并用从他车里爬出来的，下车就亲吻大地，庆幸自己还没死”。汤姆是名副其实的夜鹰，正如他歌里写的那样，忍耐着凌晨时光的他不停讲段子，滔滔不绝地引用诗歌段落，还不断唱歌。德莱尔凌晨四点离开，可他中午回到斯图尔特的家中时，发现威兹还醒着。“太阳直射太平洋，暴晒着马里布路，威兹斜瞥了一眼窗外说：‘我在等黑夜再次降临。还有多久？’”

在舞台上，他通过一场又一场的表演，来塑造自己的舞台念白，磨砺出兼收并蓄的综合，以优雅的狂暴、圆熟的抒情传递。他像机关枪一样射出变形的垮掉派文学、民间智慧和流浪汉的机智，有时能把观众吓着，但乐评人凭直觉就能看出他的艺术天赋。约翰·兰多，《滚石》杂志的一名记者写道："舞台上的威兹是要让人行注目礼的。他上蹿下跳、手舞足蹈，从他上台一直到离开，响指打个不停。他已经进化到可以用他的语言来指挥整场演出。他说的和唱的几乎一样多，但是他没有泛泛地说唱。他已经变成了一个讲故事的大师，整场演出就像一篇长长的故事被美妙地讲出来。作为我见过的顶级表演者之一，他整场演出都处在最高的能量水平。"

在威兹的表演和舞台能量背后，他有一整个贮藏音乐元素的兵工厂，源源不断地让他激发出新的可能性。弗朗西斯·图姆是威兹在圣地亚哥的朋友，两人于 1969 年认识，他是风格多样的哈里·帕奇[1]乐团的成员。帕奇创造出一种音乐肢体语言，对威兹产生了深刻的影响，激发了他的灵感。图姆曾经和莱昂纳德·伯恩斯坦一起学过指挥，2004 年 10 月 3 日他和《圣地亚哥联合论坛报》记者乔治·瓦尔加分享了他和威兹在一起时的经历：

> 汤姆有一种他自己从不承认的音乐背景，一种很老派的音乐背景，那就是在家里做音乐。他从他妈妈和教堂歌曲里受到很多这种影响。当我们见面时，我们发现我俩在一起唱格什温的伟大歌曲。我俩就像一对养老院的老人那样坐在钢琴前，唱遍格什温的歌曲。汤姆对在音乐中调用演奏元素非常在行。对他来说，古典或者其他什么音乐风格都无甚区别。他是声音和音乐的奴隶，你在替他弹任何曲子的时候都能一下子抓住他。这是一种童年就养成的反应，同时也是精炼出来的。

1　哈里·帕奇（Harry Partch，1901—1974），美国自学成才的作曲家、音乐理论家和乐器发明者。二十五岁前曾创作几部大型作品，但予以毁掉。大萧条时期在全美流浪。

“威兹：垮掉派继续上路……”

《旋律制造家》杂志

1975 年 6 月 21 日

杰夫・伯格

纽约——看起来他像是扒了辆货运火车进城的，汤姆・威兹坐进了一家便宜又吵闹的快餐厅里。

他把腿伸在两人坐的凳子上，叫了一杯啤酒，点上一支老金牌香烟，打手势叫他的同伴安静下来。

盘子和玻璃杯在周围叮当作响，让人几乎听不见喇叭放出的器乐声，但是威兹听出了曲子的旋律，并补上了歌词：“很快就要下雨 / 我可以感觉到 / 很快就要下雨 / 我就知道 / 很快就要下雨……”

汤姆靠上椅背，喝了一口他刚才即兴演唱时送上来的啤酒。“这地方可真够坑的，”他说，然后咂了咂嘴唇，心满意足地瞧了一圈这间灯光昏暗的小饭馆，“不过我喜欢这里。”

汤姆把他的《关门时间》和《星期六夜晚的心》两张专辑叫作“文凭”。他解释说：“出了一张专辑就好像你进了大门；你要是没出过一张、两三张专辑，你就没法在这些该死的俱乐部里演出。就算你出了专辑，你也得面对巨大的竞争。”

虽然，如他自己所说，汤姆・威兹“可不是什么家喻户晓的名字”，但他现在很成功。他那黑暗基调的民谣曲——让人脑海中浮现起垮掉派诗歌中夜晚世界里的流莺、水手、女服务生，还有卡车司机——已经被诸如伊恩・马修斯、李・海兹尔伍德、蒂姆・巴克利，甚至老鹰乐队翻唱过了（老鹰在他们的销量冠军唱片《边境线上》里翻唱了威兹的《Ol’55》）。

作为一个事业冉冉上升的表演者，汤姆遇到了属于他的一群狐朋狗友，他们显然不比大型演唱会或唱片公司办公室更合他的意。

“你得了几天空闲，”他边说边大口灌下剩余的百威啤酒，“然后突然就发现，什么人都是你的哥们了。什么人都跑来问你问题，都来自信满满地拍你的照片。”

“不过写歌需要的是很个人化的努力。你只要抓住自己的创作想象力，然后专注于此，就会得到自己的东西。你知道现在做的事里有什么让自己感到骄傲。你知道自己在哪儿，也知道自己走了多远。”

1965 年，十五岁的他找到了第一份工作，在加州纳雄耐尔城的披萨店度过了四年，干过厨子、洗碗工，还有厕所清洁工。然后他突然开始像换衣服一样频繁地换工作。

“我在珠宝店干过，”他回忆说，“还干过一阵子消防员，也开过一阵子冰激凌车。干过邮递员、酒保，给几家俱乐部看过大门。你知道，就是到处混日子，想办法付上房租。”

玩着自己版本的“我的台词是啥”[1] 的同时，汤姆开始在一把旧吉布森木吉他上写歌，盘算着追寻音乐梦想。他在圣地亚哥的几间小型夜店演出过，随后又去了洛杉矶的游吟诗人俱乐部。

每到周一晚，这间俱乐部会对所有到场的歌手开放舞台，汤姆坐着大巴从一百五十英里之外的圣地亚哥赶来。在排了几小时的队后，他会被叫上舞台演唱少数几首歌，之后他就得去赶回程大巴，等他到家时第二天的太阳都已经升起了。

1972 年的一天晚上，弗兰克・扎帕和蒂姆・巴克利的经理人赫布・科恩听到了汤姆在游吟诗人俱乐部的演唱。他对演出印象深刻，于是把汤姆加入了他的客户花名册，随后帮他拿到了庇护所唱片公司的合同。两年之后，汤姆不再需要经历长途大巴旅行和试音的麻烦。他收到一场接一场的演出约请，也因此负担得起赶场演出的飞机票了。

如果说音乐最终反映了他生活方式的变化，音乐也暗示着他忽略这种变化的意愿。汤姆仍然依恋他在拿破仑披萨店打工以及后来到处打零工的艰难

1　一种桌上游戏。

岁月中保留下来的生活方式。

同时他也证明自己一直迷恋着那种许多作家经历过的、稍纵即逝的狂喜迷醉，如杰克·凯鲁亚克、劳伦斯·费林盖蒂、艾伦·金斯堡、雷·查尔斯，还有摩斯·艾利森。

正如垮掉派诗人的阅读都是由不唐突的爵士乐做伴一样，汤姆也采用简单的、爵士风味的乐器编排。在他的专辑里，汤姆弹着一架温柔的钢琴，搭配着小排场的、贝斯为主导的伴奏组。在舞台上，他总是独自表演，伴着最少量的音乐，有时甚至完全没有。

“我现在做的是念白，”他在快餐店里，边喝起第二杯啤酒边解释，“我被认为是一个歌曲创作人，所以我得留意这个。我听自己唱歌都听得烦了，更喜欢说点什么。我不把它叫作诗。因为我有太多自己崇拜的诗人了。不过他们都延续着一种口头传统。我把那叫作‘都市不知所云’。”

汤姆从口袋里掏出一张纸，大声说“这首叫作《安乐街》”，然后扔下纸，凭记忆背诵。

背诵完毕，汤姆点上一支老金牌纸烟，舒服地靠回椅背。在他面前的富美家牌塑料餐桌上，摆的是空空的啤酒杯、满满的烟灰缸，还有几张纸，上面有他手写的诗。汤姆环顾了下周遭，然后说自己得走了。

你也许会以为他要跑去扒货运火车，和艾伦·金斯堡一起在某间彻夜不休的爵士俱乐部里朗诵诗歌，或者和凯鲁亚克一起醉倒。可是汤姆从没扒过货运火车，从未认识金斯堡；至于凯鲁亚克，他当然已经死了。

汤姆的世界并不是他生活于其间的那一个，而是他阅读、想象并在他的诗和歌中描绘的那一个；他真正的朋友也不是那些宣传人员、作家、记者、预约员，或者那些围在他身边的俱乐部经理，而是杰克·凯鲁亚克们、艾伦·金斯堡们，还有兰尼·布鲁斯[1]们，是那些流连在他脑海风景中的人们。

1　兰尼·布鲁斯（Lenny Bruce，1925—1966），美国单人喜剧演员、社会批评家、讽刺作家。

汤姆对纳特·亨托夫[1]的一篇文章的回忆，似乎总结了这位歌手的时空错位。“亨托夫讲的是旧日时光，”汤姆解释说，一边把手伸进口袋找零钱给服务员，“他说在街上碰到了迈尔斯·戴维斯；他好几年没有见到戴维斯了，还在想戴维斯见到他会是什么反应，因为他俩曾经走得很近。他们相互拥抱什么的，然后戴维斯说：‘我们是从另一个时代来的，纳特，我们需要我们的老朋友。’”

汤姆离开座位，穿上外套，若有所思。“我们需要我们的老朋友。”他重复道，“这话真的很动人，我觉得。”

1　纳特·亨托夫（Nat Hentoff，1925—2017），美国历史学家、爵士乐和乡村音乐评论家。

小饭馆的夜鹰（1975）

在汤姆·威兹与杰夫·伯格重要的访谈见于《旋律制造家》杂志几周之后，他和乐队正严加排练，准备录制他的第三张专辑，这张专辑将被命名为《小饭馆的夜鹰》。博恩斯·豪对《声上声》杂志（2004年1/2月刊）回忆道：

> 我们采用的是现场录音的方式，这对于一个还算是新人的音乐人来说，并不是寻常做法。赫布·科恩和我都有一种感觉，即我们需要更清晰地展现出威兹爵士乐的那一面。在舞台上，威兹是一个伟大的表演家——赫布让他只拿一把箱琴吉他去给发明之母乐队暖场，那对任何人来说可都是火的洗礼，得把挑衅者们吼回去，才能做你的演出。我告诉汤姆他应该弹钢琴演出，他回答说[豪几乎完美地模仿出了汤姆标志性的吼叫和变调]：“可那里从没给我摆一架上去！”因此我们谈起可以录一张专辑，让它充满现场的感觉。我们考虑过在俱乐部里录，但是出名的那几家，比如“游吟诗人”，在当时看起来，几乎就像是厕所间一样。
>
> 然后我想起来，芭芭拉·史翠珊在老牌的唱片工厂录音室（Record Plant Studio）录过一张专辑，它当时就在三号大街上，离卡温格大道很近。

“唱片工场”大到能坐得下一整个管弦乐团，录音控制台都装了轮子，因而有足够的机动性。科恩和豪想出了一个主意，搬来桌子和椅子，给录音棚其他房间装满观众。“我叫来了迈克尔·梅尔文弹钢琴，他一直是最棒的爵士编曲家之一；我让吉姆·胡格哈特弹[立式]贝斯，比尔·古德温打鼓，还有皮特·克里斯特利布吹萨克斯。专辑全都是爵士韵律的选段。赫布把入场券分发给他的朋友们，我们搭设了一个吧台，在桌上放了薯片。票全部售罄，两个晚上，一晚上两场。”

四场演出在1975年7月30日、31日两天内上演。为了演出的必要程序，威兹请来了一个叫德瓦娜的脱衣舞娘做暖场表演。当威兹出场时，他在面向乐队前就开始说唱《情感天气预报》，并在他们演奏时读分类广告。胡格哈特告诉《贝斯杂志》：“为了准备这次演出，我们得把所有的材料提前背下来，因为威兹什么都没写在纸上。所以最终，我们在录音棚里从头到尾把演的东西排练了四五天。那可真是个苦差事。不过实际上，我们在录音开始的时候就都准备完善了，那是我一辈子录音录得最快的两天。可真是好玩。有一些曲子不是你通常叫爵士乐的东西，不过大体而言，这的确像是一张爵士乐唱片。”

庇护所唱片公司在1975年10月发布了《小饭馆的夜鹰》专辑。对于这张以酒精助燃诗性的双面密纹唱片，这部出自如此年轻、尚未扬名的音乐人的反常规作品，庇护所唱片的文案为之奠定了基调：

汤姆·威兹，迟到一天，少一块钱
他口含酒瓶，他脚踩油门
音乐回荡在麝香葡萄酒天空下。

对于迈克尔·梅尔文来说，威兹的歌曲有一种让人行注目礼的魄力。它们是“第一流的美国诗歌”。在向汤姆·威兹的传记作家、《狂野岁月：汤姆·威兹的音乐与神话》（2006）的作者杰伊·S. 雅各布斯详细描述这段经历时，迈克尔声明：“我那时觉得、现在仍然相信，我面对的是世界级的诗歌。我在学校里的学位是英语文学，所以我觉得面前这位是最伟大的垮掉派诗人之一。汤姆的作品是那段经历的对位。我被它的丰富惊住了。”专辑的封面图案描绘了威兹在一家老式快餐店里凝视着玻璃窗外，摄影概念受画家爱德华·霍珀[1]1942年的作品《夜鹰》启发。

《夜鹰》发布后不久，威兹开始了宣传唱片的音乐巡演。1975年8月30日，他为朱迪·柯林斯的一场户外音乐会做暖场演出，那可不是一个威兹通常会做演出的场地。《公告牌》杂志注意到："汤姆·威兹穿着他皱巴巴的暗黑西装，唱着他皱巴巴的暗黑故事，在这个阳光灿烂的下午注定是没法入戏的，尽管他借机唱了几首新作品，里面洋溢着他前期作品中的那种天赋异禀的才华。"

在大部分的巡演中，汤姆·威兹为歌手邦妮·雷特暖场演出，演了很多场，一直延续到1975年11月。有几次，汤姆·威兹在把他的音乐传递给观众时还是遇到了困难，他们对暖场演出或者他不时穿插的语无伦次、含混不清的独白不耐烦。当他在科罗拉多州莫里森市的红岩圆剧场为老鹰乐队做暖场演出时，威兹被人从中途嘘到结束。老鹰乐队为此十分不悦，他们告知观众被嘘的这位先生就是他们的打榜金曲《Ol' 55》的原作者。这种事一点也不会吓到具有斯巴达人秉性的威兹，因为他已经创造出能测验观众期待值的艺术形式，也找到了对付没规矩的挑衅者的方法。

1975年10月，作家托德·埃弗雷特找到威兹，邀请他为《洛杉矶自由报》做一次新的采访。"我得感谢罗杰·佩里，他是游吟诗人俱乐部周一晚民谣自荐歌会的组织者，他向汤姆透露了我的来意。"埃弗雷特回忆道，"尽管汤姆的影响力很显著，他也会让自己的影响力显得恰如其分——世上的其他人还在崇尚长发飘飘、内心敏感的创作歌手呢——所以这显得尤为独特，振奋人心。另外，他的歌被布鲁斯·斯普林斯汀、约翰·斯图尔特，甚至老鹰乐队所欣赏，被他们拿来翻唱，却没有冲淡他自己的版本。"

---

1 爱德华·霍珀（Edward Hopper，1882—1967），美国绘画大师，以描绘寂寥的美国当代生活风景和人物闻名。

汤姆·威兹：与街头紧密联系

《洛杉矶自由报》

1975 年 10 月 17—23 日

托德·埃弗雷特

尽管他很注意避免这个称呼，汤姆·威兹实际上就是一位诗人。他更愿意承认自己是一个歌曲创作人：他当然是，而且肯定是很棒的一个。

对贬低他的人来说——他们对威兹毫无影响——他是一个在舞台上满口胡言乱语的酒鬼：一个迈着虚步走上舞台的醉汉，对观众咕哝着一大串毫无意义的音节。对那群在数量上压倒贬低者的威兹乐迷来说，他是那个我们都在等待的“与众不同的家伙”。他们会告诉你这个留着山羊胡的叫花子有着如此伟大的才华，让你根本没法忽略：是他最先成功地把 1950 年代格林尼治村的垮掉派文化融入目前能召唤听众的艺术形式中，让今天的观众也觉得兴致盎然。

威兹，在他二十出头的年纪，用宗教般的热忱吸收了这份意蕴丰富、影响深远的文化养料。他在十几岁时就接触到了它：在那个年纪，我们中的一些人发现了鲍勃·迪伦，有些人找到了摇摆爵士，还有一些人找到了布鲁斯·斯普林斯汀。十几岁是重要的、易受影响的年纪。威兹在那时找到了凯鲁亚克。

“我猜想每个人都会在生活中的某个阶段读起凯鲁亚克。虽然我是在南加州长大的，他对我也还是产生了巨大的影响。我开始戴墨镜，给自己订了《强拍》杂志……我有点迟了。凯鲁亚克 1969 年死在佛罗里达州的圣彼得斯堡，一个苦涩的老人。”

“我逐渐对各种风格感到格外好奇，超出其他一切兴趣。我发现了格雷戈里·柯尔索，还有劳伦斯·费林盖蒂……金斯堡到现在还会时不时写点新东西出来。”

影响来源逐渐变得多种多样。如喜剧演员洛德·巴克利。还有肯·诺尔丁，他的“词语爵士”是一种说故事和即兴爵士乐背景的独特结合。还有雷·查尔斯、摩斯·艾利森、詹姆斯·布朗。

“汉诺威唱片公司在 1957 年出了一张叫人着迷的专辑叫作《凯鲁亚克/艾伦》，就是凯鲁亚克讲故事，史蒂夫·艾伦在后边弹钢琴。这张专辑似乎概括了这一切。因此，我也想要某种我自己的口语作品。”

口语作品就是立刻能把汤姆·威兹和当代大多数的音乐俱乐部表演者区分开的东西。鲍勃·迪伦几年前也有过同样的发现：一个人并不需要把全部词语都塞到音乐里（“如果我能唱出来，它就是一首歌，”那时鲍勃·迪伦说，“如果唱不出来，它就是一首诗。”）

“诗是一个很危险的词，”威兹说，“经常被误用。大多数人一提到‘诗’这个词，就想起在学校里被绑在课桌前背诵济慈的《希腊古瓮颂》。当大多数人说他们要给我朗诵一首诗时，我宁可换成其他东西。我不喜欢被称为‘诗人’，所以我把我做的东西叫作一种即兴的冒险，或者一种酩酊大醉时的口头游记，然后突然之间，一切就有了全新的形式和意义。”

“如果我因为受限而不得不把自己称作什么，我宁可称自己为‘讲故事的人’。每个人对诗、对谁是诗人都有他自己的定义。我觉得查尔斯·布考斯基就是一个诗人——我想大多数人都能同意。”

威兹，作为一个在南加州几个不同的郊区长大的人，经常往返于圣地亚哥和“游吟诗人”的周一晚民谣自荐歌会之间，那时他被赫布·科恩发现。科恩曾作为洛德·巴克利的经理人，现在也为弗兰克·扎帕（当然也包括威兹）打理业务。“你上午十点赶到‘游吟诗人’，等上一整天。他们只让队伍前头的少数几人晚上演出。当你终于上台的时候，你只能表演四首歌，且只给十五分钟。这把我吓得屁滚尿流。”

然而，在科恩看到威兹的第一个晚上，一份合同就提交给了这位饿肚子的讲故事的人。

在相对短暂的时间里，威兹和当时还算新的庇护所唱片签了合约，他的第一张专辑由爱之匙合唱团前成员杰里·耶斯特操刀制作。《关门时间》作为专辑的标题，实际上反映了整张专辑的氛围——深夜里的一间烟雾缭绕、人潮散去的酒吧，伴着叮咚作响的钢琴、幽微细腻的韵律，还有威兹低吼出的歌词。

其中，《Ol’55》这首歌被同为庇护所唱片旗下的老鹰乐队选中，收进了他们的专辑。这首歌和威兹的其他歌，日后陆续被蒂姆·巴克利、李·黑兹尔伍德、伊恩·马修斯以及埃里克·安德森翻唱并收入唱片。约翰·斯图尔特和贝蒂·米德勒则在自己的现场表演中，先后演绎了威兹的歌曲《让我颤抖吧，树林》。

第二张专辑《星期六夜晚的心》由博恩斯·豪制作，发行后赢得了比第一张更多的好评（“我从没看到任何评论者写下真正有说服力的反对文章”）。业余时间的轻松情绪得到了保留，更得到了加强。

威兹的第三张专辑，双唱片的“现场”作品《小饭馆的夜鹰》，在“唱片工厂”的洛杉矶分部录音棚录制，他们面对一群应邀而来的观众，仿照俱乐部里的氛围装扮录音棚。乐器伴奏部分由一个排练成熟的本地爵士乐团负责，包括曾任摩斯·艾利森鼓手的比尔·古德温、钢琴家迈克尔·梅尔文、贝斯手吉姆·胡格哈特，还有中音萨克斯手皮特·克里斯特利布。

单簧管手经常和多克·塞韦林森的乐队合作，且在北好莱坞的但丁俱乐部带领着自己的乐队演出，他看起来格外为威兹的天赋所震撼。“我会找点时间去俱乐部听皮特的乐队。他演奏了我的东西以后，经常邀请我去俱乐部里坐坐。我很受用。”

汤姆·威兹评价他和自己的唱片公司以及乐队同行们的关系时说：“还行。我不会请他们到我家做客什么的，不过我确实不认识他们中的几个。他们则对我充满信念，总觉得我迟早能做出什么成名成家的东西来。”对于他的唱片销量，他不得不承认“真是个灾难”，销售收入“几乎都赶不上制作成本”。得感谢那些他亲自出马、活力四射的成功巡演，让观众数量不断增长。“在像明尼阿波利斯、费城、波士顿，还有丹佛那样的城市，我成了某种很奇异的文化现象。”

然而事情并不总是那么顺利，即使在他有了曝光度之后。威兹肯定会瑟瑟发抖地回忆起他为弗兰克·扎帕和发明之母乐队做暖场巡演的经历，那些观众尽管成熟有品，却还没有准备好迎接威兹和他的“故事”。

“我巡演了三趟，最后实在受不了。你得一个人上台 [威兹通常独自表演]，面对五千到一万观众，得到的只有用语言和肢体表达的不屑。我不会再那么演了——那让我看起来很糟糕，都把我吓着了。那些人会跑过来往你头上扔农产品，千真万确。我得说我不介意你们往我头上扔东西，我可以卷款跑路去委内瑞拉。但是有那么一阵以后，这种事还是让我感到一丝苦涩。简直是备受折磨。”

然而威兹也从中学到了东西。他现在在舞台上旧西装、塌领带的装束就是源自那时的巡演。“我要是好好穿点啥，根本就没可能撑完一整场演出。于是我就干脆三百六十度全面到位。他们管我叫‘那个醉鬼’。”

那么舞台姿态的其他方面呢——那一动三摇的步态，那即兴的出场方式？“我知道怎么做有效果，怎么做没有。严格地通过试错来执行。喜欢我的人们于是共同期待着一种叙事方式；还有我那副看起来啥都不想鸟的舞台曳步，我已经坚持好多年了。我明白我在舞台上也算是崭露头角了。这就是在家里点根烟和在舞台上点根烟的区别—— 一种完全不同的态度要占据上风。在舞台上什么东西都会被放大到不成比例。我希望能够成长起来，在舞台上将自我漫画化。”

漫画，也许吧。不过那不是威兹演出票总是售罄的全部原因。他住在洛杉矶城里一个不那么昂贵的地带（银湖），住在一间用任何标准看都算“朴素”的房子里。在他巡演的时候，他总是找当地最便宜的旅馆住，回避他的商业伙伴（“那种地方大多数连台电话都没有”），并且保持和街头的密切接触。

在家里，威兹开一辆大号的、黑色 1954 年款凯迪拉克，他坦承，这辆车的“供车开销比养辆新车所可能花的还多，我跑长途一小时六英里，城区路一小时三英里。这车吃油、漏油、烧油都很疯，但是对我来说，它很舒适，而且我还能把我所有的破烂家当都装进后座。我一直开的都是旧车，一直都喜欢费希博德公司的车身以及其他优良的汽车构造”。

他的朋友圈曾包括他的前辈和他在本地酒吧的酒友。有一阵子，汤姆·威兹和他的房东相处得也不错。不过现在，这个老头眼里的怀疑都不加掩饰了。“之前我总是整天在家，及时付房租，他觉得我肯定是拿着失业保险。但是当我开始巡演，我会提前付房租，一次离家几星期。他搞不懂这种状况，觉得我肯定是在做某种犯法的勾当。”

成功有没有把汤姆·威兹宠坏？几乎没有。但是，汤姆说，这几乎也算不上“成功”。“我不在乎财务上的成功。从不去想。我过得越来越舒服，知道自己可以睡到下午两点，出去晃到早上十点，也不用担心会丢掉工作。”

“可我不是个大明星，甚至连星光一闪都算不上。”威兹目光闪烁。

“我只是个传闻。”

威兹现在开启了他那持续一生、魅力超凡的电视出镜之路。不过他有些节目档期，就如同他当年登上布法罗·鲍勃和“豪迪·杜迪”节目的演出名单一样令人想象不到。1976 年 1 月 13 日，哥伦比亚广播公司把他诱到好莱坞，让他登上了《黛娜·肖尔秀》。威兹在那里看起来明显不自在，他在同年告诉英国广播公司：“我得承认，走进聚光灯前，我在后台和剧组喝了六大杯冷家伙，我得唱一首歌，然后坐在嘉宾席上。主持人有很好的个性。不过这事儿让我有点儿尴尬，我得承认。我的位置在嘉宾席末端。不过他们还是和我聊了几句，他们容忍了我。”

汤姆喜爱保持一种和美国社会格格不入的形象，这在吸引核心歌迷群的同时，也激起了贬低者们的好奇心。未被吓阻的他，单凭直觉就确定了这就是他要追寻的正确方向。在 1976 年 3 月 14 日《洛杉矶时报》的一次采访中，汤姆对记者理查德·克罗默林说：

> 我在舞台上的样子，跟我实际上是个什么人，并没太大区别。我觉得人们喜欢那样，喜欢我什么小把戏都不搞的样子。这对我也

更容易，因为这不需要改变自己太多。我用不着穿上一套舞台装。我是可以触及的，是融入环境的……不过突然一下子，这就成了你的标志形象，而且很难讲这种形象什么时候退场而真正的你出场，或者什么时候你自己退场而这种形象出场。我拥有的外在形象都是我自己真正做的东西，不过别人看起来，就像是装腔作势。如果你有了某种在公众面前的曝光度，不管你做什么，都有人觉得你是为让别人看到而做出来的，比如出现在合适的派对上。

1976 年 3 月的一次演出里，威兹的例行演出似乎被查尔斯·布考斯基抢了风头，当时他俩在匹兹堡大学登上了同一张节目演出单。威兹在 1976 年的某次采访里解释了他对“布克”的钦佩之情：“能碰到查尔斯·布考斯基可真是幸运。我们一起演了两场。那两场才是我这趟巡演到目前为止的高光时刻。我是说，那是让你钦佩的人，跟他一起演出简直是享受。我在洛杉矶见过他。他确实是一个当代诗歌先锋。他在‘黑麻雀’[布考斯基的出版商]出的东西，我一直都在读。”

从 1976 年 5 月末到 6 月 12 日，威兹有两场在伦敦苏活区罗尼·斯科特爵士乐俱乐部的预订演出，为蒙蒂·亚历山大暖场。当时威兹和罗尼·斯科特的经理人皮特·金发生了争吵，然后被扔出了演出厅。他本可以顺利参与的演出，最后只获得了一些颇为冷淡的评价。彼得·奥布莱恩作为《之字形》杂志的记者在当时碰到了威兹，冲突后他正大口大口地狂喝啤酒，可以想象他心中颇为苦涩。尽管他的欧洲之旅是一场灾难，但他仍然在旅行中有所收获。在空余时间里，他开始为下一张黑胶唱片写作新的曲目，这张唱片暂时会被称作《乳贴和丁字裤》。

受够了被人歪曲为一名在酒吧间耍把式的醉酒行吟诗人，威兹设计出了和采访者周旋的新策略。对《旋律制造家》（1976 年 6 月 5 日）杂志的卡尔·达拉斯来说，威兹拒绝被称作一名“诗人”，和 1960 年代中期的鲍勃·迪伦态度类似：“‘诗人’是一个被到处丢来丢去的称呼，这个词的定义很稀松。

像一只鹅那么稀松。我没有那么纯良的血统来把自己当作一位诗人。”

对《新音乐快报》的弗雷德·德拉来说，威兹完全无视其他艺人对其歌曲的翻唱版本。老鹰乐队“让人兴奋的程度就像是看着油漆晾干”，他们的专辑只有“避免唱片机积灰时才派得上用场”。阿里斯塔唱片公司的音乐人埃里克·安德森在1974年翻唱了《Ol’ 55》，该版本广受好评，但还是变成了威兹批评的对象。当德拉递给威兹安德森最新专辑的封套时，威兹一把甩开说：“我还是一点都不喜欢他。我也希望他不要喜欢我。我跟他干过一架，因为他当时冲我的姑娘乱来。你晓得吗？……要教训一个喜欢你的家伙挺难的，所以他最好别喜欢我。当然我知道不该说任何人坏话，我是说，我这混蛋到底算老几？但是，我还是有自己的品位的，而我得说这个圈子里现在大多数人没有，除了少数几个算我同类的人以外。”威兹把最后一次鄙夷的炮轰留给了乡村摇滚。1976年，唐尼·奥斯蒙德和玛丽·奥斯蒙德兄妹在每周黄金时段的电视节目上，以他们朗朗上口而又俗不可耐的二重唱开场：“我有点儿乡村，我也有点儿摇滚。”威兹和其他美国人不同，对此一点也不买账，他这样的反应也许是出于他在根底里是民谣纯粹主义者：“那些家伙[很有可能他说的是老鹰乐队，当时该乐队住在洛杉矶]生长在洛杉矶。他们的皮靴从没沾过半点牛屎——他们也就是在月桂谷[1]遛狗时沾了点狗屎，他们要是在普特南县[2]都活不过两分钟，肯定的。要是他们中的谁在那儿礼拜六晚上被人开枪打死了，礼拜天的报纸会说他属于自然死亡！”

1976年6月，威兹回到美国本土。有些人注意到他的嗓音起了变化。音乐人保罗·博迪跟巴尼·霍斯金斯据此推断说，看起来是威兹从欧洲返程时有了这种改变，可能因为他在那里受风寒影响了嗓子。他那砂纸般粗粝的嗓音立刻成了他的音质特色，就像是一次喉部手术事故让迈尔斯·戴维斯变成了嗓音粗粝的黑暗王子。

1　洛杉矶好莱坞靠近穆赫兰道的高档社区，居民多为文化艺术人士，尤其是摇滚明星。

2　美国纽约州一偏远农村地区。

再玩一遍，汤姆

《新时报》

1976 年 6 月 11 日刊

记者罗伯特・沃德

拟声唱、掷骰子、写着歌的汤姆・威兹坐在他那辆 1955 年款凯迪拉克里一路前行。在他装满歌曲的手提箱里，充斥着老鸡尾酒吧钢琴手们幽灵般的调子，以及垮掉派诗人的爵士乐即兴重复段。

汤姆・威兹被打垮了。这位不拘一格的歌手－音乐家，现在坐在纽约伊萨卡独角兽俱乐部那空气陈腐的更衣室内，他可以感觉到这该死的房间向他压迫而来。他感到疲倦、嘴巴干渴，尽管有身穿黑色紧身衣的好心女服务员给他送来喜力啤酒。他感到昏昏沉沉、头晕眼花，咳嗽起来就像一个七十岁的老酒鬼刚灌下最后一口。弗兰克・维卡里，他的高音号手；奇普・怀特，这位年轻的切罗基族[1]鼓手总是清醒而兴奋；还有菲兹杰拉德・亨廷顿・詹金斯三世医生，他的贝斯手——他们像三只发疯的蝙蝠那样，在这间狭小的房间闹腾。威兹坐在那里，透过按在自己眼睛上的两根手指看着他们，仿佛是透过软百叶帘，看着某间廉价旅馆巴掌大的不透风的前堂。难道这就是成为演艺明星的意义？这就是全部？这算“有所进展”了？

汤姆的巡演经理约翰・福沙把我介绍给乐队成员和汤姆・威兹，这位庇护所唱片公司的新希望，这位 1970 年代的小众偶像。他是个小个子，颇具悟性，带着街头硬汉气。像斯普林斯汀一样，他的身上散发着朋克气质，腔调却与之稍有不同。熟稔文学、机智聪明的威兹，在音乐上受老牌鸡尾酒吧歌手（如摩斯・艾利森）、1940 年代口才出众的歌曲创作人（如约翰尼・默瑟，《一个给我的宝贝，另一个给路》的作者），还有摇摆蓝调大师（如贝西伯爵）的影响。他还有办法让自己的声音听起来像戴夫・范・容克（有着最粗犷的

1　北美印第安原住民中的一支。

街头之声）、路易斯·阿姆斯特朗以及弗兰克·辛纳屈（听听威兹的歌《为月亮醉倒》）。

威兹盯着我看了看，点了点头。

“最近过得怎么样？”我说着，边打量这位瘦瘦的，拥有多种声音、多重人格、多种才华的二十七岁摇摆乐艺术家。

威兹再次看向我，睁着一只眼。

“我是个成功人士了，”他说，“没念过大学的成功人士。开了十二小时车，大巴抛锚了……”他摇摇头，头上歪戴的报童帽掉了下来，遮住了他闭着的那只眼。

“在哪里抛锚了？”

“就在路边，就在路边，这不总是在路边吗……路边……”

威兹胡乱喊着，挠了挠他的裤裆，仍然瘫坐在那里，就像最后一位从退伍军人医院出院的朝鲜战场老兵。从二十七岁一下子跨到了五十二岁。“我想和你聊聊。”

“是嘛，好啊……在演出中场的时候吧。你要记住，我在我自己的时间里就是个传闻（rumor），或者说是长在自己脑子里的肿瘤（tumor）。”

汤姆笑了笑，闭上他的眼睛。

我怀疑演出能不能成。这个家伙看起来个太小、太虚弱，还贫血，不知道能不能上得了台；他现在最需要的恐怕是葡萄糖输液，而不是一次三小时、分上下半场的现场演出。灯光暗下来，乐队成员溜达到台上，不像滚石乐队那样上蹿下跳，也不像E街乐队[1]那样昂首阔步，而是如同在微风徐徐的傍晚散步。然后聚光灯打下来，再然后，再然后……汤姆·威兹在前面连珠喷发，而弗兰克·维卡里，这位声称自己从前“总爱跟梅纳德、伍迪、迪兹和普雷兹[2]一道吹奏，乔，你知道我啥意思”的家伙，很酷地把号口放进自己的嘴里，

1　布鲁斯·斯普林斯汀的伴奏乐队，相当于发明之母乐队之于弗兰克·扎帕。

2　这里指梅纳德·弗格森、伍迪·赫尔曼、迪齐·吉莱斯皮和莱斯特·杨，四位都是爵士时代传奇巨星级的音乐家。此处均称小名，以显摆自己和他们关系铁。

大口吸气，那灰色带电的爆炸头持续地挺立着。一阵爽冽如清风的声音飘进了这间宽敞的镶木演出厅。

汤姆拿在手里的是他的旧手提箱，上面时髦的旅行贴纸撕到只剩一半。这家伙看起来就跟他刚才坐在更衣室里一样垮，皮带歪着；棕色领带是便宜货，磨得都发光了；那件破烂的黑运动外套也是闪闪发亮。便宜货，宝贝。这小子是个可鄙手段派不上用场的圣经推销员。至少老一套的是这样，然后就得看这位留着半吊子乱须的哥们能不能解释清楚。

威兹站到麦克风前，送上一小段独白。他背后的贝斯手也演奏得十分顺畅：很酷啊，吉姆，很好啊，杰克——砰砰砰，啪啪啪——威兹打起响指，跟着节拍晃着身子。那个瘦成干、喝废掉、揍垮了、麻雀个头的身形又舞又扭，观众们坐在那里大眼瞪小眼。然后威兹开始他的路数，半是说、半是唱，听起来就像"书包嘴"路易斯，就像大卫·范·容克，就像汤姆·威兹。

"我们一直在路上。""砰砰砰砰！""这么久我们一直在路上，兄弟，等你回到家打开冰箱，里面的东西都好像做了化学实验。""砰砰砰砰！"贝斯手满脸微笑，号手一脸冷漠只管吹。"忙起来真好。""砰砰砰砰！""忙起来真好，杰克，我们比一对在波多黎各婚礼上用的跨接线还要忙呐！你知道宝贝儿，啊哦哦哦。""砰砰砰砰。"而萨克斯只管自顾自："哇呜哇呜。"

这有点像是坐在鸟园（Birdland）[1]听迪兹、普雷兹和"大鸟"吹奏，好家伙，尽管外面正下着毛毛雨，弄得脏兮兮，十五个流着鼻涕、裹着雨衣的瘾君子没精打采地靠在大门边，那里糊着十英寸长、八英寸宽的明星海报。

灯光暗下，乐队进入了《为月亮醉倒》的时段，一首柔和抒情的民谣曲。威兹弹起他的钢琴，就算比不上塞隆尼斯·孟克，也绝不是泛泛之辈。触键不错，意境不错，节奏不错，一切都很不错。然而威兹真正的优势是他的文笔。这家伙能写歌词：

1　爵士乐时代传奇的演出场所，名字来自萨克斯管乐手查理·帕克的外号"大鸟"（Bird）。

衣衫紧裹的姑娘松松垮垮
在墓地移动在水泥下漫步
捕捉午夜的意义
嚼着雪茄的傻瓜们
在他们的报纸罗网中
诈骗赛马内幕
赌哪一匹跑在最前
而我则因月光瞎了眼
请不要试图改变我的调子
我以为我听到一阵萨克斯风
我在月亮上醉倒

在“萨克斯风”这个词唱出来时，弗兰克·维卡里吹了起来，好家伙！而威兹闭上眼睛前后摇摆，听众一下被从演出厅带离，仿佛走进了里克咖啡馆[1]，萨姆在那里弓着背弹钢琴，这个鸡尾酒男人，彬彬有礼、时髦别致，美得颓废。

此等音乐唤起了一种20世纪四五十年代的电影里才会出现的情景。这本该是潦倒的小说家和诗人们在纽约咖啡馆里彻夜谈起的景象，是孤独的二战水手站在滨海大道盼望爱情到来，却最终满足于一杯劣质黑麦威士忌和一个廉价旅馆的妓女时看到的景象，这是像纳尔逊·艾格林[2]那样的小说家，或者伊利亚·卡赞那样的导演头脑中的东西。然而，这还不是威兹音乐的全部。他担当了美国英雄/失败者的角色，他就是那个鸡尾酒吧钢琴师——那个聪明不凡又四处碰壁的流氓，成天喋喋不休却丢掉了大奖彩票——还在这角色中融入了新的生命，以一种能立即唤起怀旧感却完全现代性的风范。

1　指电影《卡萨布兰卡》中的摩洛哥咖啡馆，萨姆是电影中由黑人歌手杜利·威尔森扮演的钢琴家。
2　纳尔逊·艾格林（Nelson Algren，1909—1981），美国作家，以描写社会底层、边缘或遗弃人物著称，小说《金臂人》获1949年美国国家图书奖。

当然，不是每个人都这样看。在《滚石》和其他期刊的描述中，威兹一直在做一种糟糕的说唱，因为他喜欢做拟声唱法的音乐；因为通过创作近似自由体诗的歌曲，如《星期六夜晚的鬼魂》，他有意识地复兴了旧日垮掉派诗人和爵士乐音乐家们的合作。听到他的曲子，真会让人觉得是格雷戈里·柯尔索和艾伦·金斯堡在朗诵诗篇，而“费城乔”·琼斯[1]在一旁敲下大鼓，也许格里·马利根[2]还吹响了萨克斯。可是为什么竟有人因为威兹想要复兴这种音乐形式而批评他？归根究底，我们不该问这音乐是不是新的、新的、新的，而该问音乐是不是地道的。威兹的音乐就是地道的。

在独角兽俱乐部的演出中，威兹现场版的《星期六夜晚的鬼魂》和另一首出现在他新专辑里的长段独白曲《小饭馆的夜鹰》，效果都好得超乎想象。爵士音乐家们显然喜欢这个小家伙。他们的伴奏与威兹的表演完美同步，无论他在流汗，在摇摆，还是正让词语纷飞。仿佛存在这样一个时刻：舞台如同被施了魔法，旋转却没有失控；愉快美丽地漂浮，如同一个用诗的语言缝制的大气球。

孤独水手将他的性知识如同零钱般用在陌生人身上，在海军夹克的口袋停留，为了一枚讨喜的二十五美分，和一包肯特烟的最后一根弯曲的烟屁股。

他梦中的女服务员有一双麦斯威尔咖啡般的眼睛，橘子酱色的大腿，还有乱作一团的黄头发……

文字游戏玩得真溜，巨大的能量完美地和萨克斯，还有贝斯结合在一起，创造了一种催眠般的、令人愉悦的漂浮感。与垮掉派前辈们比，威兹有一种优势，他是这个队伍里的第一个歌曲创作人。他能让词语和音乐相得益彰。而垮掉派，尽管他们主张自发性写作，却少有能把词语放进音乐的感受力。

---

1 “费城乔”·琼斯（Philly Jo Jones，1923—1985），美国爵士乐时代最伟大的鼓手之一，曾是迈尔斯·戴维斯第一代五重奏中的鼓手。

2 格里·马利根（Gerry Mulligan，1927—1996），美国爵士乐史上最重要的上低音萨克斯演奏家。

他们的语言富于音乐性，是的，但是只要听几遍旧时的垮掉派 – 小爵士乐队，就能明白汤姆·威兹不仅是这种怀旧思绪的受益者，更是推动这种艺术形式进步的人。

汤姆·威兹完成了他上半场的演出，匆匆回到更衣室。我进去和他打招呼的时候，他正不住地摇着头：

“我们这是在哪儿？”

“你在伊萨卡，汤姆。”有人告诉他。

“好的，只是想确认一下。外头真的有人看吗？”

“他们很喜欢你呢，汤姆。”

威兹笑了笑摇摇头：“不，他们不喜欢我，兄弟。他们都不知道我是打哪儿来的。他们也就是听我讲荤段子的时候笑笑罢了。”

弗兰克·维卡里缓缓走了回来，挨着汤姆坐下。在最酷的比波普[1]爵士音乐家的传统中，他属于“情况正常的”。

“外面就像幅油画。”他嘶吼道。

“没那么糟。”经理人约翰·福沙说。

“他们搞不懂我是打哪儿来的，”威兹说，“让我想起了摩斯·艾利森。他很伟大，没错吧？但是他刚被他所在的亚特兰大唱片公司打发走了，就因为大家没法给他贴个简单的标签。好吧，他不是个完全意义上的蓝调歌手。不是真正的前卫爵士乐，也不是流行。所以公司那伙人感到手足无措，就把他打发了。”

威兹摇摇头，盘起脚，像个喝醉酒的爱尔兰小妖。我坐下来，接过一支烟，和他开聊。

“我很小的时候就开始听音乐了，”汤姆说，“实际上我很小的时候就出生了。[2]”他微笑起来，点了点头，皱了皱眉。“很小的时候——好像听的

1 比波普起源于 1940 年代的爵士音乐风潮，着重快拍子、快速和弦变化和即兴演奏。前文提到的几位爵士音乐家都可以算作这种风格的代表人物。

2 这是句俏皮话，源自美国喜剧演员格劳乔·马克斯（Groucho Marx，1890—1977）。

是乔治·格什温和艾拉·格什温、杰罗姆·克恩、凯勃·卡洛威，还有老家伙纳京高的三重奏——我一直喜欢那种三重奏的声音。”

“有时候评论贬低你，只是因为你属于怀旧派的市场。”

汤姆再次摇摇头。

“我记得《滚石》的那次采访。还行吧。写文章的那家伙现在两只胳膊都断了。当然不是我干的。我能证明自己每天每晚每时每刻都在哪儿。可是说真的，那文章真不公平。我就喜欢这风格的歌。我研究了约翰尼·默瑟的曲子。我一直弹那些曲子。不过我也玩其他一些东西。比方讲《Ol' 55》这首歌，这里面没什么怀旧的元素。我开一辆1955年款凯迪拉克，那是我一直在开的车。这与怀旧无关。所以我从不唱老歌。你没法再对《米妮这个乞丐》做点什么，凯勃·卡洛威已经做到最好了。我不会唱什么老歌，除非我觉得自己能玩得比原作好。我一点也不热衷于把音乐里的旧货翻新，像曼哈顿中转站组合或者指针姐妹合唱团那样。他们就是在压榨过去的东西。”

我向汤姆讨教讲段子的方法。

“好吧，段子能让大伙都放松下来。不过那也是今晚演出叫人失望的地方。他们只关心我的荤段子。你也只能在没啥辙的时候拿段子出来。该死，我喜欢段子，我甚至更喜欢砸场子的。……他们有时候能把场面炒起来。如果有人对你尖叫，你可以这样回应：‘说说看，这位先生，你结婚了吗？’他说结了。然后你问他有没有一张妻子的照片。如果他说没有，你说：‘好的，那你想要一张吗？’然后你伸手去拿你的钱包。像这种事儿才让你想起自己身在一个俱乐部里。我爱玻璃杯叮当响的声音、灯光、整个场景。我不喜欢只有伪艺术家和看客的地方。”

威兹笑了笑，在他的道具箱上掐灭了香烟，眨了眨眼睛。一个年轻人走进更衣室，介绍自己说是另一位音乐人的弟弟。汤姆很高兴。

“当然，我记得你。比尔最近怎么样了？我们在布法罗城那块一起做路上巡演来着，我还说服他弄了个文身。”

“我看看你的。”年轻人说。

“哈不行，现在不行。”汤姆回答说，“得脱了衣服才看到。横在肩膀和胸口那一片。一只美国鹰，不过在我身上看起来更像一只知更鸟。”

乐队几个人走开了。而汤姆还在漫谈。

“我嘴里有坏味儿。我一直什么都喝，兄弟，吸清洁用品，从鼓里面喝洁厕水。”

我问汤姆他的歌词是不是受到阅读书籍的影响。

“是的，好吧，我一直都是一个读书人。这让我稍有不同，我想。我喜欢纳尔逊·艾格林的作品；我也爱布考斯基，作为一个诗人的布考斯基。他刚出了本小说《勤杂工》，写得真棒，讲的是他为了成为诗人做过的各种下等活计。我想想，哦对了，我喜欢约翰尼·瑞奇：《夜晚的城市》《数字》《第四个天使》。瑞奇在以《夜晚的城市》为基础写一个剧本，我可能被请去做那里面的音乐。他也是一个从没有得到应得赏识的人。”

一个学生记者拿着一本超大号的笔记本走进来，坐在威兹脚边，问他事业的第一个突破是什么。

“我的第一次突破（break）是一副盘式制动器（brakes），”汤姆说，“开玩笑。我一开始在一家洛杉矶的乡村音乐俱乐部弹琴。打高尔夫的那伙人会穿着他们的双面针织衫进来，说些什么‘呃，给了我二十二个差点，在斜坡上打了一洞老鹰球，哦啊啊啊’。我就坐在那里的立式钢琴旁边，试图弹点原创曲子。就干了一天，赚了十块钱，那还是因为有个女士让我弹《星尘》这首歌，我还真会弹。真是个糟糕的开始。后来我就睡了不少大觉。一直把1960年代都睡过去了。所以我从没经历过身份危机，从没在墙上贴过吉米·亨德里克斯的海报，从没吃过格兰诺拉麦片，从没买过檀香[1]；不过我在圣地亚哥混成了快餐店的厨子和俱乐部的清洁工。还算不错的白天工作，挺稳定的……每天都有打扫的活计，算幸运啦，我想。”

“当人们误解你的音乐时，你会不会感觉沮丧？”我问。

1　吃麦片、买檀香是1960年代摇滚和嬉皮士风潮中年轻人的典型行为。

“还好吧，并不会。如果你的意思是，他们是否得懂我的音乐传统……不用。音乐嘛，感谢上帝，可不是学校。没有什么先决条件。你要不就听得进，要不就听不进。昨晚在康涅狄格州的威利曼蒂克，大伙就挺爱我们的。我猜今晚这里的观众大概都喜欢蓝牡蛎崇拜乐队（Blue Oyster Cult）[1]那样的。”

当他继续往下说的时候——很显然像每个优秀的独角戏演员一样——他其实是在跟自己交谈，盘算着舞台上该用哪些即兴重复段，从一大堆精神垃圾中整理出合适的台词。威兹是一个天生的文字高手，和他有关的一切，包括他的文学口味，都根植于1940年代。但他也很崇敬摇滚当代图景中的一些艺人，特别是那些以歌词见长的。

“我喜欢马丁·马尔。我喜欢他整个坐在安乐椅上的表演，还有他的音乐。他以前是个学校老师。我家族里有几个那样的人，我父亲在高中教过西班牙语。邦尼·莱特、杰里·杰夫·沃克、盖伊·克拉克……全都是优秀的歌曲创作人。歌曲是非常重要的，而我绝对不会跟迪斯科扯上一丁点关系，那完全算不上是音乐。我才不跑上舞台做盛大演出，真正重要的是作品。”

另一个学生走进来，崇拜地盯着威兹。

“你的生活现在是不是整个变得不同了？”这孩子认真地问道，“因为你发了一张金曲唱片。”

“小伙子，你说的是哪一张？”威兹用完美的南方口音说，“上一张《夜鹰》，正在排行榜上发力，爬到了第一百六十九名，然后我看到它跑到第二百名的时候可兴奋了，直到人家告诉我它应该往反方向跑。”

威兹微笑着，拢了拢头发。他很放松，怡然自得，即使看起来像是会立马倒下。

女服务员，这个自称读人类学专业的好心姑娘走进来，给了威兹一杯啤酒。他提出扔骰子给她算小费，当他摇起一对骰子时，她的脸一下就红了起来。

威兹腾地站起来，把红骰子掷在她的托盘上。

1　来自纽约长岛的硬摇滚金属乐队，风行于1970年代。

"七点，"他说，"你输了。"

他很快地把手伸进口袋找了一美元给她。

"开个小玩笑，亲爱的，"他用完美的英国上流口音说，"你知道，我们整个该死的乐队要去大陆巡演。我们会住在母国的夏宫里。一座不张扬的宫殿，只有一个半塔楼。"[1]

乐队又走开了，分头向门外窥视。

"一大群人。"维卡里说。

"对啊，"威兹说，"我们再给伊萨卡一次机会吧。"

在更衣室外，观众变得比之前更多了，中间还有很多喝醉的。他们都是康奈尔大学和伊萨卡学院的学生；还有一些更年长的，很多都是那种留一把大胡子的，钻研过奥斯卡·彼得森[2]、比波普爵士乐、"特大三明治"（Hoagie）[3]的酷炫钢琴声。

这一回，当乐队出现在舞台上时，台下响起了好大一阵掌声，而当汤姆快步上台时，台下有了尖叫和大笑声。

"呃啊啊啊，我说，在路上可一向都挺冷啊，"威兹说，他身后的贝斯开始作响，"比一个犹太裔美国公主在自己的婚礼上更冷，比一只2月4号在费城公路上被压扁的青蛙更冷，冷，呃啊啊啊……"

他收紧外套领子，从口袋里掏出喜力啤酒，点上一支烟，打起响指……这一回观众们都紧跟着他。站在我旁边的一对年轻人开始大笑、大声拍手，也打起响指。

"噢噢噢，那阵风，老夜鹰先生，"威兹低吼，"它冲到我面前说'威兹，你得挪个地儿，小子'，而月亮，月亮从窨井中升起而我们……我们会定——

1 英国上流口音被认为是一种很拿腔拿调的口音，为美国人所不喜。此处为威兹在戏谑调侃，后面说的宫殿则显然是在讽刺英国贵族做派。

2 加拿大爵士钢琴家。

3 指爵士钢琴家、作曲家豪吉·卡迈克尔（Hoagy Carmichael，1899—1981），前面提到的《星尘》即他的作品。

期——交谈。”

这时人群开始叫喊，就像伴着旧时五十年代的爵士乐。

“对，对，去吧。”而威兹，疲惫中带着微笑，突然变了身，看起来像一个最粗犷、最精瘦的街区报摊伙计，他切入了他那深夜飞翔的高速公路之歌，而他身后的小伙子们则微笑着为之倾倒。整个晚上好歌一首接着一首，一直在不停喷涌。当他想要离开舞台时，观众们都踮起脚大声尖叫挽留，所以他又回来了，唱起了《星期六夜晚的心》，而我们都站在观众群中为他喝彩，因为他成功飞越了边缘。他不是一个只喊怀旧口号的人，也不仅仅是个鸡尾酒吧歌手。观众们的热情，还有他自己发光的、癫狂的能量，全都融合到了一起，而他完全出演了他自己。舞台上有很多很多的汤姆·威兹。如果他能走点运，如果观众能跟上他的脚步，他很快就会成为所有演出地的一线歌手。他拿到了我这儿的一票，老伙计们，因为汤姆·威兹简直就——傻瓜，如果你能领会我的深意——棒极了！

威兹谈代表每个人发声

摘自《甜与酸》，《新闻周刊》

1976 年 6 月 14 日刊

贝特西·卡特、彼得·S. 格林伯格

评论家称他的风格无病呻吟，把他的诗叫作幼稚货（“黄油母球月亮如同一块黄色饼干，特立独行地滚过黑曜石天空”）。不过威兹把自己看作是能代表每个人发声的人。“从这边海岸到那边，有一种共同的孤独在蔓延，”他说，“像一种普遍而脱节的身份危机。那就是黑暗的、温暖的、麻醉中的美国夜晚。我只是希望自己能够触及这种感觉，在我发现某一天自己被并排停放在安乐街之前。”

威兹谈开发新素材

摘自《和汤姆·威兹一起咬绿色仕博达[1]》，《强拍》杂志

1976 年 6 月 17 日

马弗·霍曼

马弗·霍曼（下简称马）：那天晚上看你演出，有个家伙坐在我旁边说："他哪里搞来这么多俏皮话？"好像其中有些我以前听过，而另一些似乎是你自己创作的。

汤姆·威兹（下简称汤）：对，我从别人那里偷了不少。有不少用滥的、很老的俏皮话，就在那儿闲着没人用。这就得看你能不能在演出里把它们用顺手，也看你是在给谁演出。我喜欢偶尔在观众群中看到一两阵狂笑。

马：你会不会觉得自己总在依赖同一类灵感来源？你是不是一直在街头小饭馆和灰狗大巴站晃荡，然后把自己的见闻转化成一种新鲜而重要的素材？

汤：本质上你要做的就是东看看、西看看，找到原始素材，然后锻造成有意义的东西。你怎么处理你要处理的东西，和你选择去写什么一样重要。《夜鹰》是在路上度过了八个月的结果，我把很多旅行见闻揉到了一起。当你在路上做俱乐部巡演的时候，你很难在下午时间避开那些酒吧。演出开始前得打发时间。然后你就泡在俱乐部里，一直到天亮都不睡，所以你会接着泡咖啡馆。那就不再是你要做的事情——它变成了你自身的一部分。

1 Shiboda 是威兹杜撰的一个词，意义不明。英语中与此类似的一句习语是 bite the green wiener（意为"死去"）。

零碎钢镚（1976）

1976年9月，威兹专辑《零碎钢镚》问世，里面有谢利·曼恩做鼓手，吉姆·胡格哈特弹贝斯，卢·塔巴金吹中音萨克斯，杰里·耶斯特编曲指挥弦乐部分，哈里·布卢斯通演奏小提琴，还有艾德·拉斯特加登弹大提琴。谢利·曼恩（他随后没有加入乐队的巡演阵容）给《零碎钢镚》这张专辑注入了真正的爵士乐感。曼恩曾经和最棒的爵士音乐家一起演出——他有过和塞隆尼斯·孟克及查理·帕克同台的演出记录，在和斯坦·肯顿管弦乐队一起时，也是一位自身实力突出的明星。他低调的演奏非常符合威兹的需求，因为他不会以强势的方式，威胁着要压过乐队成员之间在和声／节奏上微妙的相互影响（如专辑第二首歌《迎头而上》中出神入化的音效）。

在录音棚里，威兹为了准备好他的素材把歌词纸撒了一地。经过一整天的努力，他还是仅仅凑出歌曲的几个片段。当晚他在路边小饭馆见到了制作人博恩斯·豪，不断把制作专辑的过程概念化。这段经历使得豪和威兹联系更紧密，紧密到他开始对这位任性的艺人产生真正的热爱。

《零碎钢镚》是威兹情绪最悲观的时刻，因为他唤起了他所热切的主题的隐患——也许是通过凯鲁亚克的精神，后者已死于“烂肝和碎心（在洛厄尔）”，专辑里有一首歌便是以此命名。在《零碎钢镚》里也有一种悲剧性的传承，在《迎头而上》中，威兹用狂欢节上揽客者的说唱控诉了美国无情的商业至上精神。威兹把这张专辑视为自己到那时为止歌曲创作技艺的顶点。威兹对《访谈》月刊（1988年10月刊）的弗朗西斯·图姆承认他“直到《零碎钢镚》这张专辑才开始对自己的技艺有了完全的自信，那时我第一次把故事放到音乐里。我发现我学会了，也得到自信心来继续这么写歌。《汤姆·特劳伯特的蓝调》《零碎钢镚》以及《我多希望自己身在新奥尔良》这几首歌给了我自信”。为了给《汤姆·特劳伯特的蓝调》这首歌寻找灵感，威兹跑了趟洛杉矶的穷街，带着一品脱纸袋装的黑麦威士忌。喝光之后，他觉得反胃，带着醉意渐退的头晕目眩感，回到了他在热带汽车旅馆的小屋，写下了这首歌。令人惊愕的真相，如他后来对豪透露时所说，是他在穷街上认识的所有流浪汉都跑了出来，就为了一个女人。

和之前的专辑不同，《零碎钢镚》对威兹来说，无论在个人层面还是音乐上，都是重大变化。他在创作录制专辑的过程中一直在大量喝酒，最终开始了对自己的音乐创作过程和公众形象的重新评价。1977 年威兹对《滚石》杂志的大卫·麦吉透露：“我在那一整段时期里一直感到恶心……我开始感到自己疲倦了，所有的巡演之类。我很多时间都在旅行，住旅馆，吃糟糕的食物，喝很多酒，喝太多的酒。这种生活方式在你到来之前就已存在，然后你被引入其中。这都是不可避免的。”结果是产生了这样一些歌曲，它们有效地召唤出一个酒精旋涡编织出的严酷的、孤独的世界。

为了宣传《零碎钢镚》专辑，威兹再一次不知疲倦地上路巡演，带着梦遗乐队（弗兰克·维卡里吹中音萨克斯，菲茨·詹金斯弹贝斯，还有奇普·怀特负责打击乐）去遍布全国的一系列小型演出场馆。和庇护所唱片公司发起的宣传活动一道，这次巡演也给这位艺人带来了更广泛的关注。尽管有几次音乐演出用了闪光灯和道具来增强舞台表现力，他依然是一个小小的、亲近的存在。他像在酒吧打工时和各路酒客打交道那样和台下的观众互动，给他的舞台表现力带入了熟悉的亲近感。《休斯敦邮报》代表了当时媒体圈对这次巡演压倒性的积极反响：“今晚你可以到任意一百个你想去的地方跳舞，可如果你宁可看一个具有原创力的人，一个重要的人，也许是一个触及了天才的人，那么你必须让自己看到这位疯狂的、反潮流的嬉皮士的演出。”

汤姆·威兹，一台钢琴，一只猫：

摘自《莎布旅舍周六音乐会纪念夜——纪念路边客栈歇业25周年》，《哈特福德报》

2007年8月12日

埃里克·R.丹顿

“我们第一次预约他演出的晚上，大概就来了十二个人。在演出半中间，他坐在钢琴前一根接一根抽烟，贝斯手和鼓手也在那里。突然，一只莎布旅舍的猫——我们当时是养猫的——跳到了钢琴上，在他弹琴的时候开始从琴上走过，而汤姆被这只猫迷住了。”福斯特说，“晚上演出结束，他在办公室里，好像在咕哝着什么，一支接一支抽烟，说：‘左撇子，这个地方很棒。我很喜欢这里。’我抬起头说：‘汤姆，这里都没人来。你怎么会喜欢一个都没人来的地方？’他说：‘兄弟，这里的气氛，这里的猫——所有东西都很棒啊。’”威兹的演出经纪人过了八个礼拜后在巡演中又把他送回了威利曼蒂克，这一回是在他的专辑吸引了更多关注之后，而这次容纳一百人的莎布旅舍早早就卖完了演出票。福斯特回忆说：“当晚演出结束，我再一次在办公室里付他演出酬金，我说：‘汤姆，这次演出稍微好了点。’他说：‘不，第一次更好。’”

威兹的电视出镜继续彰显独特价值，即便黄金时段的核心观众群经常误解威兹才华的深度。艾美奖获得者、电视导演唐·罗伊·金，是当时《迈克·道格拉斯秀》[1]的导演，他回忆了1976年的一档节目。

---

1 《迈克·道格拉斯秀》，在1960年代末到1980年代初的美国大受欢迎的一档电视综艺节目，1967年获得艾美奖。

汤姆·威兹和迈克·道格拉斯秀

摘自一封写给“蓝色情人节”（意大利的汤姆·威兹乐迷俱乐部）的电子邮件

唐·罗伊·金

我觉得那是一个很好的吊人胃口的手段。他一开始就显得性格鲜明，就像是个操着推土机式嗓音、喝得半醉的无业游民，拿含混不清的语调一路滔滔不绝，吞吐着富含隐喻的模糊意识流。那是1973年，在曼哈顿的雷诺·斯威尼俱乐部。报出的节目是“汤姆·威兹”，一个从飞机乘务员改行而来的卡巴莱舞曲歌手（又做回飞机乘务员了，我敢打赌）做暖场演出，他的声音可爱而细小。我等不及这个歌手结束演出，想要看看威兹到底是一个怎样的人，想听听他的嗓音到底如何。好吧，威兹一首接一首地唱。每一首歌都内容丰富而作风大胆。每一首歌都是用切分音的假步铺就的城市画卷和阴暗传说。有几首歌很刚猛，有几首很温柔。每一首都能抓住人心。歌曲的情绪急转、翻覆、摧人心魄，但汤姆从没有改变。他一以贯之地演绎着自己的角色。他从不朝我们看，从不磨平棱角，也从不把烟灭掉（当他坐下来准备弹琴时，他把它稳稳放在琴凳上），整场演出都维持着那个无业游民的形象。我觉得那是一种大胆而又狡黠的表演。

现在快进到1976年。我在费城做《迈克·道格拉斯秀》的制片人。汤姆·威兹这个名字被一次讨论预约艺人的会议提及。我想那是因为他刚出了张新专辑。一份他的文宣材料被送来，给了我们节目的首席艺人联络员。在当时的剧组里，我是唯一听说过这个名字的人。“他很棒，”我说，“有天晚上我见过他在舞台上演绎那种类似垮掉派或者街头诗人的角色。我们让他试试吧。”我们的确叫上了他。在一周后的一次节目彩排中，我接到一个语气慌张的电话：“汤姆·威兹还没到场。我们派了辆车去接他，可是谁都没看到他过来！”好吧，其实有人看到了他，可这就是问题所在：门口的保安不放他进来。“这根本不可能啊，”保安想，“这家伙根本不可能是来上节目的！我们请来的嘉宾至少家里都有梳子和剃须刀，好吧，至少都有双能系鞋带的鞋子吧！”我的舞台经理冲出去把汤姆接了进来。汤姆都在大堂睡着了。这回轮到我心慌了。汤姆钻进演播室，咕哝着南费城什么的，挠了挠他那把留了三天的胡子，无过滤嘴香烟上蓄着一点五英寸长的烟灰。“噢我的天，”我想，“这不是你平常会做的那种现场演出！我竟然让这么个家伙上了向全国播放的电视节目，而他是不是要在电视上向观众们要饭啊！”

我们甚至都没时间给他彩排了，我把汤姆带给了驻节目乐队的领队乔·马西米诺，让他过一下自己的曲谱。然后我们打开嘉宾房，准备录节目。十分钟后，主持人迈克·道格拉斯冲进控制室朝我吼：“那是谁啊？！我刚刚路过休息室向嘉宾们问好，那里居然有个流浪汉在睡大觉！难道我们台没请保安吗？”“没事儿，迈克，”我嚷道（我当时的语调就是现在人们熟知的“克林顿宣誓[1]”语调），“他是我们请来的。他叫汤姆·威兹，是个爵士乐歌手。他那副样子属于角色需要。你会爱上他的。”而我当时已经在脑海中写求职简历了。节目的上半部分迷迷糊糊地就过去了。我现在都不记得那个礼拜的共同主持人是谁了——谢基·格林、雷德·斯凯尔顿，也许是这两位。或者是乔伊·希瑟顿、罗伯特·古利特、罗伊·克拉克——这几个都是 1970 年代流行文化里经常被提起的名字。其他的表演嘉宾我也不记得了。可能是欧文·科里、莎里·刘易斯，还有“神奇的”克雷斯金，我不知道。但是我能清楚记住的就是汤姆·威兹。我敢打赌，当时的每一位剧组成员、每一位身处那间演播厅的人，还有所有在家看节目的观众都会记得他。汤姆简直把他们震撼到死！

迈克介绍他出场：“一个卡巴莱歌舞圈的新生代艺人，吧啦吧啦……”大概是这么一段台词。突然间，汤姆登台，电视访谈的节奏从 4/4 拍一下跳到了某种只有三臂鼓手才敲得出来的节奏。迈克当时就问了些预先写好的简

1　指美国前总统克林顿因莱温斯基案在国会弹劾听证时的宣誓，讲得斩钉截铁，实际上自己知道是怎么回事。

答问题，诸如：“你是怎么开始演艺生涯的？”可汤姆的回答像是完全来自另一个世界，或者说，他的回答用的是地下世界的腔调。他讲得唾沫横飞、上气不接下气，几乎让人无法理解，却由衷地带着诗意。街头诗意。他的回答听起来像是引自克利福德·奥德茨[1]大萧条时期的剧作。迈克都开始紧张了，我也屏住了呼吸。“好吧，那你给我们唱几首吧，汤姆。”迈克说着，一边瞥了一眼台下他的制作人，这位老兄都紧张到一下子想不起下面该举哪块提词牌了。我从来没听到控制室这么安静过。汤姆站起来，蹒跚迈向表演区，而后开始演唱。

“零碎钢镚他覆没于自己的点38口径弹雨，没有人退到拱廊边躲闪……”就在这轻快光洁的《迈克·道格拉斯秀》上，某个叫零碎钢镚的城里贱种在街上丢了性命，他被自己的手枪射死了，尸体丢在下水道躺着。“零碎钢镚他覆没于自己的点38口径弹雨，没有人凑近去合上他的双眼，在他口袋里有一张赛马赌单，上面圈着‘蓝靴’跑到第三。”那里有“赤裸的橱窗模特面带柴郡猫式的微笑”，“说书人和码头工人”说着“进来吧，朋友”。警察们讲着有关“一家西雅图妓院”的笑话。这对全国性电视节目来说，可是开天辟地头一遭。“零碎钢镚他覆没于自己的点38口径弹雨，即使满手抓着钞票也改变不了局面，有人顺走了他的怀表，有人拿走了他的项链，而报童拿了他的斯泰森牌猪肉馅饼帽。”

我通过监控屏瞥了一眼迈克。他被吸引住了，我看到他脸上出现了一个小小的、坏坏的微笑，这说明他喜欢自己眼前的表演。我一直认为迈克的成功来源于他身上那种无私的热情，只想看到嘉宾艺人能表演出彩。他一点也不介意艺人们会抢了自己的风头。如果嘉宾们得到满场欢笑或者观众起立喝彩，他就会特别激动。嘉宾们在节目中取得高分，他就会欢喜。好吧，他现在就爱上了这场演出。汤姆在施放幻术，而他自己也看得出来。我们都看得

1 克利福德·奥德茨（Clifford Odets，1906—1963），美国剧作家，1930年代美国左翼戏剧的代表人物，代表作有《等待老左》等。

出来。“纳尔逊街那位害痨病的老头在咳嗽气喘，而有个家伙会跑去南边直到整个风头过去，因为零碎钢镚他覆没于自己的点38口径弹雨。”在扣人心弦的三分钟里，画作完成。很严酷，锋芒毕露，也很真实。

不过这首作品里也有一种难以理解的匆促，像是一只有力的手溅起了红色、黑色和黄色，打开了一个黑暗未知的世界，让我们进去。我们被送进了那些叫我们感到害怕的阴暗街区，那些在天黑后我们从没真正见过的巷子里。在那里我们遇见了或者说几乎真实地认识了一个可怜的倒霉蛋，他名叫“零碎钢镚”。我都想给他的坟头献花了。表演结束时，迈克一跃而起，冲向汤姆。我看得出他很吃惊、很高兴，也放下了心头的不安（尽管远没有他的导演放下的不安那么多）。我依稀记得迈克用胳膊搂住了汤姆，他的戒指似乎钩到了汤姆外套上的破洞。汤姆咕哝着说了声谢谢，然后节目继续。

第二天我们又录了九十分钟节目。我敢肯定那次节目请了多莉·帕顿或者多姆·德路易斯，或者罗斯玛丽·克鲁尼。但是这回情形全不一样了。连续几个礼拜里，节目里的每个摄影师、每个乐队成员、每个编剧都在做威兹模仿秀。我听到迈克自己至少两次突然插进来唱《零碎钢镚》的副歌。直到今天，我都敢打赌至少有五十个人会把这个故事当作自己过去时光中的精华片段讲给你听。

汤姆·威兹谈他阴暗的听觉快感

摘自《迈克·道格拉斯秀》，KYW演播厅，宾夕法尼亚州费城。

1976年11月19日

迈克·道格拉斯

迈克·道格拉斯（下简称迈）：我们所有的人在成长过程中都热爱音乐，我自己就特别爱。想到这点时，你听的是谁的歌？

汤姆·威兹（下简称汤）：哦，我喜欢密西西比·约翰·赫特，我喜欢小休伯特·塞尔比。我喜欢查克·E. 魏斯，也喜欢洛德·巴克利、尼尔·卡萨迪，还有乔治·谢林，还有‘交响乐’锡德[1]。我听科尔·波特、格什温兄弟、欧文·柏林、杰罗姆·科恩、约翰尼·默瑟……

迈：等等，等等。你刚刚提到了一个家伙，我觉得很不一般。哪怕他变“胖”了，像他们说的，而且成功了，他仍然带着那种美妙的质朴感。我曾经在一个派对上和他坐在一起，就像你坐在这里，就唱唱歌。那棒极了。约翰尼·默瑟，兄弟啊他可是个巨人。他……

汤：对，我同意，实际上，我有不少他的 78 转唱片。

迈：你来自中产阶级家庭。但是你唱的都是生活的阴暗面。你是怎么知道生活里阴暗的那一面的？你是不是和一些跨越阶层的家伙混到一起了？

汤：哦，我不认为我自己是阴暗的，真的。你知道吗？

迈：不，我不是说你是阴暗的。我是说，你传达了那种感觉。你知道，在你的作品里。

汤：我觉得那是我自己的参照系。你知道，我在一些厕所一样的地方演出过。

迈：那种事情我也有份，不管你信不信！我也在一些很棒的场地演过，兄弟！加西的肯塔基酒吧，在芝加哥……

汤：哦，我昨晚就在那儿。

1 即锡德·托林（Sid Torin，1909—1984），外号“交响乐”，爵士乐时代最受欢迎的电台 DJ。

汤姆·威兹不为谁

《西北俄亥俄场景》杂志

1976 年 12 月 23 日至 29 日

吉姆·杰勒德

这个他们唤作汤姆·威兹的家伙，口音当然是诡异的。在上上周一以前，当汤姆·威兹来到克利夫兰，面对满座的市集俱乐部的观众进行演出时，“诡异”就是形容这一天的主题词。自打他驾临城里的第一分钟起，人们就开始表现得很奇怪，他们会试图变换自己的生活习惯，从而能配上汤姆那些歌里的幻想。DJ 们开始用粗犷沙哑的嗓子说话，而大伙都开始豪饮。音乐产业感受到了他的分量，总而言之，人们都开始言行诡异。上周一的上半天，我在到处走动的时候，就会用比波普爵士乐句说话，并且大部分时候言行愚蠢。

厄勒克特拉唱片公司[1]的克利夫兰负责人弗雷德·托特曼忙里忙外，张罗着一个会让每个人都难以忘怀的夜晚。

首先，他（在《场景》工余活动委员会的帮助下）在新时代剧院为唱片业同行安排了一场预热新闻发布会。然后，在上午九点开始的演出前，他在市集俱乐部地下室安排了正式（伤脑）的新闻发布会。而后，当然是演唱会本身，表演尾声的尾声是一个活生生的脱衣舞女郎，“兔女郎奥哈尔”，在威兹表演时登台演了她的好戏，她和风流的舞台主人一起舞蹈。如此这般……

真可惜上周一你们没有处在我所在的位置，假使你们来了，你们就能看到一大群原本正常的人突然像傻子一样，他们的行为却在某种层面上同汤姆·威兹在场时的一贯主题很般配。

市集俱乐部管理层甚至视察了酒店的每一间房间，以及酒店自带的“桶与季节”餐厅（斯文格欧斯名人酒店，坐落于十八大街和欧几里得大道交汇处），选了里面最庸俗也最诡异的一间房。那是一间浮华俗艳的房间，里面

1　创立于 1950 年。1972 年与庇护所唱片公司合并。

摆着大圆床，装修风格突兀——也许该用“洛可可风”这个词来形容。他们想以此满足他们想象中的威兹对房间的需求。

这笑话得算他们闹的，得算在厄勒克特拉唱片公司的托特曼头上，也算在那天每个想拍威兹马屁的人头上。威兹给人留下的印象是，他宁可自己一个人待着。当他不得不应酬一大票人的时候，他会缩起身子退回去。要是个酒鬼流浪汉，兴许还会妒忌他。

当汤姆·威兹走出电梯，步入“桶与季节”的大堂，他仍旧对安排给他的房间很恼火。他让他们给他重新安排一间“平常的四方形房间，平常的四方形床。我在他们搞来的那间‘玛丽莲·梦露纪念房’里根本睡不着”，他说道。而且，没错，他身上能引起你注意的头一桩事是身上的难闻味儿，就跟他的打扮一样怪。当我们钻进车去往 WMMS 台[1]（去录制默里·索尔的《东拉西扯》脱口秀，以及和基德·里奥在广播中做个简短对谈），我注意到他那身街头风装扮都已经起褶皱、有味儿、扯破、磨光了。我想假使他把我们都要了，那可真算整个形象都完满了。

我们在去 WMMS 台的途中（随便）聊了几句。到了地方，汤姆坐下来往纸杯孔插入吸管大口喝起咖啡，并且一边咳嗽一边跟烟囱似的大抽塞勒姆牌烟，那是因为他找不到骆驼牌。我们跟进了演播厅，当时基德·里奥正在放一张吻乐队的唱片。一首歌放完，有人给和蔼可亲的汤姆·威兹递上一罐百威啤酒，他开始跟基德·里奥聊爵士乐。接下来的时间里，要在广播中谈谈对上一晚演出的评价。然而，汤姆走了神，因为他打不定主意要不要把香烟丢到地板上弄灭。他还是丢了，主持人要求他介绍下一首要播放的歌，这首歌来自威兹的新专辑《零碎钢镚》，歌名叫《挺身而上》。

汤姆解释说这首歌写的是那种“能把老鼠屁股忽悠成钻戒卖给你的人”。结束广播采访，就该去跟默里·索尔录制《东拉西扯》了。

半个 WMMS 台的员工都挤在走廊里，我们准备好开始一场热烈的讨论。

---

1 克利夫兰著名摇滚乐电台。

默里问二十七岁的威兹的第一件事（这时候他已经喝下三杯啤酒了，后面还会灌更多）是：

“你唱歌和写歌的路子，会让人猜想你是不是经历过一个真正的童年。你就像是一个完全长大的成人；你的全部形象一直是个成年男人。有这回事吗？”

威兹：[嘟囔并偷笑着]“你，呃，你是说我有没有过童年，还是问我是不是就是一个儿童头罩[1]？[又偷笑一番]我在一个街区里长大。好吧，我在很小的时候就出生了，生在加州波莫纳市墨菲医院停车场一辆黄色出租车的后座上。不过比起我出生的地方，更叫我感兴趣的是，我是在哪里被怀上的。”

默里：“你有线索吗？”

威兹：[再次偷笑]“不，这种事情有点难搞清楚。但我曾经是个小孩，那是肯定的。我父亲是一名教师，在洛杉矶市区的一所高中教西班牙语。我有一个挺正常的童年。我学过怎么摆弄银餐具之类的事儿。”

这样的谈话差不多进行了一个小时。随后我们带汤姆去调音，到此我会和他暂别，直到在他那场在市集俱乐部举行的派对上再会。

那么一个生在南加州、有着正常父母的正常小孩，怎么长大后变得堕落了？

这个问题的答案，自然是他没有。他没有堕落。不可能。

这并不意味着他的声音是一种作假，他的生活方式和诸多怪癖也不是作假。相反，他玩的诗歌和音乐风格并非来自贫困的生活，而是来自他自己的选择。波莫纳并不是瓦茨区[2]那样的地方，你知道。假使你在职业生涯中像威兹年轻时那样，为发明之母乐队做过那么多场暖场演出（这两者拥有共同的经理人），你也会变得有点古怪。不过，认真地说，威兹是一个刻意造就的谜。

1　英文中“童年”（childhood）与“儿童头罩”（child hood）发音拼写完全相同。此处亦是威兹的俏皮话。

2　洛杉矶贫穷的黑人街区，1965年8月“瓦茨骚乱”的发生地。该事件起因于白人警察对黑人嫌犯使用暴力，最后洛杉矶警察不得不借助四千名加州国民警卫团成员平息骚乱。

威兹用喝啤酒来取代呼吸空气，并把自己完全吞没在自己塑造出的形象中，但是汤姆·威兹从不是一个懈怠者，他的思维像剃刀一般锋利，而在大体相当的程度上，他既能用魅力吸引人，也能用冷酷拒绝人。

上回采访他是在市集俱乐部生动活泼的演出之前，汤姆·威兹看上去不如他当天早些时候那么放松。尽管我们当时身处市集俱乐部楼上的一间安静的房间里，汤姆·威兹还是会在以下对话中显得局促不安——他不停抱怨楼上房间太冷，抱怨下雪天让他感到紧张，也抱怨事先没人通知他的演出会被人偷录下来给电台播放，还有他多么迫不及待地想回到楼下酒吧的派对里去，以及其他所有让他想脱身离开的事情。然而下午的时光让他放松，他现在为演出感到高度亢奋，而他的性格由聪明变得冷酷，却也不是全无道理。

以下是讨论的精选。

吉姆·杰勒德（下简称吉）：大多数人刚刚搞明白你做的东西。我猜老鹰乐队为传播你的名字作了不少贡献，他们翻唱了你《关门时间》专辑里的歌曲《Ol’ 55》。

汤姆·威兹（下简称汤）：我五年前就录了《关门时间》，比老鹰翻唱那首歌早一年。

吉：我知道这回事，但是大多数人不知道。我猜大多数人以为你就出过两张专辑，而不是四张。

汤：[紧张地擦了擦嘴，又点了一根烟] 对。

吉：你的四张专辑，每一张都跟上一张很不一样。你现在倒是进入了一种更为爵士化的风格。好像第一张专辑很大程度上就是一张创作歌手专辑。《星期六夜晚的心》更多的是对街头的表现，但采取的是一种郊区的方式。然后《小饭馆的夜鹰》是很潦倒、很有城市生活的味道，而且感觉很真实的一张专辑。现在《零碎钢镚》在同样的方向上显得更沉重了一些，里面带着更重的爵士乐口音，而减弱了录音室制作的感觉。这些演变都是你有意为之的吗？你是按照计划一点点实现你要的东西，还是一边做一边变化？

汤：这可是我被问过最长的问题，而我保证我的回答是……我都不会碰这个问题。

吉：好，这么说怎么样：你的音乐变化很大，对吗？

汤：我到目前一直在，呃，写歌。每张专辑到最后都是，呃，不同的一个工程，你知道。每一张跟之前的一张都是完全分开的。《关门时间》是我录过的第一张唱片，因此算是一系列我写过的老歌。你知道，当你第一次进录音棚的时候都会有点紧张，搞不清太多状况。好吧，自打出了《关门时间》，我就一直在路上巡演。我一直都在写歌，而我的日程有了很大改变。这种生活肯定会对我所做的、我所说的东西产生影响。

吉：我想象你在把新曲目录进专辑之前把它拿到舞台上试演，如果情况是这样的话。

汤：我总是尝试走在自己前面，没错。那种情况好像是同时得到祝福和诅咒。这里的问题是……当你写了一首曲子，在路上试一试也挺好。当我在小俱乐部里自己演出，不带乐队，给别人暖场的时候，我在舞台上演什么鬼玩意都没关系。我甚至可以演《费迪南藏身处》（探戈名曲），都没有人会眨一下眼睛。那时候演什么全是我自己说了算。你看，那时都没人熟悉我的东西。现在有一点不同了，因为我是在为专门来看我的观众演出，他们会期待听到一些特定的东西，那几首特定的曲子。这就会有点让你受限制。在克利夫兰这里，我演了很多新专辑里的东西，因为那些就是大伙所熟悉的东西，比我之前做的任何东西都让人熟悉。

吉：讲点有关《星期六夜晚的心》的事。

汤：好吧，所有东西都是在几周内写完的。你想知道些啥？我们在录音棚里录了它。你是不是想知道录音工程师留没留胡子？

吉：你在专辑里用了像吉姆·戈登那样的驻录音棚乐手，还有其他名人。

汤：“像吉姆·戈登那样的”人指的谁？他就是个鼓手，就这样。

吉：其他在录音棚里伴奏的人大都是很好的演奏者，但是他们相对来说没什么名气。

汤：很多人都没听说过其他很多人。这没什么讲不通的，也不损害他们的可信度。但是，你知道，当你决定录一张专辑的时候你会坐下来想想，什么是你能得到的最好的乐队阵容。那必定得看人家的档期啊，谁在城里，谁不在，谁可能最近回来，谁被排了两班倒三班倒。谁的档期有空，跟你想选谁同等重要。

吉：那得看可操作性，我猜。

汤："可操作性"来不了了，他出城去了。

吉：杰里·杰夫·沃克在最近一张专辑里录了《星期六夜晚的心》这首歌。你听过了吗？有点乡村味道，我想有很多你的歌都能用乡村歌曲的形式演绎，特别是歌词。你想过没有，我是说，别人用乡村风格翻唱你的歌。

汤：小伙子，你可真是话多。我想想……没有！我怎么回答这种问题？我在给杰里·杰夫·沃克暖场的时候有一回听他唱过这首歌。我从没听过唱片正式版什么的。乡村曲风到底是什么呢？人们总是按照他们自己的坐标系给音乐分类。如果他们听到了踏板钢弦声，那肯定是乡村，如果他们听到了萨克斯，我想那肯定是爵士。

吉：你喜欢乡村音乐吗？有没有听过？

汤：很难说没听过，不是吗？你的记录里总会有那么一块。实际上我很少喜欢乡村音乐。我喜欢里面的一些故事，但是乡村音乐对我来说，太多愁善感。在音乐上，它有点寡淡无趣。对这种音乐，我尽可能有选择性地听。不过如果你走进一间酒吧什么的，想喝醉酒，那没问题。

吉：这是不是就是你把《大乔和幻影309》这首歌录到《夜鹰》专辑里去的原因？因为它是一个有些年头的故事？

汤：对，我喜欢这个故事，有点像《睡谷传说》或者伊卡博德·克莱恩[1]什么的。我一直很喜爱它。

吉：《零碎钢镚》是一首也许在很多年后都算得上出类拔萃的歌。很冷

---

1 《睡谷传说》是美国作家华盛顿·欧文于1820年发表的短篇故事，伊卡博德·克莱恩为该故事的男主角。

酷也很真实。它是一个真实的谋杀故事，对吗？

汤： 对。在纽约，这种故事什么时候都会有。到处都有。我就在那里，当时有个小屁孩被杀掉了。这种事情通常会被深埋在报纸的尾页。我做的事就是报道这桩凶杀案，可以这么说。

吉：《零碎钢镚》这张专辑听起来有点零散，像我前面说的那样。

汤： 好吧，就是我在两个礼拜里写出来的东西，写得真快。录音只录了五个晚上。整张专辑是现场表演录的，没有加录新的声音。用的是一台直录双轨机。专辑的所有东西都是在现场录的。我喜欢这张专辑。里面有口语，有民谣曲，还夹杂点漫画书里的轻松笑料。

吉： 前两张专辑你做了加录，用了更精细的录音方法。

汤： 对。第三张专辑作为一张现场专辑，没有加录。

吉： 你会放慢你的节奏吗？

汤： 什么意思？

吉： 我是说，你会不会减少点巡演，少录点歌？

汤： 我想不太会。就新的音乐结构而言，我已覆盖到写作这一块。我现在在给一张新的专辑写东西。虽然《零碎钢镚》发行之前我就在路上巡演了，到了 2 月份回家后我会开始录新的专辑。

吉： 巡演会耗光你的热情吗？

汤： 不会。我就是想回到家里。我在外面跑了这么久，都没有给自己留什么时间。我就是想回家。

我们的访谈结束了——他焦躁得没法继续聊下去——汤姆·威兹回到了他的啤酒时间里，伴着几根烟一杯杯喝下去。他在市集俱乐部奉献的演出，正是人们来到那里想要看到的东西，他给观众演了所有的常规曲目。他总清醒地意识到自己是全场吸引力的焦点，因此他会很谨慎地选择自己的用词和俏皮话。

当“兔女郎奥哈尔”阔步登上舞台，开始脱掉她身上（零散）的布料，惊讶的威兹欣然参与其间。他给她披上自己的外套，当她摇晃起自己身上那些资产的时候，威兹和她共舞。而当她先退场以便让他独自谢幕时，他告诉观众们："刚才那段太棒了！我都好几年没见过自己的亲娘了。"

对有些作者，比如里奇·特伦贝斯来说，让人印象深刻的是，威兹无论名声如何日益显赫，却总是保持接地气的个性。"在采访威兹的时候，我还是个初出茅庐的写手。尽管《星期六夜晚的心》成了大热专辑，他却一点都没有名人的做派。我们的交情变得好到能一起去泡泡西面那些脏乱的酒吧。他笑起来充满感染力，我们一起度过了一个最好的夜晚。"

甚至威兹的乐队成员都惊讶于他的谦逊态度。奇普·怀特对巴尼·霍斯金斯解释说，和威兹一起巡演就像一个"旅行派对"，巡游大巴里面的座位都拆了，摆了录影带，还有个小厨房。冰箱里总是装满喜力啤酒，他们用打牌来打发闲暇时光。威兹跟他们所有人一样会加入牌局（包括大巴司机）。"他一点都没有大明星的狗屎做派。"

在威兹 1977 年 1 月离国去远东巡演前，里奇·特伦贝斯是采访他的最后几名记者之一。回国后，威兹保持了一段时间的低调，直到他作为音乐嘉宾，参加广受欢迎的深夜电视节目《周六夜现场》。

对汤姆·威兹来说，街头闲逛的生活就是好生活

《乡村漫步》杂志

1976 年 12 月 30 日

里奇·特伦贝斯

鞋子是从"猴子沃德"[1]买来的，尖头、黑色，仿佛从垃圾箱里翻出来的

1 即美国老牌百货零售商蒙哥马利·沃德公司，开创邮购商品营销的先河，于 2000 年关闭。Monkey Ward 是对 Mont'gy Ward 的讹误。

古旧货色。暗色窄领西装像是被公园里的长凳压过。干瘪、残缺的领带在食物污渍下，几乎认不出。皱巴巴的白衬衫像是塞进过后裤兜。而破烂的小号麻布帽子在滑溜的黑发大背头上几乎戴不住。在帽子下面只有一种声音，像是一张老旧刮花的 78 转唱片被用 33 转播放出来。

汤姆·威兹，来自洛杉矶，这位迅速崛起的街头晃荡型创作歌手现在来到了芝加哥，他会在安静骑士俱乐部演几场周末场演出，那是一间狭小而气氛亲密的民谣俱乐部，曾帮助克里斯·克里斯托弗森、韦伦·詹宁斯、卡里·西蒙和杰克逊·布朗获得名声。

威兹看起来像是刚从一间开在工厂区的破败的啤酒酒吧里走出来，可他的音乐品位深深地浸染了乡村乐风。他深挖过雷德·索文[1]的东西。杰里·杰夫·沃克经常翻唱威兹的歌曲《星期六夜晚的心》，作为他自己演出的压轴曲。

威兹演出的暖场艺人正在表演，威兹待在后台，坐在一只缠了重重胶带的破皮箱上，放松自己。一个朋友递来一杯冰啤酒，他大口灌进嘴里，每豪饮一口，都深深吸一口烟卷。

“你晓得我做了很长时间的暖场表演，现在才慢慢开始做演出主角。这是另一番天地。曾经给像发明之母，还有奇克与钟[2]这样的组合做暖场。头上被扔过各种农产品和垃圾。有几次我收到的馈赠都能拼一盘水果沙拉了。”

“自打小时候起，我脑海中就有一幅图，图上是穿着深色运动外套、系着干净领带的我在舞台上愉悦观众。”他说着笑了起来，笑声就像一辆老福特皮卡在提高发动机转速，“尽管我不得不做很多其他活计来赚点钱，但这才是我一直想做的事情。”

威兹今年二十七岁，不过要是让你猜，你会说他处于二十三到四十之间的任意岁数。他那副清瘦样子就像是大萧条时期的一个穷光蛋，带着沉重的路易斯·阿姆斯特朗式嗓音，一点儿也不适合被放进任何流行的东西里，也

1　雷德·索文（Red Sovine，1917—1980），美国乡村音乐歌手，以叙述性的卡车驾驶歌曲著称。

2　即 Cheech Marin 和 Tommy Chong 组成的美国喜剧表演二人组。该组合表演的主题围绕 1960 年代的嬉皮士运动、爱与自由及反文化 / 亚文化运动。

不适合被放进任何一个世代。他是一个属于街头的人，但不是街头混混。当迪伦们、滚石们，还有斯普林斯汀们意味着年轻时的反叛，威兹只是代表着街头的生活。既年轻又老态，是新手也是流浪汉。带着红色、白色和棕色。一贫如洗。终极版的城市街头闲逛者。

威兹背后已经有了好几张成功的专辑，他也有过从东海岸到西海岸各大俱乐部里的大场面演出。他还有过一次声名卓著的电视出镜，那是芝加哥PBS电视台十一频道《声音舞台》节目。他开始享受他的明星地位。

可他的行为和哪一位当下或曾经的明星都没有可比性。他那副样子看上去应该是站在大萧条时期领面包救济的队伍里。他的音乐是对1950年代爵士乐的奇怪编排，行走在音乐和早期格林尼治村诗歌之间的细线上。他弹起钢琴和吉他，就像他打响指招呼伴奏那样惬意。他的嗓音听起来像是连续一周纵酒狂欢后的结果。他那辛辣的歌词不仅仅来自街头，更是来自街道之下布满残屑的下水道。他唱着蓝调，他的歌词用幽默的方式讲述着坚韧粗粝的街头生活现实。他造访一间间彻夜不休的小饭馆，出来时带着足以“开一家美孚加油站”的臭气。[1] 当他和女士们打交道碰巧不太走运时，“甚至黎明到来都不算安全”。他一直待在那些“平均年龄持续下降”的小城里。

威兹不会去那些大演出厅表演，因为他的音乐需要恰当的情绪氛围设定，狭小而气氛亲密的俱乐部才行。你得靠得足够近，能够抓住演出中的细微之处，比如他抽烟的样子，或者摇头大笑的样子。这给你身处街坊酒吧的印象。在大多数表演里，每次他忘记点着在嘴里晃动的香烟，观众里总会有人随意爬上台给他借个火。

今天，大多数的乡村或者流行音乐明星趾高气扬地唱着讲述普通人和街头生活的歌曲，在现实生活里却到处都是香槟酒，住在拥有三十间房的豪宅里；威兹和他们不一样，他更喜欢口袋酒壶里的威士忌、小饭馆里的火腿肉、炸薯饼。而且这全然不是为了形象宣传。

1　加油站的“汽油”（gas）和“臭气”（gas）在英文里是同一个词，此处为俏皮双关语。

在过去的六年里，他一直住在月租一百三十五美元、没有电梯的洛杉矶郊区的房子里，在那里他生火做饭，看他那台飞歌牌旧黑白电视。一年中他只有四个月在家，他把时间花在和老朋友们在工人酒吧里厮混。“我的大多数朋友都是普通工人，打杂的。他们都搞不懂我为啥每次离家那么久。”他说着，边把烟灰抖进空啤酒罐。

如果说他的歌曲抓住了街头生活的核心感受，讲述了破烂的饭馆和艰辛的谋生，那也并不是因为威兹仅仅是一个很好的窥探者。从高中开始，直到五年前他的音乐事业足够支持生活为止，他自己就曾是一个最典型的打工谋生者。他的经历读起来就像招工广告。开过出租，在酒吧打过工，做过消防员、厨子、清洁工，在晚场夜店看过门，在仓库里扛过包，在珠宝店坐过柜台，还开过冰激凌车。

他在旧金山一个充斥拉丁裔和亚裔的街区长大，在承认这点时，他发出长长的、漫不经心的咯咯笑：“当我还是个小孩时，我还挺正常的。曾经常跑去道奇体育场，是道奇队的热心球迷。我干过所有平常无奇的事情，比如在停车场闲晃，送过报纸，刮花过汽车，偷过一美元店的东西，就那些事情。”

他承认自己生活在自我强加的贫困生活里，成长期间没有太多艰辛的故事可以讲。他的家庭不算很有钱，但生活过得去。他的父亲从那时到现在，都是城区贝尔蒙特高中的一位西班牙语老师。但是威兹更有兴趣学另外一门“外”语：本地的街头黑话。

“街头智慧对大多数人来说都是与生俱来的。你自己去琢磨这种智慧，过一阵就会变成一个街头老手。你可以轻易看出来一个人有没有这种智慧。我好像逐渐爱上了跟那样的人混在一起，只要我觉得他们有那样的智慧。你和他们可以在一个大多数人都搞不懂的层面上交流。那些行话，比如：‘哈莱姆网球’——一种很垃圾的游戏；打扑克你能抓到最好的一手牌叫‘平手加剃刀’；‘面包屑破碎机’的意思就是一个婴儿；‘一张脸’就是一个好看的小屁孩或者一个好看的洋娃娃；一个‘胖家伙’就是一张五美元钞票；而‘他去北边打五分硬币的工’，说的是一个人去北边坐五年牢——通常因为持枪抢劫。我在号子里的时候学会了这些。我经常蹲号子，他们都认识我了。我进洛杉矶的‘带刺铁丝网酒店’[1]，都是因为犯一些小事儿，比如醉酒驾驶、妨碍公共秩序、驾照过期，还有乱穿马路吃了罚单。”

又开了一罐啤酒，他继续讲。“那种词汇大多数是在圈子里私传的，本来就是在街上说的，后来都传到 [中产聚居的] 郊区去了。特别是在 1960 年代，冒出很多像‘冰箱’这样的词。住在郊区的父母们突然开始紧张起毒品问题来了。他们的态度是：我们不在乎他们吸毒，让他们待在贫民区就好了。我们这里的街区不想要他们混进来——那些词汇和问题都不要进来。”

说唱方面，威兹引用了很多街头来源，不过在音乐上，他受到的影响来自意料之外的不同方向。他崇拜杰罗姆·科恩，格什温，欧文·柏林，科尔·波特，乔治·谢林，小奥斯卡·布朗，洛德·巴克利，彼得、保罗和玛丽组合，还有密西西比·约翰·赫特。“我在作为一个歌曲创作人方面受到的影响，来自要么很老、要么已经死了的人，反正都不在周围。他们是十足地彼此不协调的组合，而我得想办法把他们融合在一起。”他带着怀疑的神情说。

乐团的大巴不耐烦地启动，高鸣喇叭，因为他们要在安静骑士俱乐部表演结束后立刻出发，去东海岸。威兹的经理人走到后台来提醒他，其他家伙都在等他，他们准备好出发了。

“我们会出发的，但是小伙子们得耐心点。”他告诉经理人，然后回到与《漫步》杂志的谈话中。“我第一次登台是在一家圣地亚哥的小俱乐部。那是一家民谣俱乐部，在那里我被搞成要命的‘蓝草音乐风’。我在那里看大门，收门票，听各种组合的音乐。我之所以找一份看门人的工作，是因为我知道我将会在那里演出。我坐在那里隐姓埋名，像是在俱乐部的内部密室里和各种人亲切交谈，搞某种低档次的攀权附贵。我知道有一天我能上台表演，但在此之前我得充分沉浸在这圈子里，以免真上台的时候看起来像个混球。”

1　意指牢房。

尽管他起步时是独自表演，弹钢琴和吉他，但今天他和一个由立式贝斯、中音萨克斯，还有鼓组成的伴奏乐队一起表演。这给他提供了一组富有韵律、感染力强的背景音乐，来完美地组装他的音乐框架，从而放置他那高速喷发的歌词。

威兹跑到了纽约去组织他的乐队，因为他感觉到西海岸充斥着被录音棚技术过分修饰的家伙，他想找到在旧日俱乐部圈子里生活过并呼吸过的音乐家们。“在纽约还能有一种健康的俱乐部风气。那些家伙知道怎样在蓝色烟雾中悲歌。”他说着又点上另一支香烟，恰如其分地向天花板吐出一股慵懒的烟云。

“我替自己找来了三个待业的比波普爵士音乐人，只有我的中音萨克斯手之前还给梅纳德·弗格森和伍迪·赫尔曼演奏过——他在圈子里待了有一阵子了。我的立式贝斯手是菲茨杰拉德·亨廷顿·詹金斯三世医生。有一桩还倚靠得上的手艺可真不错。他是个学医的，在一场音乐会看见立式贝斯手在演奏，心就野了。他辞了实习工作，离家到欧洲，跟一个家伙学会了弹贝斯。我的鼓手是在哈莱姆区一个鼓手世家里长大的。他是个用鼓刷喂大的家伙。我队伍里有一个黑人贝斯手，一个西西里人吹中音萨克斯，一个彻罗基族人，还有一个非洲裔鼓手。我们跑到世界上哪一片街区都能混得开。”

在另一场芝加哥的演出中，威兹和乐队住在上城区破烂的“旅客欢迎”酒店。他们会去喝烈性酒和啤酒，找那种能让你把生命献给酒精的地方。在一个穷得响叮当、住满阿拉巴契亚山民和波多黎各人的街区，你轻易就能发现，坐在排水沟里的人和待在昏暗酒吧里的人数量相仿。这种上城住宅区能给威兹带来大把可以放进歌曲里的素材。“我以前去过维多利亚咖啡馆，和这儿就隔着半个街区，在一片波多黎各人的街区里。但是在波多黎各社区，走半个街区就等于走了半英里。那里把我吓得要死。我得把我的钞票藏在袜子里，快步疾走。”他笑着拉了拉自己的袜子。

“我很少把那些家喻户晓的词语挂在嘴上。因为你有事业要做，加上整个美国梦会影响到你，你就很难把一只脚留在街头。对于成功有不同的标准——比如美国信用卡。可对我来说，街头生活是最引人入胜的。”

如果有谁应该明白这回事，那就是汤姆·威兹。“我可能会在四个月里走遍五十个城市，我的朋友遍布芝加哥、纽约、蒙大拿、麦迪逊、威斯康星、新奥尔良、西雅图、波特兰、圣地亚哥、凤凰城、费城、匹兹堡、班戈、缅因，还有……哦，对了，得州。如今的得州音乐风潮完全是另一个故事。我很爱雷德·索文写的那些歌。”

冉冉升起的名声，会不会让威兹这个街头男人看起来像个富人呢？“我在你能想象到的任何观念里都算不上是躺进了安乐窝。我在自己的时间里就是一个传闻。我都不想开口告诉你我现在挣多少钱。可至少我比开出租时挣得多。时不时地，我都感觉自己会和唱片公司彻底闹翻。我没法给公司带来多少红利。我赚的钱大多数来自我的个人表演，而那些钱里的大头我都花在了乐队和大巴车上。我在流行金曲榜上爬到过一百六十九位，我当时想能跑到两百位就好了。可后来才发现反过来才好。不，我不知道我到底能赚多少钱。”

如果有一天威兹突然一跃成了大明星，能大把赚钱了呢？“如果我有很多钱，我也许会变得比现在更古怪。也许我会有一次彻底的大反转。”

如果有一天他得到了自己的电视专场演出的机会，就像约翰·丹佛那样，接到了几百万的大合同，那会发生什么呢？他毫不犹豫地说：“那样我就会住进费城的阿波罗大酒店，先付满三个礼拜的房钱。我真不知道有很多钱时我该怎么花。好吧，第一桩事是去买件新外套和一双新鞋。”

威兹在罗尼·斯科特俱乐部的爵士乐时刻

摘自《汤姆·威兹——不合常规的诗人和钢琴家》，《当代键盘》杂志

1977 年 4 月

丹·福特

“第一个晚上我在那里，”他回忆道，“俱乐部关了门，大概是凌晨两

点钟，我坐在那里和那些穿着囚服一样的制服的女服务员喝几杯，抽根烟。两个老‘黑桃猫’[1]从街上晃了进来，他们穿着风衣，戴着跟我差不多的帽子。他们一下就认出了我，走过来坐下。我们喝了几杯，瞎扯了几句。其中一个家伙说起了路易斯·阿姆斯特朗，他说‘以前“书包嘴”在这里的时候，我们会混在一起，我们就像小偷一样厚脸皮’。我说：‘对，没错。我拿到了查理·帕克的萨克斯风，就在外头车里。给我十块钱，我马上就回来。’然后他的伙伴走上去，坐到钢琴旁边——那时钢琴都合上了，灯也亮着。他开始弹奏《麋鼠漫步》[2]。然后那位像是从一个旧黄纸包里钻出来的小号手，吹起他那只老旧、弯曲变形的银色小号，拿他头上的帽子放在号口上消音。你可以闭上眼睛，对上帝发誓，这听起来就像‘书包嘴’本人演的一样。

“然后保安走过来，要把这两个老家伙往俱乐部外面扔。他以前肯定见过他俩，他们算‘不受欢迎的客人’。我说，‘等一下，兄弟。玩了四十年了，你用你的大肠、你的墨水笔和你的收银机告诉我，这两个家伙不能在这里玩点乐器？他们俩也不是那种喝大的嬉皮士，背着背包，靠尼尔·杨的歌，一路混到大苏尔[3]。他们这会儿演得正有魔力呢！’因此我就像这样替这两个家伙出头[手握成拳]。我们打了一场架，全都被扔出了门外。使我对音乐产业不满的东西，正是在那时成熟。”

威兹把1977年4月和5月的一部分用来在欧洲巡回演出，终篇是在英国广播公司有名的《门卫爷爷们的口哨测验》[4]节目上现场表演《汤姆·特劳

1 俚语，指非洲裔美国黑人。这个词在20世纪四五十年代的爵士乐手中很常见，并非种族上的诋毁，但因不合政治正确，渐渐不受欢迎。

2 路易斯·阿姆斯特朗和他的“热火五人组”的成名之作。

3 位于加州一号公路上的风景区。

4 来自美国纽约流行音乐出版业的集中地锡盘巷（Tin Pan Alley）的一个习语。他们在唱片出来后会放给所谓的old greys（即穿灰衣的老看门人）听，如果在听过一两遍之后，能够被记住且吹成口哨，便通过了测试。

伯特的蓝调》。威兹随后飞回洛杉矶，再一次轮番造访他在当地的老死党们。5月27日，威兹和查克·E. 魏斯因为在公爵热带咖啡馆扰乱治安而被捕。据威兹回忆，在他和魏斯被捕前，他们就被戴上手铐，用枪顶着。《滚石》杂志报道说："根据警长的报告，威兹和魏斯在公爵咖啡馆试图保护一名被三个便衣警察围住的男子。报告称，嫌犯威兹和魏斯对这个不具名的男子高喊：'兄弟，我们能对付这几个家伙！'然后对警察们吼：'你们想打一架吗？来啊。'"这导致了一场和便衣警察们的肢体冲突，警察们声称威兹和魏斯做出了一种"搏斗的姿势"。魏斯在这些便衣警察亮明身份后的进一步"突然行动"，最终导致了他们被持枪逮捕。1977年6月8日，威兹和魏斯被法庭传唤，两人均不认罪，并坚持要求一场有陪审团的开庭审判来洗脱罪名。经过在比弗利山的一场历时四天、由十二名成员组成的陪审团的审判，他们被一致裁定无罪释放。

威兹立即控告洛杉矶县警方非法逮捕、非法羁押、暴力侵犯人身、故意制造精神压力、恶意诬告及名誉中伤。威兹的律师团队提出总计十万美元的赔偿要求，包括律师费和诉讼费。五年后威兹赢了这场官司，虽然得到的钱比他要求的少得多：他得到七千五百美元来赔偿对他造成的麻烦。不过，这的确给所有想跟威兹在法律上较劲的人发出了明确信号：他可不是易与之辈。威兹告诉《洛杉矶时报》："现在我把这事儿了结了，生活继续向前[……]不过那可是一次很长的孕期。我们的法律体系就好像是把一个死掉的陌生人从坟里叫起来，让他弄点钱给你。"

1977年8月，威兹回到了电视上，这一回是作为他的朋友马丁·马尔的嘉宾，这位喜剧演员和威兹相识于1975年，当时威兹为他做暖场演出。此次播出的节目叫《芬伍德今夜》，节目由马尔主持，出场的有巴斯·金布尔和他的好友艾德·麦克马洪的冒充者，以及由弗雷德·威拉德扮演的杰里·哈伯德。在这次节目中，威兹奉献出让观众印象最深刻、后来引用次数最多的电视对话：

巴斯·金布尔：汤姆，在职业上你算是打哪儿来的？从“大苹果”，也就是他们口中的纽约，还是好莱坞？

汤姆·威兹：我住在“混乱与肮脏交叉口”，在那个方向。

巴斯·金布尔：我想我们都曾在那地方住过。[金布尔瞥了一眼嘉宾面前的酒瓶]让一个家伙坐在这里，面前放个酒瓶，有些奇怪。

汤姆·威兹：我宁可有瓶酒在我面前，而不是前脑叶切除术。[1]

（我们研究发现是史蒂夫·艾伦最先讲了这个笑话，但它更多地是和威兹联系起来。）

在这次电视上镜之后，威兹专注于录制他的下一张密纹唱片：《外交事务》。

1 “在我面前”（in front of me）和“前脑叶切除术”（frontal lobotomy）在英文里发音重合度非常高。此处为威兹的俏皮双关语。

《外交事务》（1977）

威兹，很显然无论作为一个歌曲创作人、录音艺术家还是表演家，都同样多产。从1973年起，他就保持了一年发一张专辑的速度，其中还包括了一张双面密纹唱片。这一次，威兹又和博恩斯·豪带来了一个管弦乐团，这次加上了编曲－指挥鲍勃·阿尔西瓦，以充分实现他的新音乐野心。谢利·曼恩、弗兰克·维卡里和吉姆·胡格哈特也都再次齐聚。

和之前的作品相比，这次威兹换了一种节奏。他决定先录制一批小样，花时间来反复听，然后才确定将之变成打磨过的版本录制到磁带上。对豪来说，这批新歌唤起了一种悲情电影般的质感，这一概念一直延伸到了由好莱坞摄影师乔治·赫雷尔拍摄的专辑封面上。威兹坐下来拍了两幅肖像。在其中一幅里，他身处一个少女的臂弯中，她手握护照，从阴影里探出身子（实际上这个女人名叫马奇拉，是游吟诗人俱乐部的一名员工）。而在专辑封底，他独自亮相，看上去和他自己创造的形象分毫不差："混乱与肮脏"。

9月18号，威兹加入了一个请愿行动，他同意为一场在好莱坞举办的同性恋群体权益演唱会出场，演唱会宣传标题为"星光灿烂的权利之夜：为人权喝彩"。参与的明星有贝蒂·米德勒、莉莉·汤姆林、海伦·雷迪、坦妮娅·塔克、战争乐队及理查德·普赖尔。台下观众的数量是威兹到目前为止的演出中最多的——大约一万七千名，他被排在普赖尔后面。根据《洛杉矶时报》报道，普赖尔"震惊了观众，让他们不解，最后惹他们恼火了"。根据《喷气机》杂志报道，普赖尔说："他们又没有付钱来叫我做这个。那些黑鬼烧平瓦茨区的时候，你们这些基佬都在哪儿呢？你们可以来舔我这高兴又有钱的黑屁股！”根据当时在场的阿尔特·费恩回忆，一开始观众们还大笑他的无耻，后来就发出阵阵嘘声。舞台暗下来。十分钟后有人打了继续表演的信号。人群还在大喊“杀了他！”“干死普赖尔！”聚光灯打在作壁上观的威兹身上。对于台下观众来说，威兹基本上算寂寂无名，所以他决定不去讨好观众。他一动不动，就坐在那里抽了足足五分钟雪茄。最终舞台灯光被关掉了，发言人出来为普赖尔的言论道歉。《洛杉矶时报》报道说：“下面就靠威兹赢回观众的心，他为此大度地唱了一系列歌曲，包括老牌组合四个小伙子的曲子《站在角落》。不过他的任务没什么可炫耀的——夹在普赖尔和后面的米德勒之间。他很快结束了表演。”

贝蒂·米德勒和威兹一起在专辑《外交事务》中演唱。她第一次见到他，就立刻被他迷住了，那是1975年在底线俱乐部。1978年她对《新西方》记者格罗夫尔·刘易斯回忆道：

> 汤姆住在……好吧，齐膝深的破烂堆里，所以他很不情愿让我看到他的公寓……我一直追着他，直到他最终邀请我过去。他一开始表现得超级羞涩，不过最后还是带我四处参观了他的地方。他把钢琴摆在厨房里，只在厨房抽雪茄，还有他的冰箱，里面放着他的火腿，还有扳手、螺帽、花生什么的。他带着一张绝对的扑克脸打开冰箱说：我在里面放了些很酷的工具[1]。你还听过比这更过时的搭讪么？我们闹了一个钟头，打那以后就一直是好朋友了。汤姆总是能把我逗乐，在好莱坞那场灾难性的同性恋权益演出过后，他真心帮助我重新打起精神来。

到了1977年11月，《外交事务》的宣传推广让威兹精疲力竭。现在舞台上会竖起一根单立支柱、一盏路灯，给威兹孤单的街头风格歌曲配上很棒

1 tool在俚语中有“阴茎”的意思。

的效果。他在欧洲和日本转了一圈。回到美国后，一位乐评人在加州奥林匹克谷的斯阔谷（Squaw Valley）滑雪胜地看了威兹的演出后，在《内华达州报》上写道：“要搞懂威兹，一个人得对歌词、形象和音乐全都有清醒的认识。歌者让歌词流淌过他昨天到现在都没刮的胡须，把它们倾倒在一场带电宿醉的模糊感中，用莫名的比喻让耳朵窒息。不客气地说，汤姆·威兹的艺术能把人淹没。”

汤姆·威兹谈美国街头生活

摘自《行星电台秀》

1977 年后期

诺曼·戴维斯

汤姆·威兹：好吧，他们想要通过那些如今到处广播的警察节目，把人们驱离街头。他们想给人造成的印象是：在街头行走是不安全的。这就是他们通过《好酒吧，找个好酒吧》这部电影达到的目的。对独自生活在大城市的女人来说，看一部这样的电影真是太可怕了。给你的门配四五把锁，养只德国牧羊犬，待在家里看“洛杉矶警察”或者“矿泉井城警察”这样的节目。我觉得这是很有害的，因为这会毁掉美国的街头生活，那可是我们文化中不可少的一部分。这把大多数人吓得屁滚尿流，愈发想待在家里……我不喜欢那样。我不想感觉到我任何时候去任何地方都得害怕……他们制造出那种让人感同身受的街头惊悚，你在影院里或者电视上就可以感受到。他们在你身边夸大这种危险，在你还没意识到前，大伙就都在角落里挤成一团了，比如洛杉矶有个扼杀者。首先，他们给他一个名字。那可正中他下怀。他一辈子都是个无名小卒，现在突然就成了“扼杀者”，然后每次他犯下命案，就跑到一家酒吧坐下，看看十一点钟的新闻，找个地方打飞机，因为他现在算是个人物了。[1] 我认为媒体更多的是在鼓吹暴力，因为那样更好卖报纸，这种事都变成畅销商品了，你知道吗？然后你走进一间深夜咖啡馆，坐在那里的人就只剩警察和杀人犯。

威兹谦逊的舞台形象，在某种程度上是为了试图在公众面前保护自己的个人生活。可是他在舞台上扮演的那个游吟诗人酒鬼，却损害了他以一名严肃的歌曲创作人身份挣来的星光和名气。在被视为一个二流的福斯特·布鲁克斯[2] 模仿者之前，他慢慢摆脱了这种形象。漫长巡演的最后一场结束后，威兹接受了巴特·布尔的采访。在表明他一开始压根不愿接受采访后，他攻击了关于酒精依赖干扰他工作的荒谬说法。

一夜情之后

《凤凰城新时代》杂志

1977 年 11 月

巴特·布尔

“汤姆也许有一点……”在完成这个句子之前，他有好些长时间的沉默。巡演经理约翰做了一个模制金色八分音符，串着一条链子晃荡在他的脖子旁边。

“有点暴脾气……”他最终说道。

出了电梯，往左转，右手边第一扇门。约翰把住了门。威兹一屁股坐在

---

1 威兹这里应是暗指“波士顿扼杀者”。1962 年 6 月到 1964 年 1 月，波士顿有十三名单身女性遇害，大多是在寓所遭受性侵并被窒息而亡。1964 年 10 月一起强奸案的犯罪嫌疑人德萨尔沃向警方供认，最终被判终身监禁。不过他后来在狱中否认，却离奇死去。1968 年理查德·弗莱彻根据该事件改编成电影。

2 福斯特·布鲁克斯（Foster Brooks，1912—2001），美国喜剧演员，以醉鬼形象闻名。

靠浴室的椅子上，乐队的几个家伙坐在沙发上。时间过了凌晨一点。威兹刚在两间半空的场地里做过两场演出，为了和我握手，他不得不把手指从黏连打结的长发里抽出来。然后他进了厕所。

当威兹不在房间里时，我的摄影师朋友蒂姆把我留在车里的磁带录音机拿回来了，我打量着威兹丢在他椅子前的一堆物什：有火柴盒和几包雪茄——那是一种没什么名气的牌子，比大多数雪茄小一号，名叫戴利卡多斯。几张纸上胡乱涂写着电话号码，有些不带名字。还有从《大新奥尔良黄页》上撕下来的一叠书页。半埋在下面的是一只银色弧形扁酒壶，能用弧边掩盖凸出部分的那种。这些东西都可以作为很棒的素材，塞进一篇对汤姆·威兹的报道里，把它们列出来能帮我克制瞌睡，特别是在我不得不面对这些音乐人坐在沙发上不发一言的时候。我自己近来睡眠不好，现在都感觉得出来了。我觉得时间很缓慢。

当天早些时候，我从一位女摄影师那里收到留言，她想给汤姆·威兹拍几张照片。我给她致电，想弄清楚她究竟想要什么。“我没兴趣给摇滚明星什么的拍照片，”她告诉我，“就是那个汤姆·威兹……他看起来很不一样。”因此，好吧，我可以理解这点，但是我已经有了一个摄影师。我告诉她我得先看看威兹的情况，如果他真的想留下几张照片，那我会给她回电话。

汤姆回到了房间里，坐下来，脱掉衬衫。他的脸看起来比大多数照片想要显示的都更年轻。他显然很疲劳，缺乏休息，对预期中一边回答某个家伙的问题，同时还被另一个家伙用镜头对着的场景并不是特别感冒。任何人都感觉得出来。

我的第一反应是打住，就在那会把整个采访都推掉，赶紧离开，消失。

不过没法那么做。你已经坚持了这么久，跑了这么远，还不如想办法让他开口说话，让他给你足够的引语来写一篇报道，然后再走人。于是我试着和他开始对话。

然而他的回答只有只字片语，不超过一个音节。我试图引他开口，套他说一些我能引用到报道里的话，但是不成。这时得换一种方案。“我想聊聊杰克·凯鲁亚克。”我对他说。很显然，威兹受到凯鲁亚克的影响，比如写作散文时的自发性喷吐，还有他最新专辑里几乎是传记体式的一首歌，《杰克和尼尔》。此外，凯鲁亚克是被我视为接近英雄的人物。

“好，那么你想谈谈凯鲁亚克。”他从地上抓过一件磨旧得很厉害的皮夹克盖在膝盖上，盯着上面的皱褶出神。

死路一条。事情开始变得有些糟。“关于他，你有什么想谈的吗？”

威兹对此反应激烈。“不，不，那是你的工作。你是个记者，我就坐这儿回答问题就行，可是你得问出问题来。”

我累了。我的感觉受到了伤害，我对这家伙没什么价值，他一点也不想磕磕绊绊地完成一场采访。“你看，如果你不想做采访，那就不做。”我一把合上笔记本，站起身。

“好吧，我不想让你来问我那些我想要被问到的问题，我可以自己完成所有问答。”他指指我的笔记本，“很明显你来之前准备了些问题，但是……”

“我是带着准备好的问题来的，可是兄弟，你知道——我可不想坐在这里拿自己的头撞墙。”我不知道我们俩谁瞪得更凶。

“好吧，我会……回答你的问题。”

事情并没有起色。我问了一个很长的、有点模糊、像闲聊一样的问题，关于他的舞台艺术人格和他的个人认同之间的对比，汤姆·威兹作为一个深夜酒徒的形象怎样和他实际的生活产生联系——差不多那样的问题——而他觉得我在把他称为一个醉鬼。

“我可不是个醉鬼，”他说，更深地吸了口他的戴利卡多斯牌雪茄，然后对角落里吐出一圈烟，“我不是个酒鬼。我整年玩命工作。如果我是个醉鬼，我不觉得我可能出五张专辑，一年花八个月在路上巡演。”他被惹毛了。

“不，我的意思是……”我试图把事情拉回正轨，“人们会期望你汤姆·威兹是一个生活艰辛的酒馆人物，在碰见你时就立刻想把你灌得烂醉。”

威兹在空气中挥挥雪茄，在房间里留下一条烟轨。“那是一首歌里的一行歌词。什么来着？”

“那是一句老话。我想说的是，人们是否可以认为你就活得像自己笔下的人物那样，他们对你，还是对你的形象有所反应？”

“我不晓得。你在对我，还是在对我的形象产生反应？”

“嘿，我不知道啊，所以我才问。”

“我看起来像个醉鬼吗？”

我几乎过于犹豫。要说像，太容易了。说像，然后彻底把他惹毛，然后好吧，赶紧离开这里。就凭他那凌乱的头发，他苍白的面孔，他破烂的黑便裤，他踢烂的黑鞋，他可以轻而易举地在夜晚融入任何一个都市破落巷子拐角处的场景……可是他的衣服和鞋子是他选择的结果，而他脸上的苍白显然来源于体力透支，而不是酒精。我回避了问题：“我怎么知道。一个醉鬼看上去该是什么样？”

威兹靠回了椅子。“你瞧，你干吗不问些我做的事情，比如我怎么写歌，怎么在路上一年巡演八个月。我写了不少歌呢。”他的声音很紧，现在夹着嗓子说话，通常低吼的粗牙螺纹[1]都绷直了，“我写的曲子你知道些吧……”

去你的，老兄。“对……”

“它们不仅是写醉鬼，也有写谋杀的，还有写汽车残骸，还有爱情，还有……还有……”他吸着香烟说，“我写了好多不同的东西。”

好吧，那我们就来谈谈他的歌。那很公道。“好，似乎你的歌都很美国，很美国化的题材……”

“哪一首？”他吼着，“哪一首歌？”

“你的歌大体上都是，你的歌曲创作……”

“哪一首？”他和我又瞪上了眼，“你知道那些歌吗？”

“对，我知道它们。不管是《星期六夜晚》还是《Ol’55》还是……”

“那只是两首……”

1 这里是形象的说法。所谓粗牙螺纹，指的是在同一规格的螺纹中，所允许选取的螺距最大值的螺纹，其余的皆为细牙螺纹。

“或者《乳贴和丁字裤》，”我喊道，“你想怎样？你要我把歌名都列出来吗？”

他对着天花板发呆。“对。”

我又合上了笔记本，弯腰捡起磁带录音机。

“我可以做到。”他低声说，只比悄悄话大一丁点声音。

“对，好的，那很好……很棒……”

“如果你做得到，我们都得做到。”巡演经理约翰说。他在我没有意识到的时候回到了房里，现在拿出勇气来和汤姆一起开玩笑，试图搞好气氛，“我们会在黑板上写汤姆·威兹歌曲单。”

“听我说，”我说，“采访就到这吧，我……”

威兹用手顺顺他的头发。“你看，我都不知道你想要从我这里了解什么。我不是一个书呆子，也不是个醉鬼。我就是个寻常人。”

“嘿，等一等，等——”

“——我忍受过诸多不顺，我有过一个女朋友，我住在旅馆里——”

“——等一等，你知道，我不会，要么……要么是我解释自己的时候做得太糟糕，要么就是你完全理解错了。我只是想搞清楚汤姆·威兹是怎样一个人，一个花很多时间待在酒吧里的人之类的，是否算符合情况。”

“我会去酒吧，我会做各种事情。我会做各种你也会做的事情。只不过可能做得更多，更频繁一点。”他摸摸自己的鼻子，“我经常在外面跑，行迹遍布全美国。呃，我每个晚上都在俱乐部里。我在酒吧演出，主要是，到现在还都是酒吧演出。会有这样那样的时刻，你知道，然而一而再，你知道……有些夜晚，真是浑身不舒服。”

“我变得厌烦，我变得疲倦，我变得……你知道……”他的嗓音降低了，但还是很尖利紧张，就比耳语稍微大点声，“我就是个普通人……现在我厌烦了，我疲倦了……我们有两次台下半空的演出，我们的承办者很没用，他明显——”他指了指自己的额头，“——脑子还是个毛坯房，我是说，他在我看来就像少了一根筋，”他苦涩地说，“他有个很差劲的音响部门，还弄个带防腐剂味道的小场地……”

“你知道，我很疲劳。一直在大巴上。我不睡觉就得起来。连续三个礼拜一晚上都没有休息。我一直在招呼各路记者，让他们给我拍照，还在俱乐部一直演出，真是有点过了。”他的声音听起来就像是一张唱盘在放着而有人拿大拇指把它摁着慢下来。

“我就要回家了。我等不及回家，睡上十二个小时……喝点十二年陈的威士忌，还有十二岁的小姑娘。那就是我想要的。”

我不再生气了。很显然他已筋疲力尽，我都想能帮他点忙。“好吧，我们二选一，要么我们从头来过，我不会说话那么冲了，我会冷静点，或者我们就……我觉得还是让你去睡觉更好。你选哪一样都行，但得诚实。”

“好的……要么你出去，再进来，我们从头来过。我们会握握手，你可以介绍你自己，告诉我你给哪家写稿什么的。”他看看摄影师蒂姆，“你可以转过身去。”

我于是出了门，关上。我有理由听听门是不是会被锁上，但是我又开了门。威兹转过了头：“看在上帝的份上，这该死的怎么回事［假装的大嗓门］……哦，你好啊……”

气氛在很大程度上放松了下来。威兹展开了他那个拿一百美元买车的故事，还说他试驾一路开到了亚利桑那。“我在希拉本德、巴克艾、图森几个地方都抛了锚，还有……呃……坎普维德——知道那地方？在斯坦菲尔德待了一晚上。那是新年前夜，新年前夜啊。我去了家教堂，五旬节派教堂，你知道，‘圣滚派’[1]嘛。有个叫安德森夫人的老太太把我叫去的。我本来坐在教堂背后——那天可真冷，啊，我的车瘫了，被我留在加油站，而她把我叫去参加一晚上四小时马拉松式的新年夜礼拜，这样我就能待在屋子里了。完事后他们一起捐了款，整个教堂的人都一起捐钱让我修好车，然后离开那地方。大概有五十块钱，我买了一个新水泵。”

1　五旬节派信徒在狂热时往往在地上打滚，故有 Holy Rollers 这一绰号。

“对，我以前经常来这里——不过有一阵子没来了。我想上一回来还是在两张专辑以前，所以这回没人来看我演出，真的很叫我失望。”他用一根火柴挠挠下巴。

采访二十分钟后完成。我们互道再见，为彼此起初的吵闹反复道歉。蒂姆和我走到门口。

“好的，下回放松点。”汤姆说。

不过到后来，威兹和巡演经理约翰在我和蒂姆等电梯的时候也跑了过来。“看起来我们得一起上楼。”约翰有点紧张地说。我觉得他是担心我和汤姆会再次吵起来。

电梯里没人说话。我最后看了一眼威兹，他正在角落里低着头。这回他穿上了皮夹克，嘴里咬了根火柴。在我们到地面前，还是花了点时间重新搭上话，不过之后我们向同一个方向走去——蒂姆和我去停车处，而汤姆和约翰走向他们那辆改装的公路巡游大巴，它停在路边加柴油。

天很冷，我把手伸进口袋掏出钥匙，一张纸掉到了地上。当我弯腰去捡，我知道它是什么，就是写着女摄影师电话的纸片，之前她还想着让我问威兹同不同意她给他拍照片。我都忘了这件事。

“下回见。”威兹说，大巴关上了门。

在我闲暇时间里的一个传闻

《达拉斯早新闻报》

1977 年 11 月 13 日

皮特·奥佩尔

直到我离你而去才看到那条白线

直到我遭遇逆境才明白我需要你

直到我徒劳地诅咒你才说出我爱你

直到我快要发疯才感觉到自己的心弦。

——汤姆·威兹《圣地亚哥小夜曲》

汤姆·威兹，他的肩膀拱着向前摇摆，左脚在地上打着拍子，他坐在房间里唯一的窗户前的一张安乐椅上。窗玻璃上拉了窗帘。汤姆·威兹似乎在寻找光线，同时又在害怕光线。

“那首歌讲的是我曾经认识的一个姑娘。”威兹聊起《圣地亚哥小夜曲》，他仅有的几首显露个人情思的作品之一。“我为她疯狂，”他说，“她丈夫也一样。不过这都是过去的事了。”

这是仅有的几次威兹分析内心感触的时刻。这样的时刻并没有持续太久。

“我们迟早都得从这个旅馆结账退房，”他说，目光从地板离开，用左眼偷偷看角落里，“我写下这首歌是为了给加油站的家伙们看看，我可不是个只会修活塞阀门的家伙。”

汤姆·威兹是1970年代完全成熟的产物。和他南加州的同行们，比如杰克逊·布朗、J. D. 沙奥瑟或者琳达·龙斯塔特不一样的是，他在1960年代没有什么为人所知的音乐背景。

“那段时间打了很多份工，”威兹说，“我做过妇产科病房的人力组织员，推过做流产手术的人。然后我看到有个火柴盒上写着：‘不上大学亦可成功。你也可以获得难以获得的ICS高中文凭。’我还在一个海军基地的杂货铺当过看门的。做过扫马路的。那是我做过的最好的工作，还有机会涨薪呢。还做过个体户。我做过很多不同的工作。”

“我在很小的时候就出生了，我实话跟你讲。我出生在一辆停在墨菲医院停车场的黄色出租车后座上。我在洛杉矶长大，我爸是个西班牙语老师，我妹妹是个共产党员。而我自己是一个丢了差事的加油站小工。我父亲有机会开一家翻译社，于是我们就搬去了圣地亚哥。在那里上了高中，不过惹了麻烦后就退学了。”

威兹看起来不想过多涉及所谓的“麻烦”，他只说了句：“我是个壁橱盗窃癖。”

威兹就是这位歌曲创作人给报纸记者的回答，他的节拍就像通宵咖啡馆和保龄球馆，就像脱衣舞俱乐部、文身沙龙。不管台上台下，他都穿得像一个真正活在这世界上的人—— 一件几个月没烫过的衬衫（或者从没烫过），一根细窄的领带，领结就扎在他胸口，一件磨光的休闲西装，还有一顶破了边的帽子。威兹说，出现在舞台上的那个男人可不是他凭空发明出来的角色。

“有时候两种身份很难分开，”他说，“我也许在舞台上稍微夸张了一些，不过我可从没去装成不是我自己的样子。我既不想随便妥协，也不想做居高临下之态。我就说说我知道的事情。在我内心深处的自己，并不是一个身穿休闲西装的人。”

“我住在一间潦倒的旅馆——‘热带’。所有的房间都是预付款的。住在那里的其他人有四速自动易装癖[1]、失业的消防员、女同志里的男人婆、妓女、施虐狂、受虐狂、女流浪汉、缓刑谋杀犯、前比波普歌手，还有独臂钢琴家。整个的开局（gambit）——枪机、枪托和百吉饼（bagels）。[2]”

“不过我在费城可是大腕。他们总把我安排去费城演。还有密苏拉、蒙大拿，还有日本。日本人被我迷倒一片，他们拿着相机为我发狂。我在布鲁塞尔名声也很大。”

即便威兹已经录了五张唱片，他仍然近乎一个小众崇拜的对象。他的第五张专辑《外交事务》在发行四周后只在国家流行榜排到第一百二十位。这真不是一件大不了的事情，这张也没有他的上一张专辑《零碎钢镚》表现好，那张专辑发布一周时排名第一百零五位。

“我为那张专辑[《零碎钢镚》]感到骄傲，”他说，“它是有销路的，未来也是能留下来的，并非没有一点机会。它反映了我的被动出击型人格。”

威兹，二十六岁，在演出中更多是唱他两张老专辑的歌，而不是他最近

1　“四速自动易装癖（transvertites）”是和“四速自动变速器（transmission）”谐音的俏皮话。

2　威兹玩了两个语言游戏，一个是把 gamut 换成 gambit，一个是把习语中的 barrel（枪管）换成 bagels。两句的意思都是“全部”。

三张专辑里更带有朗诵风格的歌。

“我的声音在变化，这就是原因所在，”他说，“我正在经历青春期，我是一个迟发育的人，我正在形成一点对话风格，但我从来就不是玛利亚·阿伯格赫提[1]。那方面的努力都被我持续的自虐给挫败了。”

“不过作为一个夜晚的诗人来说——如果你想了解夜晚，就去问一个警察或者一个夜班护士、一个消防员、一个夜班店员、一个报童、一个酒保、一个服务员、一个俱乐部老板。他们会告诉你夜晚的故事。问那些在你身后扫掉垃圾的人，或者那些把你扫地出门的人。”

汤姆·威兹会在周六夜晚到达达拉斯，在脸俱乐部的九点和十一点做两场演出。他有一个完美的暖场表演：一个脱衣舞女郎。不过这次演出之后，其他所有的俱乐部，其他所有的一个接一个的周六夜晚呢？

“在1月，我要么去日本演出，要么主演一部大电影，”他说，“我还没决定做哪样。”

当威兹确定于1977年11月2日在孟菲斯豪华旅馆演出时，他的出现引起了老板的注意：“我以为他是个来讨饭的流浪汉。他看起来像那些酒鬼中的一个，如果你把后台的门开着，他们就会进来。我说：‘嘿！你觉得你是干吗来的？’而他看了看我说：‘好吧，我是今晚在这里演出的。’”

就是这副形象引起了演员兼导演西尔维斯特·史泰龙这位热门人物的注意，他刚凭借自导自演的影片《洛奇》获得奥斯卡奖。史泰龙已拿到好莱坞的全权委托来拍摄他的下一部同类型电影（这一回他的角色是一个摔跤斗士），他会担任导演、编剧和演员。电影《天堂巷》[2]里由威兹扮演“老咕哝”，那是一位破落潦倒的钢琴家，在片中只有一闪而过的出镜（史泰龙选择了自

1 玛利亚·阿伯格赫提（Maria Alberghetti，1936— ），来自意大利的歌剧演员、女歌手，1962年获托尼奖。

2 中文译名为《陋巷风云》。1978年在美国上映。

己和弟弟弗兰克·史泰龙一起为电影献唱）。威兹为电影写的歌《安妮回城》和《在天堂巷与我相会》代表了电影积极的一面，除此之外，这就是部黯淡无光的片子。这部电影票房纪录很可怜，同时也被评论界猛烈抨击。然而它确实给威兹打开了电影之门，他借此取得了好莱坞顶级导演的注意，那位导演就是弗朗西斯·福特·科波拉。

蓝色情人节（1978）

汤姆·威兹再次于1978年5月25日出现在《芬伍德今夜》节目中，暗示了他的新作品会通过喜剧夸张的手法来呈现。金布尔假冒主持人打探了威兹当下的音乐计划：

巴斯·金布尔（下简称金）：有新专辑之类的东西出来吗？

汤姆·威兹（下简称汤）：我有一张新专辑叫《用来勾引一个离异女服务员的音乐》，就快出来了。

金：那可有不少我认识的家伙会喜欢这张专辑，真的。有没有什么节日金曲之类的？

汤：节日金曲？

金：你知道很多人做特别专辑。你会不会也出一张圣诞专辑？

汤：实际上我准备出一张汤姆·威兹圣诞专辑，在8月中旬。就快出了。

金：大伙儿可瞧好了。专辑会在店里卖。太棒了。我一直想在附近找几张你的唱片，我说不准，我以为那会很有意思，因为我们在后台谈到了你的唱片公司用来分销你那些唱片的计策——在全国上下各种地方把唱片都藏起来——但好像这种做法没有把情况扭转过来。听着，我们可以聊这个聊上一整晚。

汤：我觉得我们可以。

金：……但是我真的对重找个饭碗没什么信心。我们马上回来。

尽管他的最新作品并未被命名为《用来勾引一个离异女服务员的音乐》，但对那类元素的暗射并未有减损。《蓝色情人节》代表了又一幅描绘这些人的音乐图景：住在廉租房里的人、社交障碍者、徘徊的光棍和酒吧吧台另一头的姑娘。满布唱片两面的歌曲是献给这个跑偏的世界的一种威兹主义赞歌。这些歌曲也传递出一种相思情愫，也许泄露出近来他对一位二十二岁的创作歌手里奇·李·琼斯的感情。琼斯在1977年退学后遇到了威兹，开始执意于成为一名歌曲创作人，她的歌带着淡淡的波希米亚的感性。两年后，她遇到洛厄尔·乔治[1]，实现了跻身于创作歌手行列的目标。她最终在1979年赢得了两项格莱美奖提名。

里奇·李·琼斯谈她的新家庭

摘自《摇滚现场：人物和访谈》

1979年末

蒂莫西·怀特

里奇·李·琼斯：那时候[1977年]我没什么真正的朋友，也没有住的地方，身上也没有钱。所以我会去热带汽车旅馆过夜。一个我认识的家伙，伊万·乌尔茨，有一次在游吟诗人俱乐部演出，他叫我去那儿唱几首歌。有个叫查克·E.的哥们在俱乐部的后台厨房干活，那就是我和他相遇的地方。我唱了一首叫《快钱》的歌，还有伊万写的一首，叫《你看起来就像个中国人》。过了一会，汤姆在那里看到了我，然后他和查克·E.还有我就开始一起混。那是我生命中的高峰。在那之前，我想我已学会怎样不依靠其他人生活，因为一旦别人开始对你的境遇产生影响，那就麻烦了。不过我感觉查克·E.和汤姆成为我的家庭成员都有好一阵子了。有时候，我似乎觉得我们是一对被

1 洛厄尔·乔治（Lowell George，1945—1979），美国摇滚歌手、吉他手，小壮举乐队主唱。

困在错误时区里的真正的罗曼蒂克梦想家。我们执着于彼此，我们彼此非常相爱。

汤姆·威兹谈里奇·李·琼斯

摘自不知名访谈

1979 年

汤姆·威兹：我第一次见到里奇·李，她让我想起了杰恩·曼斯菲尔德[1]。我觉得她超乎寻常地吸引人，也就是说我的第一反应是很原始的，甚至更接近远古本能。她的台风很有召唤力，很振奋人心，好像一张性感的白底黑桃。那会 [1977 年] 她喝得很多，我也是。所以我们会一块儿喝酒。你可以通过一起喝醉来了解一个女人身上的很多事情。我记得她第一次买了双高跟鞋，至少是我认识她以来的第一次，那个晚上她跑来冲我的窗前喊，让我带她出去庆祝。她就在那里，一步步走过圣莫尼卡大道，喝高了后被鞋子绊倒。我用自己的方式疯狂地爱她——你猜得出来，我们之间的关系确切地说，并不是像迈克·托德[2]和伊丽莎白·泰勒那样——但她能把我吓死。在街头智慧方面她比我老成很多，有时候她看起来像尘土一般古老，尽管其他时候她都很像一个小女孩。

看到威兹一心想把里奇·李·琼斯和查克·E. 魏斯囊括进他的音乐圈子，甚至打算把他们的照片放进唱片封面和内页，这能让人推断出，他们在这张唱片的概念里扮演了重要的角色。琼斯体现了酒、女人和歌曲的神圣三位一体，这是一种自由精神的具象化：这种自由精神和热带旅馆泳池里的裸泳并

1 美国女演员，风姿与玛丽莲·梦露相仿，但是更亲民，被誉为“贫民版的梦露”。

2 伊丽莎白·泰勒的第三任丈夫，1958 年因乘坐的私人飞机坠毁身亡。

不相悖，和戴着黑色贝雷帽、戴着手套、足蹬老式鞋袜的形象也没有冲突。她和威兹的友谊逐渐变成了一桩流连在公众雷达之下的恋情，直到她广受欢迎的处女作专辑将之完全曝光。在那之前，她作为《蓝色情人节》里描绘的“神秘女士”只是隐藏在地平线之下。

美国的音乐景观正在快速变化，许多曾占据高位的歌手们纷纷挣扎在堆放 1970 年代乡愁的垃圾箱里。对那些想要忘却的人们来说，越南战争只是他们头脑里遥远的记忆。可卡因，而不是酒精，成了热门的药物，特别是在迪斯科俱乐部，在朋克摇滚及其分支新浪潮音乐到来的时候。诸多舞台摇滚派[1]，要么躺在他们的桂冠上睡大觉，要么彻底跌落下马，即使乐迷们普遍反对，也要挣扎着重新发明自己的声音。朋克音乐抓住了美国青年的衣领，把他们的脸摁在功成名就者的伪善上摩擦。迪伦找到了上帝，尼尔·杨忙着照看他残疾的儿子，而布鲁斯·斯普林斯汀，这个摇滚新面孔，如疾风暴雨般登场，他的面容如此英俊，而且来自蓝领阶层。汤姆·威兹直觉到要获得影响的关键是，须对自己的音乐作出长期战略性规划，而现在他开始慢慢重新评估他的战术执行。在职业生涯的后期，他非常注意公开倡导形形色色的音乐风格，如朋克、说唱和嘻哈乐。

汤姆·威兹谈当下音乐景观

摘自《来自寒冷的史莱姆》，《Creem》杂志[2]

1978 年 5 月至 6 月刊

卡拉克·皮特森

“蓝牡蛎崇拜乐队和黑橡树阿肯色乐队（Black Oak Arkansas）跟我住在

---

1 stadium rock，又称 arena rock，兴起于 1970 年代中期，以商业为导向，更为强调旋律和电台友好型的声音，经常使用颂歌般的合唱。

2 正式的刊名为《美国唯一摇滚杂志》。

凤凰城的同一家酒店，”威兹咕哝着说，一边挠着他多毛的皮肤，尽量让自己看起来表达真诚，“那可真把我高兴坏了，你知道，和自己心中的英雄们就隔着三扇门。”（他曾说过他听蓝牡蛎崇拜乐队作品的享受程度就和听火车过隧道差不多。）“我喜欢他们，”他继续说，“当然，我也喜欢鼻屎、鼻涕，还有我衣服上的呕吐物。”[……][威兹]和朋克摇滚有着密切的关系。“也许会叫不少人反感，但这确实是近十年的音乐垃圾之外的另一种选择，”他说，“我真是听够了‘克罗斯比偷钱’乐队[1]。我需要另一支组合犹如需要另一根鸡巴。我宁可听一帮穿皮夹克的小后生们唱一首像《我要生吃了我妈》这样的歌，也不要听这帮寡淡无味的家伙穿着牛仔靴和绣花衬衫唱《在路上六天》。我喜欢明克·德维尔乐队（Mink DeVille）[2]。

“有一回，我在纽约鲍厄里街 CBGB 酒吧[3]门口站了一晚。那里有各路家伙穿着紧身翻领西装和尖头鞋，抽着蓓尔美尔牌香烟。真不错。”

汤姆·威兹谈乐迷群体

摘自《在我闲暇时间里的一个传闻》，《金曲游行》杂志

1978 年 10 月

迪娜·齐默尔曼

“我可不是什么首席歌手。我要把一只脚留在街头。我觉得那很重要。我不喜欢那些老把自己当大腕儿的艺人。我被列入名单之内；人们知道我在

---

1 指由四位 1960 年代的摇滚大牌克罗斯比、斯蒂尔斯、纳什和杨组成的乐队（Crosby, Stills, Nash & Young），该乐队出过很多传世作品，但也长时间霸占巡演市场，后期被蔑称为“克罗斯比偷钱”（Crosby Steals the Cash），因为乐队名称的一部分（Stills，Nash）正好与“偷钱”（Steals Cash）谐音。

2 最先驱动朋克摇滚的乐队之一，也是最早一批在纽约 CBGB 俱乐部演出的乐队之一。

3 CBGB 的意思是“乡村、蓝草、蓝调”，该酒吧被公认为朋克音乐的诞生地，2006 年因经济原因关张。

哪，我会接到很多电话。

“在这层意义上，我的个人生活没有改变太多。当我在路上巡演时，那又不同了，不过当我在家的时候，我就和这里的其他人一样。

“这阵子我每天下午三点起床，下楼吃几个鸡蛋，在旅馆大堂晃晃，看看肥皂剧《我们的日子》，再回到这里。抽根雪茄，读会书。然后，天一黑下来我通常就出去找个酒吧。”

汤姆·威兹谈贝蒂·米德勒和录音

摘自《切尔西的夜鹰》，《现代 Hi-Fi 与音轨》杂志

1978 年 10 月

拉里·戈德斯坦

“有一天，在我录《外交事务》唱片的时候，贝蒂来录音棚跟我打招呼。我们谈起了两人二重唱的可能。”她请威兹试着写一首歌给他们俩。因此威兹就回家开工，第二天带着一首新歌回来，就在当天录下来。《我从不跟陌生人讲话》变成了这张专辑里最受欢迎的一首歌曲。当我问起他和贝蒂两人是否有更多合作的可能性，威兹故作暧昧和神秘。

“我们兴许会再弄点什么出来。”他说。

然而他急于承认，写歌对他来说，并不总是这么容易。他解释说，他觉得那是他工作中最难也最有回报的部分。而另一方面，录音棚总是让他极度焦虑，他如此看待录音棚：“残酷非常的惩罚。真叫人受折磨，就好像去看牙医。”为了尽早完成录音，威兹直接把歌曲录到双轨上，没有加录。这基本上就相当于在录音棚演现场……这种方法让他能在四五个录音场次后结束专辑录制。这样也能让音乐人更开心，正如他所言：“知道它们将不会被混合输出或别的什么。”

威兹谈自杀和感伤主义

摘自《汤姆·威兹——小谋杀》，《双城读者》

1978 年 11 月 17 日

格雷格·林德

他叹了口气，尽管在场没有人听过这张专辑，但是他急着要解释。很明显，《蓝色情人节》专辑充满了街头简报。“你看，我又没法写什么‘亲爱的宝贝，我爱你，一切都会好的，因为我们会结婚’之类的歌词。这也把我生活中的问题展现出来了：我的态度变得越来越冷漠。这张专辑里有首歌名叫《来自美丽蓝枪的甜蜜小子弹》，写的是在好莱坞大道上发生的一桩自杀事件。大概在一年前，这个十五岁的姑娘抱着把吉他从十七楼窗户跳了下来。从没登上过《蝲蛄》（*Crawdaddy*）[1] 杂志。你从来都不会听到这种故事。”

汤姆·威兹和愤世嫉俗

摘自《直接新闻》，WNEW 电台

1978 年末

斯科特·穆尼

“我不知道我是不是越来越愤世嫉俗，还是……我也不是住在一个保险库里什么的。我是说，要是我开车经过一间教堂，看到一个穿正装的男人和一个穿白礼服的姑娘。他们走下来，大伙朝他们头上撒米，乐队在演奏，每个人都微笑着，然后他们走到拐弯处。我会说他们可能会被一辆卡车撞死，你知道？”

1　1966 年由一群学生创办的摇滚乐杂志，被认为是摇滚新闻的先驱、培养摇滚记者的基地。

诗与个人合并成悖论：汤姆·威兹厌倦了那种让他的歌曲与众不同的生活

《达拉斯早报》

1978 年 12 月 2 日（发行日：1979 年 1 月 21 日）

皮特·奥佩尔

汤姆·威兹的情绪很糟糕。他几分钟前在守护神俱乐部的演出不是最好的，他自己也知道这点。不光因为他在生病，也因为有些特殊的尝试出现了不应有的故障，特别是那个给舞台制造大雨幻景的装置。

他坐在更衣室的角落里，微微发抖。有人匆忙跑去旁边的药店给身体不适的威兹买药。他把自己的状态归因于在路上演了太多个晚上，而睡眠时间又太少。

“最近两周都算得上是一场长时间的恐怖实验了。”威兹说，“最难的是没有觉睡，旅行太多。”

这展现了一个奇怪的悖论。因为威兹正是通过过多的晚场演出和过少的睡眠才挣来自己有限的名声。威兹被唤作“星期六夜晚的诗人”。他写下并用粗哑的声音演唱生活的阴暗面，而正是这种嗓音让他无缘登上全国的主流电台。他离热门唱片最近的一次，是他写了一首叫《Ol’ 55》的歌，那首歌曾被嗓音更顺滑的组合老鹰乐队翻唱。

但威兹这次在守护神俱乐部的演出，并没有唱那首来自他第一张专辑的《Ol’ 55》。实际上，头四张专辑里的歌他一首也没有唱，他只专注于表演他最近两张专辑的歌。当被问到为何如此时，他爆出一股怒气。

“我来决定我要演什么，”他说，一边来回摇他的椅子，双手抱着胸，仿佛这样能帮他抵挡身上感受到的寒意，“我不会问观众 [我该唱什么]。我可没什么榜单金曲。海伦·凯勒登上电台广播的次数都比我多。在舞台上我想怎样就怎样。他们又不在电台里放我的歌，所以当我登台时，那就是我的电台节目，我会自由发挥。”

但要说汤姆继续追随自己目前的音乐风格会导致他永远出不了一首榜单金曲，那也是不合逻辑的。他有广泛的崇拜者（实际上他和利昂·雷德伯恩[1]在六百个座位的守护神演出厅的两场演出都卖光了票）。当被问起他宁愿要目前的这伙追随者，还是要一首“金曲”时，他回答说：

“我宁可睡十二个小时的觉，那才是我要的，我更想要睡十二小时的觉，喝十二年陈的威士忌，外加一个十二岁的小姑娘。那才是我真心要的东西。现在就要！”

威兹曾说过，在路上写歌对他来说几乎是不可能的，哪怕异乡孤魂们是他歌曲里压倒性的主题。那么他什么时候写歌呢？

“好吧，首先我得往自己的颈动脉里注射点腌鲱鱼，穿一身百慕大短打，配白袜子，再套双正装皮鞋，走出去坐到院子里打把伞。”他说。

威兹和他创作的歌曲类型被如此紧密地联系在一起，以至于他都快变成了一幅他自己的漫画。汤姆·威兹这个人创造了汤姆·威兹这个形象，而这两者开始变得难分彼此。然而威兹并不同意这种概括。

“这比待在空调房里的工作强，”他说，“我能做我想做的事儿。没人来指挥我怎么做。那就是我走进这一行的原因。我可以扮演一个斧子杀人犯或者什么都行。”

“这阵子我在做我的事情，写歌，试图取得进展——戏剧性的进展。最终我会去做我现在正在做的事情——很自律地去做，比如，在纽约，在一家剧院，在百老汇。我厌倦了在啤酒吧里演出。那些地方都有堵塞的水管，满地爬白蚁，地毯上到处是各种垃圾。我都看吐了。我想在一个地方待几个月。去上班，做我该做的事情，只需横穿过街道。”

1　利昂·雷德伯恩（Leon Redbone，1949— ），加拿大和美国的创作歌手，风格为爵士和蓝调，也演绎很多锡盘巷经典歌曲。

威兹带来了新乐队，相同的旧衣

《圣巴巴拉新闻和评论》

1978 年 12 月 12 日

查理・德莱尔

汤姆・威兹能赶上他在圣巴巴拉阿灵顿剧场的演出，那已成为他每年的惯例。日期为 12 月 12 日。现在他的巡演正是在推广他的第六张专辑《蓝色情人节》，自打他最先在这座城市的蓝鸟咖啡屋演出后，他一直在让自己的事业稳步前进。

在二十八岁的年纪，他很清楚地记得事业开头时的痛苦，从圣地亚哥坐灰狗大巴出行，在俱乐部做看门人，住在他的《Ol' 55》款凯迪拉克里（他最近把这车卖了，为了买他梦想中的车，1964 年款的雷鸟）。他在好莱坞的游吟诗人俱乐部演出后才和赫布・科恩签约，然后和庇护所 / 厄勒克特拉唱片公司在 1972 年签约。

威兹确立其作为一位表演者与歌曲创作人的明证，是他出演了史泰龙的新电影《天堂巷》。

"史泰龙能给我家打电话可真让我骄傲，"威兹最近告诉我，"最初他只是想让我写首歌。但最终他为我设计了一场戏，一个叫'老咕哝'的角色。"

威兹也为拉尔夫・韦特的新故事片(《华生一家》)创作了主题歌，名为《在五分硬币上》，歌名指的是洛杉矶的贫民窟——第五大道。

"我看了最终剪辑，那是部很美的电影，兄弟，它能让你屏住呼吸。那个人 [韦特] 肯定不像这城里的很多人，属于那种'牛皮大王'。他是在用自己的良心做事。"

大多数还没准备好看威兹表演的人，会问这个布屈・卡西迪[1]式问题：这

1 原名罗伯特・勒罗伊・帕克（1866—1908），为美国旧西部时代著名的火车抢匪和银行抢匪，后逃亡至阿根廷和玻利维亚，据说死在一场枪战中。

家伙是谁？第一眼看上去，他看起来并不像一个你会乐意介绍给自己朋友的人：五天没刮的胡子，下巴也是山羊胡；身穿黑色烟筒裤，具有讽刺意义的是，假使那裤子再长一些，兴许正好是时下流行的款式；黑色的尖头皮鞋带着魔幻感（“那双鞋是在伦敦买的，卖给我鞋的家伙跟我发誓说，这双是城里最时髦的款式”）；紧身衬衣，黑色《小顽童》[1]式的帽子；磨旧的飞行员皮夹克。除了那件夹克，全是威兹的老一套。

而当人们能够看出这个男人是个才华横溢的艺人时，问题就演化成：“他真的就是那副模样吗？”这种潦倒的、卑下的形象是威兹拿来传递音乐的载体。但是，那也是他的一部分。“不过得把那些‘如果’、‘并且’和‘但是’都拿掉。在舞台上你可没时间在此二者之间作出分辨。”

威兹和我自小就是好朋友。在他这次上路巡演之前，我们一起在洛杉矶度过了一段时光。

威兹在公爵咖啡屋

威兹的一天从下午一点左右开始，他会在圣莫尼卡大道的公爵咖啡屋，弓着腰喝一杯咖啡，仿佛把整个房间的重量都扛在了他那副麻雀大小的骨架上。这间湿热的屋子里摆满了苦行艺术家的家什，到处都是哗啦作响的盘子。借势搭建在公爵咖啡屋上的，是用时髦感来凸显庸俗气质的热带汽车旅馆。这是威兹的领地，他的家。

在两年半之后，威兹送走了他的老组合，请了一个新乐队。“我改变了一下自己的声音。不同的东西了。我得保持新鲜。老天，开掉那些家伙真是桩苦差事。”威兹停下来摇了摇头，“比那还痛苦。”他上一批乐队成员只在《蓝色情人节》专辑中演奏了三首歌。而他的新组合恰好都是黑人。

“他们，”他半开玩笑地说，“都是黑人。我是乐队里唯一的斑点。”

1　1920 年代至 1940 年代的系列黑白儿童电影。

“我又不住在保险库里。我会欢迎我看到的每一个人。”威兹说话的声音被各种词汇描述过：锉磨声、咆哮，还有劣质的排气管。我们单独待在威兹那间热带旅馆的著名房间里，一间你的脚永远沾不上地的房间。尽管有不少别人编排出来的威兹传奇，但他的公寓配得上里面的每一样东西。每走一步都能踩到烟头、杂志、专辑封套、饮料杯、书本、纸板盒，还有其他你能想到的从木纸浆中造出来的东西。凡是水平的地方，都堆满了老布什米尔斯威士忌酒瓶和啤酒罐。他告诫道：“你就从看起来踩过的地方走。”

外面有人敲门。威兹喊道：“谁啊？”一个声音传来，找汤姆·威兹。“他不在，回头再找。”

他对我解释说：“我现在住的这个街区里，没法把自己和周围的生活隔开。我从中汲取养料。不过到某种程度上，你真的得停下来，远远跑开，去坐下来回忆所有你经历过的事情。那总是发生在演出季的间歇。你得跑得远点，才能让你的想象和回忆一起工作。”

房间里到处都是曾搁在门口的、写给汤姆·威兹的信。那些信寄自全国各地，问他要签名，想和他私下会晤，或者提供一个地方让威兹过夜，假如他恰巧去那个镇上的话。

“我在好莱坞有间小房子，我会去那边，在范奈斯街和日落大道之间，丹尼俱乐部隔壁。我在这里和那里写下了所有《蓝色情人节》里的歌。”他摸摸了自己的脸，耸耸肩说，“那可是很多活计呢。”

威兹觉得这是他最好的一张专辑。他希望这张专辑能足够成功，从而让他能在每年八个月疲惫的路上巡演中歇一歇，喘口气，并给他留出更多在家写歌的时间。电台的播放对威兹来说总是很稀罕的；他嘟囔咆哮式的嗓音和烟熏味的爵士蓝调，混合着垮掉派诗歌，对喝着百事可乐长大的一代来说显然太陌生了。尽管威兹长时间得到乐评界和专业人士的赞扬（和威兹关系很亲近的贝蒂·米德勒和老鹰乐队都录过他写的歌曲），他仍然感觉到还需要证明自己。

“在这行里你要么往上走，要么往下掉，没有维持现状一说。这张专辑是我必须推动的一块大石。有压力，不过那是我自己的压力。大多数人会想，‘哦，对，他就是那个写了很多醉鬼歌和妓女歌的家伙’之类的，”他实事求是地说，“但那是不对的，我写了很多不同类型的歌，讲了很多种不同的人生体验。一个作者应该用多样化的主题来挑战自己，并且成功应对这种挑战。”

尽管威兹已经开始制作他的第七张专辑了，且像狗一样卖力表演每一张专辑，也找到进入电视和电影领域的突破口，但他仍然觉得自己还没有赢得足够的认可。里奇·李·琼斯的冉冉升起让1979年变成了让威兹沮丧的一年。尽管那一年有他的银幕首秀，他也赢得了电影演员同业协会的入场券，《天堂巷》仍然把他的角色缩减到甚至算不上一个末流配角的地步。甚至他写的歌在电影里也没有被充分凸显，而另一部电影计划也未能如愿实现。让威兹进一步对音乐潮流产生幻灭感的是琼斯某一首歌的音乐录影，在录音带中威兹被描绘为一个欲火高涨的尾行者，像影子一样贴在穿着高跟鞋、一脸纯真的琼斯身后。威兹受够了音乐产业设下的圈套，而到了年底，他已经能放下往事继续前行了。

许多在1979年采访威兹的人得到的最初印象是，这是个满肚子不高兴的怪胎，还没到年纪就已衰老。

威兹在演唱会上的道具变得越来越多样，有喷洒的彩纸屑（并不是每次都喷得出来），有一个灯箱柱、喷雾机，还有个轮胎，其中的一些在1978年12月的演出（1979年春在PBS的《奥斯汀城市极限》节目中播出）中产生了很好的效果。威兹偶尔会在表演中添加一些惊喜元素。在宾夕法尼亚，他在舞台上演绎《乳贴和丁字裤》的时候穿了一身浴袍，当众一屁股舒服地坐在椅子上看一台没插线的电视。

汤姆·威兹不为谁

《马戏团周刊》

1979 年 1 月 23 日

斯坦·舒切

汤姆·威兹被惹火了。在巡回五十个城市以支持他的新专辑《蓝色情人节》（庇护所唱片）的演出途中，他在田纳西州诺克斯维尔的汽车旅馆房间里被一阵电话铃声粗暴地弄醒，而他已经连续两晚没有睡觉了。此外，他的钱包还被偷了。

"我花了六个月才把驾驶证拿回来，因为我有许多停车违章和行车罚单。"威兹不平地抱怨道，然后一头栽进一连串咳嗽中，"当时我在印第安纳州瓦尔帕莱索做一场演出 [咳咳]，有个家伙跳上舞台把我的皮夹克顺走了 [咳]，里面有我的驾照、信件和钱。现在你什么人都没法信任了。他们都持枪，很危险。"

不管是在路上，还是在他位于西好莱坞的家——臭名昭著的热带汽车旅馆，汤姆·威兹都得学会怎样对付过于热情的歌迷，以及不给警方的卷宗添料。

"《蓝色情人节》里的大多数故事都发生在最近几个月的洛杉矶。"威兹继续说，"《罗密欧在流血》讲的是一个墨西哥黑帮头领在洛杉矶下城的一间影院里被射杀。"

威兹的歌是延展的诗，每一首都在讲一个故事，配最精简的乐器，衬着蓝调和爵士乐的底色。他的嗓音很像是年轻时的路易斯·阿姆斯特朗被人在胯部猛踢了一脚。

由博恩斯·豪制作的《蓝色情人节》于 7 月和 8 月间，在位于好莱坞的影路 / 海德（Filmways / Heider）录音室录制了六期完成，没有一点加录，威兹在专辑里弹奏电吉他和原声钢琴。

威兹最近在史泰龙的最新电影《天堂巷》中献出了他的银屏首秀。史泰龙起初是请威兹给电影写三首歌，最终他为威兹创造了一个角色——弹钢琴的酒鬼“老咕哝”。

1949 年威兹出生在加州波莫纳的一辆出租车里，在南加州的几个社区长大，他父亲在那里的高中教西班牙语。十四岁的时候，他得到了一份在圣地亚哥的拿破仑披萨店洗碗的工作。“妓女们晚上会来，抓着我和我玩。重点是你洗了足够多的碗，就可以到外头去抽根烟。我多想重新回去做这份旧时的工作啊。”

十七岁，在从父母丢到雨中的成堆垃圾里救回他的第一个模型后，威兹学起了钢琴。

读着垮掉派小说家杰克·凯鲁亚克的书，做着守夜人、清洁工、加油站小工和洛杉矶一个俱乐部看门人的工作，这一切激发了威兹写歌的兴趣。他从 1969 年起带着自己写的歌去洛杉矶游吟诗人俱乐部自荐演出，在那里他被现在的经理人赫布·科恩发现。科恩回忆道：“那晚我在去厕所的路上听到威兹唱歌。等我从厕所出来，我问他在干什么，他说‘没干啥’。于是我就签下了他。”

威兹刚刚为一部讲述洛杉矶贫民窟的电影《在五分硬币上》写完了主题曲，同时他在给《摇滚梦》一书的插画家盖伊·皮拉尔特的新书《维加斯》写个人档案。

现在他算跑在成功的路上了，汤姆·威兹是否会在回到好莱坞后从他那间廉价的热带汽车旅馆房间里搬出去？“我喜欢那房间，我在那里是很容易让人接触的，不过有时候也有点烦人。那里可不是迪士尼乐园，你知道。我想过搬出去，不过总是没法真的做到。我会去哪里？也许是另一家汽车旅馆吧。”

到了 1979 年春天，威兹回到欧洲，然后去澳大利亚巡演。他在巡演中休息了一段时间，去陪同里奇·李·琼斯做她的欧洲巡演，然后他回到美国，在这一年接下来的时间里继续巡回演出。

威兹自己很清楚艺人们被台下缺乏宽容的观众们大嘘时心中会感受到的

屈辱，因而他会力挺他自己的暖场乐队（不像扎帕那样）。1979 年 11 月 3 日在马萨诸塞州剑桥的哈佛广场剧院演出时，朋克乐队明克 · 德维尔为威兹暖场，立刻被观众以嘘声对待。他们被恶心到了，放下乐器转身下台。威兹表达了他对观众的不满，向明克乐队保证他不会在合同规定的时间之前上台。于是，他让自命不凡的常春藤学生观众们坐着等了好久。威兹不会给蠢货们好脸色。

到 1979 年，对威兹的个人生活和音乐事业来说都非常重要的一个篇章走到了终点。他和舞台喷雾器、灯箱柱、彩纸屑、脱衣舞娘，还有里奇·李·琼斯都说了拜拜。他想要取得突破，跳出那个让他觉得自己在忍受的年年重复的惯常路线。这一回他尝试了在剧场巡演，把他的歌曲伸展到酒吧情绪的范围以外。为了达成这点，一种办法是临时搬去东海岸。当威兹和博恩斯 · 豪一起被困在逼仄的西洋镜电影公司的办公室时，一个名叫凯思琳 · 布伦南的女人作为助理剧本编辑为他们做事。威兹旋即热烈地爱上了这个更年轻的女人，他们很快就了解了彼此。八个月之后，他们结了婚。那一年他没有出专辑，这是威兹开始录音事业后的头一回，对他的乐迷来说，看起来像是一场平凡无奇的失望之旅。对威兹来说，这预示着他在未来能够拥有清醒、稳定和令人震惊的创造力。

汤姆 · 威兹、杰克 · 凯鲁亚克和埃米特 · 凯利

摘自《讽刺[1]和丹麦饼，打包》，《旋律制造家》杂志

1978 年 5 月 5 日

布莱恩 · 凯斯

在大堂里，我们隔着桌子和一团烟雾彼此交谈。安 · 查特斯写的凯鲁亚

1 “黑麦面包”（rye）在这里被写成了“wry”，发音相同。此处是一个俏皮双关语。

克传记有没有刺破这位垮掉派之王的神话，因为他大多数时间实际上都住在老妈家的客厅里？

“没有，实际上我更喜欢看到这另一面。他不是一个从不犯错的英雄。他看到了很多，跑了很远。他远没有尼尔·卡萨迪那么疯狂和鲁莽。事实上，在尼尔死了以后，凯鲁亚克都不肯承认他走了。‘尼尔会回来的——尼尔会来这里’，你知道。从不承认他死了，一直当他还活着。”

“杰克端坐着一副扑克脸，子弹们背抵着婊子们。尼尔躬身把着方向盘，让大伙都笑成了傻子。”[来自歌曲《杰克和尼尔》]

汤姆从桌面的啤酒杯垫里抓了张A。“A就是子弹(bullet)，婊子们(bitches)就是女王们（queens）[1]。他死在圣彼得斯堡。我去过圣彼得斯堡，在那做了一场音乐会，想了很多凯鲁亚克的事情。”

威兹退回到一团烟雾中。在那里他沉默了一会，在纸做的花环中翻找着什么。

“埃米特·凯利刚刚死，”他宣布道，“顶有名的美国小丑。可怜的小丑。死在佛罗里达，萨拉索塔市。那是那群马戏团的家伙淡季时住的地方。玲玲兄弟、巴纳姆和贝利马戏团[2]。对，他死了。他出去倒垃圾，一头摔在草坪上。死了。他是个老把戏人[……]”

“我不知道在美国文化的意义上，人们是怎么看我的。这得看你待了多久，和你能被允许待多久。”

1 也就是Q。此处涉及的是俚语。

2 通常简称为玲玲马戏团，与纽约大苹果马戏团、太阳马戏团并称世界三大马戏团。成立于1871年，1906年收购巴纳姆和贝利马戏团，并在1919年合并。2017年解散。

威兹谈一个理想的酒吧

摘自《汤姆·威兹的霓虹梦》，《新音乐快报》

1979 年 5 月 12 日

约翰·汉布莱特

“来，看看这些。”威兹说，他递过来的看起来像是一把来自黑白杂志的散页，“我在来这儿的飞机上读到这本杂志，我必须把这几页撕下来给你们看。这些照片真棒。”公关经理检视了照片，在奶油色的咖啡桌上传阅了一圈，给金发的摄影师、金发的记者。大家都笑了，纷纷想找个段子来讲。

照片记录的是在一间破烂粗糙、灯光昏暗的酒吧里，一群显然是劳工阶层的男女三两成群，投身于各种猥亵的嬉戏。（私下说，记者们觉得这些照片看起来有点急不可耐。）“我不知道这上面印的是什么语言，所以我不知道这酒吧在哪儿，不过我肯定想查出来。”

威兹拿回了杂志，把纸张草草叠起来放回自己的口袋。

想刺穿铠甲见到真正的汤姆·威兹

摘自《一次清醒的体验》，《声响杂志》

1979 年 8 月 4 日

戴夫·刘易斯

[威兹] 总是想把自己藏在由以下事物混合组成的篱笆后面：简短生硬的嘟囔和咕哝，还有他不断囤积的俏皮话，比如“我游过这个妙不可言的演艺圈的肠道。我很享受包皮切割手术，真是一次很避孕的体验”，或者“我只在一个人或者和别人在一起的时候喝酒”。[……] 他现在住在一间破烂的旅馆里，他将之概括为：“哦，我这大人物真算是垮台了。”

“那地方到处是白蚁，水管也不通。他们刚把游泳池涂成了黑色，也许

那样他们就用不着经常清洗了。不过他们会在前台替我收留言和信件，而且我也不用付煤气水电费，所以还不算坏。”[……]

“我这阵子有点潦倒，我为自己不如你希望看到的那么头脑清醒、充满想象力而道歉。我觉得很难放松下来。在这副平静的外表里面，有一颗彻头彻尾的疯子的心在跳动。”

汤姆·威兹和“大苹果”[1]

摘自《汤姆·威兹给纽约洗牌》，《洛杉矶时报》

1980年1月20日

理查德·克罗姆林

“我的本能告诉我这是最棒的一次迁居。我会找间旅馆住一礼拜，再找间公寓，我在那里的时候会开始写一张新专辑。我希望自己在纽约的时候，会对专辑这东西产生多一点儿的激情。”

威兹——这个在南方出生和长大的人——会不会被思乡情绪折磨？

“这城市是个真正的风骚娘们，”他笑着说，“会，我会时不时想念过去的那个婊子。”

1 纽约的别称。

心脏病和藤蔓街路口（1980）

厄勒克特拉/庇护所唱片出的最后一张汤姆·威兹专辑，是《心脏病和藤蔓街路口》[1]。处于音乐变化边缘的专辑与其所在的舒适区断绝关系，是合适的。这张专辑在音乐动力上的扩展，昭示了威兹未来的音乐演变。

《心脏病和藤蔓街路口》在1980年6月16日到7月15日之间录制于好莱坞的影路/海德录音棚。尽管录音人员中有几位是从前几次专辑录制中保留下来的，但最终专辑的录制用了足足十二个人，表明威兹关于他的声音的想法的复杂性。博恩斯·豪再次被请来担当制作人，打磨出一张粗粝而又幽雅的专辑，最终成了威兹到目前为止最畅销的唱片。

凯思琳·布伦南的存在成了为威兹提供新想法的源泉。她对音乐的热情威兹在别处从未遇到过，这种热情到了一种狂热的程度，激发了威兹的灵感，不仅显露于《心脏病和藤蔓街路口》专辑，也体现在威兹后来受委托为电影配乐而作的新歌中。威兹与弗朗西斯·科波拉的合作关系是必不可少的，这次合作让威兹重新发现了自己。创作电影音乐的经历也让威兹学会了一种更自律的歌曲创作方式，进而让他摒弃了对尼古丁和烈酒的瘾头。威兹加入了一个健康俱乐部。“我试图做到某种程度的个人卫生，”他在《心脏病和藤蔓街路口》的宣传材料中声明道，“我认为这张唱片值得如此对待。”

斯蒂芬·K. 皮普尔斯，与摄影师亨利·迪尔茨一起于9月4日下午造访

---

1 “心脏病和藤蔓街路口”（Heartattack and Vine）与“好莱坞大道和藤蔓街路口”（Hollywood and Vine）谐音，该地自1920年起成为好莱坞电影和演艺行业中心，现在则是好莱坞星光大道的所在地。

了在电影《旧爱新欢》摄制组的威兹。“那是我永远忘不了的半个小时，”他说，“我的带子还没开始录，汤姆问我要了一根万宝路，叫我别声张，因为凯思琳知道他抽烟会生气。所以我没有当面拆穿他。一直到现在都没有。”

《心脏病和藤蔓街路口》

厄勒克特拉唱片宣传采访

1980年9月4日

斯蒂芬·K.皮普尔斯

以下采访发生在1980年9月4日，在威兹那个位于好莱坞电影总部的两套间办公室里，现在是弗朗西斯·科波拉的西洋镜公司影视帝国的一部分。威兹被安置在那里，给科波拉正在指导拍摄的电影《旧爱新欢》写几首歌。他想简单聊聊他在庇护所唱片出的第七张专辑《心脏病和藤蔓街路口》。

尽管有着出入于美国城市丑陋的下层世界并对其予以记录的形象，威兹却显然在很多地方改变了自己，无论是内在还是外在，无论作为一个艺术家还是作为一个人。

我们在西洋镜公司大堂见到了威兹，时间离约好的采访时间过去了一个小时，在走向他的汽车时，他为迟到表示抱歉——那是一辆布满灰尘的蒙特卡洛车——他得从车里取出他办公室的钥匙。他戴着一顶窄边黑帽，穿着白衬衫、黑裤子和能踢死蟑螂的黑色尖头鞋。

在他的办公室里，穿过前厅可以看到一把没有装进盒子的吉他，以及一张四乘四英寸的蝴蝶油画，靠在不同的墙上。威兹从他内间的沙发上清理掉各种纸张，开玩笑说他的房间有“大卫·尼文[1]的感觉”，然后在靠着沙发的

1　大卫·尼文（David Niven，1910—1983），英国演员、作家。此处借他身材瘦小的特点比喻空间狭小。

一张椅子上坐下。在我们座位对面，被遮上的窗户正对着圣莫尼卡大道正中的海湾车站（“这让我感觉自己在海滩上”），一张矮咖啡桌上摆着一张带有磁带机顶、前置功放和正面功放的转盘机，音响喇叭摆在地面的两侧。在角落里，有一架三角钢琴、一个带支架的麦克风摆在象牙装饰的前面。

地板上的垃圾只堆到脚踝高，里面有纸张、笔记本、磁带和专辑封套。靠在墙边有一只掉色脱线的皮箱，装着威兹的旧专辑，都满出来了。里间办公室的门（他只用了一次，打开可以进男厕所）上挂着一面大公告板，上面贴着大小不一的纸条。纸条上的歌词和歌曲片段都是手写的。

在采访中，有一件事情冒了出来，也许那就是威兹精神状态改善、外表也更适合出门见人的原因——这一回他放弃了专辑发行后的巡演，却跑来为科波拉的电影项目工作。这是一项挑战，一项威兹觉得应该强迫自己去直面的挑战。而他也决心不对自己和科波拉的合作多作评论，直到作品能成熟展现。

汤姆·威兹（下简称汤）：[*显然在考验采访者有没有为采访做功课*]你喜欢新专辑的什么方面?

斯蒂芬·K. 皮普尔斯（下简称斯）：首先，《心脏病和藤蔓街路口》里你的嗓子听起来比上一张专辑[《蓝色情人节》，1978 年 10 月]里更精神了。

汤：我在录新专辑期间戒了烟。也许那算是部分原因。我试图做到某种程度的个人卫生。我觉得这张专辑值得如此对待。我就是想把自己弄干净点，这有帮助，你知道。

斯：那么你喝酒的习惯呢?

汤：我现在只喝葡萄酒了。我最喜欢的是卡洛·罗西牌。你有没有喝过卡洛·罗西牌夏布利酒？

斯：没喝过。你这里有一瓶吗?

汤：啊，现在没有。不过那可是值得一品的酒。

斯：好，我们现在说了烟和酒的事，该聊聊音乐了。去年有个记者引用你的话说，在音乐上你正处于十字路口。你可以详细说说吗？

汤：作为一个作者，你会经历不同的时期。现在这个时刻，我正学着更快速地写歌。我曾经用好几个月来酝酿要写的歌，而这次的《心脏病和藤蔓街路口》写得更有自发性。这回我总算允许鼓手用鼓棒敲鼓了，而不是用鼓刷 [笑]。我是说，我以前总习惯听到歌里的所有东西伴随着立式贝斯、柔声小号或者中音萨克斯。我的音乐格局比较有限，所以我想要扩展一点，找到一种新的声音。我觉得我在某种程度上做到了。这都是一个持续的过程的一部分。

斯：另一个采访者写到，你说你想做得比前面几张专辑更摇滚。

汤：[非官方的语气] 我创作的歌曲主题都颇有讽刺性，得用一组听觉效果更加参差不齐的合奏乐团来演奏，我在考虑乐手和选择乐队的时候就带着这种思路。这和桃木心冲锋乐队（Mahogany Rush）[1] 没法比，不过这是我能做到最好的了。

斯：从你的第一张专辑开始，你都是和博恩斯·豪合作，我听说你曾考虑过联系杰克·尼采来制作这张。

汤：是的，我曾经有计划要看看新的制作人。我想过搬去纽约住五六个月，想用一个全新的环境来挑战自己。但是我和博恩斯走得非常近，有非常亲密的关系。这种关系在录音室里对我来说比什么都重要。我并不想真的去打乱这种关系。不过在那段时间里，我曾想过要把身边的一切都换了。然后我打定主意，这种改变应该发生在我自己的内心，用我的音乐的成长来完成。我想要作出一些挺危险的改变，而我觉得只有博恩斯能用最好的办法包容我。

斯：媒体把你搬去纽约当成一桩大事。你为什么这么快又搬回洛杉矶了？

汤：在那里感觉更像蹲监狱 [笑]。难熬啊。刚搬过去时，我起先住在切尔西酒店，然后搬去了旁边的一个公寓，然后加入了麦克伯尼基督教青年会……实际上我就是跑去纽约喝了杯酒，那可是很贵的一杯酒。

1　由弗兰克·马里奥领军的加拿大前卫摇滚乐队。这里比喻乐队组织庞大、包含多层重奏的音乐。

斯：还喝得很久呢，很明显。

汤：对对，那是很高的一杯酒 [笑]。

斯：那是什么原因让你回来了？他们给你刑满释放文件了吗？

汤：对，我在保释期。我回来给弗朗西斯 [· 科波拉] 的电影写歌，还有做这张专辑。我现在住在大洛杉矶城区。

斯：你是怎样把《心脏病和藤蔓街路口》这张专辑组合到一起的？

汤：我用了上次路上巡演的鼓手，“大约翰”·托马西，来自新奥尔良，曾经给弗雷迪·金、约翰博士以及邦尼·布拉姆利特打鼓。他在路上跟我巡演了两年，这是他第一次和我做专辑。然后是弹钢琴的罗尼·巴伦，也是来自新奥尔良，我一直很钦佩的一个人。跟他一起合作真的很愉快。他弹的是 [哈蒙德牌]B-3[风琴] 和钢琴。拉里·泰勒，来自罐装燃料乐队（Canned Heat）的贝斯手。给我们弹吉他的是罗兰·鲍蒂斯塔，他就在史劳森大街 [洛杉矶] 长大，他对我来说足够优秀了。不过之前，他给乔治·杜克和十字军乐队演奏，也在洛杉矶做了很多录音棚工作。在这四重奏之外，我还请来杰里·耶斯特 [威兹第一张专辑 1973 年的《关门时间》的制作人，也是他随后多张专辑的弦乐编曲人] 写了两段编曲，还有鲍勃·阿尔奇瓦也写了两段。鲍勃给《外交事务》[1977] 帮过忙，他和我一起写了《公墓》。他也帮我做过其他一些编曲。他在科波拉的电影里也做管弦乐演奏和编曲。他有电影编曲的经验。

斯：当你叫来了博恩斯和乐手们之后，我知道你在录音期间搬到录音棚住下了。

汤：对，我们在日落大道和伊瓦尔街交叉口的 RCA 大楼，我在录音期间搬进去住了。大伙都觉得我疯了 [用一种“还有什么新鲜的没玩过”的语气轻笑]，不过看起来住那边很管用啊。

斯：我知道的事情还有你在进录音棚之前只写了很少的东西，如果有的话。我想知道你是不是让乐队时刻在录音室待命，这样一旦你有了点子，马上就能录在带子上……

汤：不，不是那样的。我们每天的录音排班是从下午两点开始。我想住在那里是因为每天我都要在博恩斯来之前写一首歌。我每天晚上和白天都写歌，所以乐队到齐的时候，我就有一首新歌给大伙了。对我来说，能在录音的地方写歌很有价值。我宁愿以前的专辑也是这么做的。那可是有很多工作要做，不是在开派对。我不会邀请跟专辑没有直接关系的人来录音室。我一连一个半月累得满头大汗，不过在整段录音期间，我和博恩斯的关系都很良好。他对我很有信心，相信我能在那种情况下好好出活。那种节奏会让很多制作人紧张得不行，天天有截稿期，还有大把银子投在这上头呢。

斯：先不管截稿期，你会不会想用同样的方法再出一张专辑？

汤：是的，下一张专辑我还想这么干。说不定我会强迫整个乐队都住在录音棚里。把他们像拴狗一样拴在那里 [笑]。

斯：你住在录音棚里有什么好玩的事情吗？晚上巡查维护的工人看到你缩在沙发睡觉，有没有拿扫帚敲你的靴帮？

汤：没有，最好玩的是，什么都没有发生。

斯：好。我们来说说你的歌曲。从主打歌开始，那首歌是怎么写出来的？

汤：我那晚在好莱坞大道靠近藤蔓街的一间酒吧里，有个女士跑进来，怀里抱了只死掉的动物，她似乎一直无家可归。她走到酒保面前说："我要发心脏病了。"酒保说："好啊行啊，你要发到门外去发。"我觉得那很叫人心寒，所以我把好莱坞大道改名成"心脏病"。

斯：接下来到《在阴影里》。

汤：我一直想放进一首直接的节奏蓝调器乐曲。它原本名叫《监狱里的早餐》，后来我们改了名字。

斯：那么《存下我所有的爱给你》？

汤：那是一首老歌，写了大概有四年。从前面一张专辑里拿掉的，大概是《外交事务》。

斯：里面有句词写一个妓女化了过浓的妆，踩着一只破鞋。你的上一张专辑《蓝色情人节》里的歌《二十九美元》也讲了一个流莺穿着一只破鞋。

汤：[笑] 同一个姑娘！

斯：那我们说《下城》……

汤：那首歌是录一遍就过的。我本来只是跟乐队过一遍这首歌，让他们学起来，但是就直接成了专辑录音。我们试了其他几个版本，但第一版就是录进专辑的版本。我很爱罗尼在里面的风琴独奏，那可真是一剂安非他命。这首歌进展很快速，就像快速新闻更新。

斯：里面提到的蒙特克莱尔·德·哈弗林是谁？

汤：是我在路上造出的一个名字。我以前登记旅馆房间用的是我的真名，这给我带来了一些不幸的体验 [清清嗓子，微笑]，所以我决定换个名字，至少是在路上的时候，这样我可以避免让那些我不想与之打交道的人找到我。

斯：第一面最后一首是《泽西姑娘》……

汤：我从没想过我会在一首歌里唱"莎啦啦"。这是我初次尝试"莎啦啦"。这首歌里有一种漂泊者的感觉。我不想在里面讲"肌肉萎缩症"什么的。因为我觉得那和这首歌的感觉不符，所以，歌词上，我选择直接一趟过，写一个男人穿过马路去见他的姑娘。

斯：翻到第二面，你开篇的是《直到把钱用光》……

汤：那是一种老式的曼波舞节奏。

斯：你认识任何电报街上的中国佬吗？

汤：就是有一句词写到电报街上的中国佬。唱出来感觉很不错吧？

斯：好的，就是好奇。然后是《在五分硬币上》……

汤：那是给拉尔夫·韦特的同名电影写的歌。我想那电影现在什么地方都看不到了。大概是我从纽约回来的时候上映的，4 月什么时候。说真格的，那是一部很好的电影，就是不够叫座。那不是《火烧摩天楼》一类的，是一部小电影，讲了很多感觉。拍的是洛杉矶的贫民区，下城五号街。本地人管那地方叫"五分硬币"。电影讲的是几个朋友多年后重逢，其中一个发财后离开了，其他人还生活在那里，一直到死。发财的那个人重新回去找他的老朋友。那是一个很妙的故事。

斯：结局发生了什么？

汤：你得自己去看。

斯：下一首歌标题《西格尔先生》特别指谁吗？

汤：我实际上想指的是巴格斯·西格尔[1]。

斯：好些人听到这首歌后，都觉得那句歌词“天使们如何睡得着 / 当魔鬼留着门廊里的灯”写得很好。

汤：我也很喜欢。

斯：专辑的终曲是《卢比的臂弯》……

汤：我很爱杰里在里面的编曲。他用上了一个管乐合奏，听起来像救世军乐队撑在曲子背后。那真的很打动我，有点像马特·门罗[2]的东西。“我会温柔地离开你”[唱了这段]。我想要形象地刻画一个男人在黎明前离开，去火车站，家里的晾衣绳还在外面晃荡。我闭上眼睛看到这个景象就写下了它。

斯：我觉得这首歌极其感人，如果你能原谅我这么形容。

汤：谢谢。

斯：你录音的地方，影路 / 海德录音棚 B 间在 RCA 大楼里，那地方在摇滚乐业内挺有口碑。你知道或者找到了什么以前录音时留下的遗迹吗？

汤：老实说，不知道。是啊，“滚石”在那里录过，我听说猴子乐队也在那录过[笑]。哦，对，雷·查尔斯，还有克利奥·莱恩[3]在那间录音房和弗兰克·德·沃尔一起录过一张专辑，选了些《波吉和贝丝》[4]里的歌，大概在1975、1976年。马丁·马尔在那里录了他在厄勒克特拉唱片公司的最后一张，也就是那张现场专辑。

斯：以前你出了一张专辑就上路巡演。这次呢？

1　巴格斯·西格尔（Bugsy Siegal，1904—1947），洛杉矶黑帮头领。

2　马特·门罗（Matt Monro，1930—1985），英国流行歌手，被誉为“金嗓子”“最完美的男中音”。

3　克利奥·莱恩（Cleo Laine，1927—　），英国爵士女歌手、演员，以假声音域超乎寻常地宽广而出名。

4　由乔治·格什温作曲的歌剧，改编自作家杜波斯·海沃德 1925 年同名小说。

汤：我录完专辑就直接进了这里的办公室，这对我来说完全是另一个世界。以前我都是录完一张专辑，就跑出去组织乐队排练三四个礼拜，然后上路巡演四个月。这是我过去七年玩的老一套了。

斯：有点老套了，不是吗？

汤：是啊，没错。所以我跑出录音室直接加入另一个项目，为了得到另一个人的而不是我自己的赞许写歌。这很重要，我觉得，能那样写歌很重要。

斯：你把你的上一次巡演，从去年年末持续到今年的那次，作为你的“保本巡演”，是吗？

汤：差点就亏钱了。不过今年我会为科波拉工作。

斯：这个项目是怎么来的？

汤：我当时还住在纽约，他安排了一次和我的会面。后来我去西洋镜公司和他又深入讨论了一下，就定下来开工了。所以他给了我这间办公室，还有那台钢琴。我拿出一个半月的时间给他写歌、录音。

斯：关于专辑还有一个问题。封面的右上角印了个名字“大卫·‘大夫’·福伊尔”，旁边还有一个纽约的电话号码。不管那是谁，他会接到很多电话吧。

汤：那不是他的真实号码。我可以给你他的真实号码，如果你需要的话。他是一个急需生计的精神病医生。实际上，有一次我把自己的电话号码印在专辑背面，然后就接到了很多电话，问我一些真正的医科问题。我真不知道该怎么回答他们。所以我让这位大夫把号码印上去，他可以对付那些问题。

斯：你做这种推荐会拿到回扣吗？

汤：还真不会 [笑]。不过他是一个挺受挫的音乐人，而我一直在考虑到医疗行业去找份差事。所以我们会拿技能而不是钱来交换。我得给自己谋个退路……

旧爱新欢（1982）

电影《旧爱新欢》的原声唱片比电影本身有着更长久的市场生命力。科波拉深为批评界对这部电影的抨击而尴尬，于是在电影灾难性的首映之后两周，从全国的影院里收回了所有的电影拷贝。而威兹这方面，他在电影音乐上的不懈努力为他赢得了一次奥斯卡最佳原创歌曲奖的提名。而电影原声碟自从带上额外几首歌以 CD 再次发行后，这张由出人意料的组合——威兹和乡村音乐巨星克里斯特尔·盖尔——献声的唱片，一直被保留在乐迷们最喜爱的唱片名单中。

《旧爱新欢》是博恩斯·豪和汤姆·威兹的最后一次合作。根据豪的说法，两人的分别是友好的。他告诉《声上声》杂志（2004 年 2 月刊）：“他给我打电话说：‘我们能喝一杯吗？’见面时他告诉我，有天晚上当他在写一首歌时，他止不住问自己：‘假如我这么写，豪会喜欢吗？’我告诉他，我们都开始像一对老夫老妻了。我说我不愿意成为艺人创作的障碍。对他来说，是时候去找一个新的制作人了。我们彼此握手，然后就结束了。那是一段伟大的历程。”

更说明问题的是，豪知道威兹的婚姻意味着和过去的告别。豪带着大门永远敞开的态度离开，假使威兹有一天还想回到老路上来的话。豪无私地意识到，威兹与凯思琳的新生活意味着他能更好地照顾自己，而不只是生活在汽车旅馆的界限内。

威兹同样也结束了和经理人赫布·科恩的职业关系。威兹带点情绪地对《旋律制造家》杂志解释说：“我甩掉了前任经理，还有一大票强加给我的皮条客和各种职业寄生虫。我妻子和我自己现在可以打理我的所有事务。”

简单的爱情故事

《城市界限》杂志

1983年7月1—7日刊

彼得·古特里奇

汤姆·威兹，这个用粗粝嗓音给城市生活的阴暗面制造浪漫的人，把1981年中的很多时间花在了圣莫尼卡大道的两套间办公室里，给弗朗西斯·科波拉的电影《旧爱新欢》创作音乐，这部电影即将在本周发行。在威兹上一次造访伦敦的时候，他和彼得·古特里奇谈起了创作电影音乐以及电影大亨。

他有着对妓女、流氓和破落众生的强烈迷恋，以此看来汤姆应该与马丁·斯科塞斯更般配，而不是科波拉。但是他们俩在电影《旧爱新欢》中的合作，从艺术的角度说颇具成效。必须如此。科波拉带着他惯常的边缘路线，把旗下西洋镜电影公司的未来赌在了一个“简单的爱情故事”上。对威兹来说，这部电影给了他一个机遇，让他能触及更广泛的听众，而不仅仅是靠之前的专辑积累下来的小众追随者群体。

电影一开始在美国遭遇了冷淡的评价。电影原声专辑在货架上躺了几个月，直到在英国的法律争议被解决。这张专辑最终在今年早些时候由CBS公司发行，而在伦敦，迟来已久的电影首映式将在这周举行。

“《旧爱新欢》是什么？就是个婊子养的。”威兹说，“我从来没有遇到过这种状况。做一部电影配乐要关照到那么多的细节，我可没那种习惯。另外我的创作需要得到另一个人的赞许，一开始也是很困难的。”

这次合作是怎么来的？“半夜接到个电话就跑来了。好像是受到教皇传召一样。我以前总觉得导演是长着翅膀的怪物，你知道……”科波拉恰好听过威兹和贝蒂·米德勒那首颇具娱乐性的酒吧高脚凳二重唱《我从不和陌生人说话》，那是《外交事务》专辑里的一首歌，于是他想要威兹和米德勒组成二重唱，在电影里献声。米德勒有了其他的安排，因此威兹与克里斯特尔·盖尔合作：那是一个各方面都很奇怪的组合，不过能出成果。

威兹为能参与其中感到高兴："因为这个项目真的很有趣，对我来说也是全新的。赚多少钱我不在乎——钱从来不是我的晴雨表，从来不曾算过。"威兹和科波拉在一起的合作非常紧密。威兹写了十二首不同的歌曲，以便能在相应的地方用上。"我把它们凑到一起，就像一个音乐剧的序曲。而他想要的是一个玻璃杯，装满了能任由你添加或带走的音乐。然后我们一起做了一张底稿带子，从中听出了音乐里的故事。我一直在反复重构音乐的主题，因此我得到了大约一百七十五条从电影配乐里提取出的音乐线索。那么做一点也不好玩。"

《旧爱新欢》的电影做了相对较低的预算，打算拍出一个发生在拉斯维加斯的"带有音乐的寓言"。出演此片的是科波拉的三位御用演员——弗雷德里克·福瑞斯特、劳尔·胡丽亚以及特里·加尔——外加娜塔莎·金斯基。但是真正的拉斯维加斯无法与科波拉对拉斯维加斯的想象相匹配，因此他在九个巨大的舞台上建起了一个新的拉斯维加斯。而预算也随之剧增。起初设计的配乐会由来自拉斯维加斯的一个表演组演奏——钢琴、贝斯和鼓（再加上柔声萨克斯，就是威兹最爱的组合）——但那后来也变了。

"弗朗西斯对各种建议都保持开放态度。比方说，有一场演的是用量油尺来指挥一堆二手车破烂合奏。主角 [福瑞斯特饰演] 开了一家废车回收厂。这是一个完美的场景，因为他很爱摆弄车——他有点疯癫癫的，不过那也正是他做这行买卖的原因——然后他不得不卖掉他的斯蒂贝克车，那可真叫他伤心。所以我想出了这个主意，用量油尺来指挥二手车破烂合奏。科波拉真拍了。我还给他出了另外几个主意。"

"不过你知道那家伙是一个难以置信的人物，对他来说，在想象和执行之间没有任何距离。真是着了魔一般。我出一个主意，弗朗西斯说很好，然后就开始找办法做出来。我只是说，好吧，那只是个……呃，随便想到的点子，弗朗西斯第二天就找到道具做出来了。”

威兹对科波拉评价很高：“科波拉是个天使，一个有远见的男人。”他想要成为那种抽雪茄的老派电影大亨，不过他可不是你常看到的那种大咖——他可是真心在乎这门事业的。我很钦佩他的勇气，因为他被卷入很多由自己的社会正义感带来的麻烦——他在乎电影院，那才是他要去的地方。”

威兹以前和电影也就是点头之交。奇怪的是，几年之前威兹还在到处兜售他自己写的电影剧本，名叫《为何梦比体验甜这么多》，写的是一个洛杉矶城区里的二手车商。“他这家伙很成功地做了一个失败者。”所有的情节都发生在新年前夜，这可与科波拉的电影形成了令人惊异的巧合——科波拉的电影设定在七月四日国庆前夜。

《在五分硬币上》，来自《心脏病和藤蔓街路口》专辑中一首如鬼魂般萦绕人心的歌曲，是威兹给拉尔夫·韦特的同名电影写的歌。“那是一部很妙的电影，我真心这么觉得，但是那部电影没火起来。那可不是《火烧摩天楼》那样的片子，只是一部充满情感的小成本电影。电影设定在洛杉矶的贫民区——下城第五街。当地人管那里叫‘五分硬币’。”

“尼古拉斯·罗伊格[1]让我给电影《性昏迷》写一首主题歌，不过那会我很忙。罗伊格从一张专辑里拿了些歌。”他拿去的是《蓝调邀请函》，一位流浪者献给一位路边饭店女服务员的赞美诗，也许很适合《邮差总按两遍铃》，但是和罗伊格的咖啡桌心理剧肯定格格不入。威兹觉得那部电影如何？“好吧，我不认识什么人会真的想看光着膀子的阿尔特·加芬克尔[2]。”史泰龙请威兹在他那部名声不佳的电影《天堂巷》中演过一个小配角，那是一个豪吉·卡迈克尔式的酒吧钢琴家。威兹的音乐散落在电影原声中，但是他并没有为那部电影配乐，也没有写主题曲，史泰龙自己唱了主题歌。这部电影的本意是

1　尼古拉斯·罗伊格（Nicolas Roeg，1928—），英国导演，早期曾为大卫·里恩、特吕弗等著名导演掌镜，后自己导演，《性昏迷》为其代表作。

2　阿尔特·加芬克尔（Art Garfunkel，1941—），美国民谣歌手，曾和保罗·西蒙组成脍炙人口的“西蒙与加芬克尔二重唱组合”。他在《性昏迷》中领衔出演，并有裸露镜头。

要拍成一部达蒙·鲁尼恩[1]式的喜剧，却并没有得到评论界和公众的赞赏。“我跑过去在钢琴前面坐了三个礼拜，然后就回家了。电影拍出来后我都没看。”威兹在电影中的出镜似乎被大大缩减了。他同意这种说法：“我本来会有更多的戏份，但是都被剪了。后来我和我妻子［二十世纪福克斯公司的一名剧作家，威兹在和长期伴侣里奇·李·琼斯分开后，与她在 1981 年结婚］一起在电视上看到了这部片子。我坐在她身边，整个人很兴奋——看，亲爱的，我就在上面——真狗屎，我跑到哪儿去了？”

1 达蒙·鲁尼恩（Damon Runyan，1880—1946），美国记者、短篇小说家，以语言生动、灵活运用街头俚语著称。

第二部

剑鱼长号（1983）

音乐上丰富多彩的1970年代一直延续到美国流行文化的彻底转型之前。重新定义音乐的时机已经成熟，因为音乐录影带的时代到来了，这给音乐带来了新的机遇，使之能触及大量受众。这种变化大大拓展了音乐推广和打造火热金曲的可能性，也拓宽了音乐人的身份，他们再也不只是电台里播放的那些没有面孔的声音了。到了这个十年的末尾，伴随单曲搭售一份音乐录影带已经成了惯常做法。

到了1979年的末尾，威兹和厄勒克特拉 / 庇护所唱片公司的草草分别，给他的幻灭感画上了休止符。他随后加入了岛唱片公司（Island Records），这次行动激发他创造出迄今为止最具开拓性的音乐。仿佛在一瞬间，威兹舍弃了那些他在1970年代诸多唱片中采用的传统原声乐器，而他对各种新奇乐器的偏好，给他的新音乐带来了具有个人特色的声音（当然也来自他更为低沉的嗓音）。

凯思琳·布伦南是她的丈夫音乐发展过程中的必要组成部分。她被看作一个平等的合作者，最终和威兹一样具有歌曲创作者的身份。布伦南的另类音乐影响把威兹带向了卡巴莱舞曲和探戈曲风，同时也让他涉猎了晦涩的欧洲民谣风。

他在岛唱片公司的第一张专辑《剑鱼长号》是一次音乐上的突破。批评界为之抓狂，他们屏住呼吸，试图找个角度来进入这张谜一般的新专辑，他们本以为自己终于破译了他，也就是说，解决了他。发行于1983年秋天的《剑鱼长号》是威兹和布伦南之间的一次成熟的合作。威兹把他的乐器库延伸到了哈蒙德牌风琴和钢琴的范围之外，他这回玩的乐器包括脚踏风琴、一座自由钟及一台合成器。形象地说，威兹将一班丰富多样的音乐人才纳入其彀中。停止出专辑的一年间歇得到了回报，他的乐迷们要么拥抱自己的英雄所开启的新方向，要么完全拒绝，仍旧偏爱从《关门时间》到《外交事务》的那一系列专辑。

《剑鱼长号》的歌词唱出了在威兹之前的歌曲里缺席的抽象感。的确，他的新歌词暗示他仍然在描绘相同类型的人物角色，和之前的歌曲相仿，可现在的某些角色更难被放到真实世界的场景里解读，却能透过超现实的棱镜，在一种戏剧化的夸张境地中散发光芒。弗兰克还是可以把房子烧掉，但是这一回他得连房子里的狗一起烧：他可从来没喜欢过那条该死的狗。[1]

1989 年，《旋转》杂志将《剑鱼长号》列入所有时代中最伟大的专辑排行榜，位居第二位。

与汤姆·威兹的对话

《剑鱼长号》宣传文案，岛唱片公司（录音誊写）

1983 年末

《地下》

起初对我来说，这是一次写编年史的机会，写一群畸形侏儒的所作所为，可以给他们制造一种俄国人行军的感觉。人们碰撞蒸汽管，一千只靴子同时踩在木地板上，合唱团在背后唱歌，有一种《日瓦戈医生》的感觉在里头。这是我最初感受到的。我将范围缩减了一些，想用马林巴琴制造出一种异域感。由此你写下了曲谱，也找到了那种高大木棍砰砰撞击的声音。那是维克托·费尔德曼弹出的马林巴琴，拉里·泰勒弹的原声贝斯，兰迪·阿尔德克

1 这里描述的场景可以在《剑鱼长号》专辑中的第九首歌曲《弗兰克的狂野岁月》里找到。

洛夫特吹出的中音号，斯蒂芬·霍奇斯打的鼓，还有弗雷德·塔克特弹的电吉他。我从一个叫弗朗西斯·图姆的先生那里得到了一点帮助，他和我一起为一些歌编曲，也在丹尼尔·米切尔领衔的哈里·帕奇乐团的和声陪伴下弹半音阶旋律琴。他在这里的大部分歌曲中都做了细致的工作。不过最初我把这首歌当成某种蒸汽管道里的深夜活动，在纽约城地底下的蒸汽管道里，传说有男男女女在那儿形成了一整个社区，他们就住在地铁隧道里，过着艰辛的生活。我小的时候经常连续几小时盯着路上的鼠孔，想象自己穿到鼠孔下面去，开始一种类似于《地心历险记》之类的冒险。

《登岸假》

这是一种类似于东方化的博比·“蓝色”·布兰德[1]的手法。音乐上，核心的部分真是非常简单。它就是一首小调蓝调。我加了一点音乐音效，用一把低音长号制造了一种巴士来回穿梭、金属铿锵作响的感觉，仿佛一大堆空罐头被风吹响的声音，或者把米洒在低音鼓上造出一种海浪拍击海岸的感觉。不为别的，就为了抓住这种情绪，那种情绪就像行军的水兵之类的人走过香港潮湿的街道，想念着他在家乡的妻子。我在一个水手城的饭馆里工作过好长时间，在加州纳雄耐尔城，所以那是我每天晚上都能看到的景象。那饭馆在一间文身沙龙的隔壁，旁边还有一家乡村音乐舞厅和一座墨西哥影院。所以我想到一个中国纸风车在焰火表演中不停旋转，旋转，转着圈，慢下来。当它慢下来的时候，它来到伊利诺伊州的一座风车房里，在家里有一个女人在客厅的椅子上睡觉，电视还开着。而这会他还在某个破地方吃鸡蛋呢，你知道，在几千里以外。

1 博比·“蓝色”·布兰德（Bobby “Blue” Bland，1930—2013），美国黑人蓝调歌手，“蓝调和灵魂乐的伟大讲故事者”。

《屠夫戴夫》

这是一首纯器乐作品。这是……实际上我想找个蒸汽笛风琴。这可能吗？所以我最后只能弹一架 B-3 风琴。好吧，我想要做出狂欢节的感觉。有点像泰隆·鲍华和琼·布朗德尔演的《玉面情魔》。有点像一只猴子喝甲醇喝高了。起初的灵感来自一位先生，他在自家房子里做了很多宗教性的事情，他的工作却是在一家屠宰场里。我想象着他脑子里的想法，当他砍下一大堆猪大排，却被砍肉刀彻底逼疯了的时候。我觉得电台不会经常放这首歌，除非我们能配上很好听的演唱。

《伊利诺伊，约翰斯堡》

我妻子来自伊利诺伊州的约翰斯堡。那地方就在麦克亨利城外，湖链（Chain o'Lakes）边上。她在那里的一个农场里长大。所以这首歌是献给她的。很短。我不知怎么就想把所有的话都放在一段主歌里说完。在有些歌里，你最后只能在第二段主歌中重复你已经在第一段主歌中说过的东西。所以我觉得更恰当的是，就好像一个水手在某个地方的咖啡馆里，拿出皮夹给旁边的家伙看里面的照片，而一边还在谈论其他的东西，然后说："哦，看这儿，那就是她。"然后就合上皮夹放回裤袋里。在某种意义上，这首歌和《登岸假》有点关联，因为里面也讲到了伊利诺伊州。所以在主旨上，我想把它和《登岸假》摆在一起。

《十六发 30-06 步枪弹[1]》

我想写一种像绑着锁链的犯人们唱起劳动号子的喊叫式歌曲，用一把低音长号营造一种货运火车呼啸开过的感觉。在这首歌里，斯蒂芬·霍奇斯打鼓，拉里·泰勒弹原声贝斯，弗雷德·塔克特弹电吉他，维克托·费尔德曼踩制动鼓、

1　30-06 步枪弹出品于美国著名的斯普林菲尔德军火公司，是二战前后西方国家常见的步枪和机枪制式子弹。30 指口径为 0.30 英寸，06 指推出的年份是 1906 年。

打铁片，还有乔·罗马诺吹长号。所以我就想要那种大锤敲打在铁砧上的声音。起初我看到这个故事，讲一个家伙骑着一头骡子去找一只乌鸦，他有把沃什伯恩牌吉他[1]挂在骡子的一边，当他找到了乌鸦，他拨开吉他弦把这鸟塞进吉他里，所以琴弦就像牢房的铁栏杆一样。然后他拨弦弹起吉他，骑着骡子翻山，根本想不起来那只鸟。我想把这个故事演绎得印象派一点，同时又给它加入很写实细致的画面。我为此琢磨了很久。我在这首歌上花了不少工夫。找到这种感觉是很关键的。我往里面加进了军鼓，然后又把军鼓拿掉了，因为那会把声音搅得太乱。我喜欢歌里有些漏洞，同样喜欢漏洞所蕴含的东西。这把戏就像是造出列车开动的声音。最初我试过只用贝斯和风琴。然后我就怕加进去的东西太多了，因为有时候你会感觉到这样就刚好。如果你塞进去太多东西，就会崩溃到[此处无法听清——“扭伤”？]。

《镇上没有欢呼声》

当我妻子第一次听到这首歌时，她说：“哇，你当时一定很爱她。”我说：“等等，这不是一首爱情歌。这首歌讲的是一个人找不到东西喝！”这首歌讲的是一个苦难的澳大利亚老镇，因为他们关掉了镇上唯一的水井而上了新闻。我们在报纸上找到了这条新闻，当时我们就在那里，都已经过了一年多了，所以我说：“啊，我们有一天会给这事情写点什么。”最终写出来了。不过先说在前头，我就是想写一种空荡荡的鬼镇的感觉，风滚草之类的。基本上就是一首民谣。

《在街坊里》

唱片第一面的结束曲是《在街坊里》。这首歌有一种救世军的感觉。我试图用大号、长号、小号、军鼓和一架手风琴来营造一种户外音乐的感觉，所以这首歌有一种费里尼式的进行曲乐队踏上土路的感觉，并用铁片琴制造

1　美国最具历史的吉他等拨弦类乐器的品牌。

出一种疯癫癫的游行乐队的感觉。

《又一个还在葡萄藤上[1]的傻瓜》

另一首纯器乐歌。歌里是我自己弹脚踏风琴，乔·罗马诺吹小号。我想带点尼诺·罗塔[2]的感觉。有点像一辆汽车跑光了汽油，刚好在它跑到一座山的最高处之前开始往回溜坡。而且……好吧，我是想刻画一对意大利兄弟在一个小马戏团里，吊在秋千上吵架。其中一个拿着瓶十高牌（Ten High）威士忌、穿着紧身连衣裤对对方做动作，在半空中交错的时候对骂。或者像是有一支乐队在泰坦尼克号慢慢下沉的时候还在甲板上吹奏的感觉。这首歌的标题还真有点抒情性，你知道……实际上起初我想写一行歌词："今晚落在我们游行队伍头上的可不只是雨点。"不过后来想了想还是做成纯器乐歌更有效，它可以给后面的《弗兰克的狂野岁月》搭好架子。

《弗兰克的狂野岁月》

查尔斯·布考斯基有一篇短篇主旨讲的是，正是那些不起眼的小事情把人搞疯了。不是那些大事情。不是二战，而是散掉的鞋带，当你来不及去系的时候，就是这种小事把人彻底逼疯。所以这首歌基本上在传达这种精神。有一点肯·诺丁[3]的味道在里头。来自路易斯安那州新奥尔良的罗尼·巴伦，诨号"乙醚教士"，在里面弹了哈蒙德风琴，还有拉里·泰勒，本来是罐装燃料乐队的，弹了 [此处无法听清，听起来像"狗窝"——实际上他弹了原声贝斯]。我觉得每个人心里都有一点弗兰克的影子。

1　意为"没长熟"，因下文威兹提到了标题的抒情性，故直译。

2　意大利电影配乐大师，费里尼的长期合作者，以《教父》及其续集的配乐最为知名。

3　肯·诺丁（Ken Nordine，1920— ），美国配音和录音艺术家，因在《世界爵士》系列专辑中的解说而闻名。

《剑鱼长号》

这是主打歌，里面有一点古巴夜总会的感觉。它试图对一个人物进行概述。我们做了很多不同的尝试，做了很多不同的编曲，有电吉他和鼓。我们也试了长号和小号，不过到最后把大部分东西都拿掉了，彻底重新编曲，让它尽可能简单，就剩下一点点声音持续滚动下去，这样我可以在上面讲故事而不被打断。十杀手湖，在俄克拉荷马州的塔尔萨。所以“他打完仗回来，脑子里装着一个派对和一个放烟花的想法”。

《走下去，走下去，走下去》

最好的解释就是“涂着五旬节教派露华浓粉底[1]的男人”。那次我被困在亚利桑那州六十六号公路沿线。天冷得要死，而我睡在一个水沟里。我把所有能找到的树叶都盖在自己身上，挖了个坑把我的脚塞进坑里。温度不到华氏二十度，旁边也没有汽车经过。到处都关了门。当我早上醒来的时候，看到有一座五旬节派教堂在路边。我头上粘着树叶，脸上带着土，就跑了过去。这个叫安德森太太的女士来了，那次好像是新年夜……对，是新年夜。她说：我们这里有礼拜式，欢迎你来和我们一起。所以我就进去了，坐在这螺蛳壳大的教堂里的最后一排凳子上，然后有一个怪胎似的摇滚乐队上台表演他们老一套的赞歌，演得支离破碎。他们那是在传教，每次他们提到魔鬼或者邪魔，还有走上歧途什么的，她都会朝坐在后排的我做手势，每个人都会回头看看我，然后摇摇头，再转回去对着他们的传教士。这带给我一种几乎算是陪着我长大的复杂感受。每周六他们都有那些宗教活动，里面那些传教士啊，平时要不就是开银行的，他们完事了就继续穿着那些七百美元一套的西装，做着那种对美国摇摇手指的工作。所以这差不多算是我自己把持诵经台的一次机会。

---

1 五旬节教派相信上帝赐予的粉末和粉底能治愈疾病。

《士兵的东西》

[此处听不清]理论上说，如果一个人骑自行车骑得足够久，最后自行车就变成了30%的人类，而你变成了70%的自行车。就好像你在口袋里装的东西，如果装的时间够长，它们就会带上一定量的人体原子特征。有时候你跑去一个车库贱卖场，或者一个当铺什么的，你去看看别人用过的东西，特别是鞋子，那种别人在脚上穿了很久而且到处走过的鞋子，它们看起来有……它们看起来几乎都能开口说话了。所以，这首歌就是要把不同的事情贯穿起来……乐器一直都是那样的。这家伙退伍回了乡，然后“每样东西都是他盒子里的一块钱”，你知道。

《金酒泡大的男孩》

这首有点像狼嚎的感觉。里面是弗雷德·塔克特弹电吉他，弹出了很好的滑音。试着获得那种“rrrr”的东西。试着把人声放到后面老远，重现当代音响技术到来之前的录音状况。我们拿了个圆形麦克风录音。所以你声音的掌控力完全取决于你离麦克风的距离。这里也要找到一种空间感。所以比夫·达维斯用一些挂在玻璃网上的隐形麦克风之类的东西在房间里录了一圈声音。所以这首歌有一种对那个地方的空气的真实的感知。有种怀旧的感觉。

《麻烦的辫子》

在这首歌里，维克多·费尔德曼打了非洲传讯鼓。斯蒂芬·泰勒打游行大鼓，还有拉里·泰勒弹原声贝斯。有一点蒙古人的感觉。想要把“麻烦”刻画成一个小姑娘，然后就拽她的小辫儿。我们的英雄这会正被侦探犬追在屁股后面，所以他远远地躲开大路。

《报雨鸟》

第二面的最终一曲。我自己弹钢琴，格雷格·科恩弹原声贝斯。跟他合作真是开心。我们有共同的直觉，因此能再次听到他的声音真是太好了。弗朗西斯·图姆帮我做了玻璃碗琴的序曲，好像就是故事的尾声。在他顺着水流漂到一棵枯死的老树上以后。有点像……你知道……早晨的时候你听见鸟叫，天开始下雨，他开始踏上在某处的一段新的冒险旅程。我想用一首纯器乐歌来给这一面唱片做结尾，这样可以给英雄留下喘口气的余地。对，就这么多了……结束。

贫民街罗密欧

《面孔》杂志

1983 年 9 月

罗伯特·埃尔姆斯

你给汤姆·威兹打电话，只能听到答录机的声音、一小段突然爆出来的康茄舞曲，然后是一个没睡醒的声音慢吞吞地说："我是汤姆·威兹，我在海滩上。"但是他住的片区周围没有什么海滩，正如他不会坐下来听听你的留言，再决定是否要突然给你一段现场表演。众所周知，汤姆·威兹是个注重私人空间的人。他的领地在洛杉矶东面。

威兹也是一个专门制造谜团的人。尽管他已经制作了十年犀利又狡黠、搞笑而充满戏剧性的音乐，尽管他出的一张又一张专辑都是美国白人能拿得出手的本质上最美国化的歌曲，可他仍旧比一个留山羊胡子的古董好不了多少。如果你是个歌迷，那他就是个谜一样的神话。如果你不是，那么他都算不上什么人物。从我的角度看，威兹先生是唯一能让我离开高度文明的曼哈顿区而奔赴催眠麝香般狂野的远方西部的理由。

离开曼哈顿岛前，我造访了岛唱片。在时代华纳旗下待了那么久以后，威兹现在是克里斯·布莱克维尔[1]队伍里的一员了。《剑鱼长号》是他三年来

1 克里斯·布莱克维尔（Chris Blackwell，1937— ），英国录音工程师、唱片制作人，岛唱片公司创始人。

的第一张单飞唱片，我坐在办公室里听了一遍。当我听完了 TDK 盒式磁带的两面后，我对能与这个人会面更感兴奋。汤姆搬进了一家新的汽车旅馆，爱德华·霍珀的油画变成了奥逊·威尔斯[1]的照片。他那充满东方风情、令人错愕、旋转木马一般的音乐里，装的是哈蒙德风琴、电吉他、手鼓、风铃、风笛和一系列由一位说书大师素描出来的黑暗又撩人的场景。这可以算作一张电影原声，献给一部还没有拍出来的悲情电影，这部电影该由本·戈扎那[2]出任主演。

洛杉矶机场在一片骚动中。明年要举办奥运会的紧迫感，把这里变成了由水泥搅拌机和没完没了的改道指示牌组成的混乱景象。你也许会在机场走丢，但你甚至会永远找不到这座城市。“一座什么样的人都有的城市。”雷蒙德·钱德勒这么说过。我想他另外也说过：“寻找这座城市的时候，能找到七十二个郊区。”你敢打赌他们永远找不到。洛杉矶是一座不存在的城市。

洛杉矶是一个超大号高速路网：如果你没有车，你就没法活；如果你有车，那就没什么值得为之而活。这里总是很热，风景倒是很漂亮。但你连续开几个小时，也碰不上什么比房地产更有意思的东西，还都是很昂贵的房产。好莱坞只是关于一个指示牌的记忆，在住着加利福尼亚人的一座山上的影子。加利福尼亚人都是一个品种，由如下事实联系在一起：他们全都一身短打出门，都说着被太阳晒昏的胡话。当我告诉租车公司的姑娘，我来这里采访一位音乐人的时候，她真心非常感兴趣。当我告诉她要采访的是汤姆·威兹，她真心感到失望。

“我喜欢海洋，不过我和那种被海洋深深吸引的人不太能共存。”——汤姆·威兹

要从位于日落大道的旅馆行至“旅行者休憩”餐吧，你得上好莱坞高速公路，一直往东开。洛杉矶的东极是他们安置那些“湿背人”（wetbacks）

1 奥逊·威尔斯（Orson Welles，1915—1985），美国导演、演员，代表作有《公民凯恩》等。
2 本·戈扎那（Ben Gazzara，1930—2012），好莱坞老牌实力男星，出演过《桃色血案》等。

的地方，这些可怜的非法入境的墨西哥移民，跨过格兰德河就为了在各处大门口坐着，搭上那些刮擦路面的老车到处跑。

汤姆·威兹和他的妻子是那片街坊里唯一一户白人家庭，但那里有几间天主教堂，还有世界上最好的辣椒肉酱。街对角就是旅行者餐吧，一间洪都拉斯人开的小饭馆，挂着灰色网帘，有一顶发黑的塑料大吊灯，角落里摆了台黑白电视。汤姆·威兹走了进来，他看起来就和照片里一样，就像他写的一首歌。

一开始他没有用那种嗓音来说话。那嗓音也许是某个时候受了感染的缘故，但现在无疑是他唯一的嗓音。有很多时候，那就是低声的粗嗓子，淹没在角落里涌过来的棒球赛的声音里，几乎听不出说的是什么。那台电视的声音没法调小，因此我们付了两杯啤酒钱就走了。我们钻进他那辆停在路边的破旧的栗色沃尔沃里进行采访。

“这条街太棒了，每一天不是有场婚礼就是有场葬礼。婚礼呢，就像一次列队行军，车队里面都是些1950年代的汽车，都有克里奈克斯牌纸巾扎的菊花围在车身上。男人们都穿着石灰绿的礼服，女孩子们都打扮得像是刚从蛋糕顶端走下来的一样。”

汤姆·威兹不喜欢做采访，当然他也不会没精打采地对付它们。他把我拽进贫民区的俗丽光辉里，真是一种叫人心甜的举动。停在洛杉矶“准政府组织”酒吧门口，一场震感十足、时而响起汽笛声的拉丁舞狂欢就在我们身边上演。有一支墨西哥街头艺人乐队在酒吧里表演，一伙开着低底盘车的罗梅罗们闷头大醉，耗光整个夜晚。汤姆·威兹比你预想的要年轻，刚刚三十出头。我猜想他一直在把自己打扮得看起来比实际年龄更老一些。这是一个对自己的形象有敏锐意识的男人。

“我穷到破产，都付不起注意力了[1]。”

---

1 英文中“集中注意力”（pay attention）的动词和“付钱”的动词（Pay）是同一个词，此处为威兹的俏皮双关语。

很难想象他像他看起来的和自己所声称的那样穷困。尽管他从来没有红到超出小众圈子的范围，但他刚刚创作并演绎了科波拉的片子《旧爱新欢》的电影原声。他的工作比这位导演在片子里的作为强不少，但这对他的银行账户并没有多大帮助。

“不管是谁，但凡在这一行待了超过十年，身上都会有些惊悚故事，关于钱都上哪儿了的故事。”他对于自己的财务状况就打算说这么多。“弗朗西斯是一个发明家，一个有远见的人。”这是他对科波拉的评价，他和这个男人相处很愉快，也会计划在未来一起工作。他已经拿到了科波拉新电影《斗鱼》中的一个小角色，那是一部帮派电影，眼下正在俄克拉荷马州进行制作。同时他也拿到了一个在电影中扮演杂耍狂的角色，那部电影叫《石头小子》，他会和罗伯特·杜瓦尔一起出演。

电影，或者更准确地说，电影的神话，一直在威兹[已]创造的世界和人物里占据着中心地位。而且通常很难讲，威兹究竟是作者，还是剧情本身的一部分。他似乎活在他写出的故事情节里——在舞台上，他就是他歌曲中的那个男人。所以了解到他将会把表演事业和更多的电影出镜当作他发力的目标，这并不令人惊讶。

我们坐在一起，用口哨吹出伯纳德·赫尔曼[1]的歌，来自电影《出租车司机》里那首萦绕人心的主题曲，一系列吵吵嚷嚷的街头史诗剧正在外面的街上上演，而威兹的戒备心越来越轻了。当他讲真话时，他会在回答前花很长时间思考。而当他胡编个假话的时候，他张口就来：

“近来我喜欢上了哈里·帕奇，他总是自己设计和制造自己的乐器，几年前在圣地亚哥去世了。他留下的乐团以哈利·帕奇乐团的名义延续了下来。他是我的一个朋友。弗朗西斯·图姆在里面弹半音阶旋律琴。我敢肯定你有不少读者很熟悉他的作品。”

---

1 伯纳德·赫尔曼（Bernard Herrmann，1911—1975），美国著名作曲家，以创作众多电影音乐而闻名。

那是他对我的问题“你佩服哪些音乐人”的回答。当我问他怎么认识他太太的，他甚至没笑：“我们是在一个叫圣卡塞德拉的悲惨城市里的一场悲惨葬礼上认识的。她是巴尔加斯马戏团的一个杂技演员，而我们恰好站在同一把伞下面。那可说来话长了，死的是个七十多岁的家伙。他被块鸡骨头噎死了。”

关于私生活的问题，他总是予以回绝或者打哈欠。不过差不多可以确信，他是一个巡回教师的儿子，他上了一所主要接收黑人的初中，在那里他爱上了詹姆斯·布朗、威尔森·皮克特和诱惑乐队（The Temptations）[1]。十五岁的时候，他参加了学校里一支叫“系统”的黑人爵士乐队，后来成为一支波尔卡舞曲乐队的专业风琴手。他对爵士乐和美国多元文化所提供的各种少数民族音乐越来越感兴趣，最后成了一个不拘一格而又调子古怪的创作歌手。

“在美国，你得小心控制自己的饮食。如果你只吃简单又随手可得的东西，那可是你自己给自己添堵。如果你选择吃食的时候很没头脑，那做实验时通常会发生的那种叫旁人看着兴奋的爆炸，就更有可能发生在你身上。”

偏离主流路线的特立独行者，容易彻底迷失在美国中产阶级在音乐上广泛存在的保守主义里。叫人惊讶的是，威兹和他的那些低俗的酒吧间爵士乐、粗俗的酒吧间意象，还有他那蓬头垢面的酒吧间形象，却能存活这么久，能变得这么成功。作为一个金州之子，他是一个特别古怪的存在；作为一个白种美国人，毫不夸张地说，他是绝无仅有的。

作为一个歌曲创作人和表演者，他有如此显眼的才华，只要他决定讨好一下被斯普林斯汀喂饱的大众，就很可能会叫好又叫座，还给他带来大把钞票。不过当我把这种想法告诉他，威兹尖锐地回应了这个他曾被问过一百次的问题。

“再没有比一个人去妄图猜测伟大的美国公众的口味更叫人尴尬的事情了。第一次妥协了，第二次就会摔个狗啃泥。我没兴趣做那种事。”

1　来自底特律的黑人声乐团体。

而你一点也不可能去怀疑他。承受了十年唱片公司的压力，还有伴随业界好评而来的公众冷遇之后，他真的毫不介意自己仍然在俱乐部而不是体育场里演出这个事实。只要他还能有地方表演，并且有人听，他就能继续前进。

“我宁可按照我自己的意愿做一个失败者，也不愿意按照别人的意愿成为成功者。这是一个很难坚持的主张，但我还是一直相信，你影响听众的方式比你获取的听众数量要重要得多。”

去感召那些被强行灌输摇滚乐的人群，而不是以爵士乐的追随者为目标，汤姆·威兹无疑用这种方式影响了他的听众，他为这些听众引荐了一种大多数人从没听过的音乐才华和歌曲创作方式。然而《剑鱼长号》专辑昭示着他将自己与过去那种扭曲的锡盘巷世界，那个由“不那么宏大”的钢琴、走动的贝斯和哀号的萨克斯组成的世界，激烈而迷人地分割开来。这肯定不是一次迎合商业主流的尝试，却必然是向非常规道路进行突破的尝试。

“当你作为一个艺人，给自己建立了一片熟悉的街区，那么对其不断进行挑战是很重要的，你得持续往前。所以我试图发出一种更具异域风格的声音。就好像东方式的卡巴莱舞曲。”

而他把这事很漂亮地完成了。这不是一个新的汤姆·威兹，这里仍然有颇具挑战性的折中主义，同样愤世嫉俗的浪漫主义，还有字里行间一贯的愉悦感。但这一回是一种新的声响，一种不会真正带有妥协的声音。汤姆·威兹仍然是一个独一无二的存在。

“我感觉自己抖落掉了一段时间以来一直拖累着我的那个身份。人们觉得我是个复古小丑，一个穿越时光隧道变傻了的怪物。”

在真实生活中，他既不犯傻也不那么奇怪，但他的音乐仍然两者都有一些。他不但不是个复古小丑，反而是一个大步前行的人。总而言之，他看起来是一个挺开心的家伙：“我仍然喜欢音乐，它给了我大把可以抱怨的东西。”

威兹谈风笛和创作过程

摘自《垮掉派继续前进》，《摇滚海报》杂志

1983 年 10 月

基德·米连斯

汤姆·威兹： 当我还是孩子时，我想跳过长大的过程，直接冲到四十岁的年纪……

跟风笛手一起演奏可真是难事儿。在这张专辑里，我第一次有机会和风笛手一起演奏。你就没法和他们一起玩。风笛就像一只异域来的鸟。我很爱这声音，就像勒死一只鹅。我小时候吹过小号，不过我放弃了。我喜欢小号是因为它很容易带在身上，就像带个午餐盒一样。如果是一台钢琴，你就得跑过去弹。你从没听人家说过："兄弟，把我的钢琴递过来。"在不同的乐器上作曲能带给你不同的歌。因此我想远离作为一种作曲设备的钢琴，找到别的东西来写歌。

问题是这所有的东西会一直在你的脑海中穿行，而当你坐下来写歌，就好像在紧握着一只捕蝶网。想法什么时候都会有，现在你就得围绕它们画一个框。你得伸进框里抓住什么东西，然后一口吞下去。

威兹谈记忆

摘自《〈旧爱新欢〉和在路上的一员》，《新音乐快递》杂志（英国）

1983 年 10 月 1 日

克里斯汀·麦克基纳

克里斯汀·麦克基纳（下简称克）： 你的大部分音乐都散发出一种来自过去的旋律感，渴望找回某些丢失在过去的、无法描述的东西。回忆对大多数人来说是安慰的源泉，还是说痛苦的源泉更恰当？

汤姆·威兹（下简称汤）：我的回忆不是痛苦的源泉。有些部分像是一间当铺，有些部分像是水族馆，还有一些部分像是衣柜。我想在有些地方你的记忆会变得扭曲，就像一面哈哈镜，那才是我最感兴趣的地方。

克：经验会不会被记忆理想化？

汤：有些会。记忆会把一些事情变得比实际情况更糟糕。

克：在你头脑里定格的最早记忆是什么？

汤：我有一段很早的记忆是，半夜爬起来站在我家客厅门廊的前面，得站在那里等一辆火车完全开过。等开过了我才能穿过客厅走进我父母的房间。

克：你长大的地方周围有火车站吗？

汤：不在那座特定的房子那儿，不过我长大的地方周围都有火车。我祖母住在一片橙子园旁边，我记得在她那儿过夜的时候听到南太平洋线的火车开来开去。那是在加州拉文市。我父亲从得克萨斯搬到了拉文，他在橙子园干活。我还记得有一片野葫芦瓜沿着铁轨生长，瓜藤都长到铁轨上去了。

克：你成长时期接触的都是什么样的音乐？

汤：我最早记得的音乐是墨西哥街头乐队、兰切拉、罗曼迪卡，全是墨西哥音乐。我爸爸会在车里的收音机上放那些东西。他不会听什么吉特巴[1]之类的。

威兹谈《为何梦比体验甜这么多》

摘自《汤姆·威兹不为谁》，《旋律制造家》杂志

1983 年 10 月 29 日

布莱恩·凯斯

前几年在路上的一次，汤姆——我的侄子汤米·希恩，和我在天亮前一

1　又名水兵舞，一种随爵士音乐节拍跳的快速四步舞。

起喝酒，一边看《爱斯基摩地狱天使》里讲女同志的那一章——他对自己写的剧本《为何梦比体验甜这么多》抱有很高的期望。这个标题最后变成了一种先知的预言。

“不要想入非非。哈！实际上，我跟科波拉讲了这剧本里面的故事，他拿出来一段放进《旧爱新欢》里，就是有个家伙指挥汽车演奏，有个女人被绑着巡游垃圾场的那一段。你得先给一场戏写一段一定长度的音乐，然后你要把音乐配上去。那是我第一次给电影做音乐的经历，所以我们也不会抱怨什么。弗朗西斯会跑来给我弹一段音乐，描述一场戏，然后他会叫一群音乐人一起到一间小房间里，然后我们会一起演奏，他会用他自己的方式开始指挥。我会扔出一堆歌曲题目，有一些标题好过另外一些。给电影配乐是个老问题。”

威兹谈旅馆、低级酒吧及底层生活

摘自《闲谈》节目，四频道（英国）

1983 年 10 月 18 日

斯蒂芬·泰勒

斯蒂芬·泰勒（下简称斯）： 我在什么地方读到你曾经在妓院里住过一阵，是真的吗？

汤姆·威兹（下简称汤）： 我不知道，你肯定是把我跟别人搞混了。

斯： 好吧，那你曾经在某些“dives”[1]住过，不是吗？

汤： 我不知道这个词翻译成我的语言是什么。你是说像一个带游泳池的地方？

斯： 不，不是的。我想的是最低端的住宿区，真的，你知道的，很破的地方。

1　dive 既有“跳水”之意，又有“低级酒吧”之意。

廉租房？美国的说法是这样的吗？

汤：廉租房。你说的是，比方说住在仰光？还是住在爱荷华？

斯：我说的是洛杉矶很下流（seedy）的那种地方。

汤：你是说像一块务农区？

斯：不，不是那种“种子”（seed）。猜一猜吧……试试看你能不能猜出来我想说的是哪种地方……好吗？

汤：我想你要问的是，我是不是在便宜旅馆住过？

斯：对，可以这么说！

汤：我有很多亲近的朋友住过那种地方，我听过那边所有的故事。

威兹谈妖孽和名声

摘自《周六直播》，BBC 广播一台

1983 年 10 月 22 日

理查德·斯金纳

汤姆·威兹（下简称汤）：你试图继续探索全新的音乐领域。“惯性是小格局思维者头脑里的妖孽。”[1] 你期望你向前走，往上升，走进不同的东西里。这只是一种用更为印象派的方法来记录事情的尝试。我想在音乐上我取得了一些很小、很个人化的突破。下一次会是一张不同的唱片。新的这张里有一些东西我挺喜欢，但你最爱的东西永远是自己还没有写出来的那些。

理查德·斯金纳（下简称理）：你是不停在用功写歌，还是歌曲很快自己跑到你面前来？

汤：在有枪逼着的时候。你随身带着它们，它们就会自己跑出来。

理：我们在这里会有机会看到你演绎你的歌曲吗？

1 引自爱默生《论自立》。

汤：啊，好吧，我们看看。我这阵子在表演另一种不同的脑抽黑暗荒唐卡巴莱音乐剧串烧型歌舞伎滑稽戏[1]。我将专心做那个。

威兹谈记忆中更黑暗的领域

摘自《剑鱼跃出水面》，《声音》杂志

1983 年 11 月 5 日

埃德温・庞西

我更感兴趣的是你的记忆如何把事情扭曲。就好像有一个装置会把任何东西上面的一块块部件都拆下来，再重新装回去，但是这里少一块、那里少一块。当你记住一些东西的时候，其实都是扭曲的印象，一旦那个时刻过去了，留下的记忆和那个时刻实际发生的事情非常不同。

就好比当你误解了某个人，或者你在偷听的时候只听到对话的一部分，你靠一个小片段重建了剩余的对话。或者你读一本杂志上的文章，上面写了“续第 23 页”，但是那页被撕掉了，所以你只能读最后剩下的两段……

我父母曾有一个朋友，一个印第安女人，她从前总会在节日期间把圣诞节景象画在商店的窗户上。我们经常半夜去拿她的牛奶和鸡蛋。然后她继承了一大笔钱，就搬走了。

我父亲认识一对开养鸡场的夫妇。女的是个得了忧郁症的人，看起来像一只奇怪的鸟，像一只金丝雀穿着一身湿漉漉的套装。男的呢，是个酒鬼，看起来像埃罗尔・弗林[2]。不过当我记住什么东西的时候，我也在改变它，我是说那男的可能长得一点也不像埃罗尔・弗林。

1　此处为威兹在胡编。

2　埃罗尔・弗林（Errol Flynn，1909—1959），1940 年代红极一时的影星，以扮演罗宾汉、风流和酗酒出名。

为了继续推广《剑鱼长号》专辑，威兹再一次走上《深夜秀》节目，面对大卫·莱特曼。这位电视主持人古怪的幽默感和这位同样古怪的音乐人真是般配。他们在一起组成了献给各自粉丝的一场深夜共振。

威兹谈“秀出来说给大家听”[1]

摘自大卫·莱特曼主持的《深夜秀》节目，NBC 电视台

1983 年 12 月 21 日

汤姆·威兹（下简称汤）：我从中西部某地的一个小孩那收到了一封信，他被学校停课了，就因为他带了一张我的唱片去课堂分享。

大卫·莱特曼（下简称大）：那种“秀出来说给大家听”的事儿？

汤：对，就那种，因此他的学期课程也被暂停了。

大：他给别的孩子放的是哪一张专辑里的哪一首歌？

汤：我想那首歌里提到了内衣什么的，所以老师觉得很不健康。那孩子才七岁。所以我写了封信，帮了我能帮的。

大：帮他摆脱麻烦？

汤：这种事情大部分不在我掌控之内。

大：不过你还是努力帮忙了，很好心啊。我是说，要不然他可能会走上犯罪道路呢，你说不清。

汤：总得有人替他出头吧。

威兹在时代广场由摇滚摄影师乔治·杜博斯拍摄肖像，从而为 1983 年

1　美国中小学课堂常见的教学形式。学生带一件东西到课堂，走上讲台，面对下面的同学，秀出来说给大家听。

画上句号。到了1984年，他和凯思琳又一次从洛杉矶搬到了纽约。在这段时间里，威兹开启了他和之后的合作者约翰·劳瑞、吉姆·贾木许和罗伯特·弗兰克[1]的重要关系。

威兹谈自我认知、创作过程和《剑鱼长号》

摘自未知音频节目

1983

汤姆·威兹（下简称汤）：我记得我在一家饭馆里打过七年工，其中有六年是和萨尔·克里维洛一起工作。我从没见过他穿过别的，只有纸帽子、白亚麻衬衫、脏围裙，还有白袜子和黑拖拉机踏鞋。有一天晚上，我想那是平安夜，我留到很晚，他提早下班。他钻进了那个小衣柜，然后换了一身行头。就好像超人电影里看到的那样。他就钻进那个小衣柜，出来时穿了件圆领运动衫，脖子上戴了圈金链子，头发都朝下梳得平整光滑、压紧，就是那种给头发定型的活儿，还有一双懒人拖鞋、花哨袜子，显然他有个超级美妙的行程。他要带着一个六英尺七英寸高、二百二十磅重的姑娘去保龄球馆。而我一直记得那次，看到他打扮成另一个人模样的惊悚感。我以为他会把那身白制服走到哪穿到哪，就好像我一直以为爵士音乐人都穿着衣服睡觉，住四块钱一天的房间，还有他们都喝便宜老酒，一辈子以音乐的名义活在自我否定里。等我发现这伙人都穿着连裤袜，坐在游泳池旁边，下午会跑去打高尔夫球，很难接受啊，对我来说。

问：现在你成了那种形象的化身，是真的吗？

汤：对，那就是我。

---

1 罗伯特·弗兰克（Robert Frank，1924—），20世纪摄影史现象级人物，其作品《美国人》改变了现代摄影的方向。

问：两者之间没有分割，对吗？

汤：好吧，我觉得在某些时刻分开这二者是很重要的。我觉得你还是可以即便没在那地方过夜，也能写出那地方的东西来。对，我觉得有可能的。小休伯特·塞尔比[1]有个很美满的家庭，真的很……但他写的都是黑暗面。这得看你如何处理它，我想。创作的过程就是想象力、回忆、噩梦，还有把这世界的某些方面一块块拆下来，然后在黑暗中组装回去。歌曲并不一定是逐字逐句的实录，也没必要非得是流水账，它们就像一股烟，就好像用一股烟造出来的。组成歌曲的东西……好吧，通常一首歌会让你想起什么，会把你带回某处，让你想起某个人、某个地方。它们就像试金石，或者一阵雾气。

问：为什么做这一行？

汤：总比在市场卖鱼好吧，比在屠宰场干活强不少，而你去做什么，大都是因为你必须去做它。这就是我的一个坏习惯，我不写东西的时候就紧张，我通常都在构思什么东西……

问：《剑鱼长号》是一张电影原声？

汤：对，我想用一种精神错乱的法子把歌曲串在一起。我想让其中的一些角色在这里或那里反复出现，这样里面才会有一些罪案串联剧的感觉，才能有某种内在逻辑。新专辑里的东西更……里面没有萨克斯。有的是大号、长号、小号、贝斯、马林巴琴、手风琴、班卓琴、电吉他、金属摇竹[2]、非洲传讯鼓。打击乐成分比我过去的东西要多不少。我是想模仿我已经习惯听到的，而不只是把一样样都分开来，所以听起来就像一场有组织的汽车事故，并且有个大体轮廓，同时也能和真实事件联系在一起。《登岸假》中有些是做出来的音效，低音长号的声音听起来像大巴车在开来开去。我变得更喜欢冒险了，对此我还是留了点谨慎，但旋律总是最先打动我的部分，旋律是最能勾引我的。《地下》里有一些，我感觉像是一场俄国行军，音乐是拿来给

1　小休伯特·塞尔比（Hubert Selby Jr.，1928—2004），美国作家，代表作为《梦的安魂曲》。

2　摇竹又称安格隆，是一种印尼乐器，由一排竹管搭在架子上组成。

一群下水道里的畸形侏儒搞活动做伴奏的。那就是我追求的感觉。有一些东西还是熟悉的领域，《弗兰克的狂野岁月》是吉米·史密斯弹的风琴、肯·诺丁的做派，《金酒泡大的男孩》是那种老派的新奥尔良的东西，《走下去，走下去，走下去》更像是一种五旬节教派的谴责。在《十六发》里我想找到一种脚铐串在一起的苦工锤击铁砧的感觉。我用了一个刹车鼓和一排钟音板，想营造户外的感觉。有些乐器带给你室内的感觉，有些带你去户外。

问：整张专辑是一场戏剧化的声音膨胀。

汤：只是戏剧化而已？我不知道什么算戏剧化，我知道有些地方我得往内收，有些地方我得往外扩，很难马上就说得出来，要等到你回头看看，然后继续往前走，然后你会说，噢，对，那是我走过的地方，所以我能走到这一块地方来。我试图放进尽可能多的空气，因此里面有一种身在一个房间里的感觉。比夫·达维斯和我一起搞了点制造室内感觉的东西，用了不同的麦克风。

我写的所有东西都非常密切地联系在一起，都是在大概两周的时间里完成的，因此它们彼此有一个关联。我昨天写了一首歌，今天就把这一首和另一首勾连在一起，所以你通常写完歌的时候得留一点开放性的末尾，才能附着到你写的下一首歌上去，而不是任意地把一堆曲子堆在一起。我试图让它们都联结起来。目前看来，作为一个剧本集还不算完全成功，就是一个家伙离开老街坊，加入一个海商船队，在香港找了点麻烦，然后回了家，和那姑娘结婚，然后把房子烧了，去踏上一次冒险，差不多那样的故事。

问：里面有一种对军队的强烈的感情，那是你，还是歌中的人物？

汤：更多是人物而不是我自己吧。在我的想象中，《士兵的东西》就像一个当铺。外面在下雨，有一伙水兵身上都挂着家伙，其中一个当了他的手表。我曾住在纳雄耐尔城，每天晚上那地方都挤满了水兵，所以有一回我曾考虑加入海军，不过一个朋友劝我打消这个念头。我想最吸引人的还是那三十八块美金一个月的工资。我那时想去香港……

曾有段时间，写歌的人被当作是先驱，被认为是很有价值的。写作是很有价值，也很重要的，我想，那得看你想拿这行当来做什么，想把它带到哪里去，你怎么让你写的歌从纸页上跑出来，爬上你的额头。我从来不真的属于咖啡馆写作群，我有点想念那个群体。我一直算是圈外人，我开始做这行当，就是因为我融不进去。所以你大概不想让别的什么人来指挥你怎么去融入那个圈子，因为那会让你重复做已经做过的事情。创作的过程一直是一样的，不管是1939年还是1979年，都是一样的。

在某一时刻，威兹几乎要开始和创作歌手玛丽安·费思富尔合作了。费思富尔在她的自传里回忆道："这种项目要求你坐下来，花好几个礼拜去听老唱片，通常最后真能和你一起合作的人，是有那么多时间可以花的人。汤姆想做这个，但是他忙着自己的生活：结婚，生孩子，出唱片。"制作人兼音乐人哈尔·维尔纳也想和威兹合作，他们好几次计划一起出专辑，但最终只合作了一首《让人类一直存活的东西》，源自德国作曲家库尔特·魏尔的音乐剧《三毛钱歌剧》，这首歌最终发行于库尔特·魏尔的专辑《迷失在群星中：库尔特·魏尔的音乐》。

威兹和导演贾木许以及演员约翰·卢里合作的新电影名为《不法之徒》。贾木许回忆了拍摄时一个真情流露的时刻："那时候那里有很多护士生住在附近，这可有点奇怪。我记得在汤姆·威兹的生日那天，他一手拿一瓶香槟酒，轮番从两个瓶子里喝，然后一扇接一扇地敲门说：'我们在开巡回派对，让我们进去！'那些护士生会打开门但留着安全链，当她们看到威兹的时候就猛关上门。"

同时，厄勒克特拉唱片公司想通过完成威兹合同里的义务条款，把他日益高涨的关注度拿来变现。他们拿出了以前的小样和专辑中落选的歌曲，包括依威兹的完美主义标准来说不够理想的作品。新出的两张唱片名叫《选集》和《庇护所的岁月》，威兹没有为其中任何一张做宣传。

雨狗（1985）

岛唱片于1985年发布了专辑《雨狗》。威兹/布伦南二人组已经用《剑鱼长号》指明了方向，而这次他们继续发扬前瞻性思维，彻底树立起他们独一无二的品牌。当其他1980年代的新艺人还满足于用林鼓（LinnDrum）[1]编制和合成器来定量配给他们的音乐，威兹却避开了这一切，即便他对像“王子”[2]这样的音乐人印象深刻。正像他早期的音乐无法被贴上“1970年代音乐”的标签一样，他现在的音乐也和“1980年代音乐”的标签毫无干系。他的音乐仍然严格地保持为“汤姆·威兹的音乐”。

《雨狗》的专辑封面也很不寻常，没有像其他专辑那样用义不容辞的犀利图像，而是特写了一个和威兹一般颇为怪异的男人，靠在一个大笑的女人的肩头。那是一个旧时女友吗？还是他母亲？丹麦妓院里的一位女士？照片的拍摄者是瑞典著名摄影师安德斯·彼得森，这张照片实际上来自他几年前拍摄聚集在里米茨咖啡馆的工人的图集，包括街上的普通人、出租车司机、妓女和上岸休假时照顾她们生意的水兵。这张照片预示了专辑的内容，名副其实的“雨狗”们被一阵大雨冲离街道，随后他们在街头闲逛。对于自己的作品，彼得森如此说：“里米茨咖啡馆的人们有一种我本人缺乏的气质和真诚。绝望，没问题。温柔，也可以。或独自坐着，或有人陪伴。在这片穷困潦倒的环境里，有一种伟大的暖意与宽容。”

1　为美国电子音乐乐器设计师罗伯特·林（Robert Linn）发明的鼓机。

2　即普林斯·罗杰·尼尔森（Prince Roger Nelson，1958—2016），美国音乐天才，横跨多种风格，开创并定义了“明尼阿波利斯之声”。

死硬派威兹乐迷把《雨狗》排在威兹所有专辑的第一位。它放置在一套音乐三联画的正中，在《剑鱼长号》和《弗兰克的狂野岁月》之间。埃尔维斯·科斯特洛这位正因 1984 年发行的唱片《再见了，残酷的世界》而登上名声之巅的音乐人（他作为 1983 年“拯救生命”慈善音乐会的明星登台，而威兹没有参加）对威兹声音的演变印象深刻。科斯特洛告诉威兹传记《零碎钢镚：汤姆·威兹的生活》（1989）的作者帕特里克·汉弗莱斯：

> 《剑鱼长号》和《雨狗》的发行，我觉得是很勇敢的一步，因为他有一个完整的艺术人格，围绕着从凯鲁亚克和布考斯基那里获得的嬉皮士的东西为基础，将他的音乐和垮掉派 / 爵士的东西合在一起，突然间就成了一种与“嚎叫狼”[1]，及查尔斯·艾维斯[2]有关的音乐探索。我都有点妒忌了，不是对他的音乐，而是对他的那种能力，他本来像是要退回到原来的角落里去了，可他就是有能力重新改写自己。那是一种大胆的做法，我想谁要是不认可这种音乐的质量，那么他们肯定没把自己的耳朵放在正确的轨道上。

《雨狗》这张专辑持续地保有其坚实的名声。它一直是威兹最畅销的专辑，直到 1999 年威兹发行了《骡子变奏曲》。这张专辑里有作为特邀艺人的基思·理查兹，唯一能和威兹过去的专辑产生联系的是，这一张也同样是在一个毫不起眼、带有不祥之兆的环境里录制的，这给每首歌带来一种生鲜的、不加修饰的共振，不禁让人联想起滚石乐队的专辑《流亡大街》（在这段时间影响了自己的唱片列表里，威兹把这张专辑放在很靠前的位置）。威兹在下曼哈顿下城华盛顿街的地下室录制了这张专辑，他把那地方比作一间

1　即切斯特·亚瑟·伯内特（Chester Arthur Burnet，1910—1976），芝加哥蓝调歌手，蓝调爵士的重量级人物。

2　查尔斯·艾维斯（Charles Ives，1874—1954），首先在国际上获得声誉的美国古典音乐作曲家之一，被视为“美国音乐根源”之一，但有生之年受到忽视，作品很少获得上演机会。

保险库。为了准备录音工作，威兹做了定位调研，录下城市大街上的喧闹声，以寻找灵感。威兹还用一把马克·利伯特称之为“破破烂烂，老式空心货”的木吉他弹了很多歌曲独奏，在那上面威兹可以“拍”出歌曲的节奏感，为他找到想要的声音提供一点指示。威兹也拓展了自己常用的乐器库，他给一批本会发出刺耳声音的乐器组合施了魔法，使之成为一种妙不可言的折中混响，包括班卓琴、手风琴，还有马林巴琴。录音的结果不仅让乐队领头人非常满意，也让每个参与录音的人都很受用（包括基思·理查兹，他给《大黑玛利亚》这首歌加上了具有个人标志性的乐句）。一旦理查兹把自己调到了威兹音乐理念中处于“动物本能”的那个频段，作曲过程就必定能出彩。这张专辑的十九首歌组成了跨越风格流派的一锅秋葵炖汤，包括一首波尔卡舞曲、两首民谣风打底的纯器乐歌，还有其他涉及乡村、流行和福音赞美诗的歌曲。在诗意的构建方面，他把口语的赞歌加到他身处其间的让人黯然神伤的都市环境里，即《第九街和亨内平街》[1]。

1985 年，汤姆和凯思琳迎接他们的第一个儿子（他在之后成了自己老爹的鼓手）来到威兹宇宙，凯西·哈维尔·威兹，出生在威兹正为新专辑的宣传和巡演排练忙得热火朝天的时候。然后，到了 10 月，威兹和他的巡演乐队把《雨狗》专辑带到了欧洲。这次巡演在 1985 年 11 月结束，最后几场在纽约和洛杉矶。到了这一年末尾，《滚石》杂志宣布威兹为当年的“最佳歌曲创作者”。

如果说威兹对他的新素材还有所保留，那么两年后的专辑《弗兰克的狂野岁月》则将之彻底释放。据《洛杉矶时报》的摇滚乐记者罗伯特·希尔本说，威兹（正好与他根深蒂固的偏执狂相反）真的很想被人记住，尽管他不是那种对普罗大众来说脍炙人口的唱片艺人：“那是汤姆身上奇怪的地方。他痴

1　《第九街和亨内平街》（Ninth & Hennepin）是《雨狗》专辑中的一首歌，据后人考证，此处在印第安纳州明尼阿波利斯市，那里确有第九街和亨内平街，两街交叉处有一个甜甜圈店，汤姆和查克·魏斯有一晚在那里吃东西时意外卷入了一场黑帮枪战，他们不得不趴在地上躲避子弹。而《雨狗》这首歌借用这个地名描绘了纽约的场景。

迷于被人记住，要显得与众不同、高于同辈。有一次他告诉我他小时候去了二手唱片店，翻遍了九十九美分箱里所有的唱片。创作它们的艺人早就都被遗忘了。[他说]‘我可不想成为又一个登上被遗忘名单的人。’”（《摇滚批评家罗伯特·希尔本论重要的音乐》，《博客批评》2009年11月，唐纳德·吉布森）

不名誉的苏丹

《你》杂志（《周日邮报》副刊）

1985年夏末（发行日：1985年10月3日）

皮特·西尔弗顿

好吧，我有一副烂肝和一颗碎心
啊自从你把我撕碎，我喝下了一条河的酒
除非我弄不到一杯喝的，我从没犯过酒瘾

——《烂肝和一颗碎心》

“当我在录唱片的时候，有些事情是我必须做的。我会打湿头发，把夹克反过来穿，还要解开衣领的第一颗扣子。我得把一个洋娃娃的头扯下来，还得喝一整瓶威士忌。呃，这样我就到位了。

“对很多人来说，要是看着你做完这整套动作，会觉得有点尴尬。所以我得和我信得过的人一起工作，那些不会害你的人。”

汤姆，老实说，你是不是一直都在扯谎？“不，不，我一向说的都是事实——除了对条子们。那可是长期的条件反射。”他又轻又干地咳嗽着，也许是对紧张情绪的应激反应，也许是多年名副其实地“像一个底层诗人”那样生活留下的痕迹。

汤姆·威兹是一位歌手，三十五岁的年纪。他三角形的脸就像他那双过了气的英式皮靴一样尖——“仿鳄鱼皮的，没有人会渴望得到我脚下的这双靴”——尖头处是一小撮山羊胡子，已经生出了人生中的第一缕白色。他的父亲，据他自称，是中美洲一个小国的总统，而他的母亲是个侏儒。这个说法我也没信。“我不觉得讲实话有那么重要。”他曾经这样说过。就像那个喊“狼来了”的孩子，哪怕他的确是在讲真话，也没人信他。威兹——我得说——真是个不同寻常的名字。“好吧，”他摆出一副死鱼脸，“我家本姓威兹托斯基，然后我们去掉了‘托斯基’。”“哦，是吗？”一脸轻信的我回答。“不，‘威兹’是一个音乐上的名词。说的是一个人到晚上把灯都关了，拿镇上的各种事情编成歌唱出来。”我一脸不信地笑了，字典可不会骗我。

以下对威兹拿手好戏的描述是公允的：“他是一个当代的轻歌舞剧演员，他把民间故事和街头黑话编织成了自己设计的新款时髦西装。”一位热情的歌迷这样形容过他。他的歌是贫民窟的罗曼史，是一种对美国传统的继承，这种传统里混入了“西蒙和加芬克尔”的《拳击手》，还有凯鲁亚克以及雷蒙德·钱德勒的影子。“词汇是我最主要的乐器。”他说。

他的歌喉听起来像是一把生锈的钉子，在一瓶廉价波本酒瓶里搅动。而他的最新专辑——自打他的首位经理人在他对着洛杉矶鸡尾酒吧的一群醉鬼弹琴时发现了他，已经是第九张了——却排进了英国热门榜的前三十位。他正在推广他的新唱片《雨狗》，将在伦敦的多米尼剧院演出八晚，从本周起。

我们相会的饭馆——到处都是聚乙烯塑料、富美家牌廉价桌椅、散落的思味特牌代糖包——是威兹选择的。“汤姆喜欢在能让自己感觉像家里一样的地方会客。”他的新闻发言人这样说。那地方在曼哈顿第十四街，挤满在周六午饭时间购物的人们，他们仔细淘遍市场，而卖主们在大声吹嘘他们的货物是怎么偷来的。同一条街上的是“内衣王”店，马路对面是“科恩家”时尚眼镜店，这是威兹写下“每种甜甜圈都有一个妓女的名字”时浮现于他脑海中的地方。

威兹住在隔壁街区。不过，随着他太太马上要生第二个孩子，他们将和父母一起住在新泽西，坐火车去那里需半小时，换乘的地方就在弗兰克·辛纳屈的出生地——霍博肯市。孩子生下来不久，他们一家就会上路，不仅抛却大家庭住的房子，也离开自己在曼哈顿的公寓。在可见的未来，他们会生活在由旅行箱组成的世界里。“套房、送餐服务、干吐司，还有咖啡要上个不停。”

威兹结了婚并为人父这件事，对他的长期歌迷来说有点震撼。他们听着威兹的歌长大，把他想象成一个离他歌曲中那种破落潦倒的生活仅一步之遥的人物。尽管他散发出纽约这片荒芜峡谷昏暗破败的气息，可事实上他这辈子大多数时间都住在洛杉矶。那是他和妻子凯思琳·布伦南相遇的地方，当时她是科波拉电影《旧爱新欢》的剧本编辑，而威兹正好给这部歌舞片写歌。

暂且把那事儿和他蒸蒸日上的表演事业（《斗鱼》《天堂巷》《棉花俱乐部》）放在一边，威兹版的洛杉矶与好莱坞梦中的版本可有天壤之别。他的版本是由按摩院、当铺、毒贩组成的世界。实际上，那就是带点阳光的纽约第十四街。威兹同时也是一个广为人知的海量酒鬼。那是真的吗？“好吧，这在我看来可算是很直接的问题。我都不知道这样的事情怎么传开的。不过你知道报刊会把什么事情都放大到不成比例。你在床头放一小杯雪莉酒，睡前读点巴尔扎克，八点半关灯。还没等你明白过来，他们就把你写成是带着一箱顺风牌（Cutty Sark）[1]威士忌住在便宜旅馆里读一本黄色杂志。”

可你确实住过“热带”，那可是城里最下流的摇滚旅店。在那没有谁会在早上八点半以前睡觉。“对，我在那里住了一阵子。我离开的时候他们把游泳池涂黑了，把水也抽干了，他们洗池子洗烦了。这就像穿了双黑袜子，你从来不需要洗。我知道那是让我离开的信号。”

另一个让他离开的原因是有一大堆疯疯癫癫的电话会打到他那里。威兹曾把他的地址印在一张专辑的封底，他说，那是为了检验他的唱片有没有被正常分销。他得到的回应多少个麻袋都装不下。“到后来真有点诡异了。”他说。

1　cutty sark 有“放荡女人”的意思。

“我会告诉你我所有的秘密，但关于我的过去我会撒谎。”他在《探戈跳到酸痛》中写道。他会用老练的轻松来回避问题，同时拒绝扯上他的小家庭，坚称那是他生活中不想拿出来为他的职业宣传的部分。他一直彬彬有礼，不会生硬打断问话，只是会转移话题。

他的父母是第一代加利福尼亚人，作为斯坦贝克笔下人物的后代，大萧条把他们从得克萨斯赶到了橘子园。他母亲祖上是挪威人，父系则是苏格兰/爱尔兰人。他祖父叫杰西·弗兰克·威兹，随了那对亡命詹姆斯兄弟[1]的名字。他的父亲弗兰克是一名教师，在汤姆十一岁时离开了他母亲。汤姆和两个妹妹在纳雄耐尔城长大，那里靠近墨西哥边境。

你得告诉我，勇敢的队长
为什么邪魔那么强大
天使们如何睡得着
当魔鬼留着门廊里的灯

——《西格尔先生》

这是对话中他唯一一次谈起父亲，随即换了方向，说少年时期他差不多就是个小流氓。“犯法、偷东西这些事带来的兴奋感让我很受用，你知道。小孩子都是那样的。不过我是个什么样的小孩？我没法回答这么直截了当的问题。不过你知道，我喜欢火车和马、鸟儿和石头、电台和自行车。”其他方面，他说他十六岁就不读书了，跑到一个餐馆打工。他说他学过医科。“我家族里有不少医生——还有酒鬼。”为了音乐，他放弃了行医生涯的稳定性。“那是我当时没完全明白过来的东西。我想：我会在这条路上闯到什么地方，肯定会到达一个地方的吧。我没有别的路可以走，你生活的世界就是一场冒险。音乐实际上就真会把你带去很多地方。就像你在一条安静的街上的小房

1　指弗兰克·詹姆斯和杰西·詹姆斯，19 世纪著名的罪案帮派头领。

子里睡觉，一觉醒来发现自己身在纽约。你可以梦想自己去某个地方这一想法，可以改变你的世界。”威兹录过仅有的几首别人写的歌之一，就是斯蒂芬·桑德海姆写的《某个地方》。

他眼中的家族英雄是他的叔叔罗伯特，一个盲人管风琴手。他在自己家里装了一台教堂用的管风琴，管子都戳到屋顶了。他的邻居不会有意见吗？“我想他手上有邻居的什么把柄，邻居手上也有他的。这就是住在某些人隔壁的代价。我宁可隔壁住了个管风琴手，也不要隔壁住个全国步枪协会会员。”你是否愿意住在汤姆·威兹的隔壁？“好吧，”他说着挥起他的右手强调他的回答，他的灰色眼睛看起来像蜥蜴，“我猜我就是那种人，你最好不要把棒球丢到他家院子里去，要不然你就再也见不到那个棒球了。我平常就坐在门廊里，拿着杯波本酒，往人行道吐烟草，我会把天上的鸟打下来。”在纽约？“对，那就是我的梦想。”

他搬去了纽约，当时科波拉——他已经与之合作了《旧爱新欢》和《斗鱼》——让他去演《棉花俱乐部》里的经理。摄制时间很长，“就像入伍从了军，就像被强迫当水手”。到了今年末尾，他会再次出演电影，在新奥尔良花五个星期拍名叫《不法之徒》的片子，讲的是三个犯人穿过沼泽地越狱的故事。明年他会出现在一部纽约版的《奥德赛》里，那部片子由鲁迪·沃利泽［《双车道柏油路》《比利小子》的编剧］编剧，罗伯特·弗兰克导演。弗兰克在1950年用摄影集《美国人》所刻画的，和如今威兹在歌里唱的，正是这个国家文化的同一个方面。

明年春天我们应该能看到他的音乐舞台剧《弗兰克的狂野岁月》（不要忘记他父亲就叫弗兰克）。这部舞台剧会捡起他在专辑中用一段独白没能讲完的故事，弗兰克已经烧掉了自己的房子，他的狗就在房子里，当时他老婆正在美容院。“这部剧基本上讲的是一个手风琴手雄心万丈想在世界上留下自己的声音，到最后混得灰头土脸、身无分文，只梦想能回到从前的家里。”汤姆会出演弗兰克：他已经在补习手风琴了。他和太太凯思琳一起写了这部音乐剧——“她的名字排在前面”——此剧会在芝加哥由荒原狼公司制作，这个公司也曾把萨姆·谢泼德的话剧《真实的西部》带到舞台上。

他的新专辑《雨狗》是他第一张在纽约制作的专辑。专辑得名于这座城市的人们。“那些住在大街上的人们，你知道一旦下了雨，你会看见这些狗东西像是走丢了一样，到处乱转。大雨冲走了他们的气味源、他们的方向感。所以这张专辑里提到的人物，都被某种共同的痛苦和不安以有形的方式联结在一起。”

帮他在专辑里营造出这种情绪的，是曼哈顿下城先锋音乐圈子里的全明星阵容，外加滚石乐队的基思·理查兹，一个从不在别人的专辑里演奏的家伙。“我真是受宠若惊。”他们对录音室技术保持相同的态度，抗拒用电脑制作音乐的新潮流。“如果我要制造一种声音，我通常会一路追着它，把它杀了，剥皮炒一炒，然后才会感觉舒服。如今这世道，大多数东西你都可以摁几下按钮就出来。所以比如我要试一试某种特定的鼓声，我的工程师会说：‘噢，看在老天爷的分上，我们干吗要浪费时间呢，我们只要摁下那个小杯子上面长根棍儿的东西，弄点采样（从另一张唱片里采出鼓声），然后在混响器里放大不就好了？’我会说：‘不，我宁可跑进浴室拿根小木棍使劲儿往门上敲。’”

“这张专辑我冒了点险，《剑鱼长号》是在洛杉矶做的，要放松得多，更像是休闲风格。”不过也还是带点紧张的气氛？“对，我太太说我走到哪都带着它。”威兹坐在那里点了点头，检查着他冷掉了的全麦吐司。“这样还行吧？”他在我们出门找出租车时一直问我，“我有没有告诉你管用的东西，能让你写篇文章出来？”对威兹来说，一场采访的表演成分就和一次现场演出一样多。

要不然最后对英国送一句话？他想了想，拽了拽手上的金婚戒。“用老一辈演艺界先贤的话说：‘跟我的真朋友共饮香槟，给我的假朋友吃点苦头。’”

威兹进行时

《节拍》杂志

1985 年夏末（发行日：1986 年 3 月）

皮特·西尔弗顿

威兹选择在他地盘的中心地带会面，那是一间平价饭馆，和他所谓的他在纽约的第八个住所位于同一条街。外面第十四街的露天市场正处于周六中午的抢购热潮中。就像衬裙街一样，这条街的繁荣起因于那些货品都是赃货的传言。因此很容易就能理解为什么他会选择在这里接受采访，即便他并不住在附近。这很汤姆·威兹，或者至少说很像许多汤姆·威兹歌里的背景。

这两件事界线模糊。威兹一直在鼓励这种模糊。当他的公关经理递给我一份《汤姆·威兹谈〈剑鱼长号〉》，他告诫我："那里面都是荒诞故事、天马行空的发明、直截了当的谎话，也许有少量奇怪的事实。"

作为一个多年众所周知不愿配合采访的人，他一向会在对话中加入长长的喘气，间或有几句咕哝出来的"是"或"不"，他现在已经形成了汤姆·威兹式的艺术人格，可以在每个采访者面前拿出来亮相。这种风格的主要缺点，除了太过频繁地说"你知道"以外，便是在不同的采访中说同一段话。"跟我的真朋友共饮香槟，给我的假朋友吃点苦头"是他这一阵子的最爱。

近期的报刊采访，似乎总会碰巧地提到他生活中的两个重大转折点：一个是他和凯思琳·布伦南的婚姻，他在她为电影导演科波拉做剧本编辑时认识了她；另一个是他音乐风向的转变，正好发生在他换了唱片公司以后。酒徒的呻吟让位于一种囊括了从查尔斯·艾维斯到"嚎叫狼"之间一切风格的音乐。

"目前呢，"他说，"我并不是带着一个完整的团队在操作。"没有经理人。他开玩笑说，他曾经期望会有像"子弹"杜尔贡[1]那样的一位老派演艺

1　爵士时代大乐队时期的顶级音乐人汤米·多西的经理人，是一位典型"乐队伙计"风格的经理人，勤勉而事无巨细地关照乐人。

经理人来给他助阵。我建议他选拳击赛推广人米基·达夫。他很喜欢这个提名，承诺会认真考虑。他这阵子最喜欢的唱片是艾格尼丝·贝尔内勒的《父亲躺在熨衣板上死了》。当采访结束时，他会问我自己表现得怎样，是不是还行。

皮特·西尔弗顿（下简称皮）：你现在在纽约也住了几年了。然而在大多数人心目中，你还是紧密地和加州联系在一起。也许不是海滩男孩乐队那样的加州，而是纳撒尼尔·韦斯特[1]的……

汤姆·威兹（下简称汤）：好吧，我们搬到这里是因为这里安宁清净，你知道。不知为何，我也算是被误导了。我为了拍电影 [《棉花俱乐部》]，提了个皮箱就过来了，所有家什都没拆包。到了这里以后搬了八次家。纽约就像住在一台引擎里。有些很简单的东西，你得非常专注和耐心才能做到。这一点和地球上任何其他地方都不同。因此这地方会把你弄得手足无措。就好像住在船上。人们甚至不敢去布鲁克林，好像那里是水面，这里 [曼哈顿] 是船上，在这个范围之外你就掉到水里去了。这很奇怪。不过曼哈顿也有有意思的地方。有的人可以一丝不挂地站在十四街正中央，吹一把小号，头上顶着只死鸽子，没有人在看到他后会绕着走。实际上明天说不定就有两个那样的家伙冒出来。他们会招摇过市，向更多的人讨赏钱。我不打算在这里养活我的家庭，除非我有很多很多钱。你在纽约不可能用完全文明的方式生活，除非你有很多钱，很多的死掉的总统 [即美钞]。赏给我很多死掉的总统吧，到这儿来。你看，你会为之写东西的地方，最后都会出现在歌里。我在华盛顿街写了《雨狗》里的大多数的歌。那里是运河街和十四街之间的曼哈顿下城边上的一个犄角旮旯，跟哈德逊河就隔着一个街区。我一开始和休息室蜥蜴乐队（Lounge Lizards）共用一个排练房。我在一个锅炉房里待了几晚，那里有只暹罗猫跑来跑去，叫起来像婴儿哭。走廊对面还有个鼓手。那里挺适

1　纳撒尼尔·韦斯特（Nathaniel West，1903—1940），美国“迷惘一代”作家，代表作有《寂寞芳心小姐》和《蝗灾之日》等。

合工作。很安静，除了水管里时不时响起水流的声音。有点像待在保险库里。就音乐来说，要把创作的过程讲出个所以然来挺难的，都有点迂腐了。音乐都是烟雾做出来的。当你真的去想这件事，那个过程是不可见的。你会害怕下次它不会跑出来坐在你旁边了。这种想法会让你一直坚持创作。当我在写歌的时候，我会做那种能把我吓醒的梦。我梦见自己试图进入某个房子，从窗户里爬进某个地方。

皮：这句话也许说过很多次了，但是你的歌总是让我想起爱德华·霍珀的画，那些画也总是透过窗户往里看的。他会乘地铁看埋头工作的文员们。

汤：没错。好吧，我倒是想听到墙另一边的音乐。我喜欢听到不完整的东西。纽约就是做这种事的好地方，因为这是一个国际化的城市，一个融合了各种文化的城市。这里有小意大利区、中国城、俄国来的出租车司机。你有机会听到很多不同的音乐。

皮：基思·理查兹在《雨狗》里的三首歌里演奏。他一般不会给别人的唱片演奏东西的。你是不是想让他来提供一种特殊的声音质地？

汤：里面有些东西，我觉得他会懂。我拿出几首我觉得他能懂的歌，他确实懂了。他有很棒的歌喉，在录音室也是个精神模范。他很有自发性，行动起来就像某种动物。我试着给他解释《大黑玛利亚》，最后我开始用某种方式行动起来，他就说："你一开始为什么不这样呢？现在我明白你要说的是什么了。"有点像动物本能。

皮：那你的表演事业呢？

汤：我下面会去新奥尔良，和吉姆·贾木许一起干大概五个礼拜的活，拍一部叫《不法之徒》的电影。讲的是三个牢犯通过沼泽地越狱的故事。

皮：电影预算怎么样？

汤：不到一百万。

皮：所以基本上是一部低成本电影。

汤：换了我可不会在吉姆面前这么说。如果你不当心的话，我会告诉他你这么讲。

皮：那可是在夸我。我是说，别人浪费了那么多……你在《棉花俱乐部》干过，你知道钱都是怎么……

汤：对，就像《埃及艳后》。

皮：你遇见鲍勃·霍斯金斯了吗？

汤：对，他很棒。他真是与众不同。我很喜欢他。他一直说要出去找个酒吧。我想最后他在街区最里面的角落找到了那个酒馆后就感觉好多了。一个小啤酒吧。他去那里如同国王上朝。他在拍一部自己的小电影。喝酒能让他放轻松不少。

皮：你为那部片子干了多久？

汤：十二个礼拜。

皮：霍斯金斯拍了八个月，不是吗？

汤：对，就像入伍从军，就像被强迫当水手。不过那部电影……呃，我不知道该怎么讲，反正它探讨了美国历史上很重要的一段时期。

皮：还有其他演电影的计划吗？

汤：我会参演一部鲁迪·沃立舍和罗伯特·弗兰克的片子。[鲁迪写了《双车道柏油路》和《比利小子》的剧本，罗伯特·弗兰克是一位资深摄影师。滚石乐队用了一些他拍摄美国梦丑陋面的照片做专辑《流亡大街》的封面，随后邀请他为他们1972年的巡演拍纪录片。拍出来的片子叫《狗杂种的蓝调》，一直到今天都被滚石乐队禁止上映。弗兰克也拍摄了威兹的肖像，做《雨狗》专辑的封底。]它讲的是一个人在纽约寻找另一个人的漫长历程。我不太想说里面的内容。我怀疑它会不会……你知道，那可是罗伯特的电影。我就是在里头演个角色。

皮：你的音乐剧《弗兰克的狂野岁月》还会上演吗？

汤：那可不，到春天就上。会由芝加哥的荒原狼公司来制作，特里·金尼做导演。他们制作了《雾都孤儿》，还有萨姆·谢泼德的《真实的西部》。我太太和我一起写的剧本。她的名字排在我的前头。还有很多工作要做，我是说，已经完成了。

皮：和同名的那首歌有什么关系吗？

汤：对，同一个弗兰克。大体上讲的是一个小镇子里走出来的手风琴手到外面闯世界，想要留下自己的印记，最后混得灰头土脸、身无分文。我会演弗兰克，所以我上了好几节手风琴课。我准备好了。我告诉你，我可是很爱手风琴的。我觉得手风琴会重新流行起来，而且会大热。

皮：那首歌里最后弗兰克把房子烧了，狗还留在里面。他有没有因为纵火吃官司？

汤：没有，他去拉斯维加斯了，最后做着回到家乡的梦。

皮：那狗就这么死了？

汤：狗失踪了。

皮：你喜欢《旧爱新欢》吗？

汤：好吧，这可是个被问了太多次的问题。那是个两年半的项目，有不少很美妙的时刻。我从里面学到怎样和有伟大想象力的人一起工作。弗朗西斯 [·福特·科波拉] 就像一所大学，各种年纪的人都可以从他那里学到拍电影的技艺。能作为其中一分子很了不起。很棒的感觉。我当时有个带钢琴的办公室。

皮：你曾经说过“成功会比失败更快地杀死你”，或者至少会把你的灵魂更快地杀死。你觉得你会实现那种程度的成功，从而有机会用这句话来审视你自己吗？

汤：我想我在上台领奖之前呢，会躺在游泳池边上拿着杯冰镇酒，旁边有一对埃及姑娘给我扇扇子……什么事情都有黑暗面的。有很多地方你去了就回不来了。我不知道……我认为人应该是种瓜得瓜。有些人却像下棋盘游戏。

皮：你有没有反复出现的噩梦？

汤：有啊。梦见我在唱片店里。那里有木头面具，上沃尔塔[1]那种中世纪

1　非洲国家，现名布基纳法索。

式样的。有个人猛地关上门，从里面钉死，然后往我脸上罩一个氧气罩。我在塔夫特旅馆醒来，所有的钟都往回走，所有的杂志都是1959年的。我拽着张旧床单爬出窗户，悬在半空，有个小孩手上拿个打火机在我脚下点火。我悬挂在那里，左摇右晃，掉进一辆油罐车里。车里面装满了花，我一路搭车到了俄勒冈州的西雅图。我看到火车冒出了烟。我一直没法摆脱这个梦。

皮：最可怕的是哪一段？

汤：那家伙拿打火机要在我脚下点火。

皮：你小时候是个什么样的孩子？你父亲［弗兰克］离开了你母亲，不是吗？

汤：就为这我得一辈子躺着？你这么说我突然想看看你的证件……噢，上面写着："博士"。

皮：文科学士（BA）而已。

汤：哦，文科学士而已。那你得到的只是胡扯（BS）而已。

《雨狗》漫游记

1985年末

汤姆·威兹

我父亲会弹几下吉他，我有个叔叔弹过教堂管风琴。他们一直想换掉他，因为每个礼拜天他弹错的地方，比有史以来的礼拜天的数量还多。到最后他弹的《基督精兵前进》听起来都像《春之祭》，最终他们不得不请他走人。他们后来把教堂拆了，叔叔拿回了管风琴装在自己家里，管子都顶到天花板了。他同时还是一个植物学家，住在一片橘子园里，旁边经常有火车开过，我曾经有一阵经常去看他，那时我还小，很容易受影响。我在一架淋过雨的钢琴上弹了一阵子，偏偏有些琴键卡住了，动不了，所以我学会了弹黑键。

我最早记住的音乐是墨西哥街头乐队、兰切拉、墨西哥罗曼迪卡，全是墨西哥音乐。我爸爸在车里会打开收音机放那些。他不会听什么吉特巴之类的。

的确，我再也不会唱歌剧了。不过那还是一种合适的传达载体，呃……作为我的汽车喇叭很靠谱。我一吹这喇叭，人们就会让开，孩子们就会害怕，我才能赶上时间去酒吧找到一个座位。对一种声音来说，你还能要求更多吗？

威兹谈对歌曲生命力的真正考验

摘自《三伏天下午》，《暂停》杂志（英国）

1985 年 10 月 3—9 日刊

理查德・雷纳

汤姆・威兹：要是有一天我路过一片学校操场，听到孩子们在跳绳时唱我的歌，并且改掉歌词，那我会很有成就感。因为对一首歌真正的考验，是要看它是不是四季皆宜，在很多不同的场合下都能唱。我听到有人唱《雨水一直打在我头上》[1]。这个女人，这个光头女人，浑身只披着一条毯子，坐在D线火车上抽雪茄，带着瓶酸麦芽威士忌和一份《纽约时报》。她唱着歌："雨水你他妈的一直打在我头上，你这个傻逼，一头猪，但这不意味着我的眼神马上会变成'看什么看，你这个鸟人'。"[2]然后她就下车了。砰！我一直没喜欢过巴卡拉克[3]的曲子，不过现在这调子变成了我的一首歌。我以前从没听过被那样演绎的歌。

一首歌能被那样消化真的很棒，那可真是你最想要的境界。变成世界构

1　1969 年保罗・纽曼主演的电影《虎豹小霸王》中的主题曲，由 B. J. 托马斯演唱，伯特・巴卡拉克创作。

2　原歌词为："雨水一直打在我头上，但这不意味着我的眼睛会很快变红。"

3　伯特・巴卡拉克（Burt Bacharach，1928— ），美国作曲家，曾六次获得格莱美奖。

造的一部分，变成发生在周围的生活的一部分，里面有你的歌。那可比能在电台放出来强多了。那就是我想要的。

威兹谈反常行为的优势

摘自《地下低贱生活蓝调》，《声音》杂志

1985 年 10 月 19 日。

克里斯・罗伯茨

汤姆・威兹（下简称汤）：我仍旧被丑的东西所吸引。我不知道这算不算我个性里的缺点，还是我小时候受到的什么影响。就好像当你往窗外看：让你最先注意到的是什么东西？我妻子说我总是往下看，那是我的毛病。那就是为啥我总看到地上的痰。我不知道——这就是你选择从自己的视野里拿出的东西。

克里斯・罗伯茨（下简称克）：所以你是个悲观的人？

汤：不，实际上我是作为卫理公会教徒养大的。不过那会变。

克：你一直在利用一些很有力又很不和谐的“残疾人”形象——聋子、哑巴、瞎子、跛子——绷带——而《雨狗》专辑的封面可不是《勃朗黛和戴格伍德》[1] 那种卡通画。

汤：啊对，封面的确有点黛安・阿勃丝[2] 的感觉在上头。这个人叫安德斯・彼得森，他拍的是一个喝醉的水手被一个疯子妓女抱着，我猜想是的。女的在咯咯笑，男的一副凄惨样。那的确在某一刻抓住了我的心情。就好像——呃——被孤立的。也许这种感觉在某种程度上来源于住在纽约的体

1 美国著名系列卡通漫画，最早于 1930 年在报纸发表，作者是奇克・杨。该卡通描写光鲜漂亮的人物。

2 黛安・阿勃丝（Diane Arbuss，1923—1971），美国著名女摄影家，被认为是美国新纪实摄影最重要的旗手，对社会主流人物和边缘人的两面性在视觉上做了深入探索。1971 年自杀。

会——好像得给自己发明一台隐形电梯才能住到房子里头。一个人开着车去上洗手间，被一辆值七万美金的车追上，街上有个女人，穿着三百五十美金一双的丝袜，她伸出脚，踩着血和痰混成的水坑，然后天开始下雨，一辆飞机从天上掉下来……我总是被反常行为深深吸引。

威兹谈《兰博》[1]

摘自《暴雨》，《新音乐快递》杂志（英国）

1985 年 10 月 19 日

加文 · 马丁

加文 · 马丁（下简称加）：你和史泰龙一起拍过电影《天堂巷》。你看过《兰博》吗？

汤姆 · 威兹（下简称汤）：不，没看过。我可不想因为需要面包给他打过几天工，就被卷进这档子什么事里去。美国很久以来便想给"越战"找个合适的地。我们一直在拍电影，帮自己忘掉这回事。听说这部电影的预算有几千万美金，还有这个浑身肌肉、扛着机枪的家伙。但是他们对待退伍老兵像对待狗肉一样。这部电影的预算达数百万，那些老兵一个月才拿一百美金。

加：你在 1960 年代是怎么躲掉征兵的？

汤：当时我在以色列，待在一个基布兹[2]里。不，没那回事儿，我瞎扯。我当时待在华盛顿，长官。我在白宫当一个助理。我被豁免了应征入伍的义务，就像每个人在学校里会留个条儿那样："亲爱的总统先生，汤姆今天病了，没法过来了。"

加：你还记不记得当初为什么要做个音乐人？

---

1 也即史泰龙主演的电影《第一滴血 2》，于 1985 年 5 月在美国上映。

2 以色列集体农场。

汤：我进不了医学院，当时的政府把这件事弄得对我来说很困难。

加：我听说你曾想做神经外科大夫？

汤：我想帮上忙，我想把医药和庭院劳动结合起来。我小时候想当个警察，我喜欢那身制服。我曾想要一点权威感，不过后来想法变了。

威兹谈威兹

摘自《下东区的故事》，《脸孔》杂志

1985 年 11 月

艾丽萨・范・波兹纳克

艾丽萨・范・波兹纳克（下简称艾）：你对你的孩子们有怎样的期许？

汤姆・威兹（下简称汤）：一旦他们长大到能跟我争论这件事，就送他们去军校。我自己就进过军校。

艾：他们要是长大做了银行家，你会不会很失望？

汤：不，我觉得我们家里需要一个银行家、一个律师，因为他们的爹已经没可能做这些了。当爹的需要有人照顾。

艾：你的歌为什么总写生活里容易受骗的人？

汤：我不知道……你会觉得需要强制自己去梦想一些东西。

艾：你有社会良知吗？

汤：我看到很多人有，我自己就算了。

艾：“雨狗”指的是什么？

汤：那是个我造出来的词，讲那些睡在门廊里的人。我是说，纽约下雨的时候，所有的废皮和烟屁股都从地面浮起，就像电影《出租车司机》里他说：“有一天，有一场真正的雨会落下来，冲掉街上所有的渣滓。”雨天看起来更好，这里好像被上了漆。

艾：你记忆中的第一首歌是哪一首？

汤：《莫莉 · 马龙》，那时我还很小。[唱起来]“在都柏林的集市上姑娘们都那么漂亮……”

艾：有没有想过自己开夜总会？

汤：我没那种纪律性。我不够有条理，况且你得在收银机前站一整晚。我没有那种领导品质。

艾：你领导过一个乐队，不是吗？

汤：那不是一回事儿。

艾：你怎么创作一首歌？

汤：我穿上条裙子，喝掉一瓶哈维 · 布里斯托牌奶油雪莉酒，跑去第八街打一把雨伞，开始用最大音量朗读印在违章罚单背面的条文。

采访汤姆 · 威兹

CBC 演播室

1985 年末

迈克尔 · 蒂尔松

谈话从一个电话开始。汤姆 · 威兹这个我多年未见的老朋友出了一张新专辑《雨狗》，他在岛唱片的第二张专辑。在那么多人里，他就想找我迈克尔·蒂尔松聊聊，真不错！在约定的那天我赶上火车，找到了汤姆，他坐在一台钢琴前，已经把它变成了自己的朋友。你看，他就是那个经常用手指和嗓音都能展现出雄辩才华的人。时间都迅速消融了……

迈克尔 · 蒂尔松（下简称迈）：自从你到了纽约，你做的东西里的整个声音都变了，粗犷了很多。自打你离开洛杉矶以后，你拿出了那种更多属于城市的声音，减少了……打磨抛光的声音。《剑鱼长号》里挺明显，《雨狗》就更明显了。什么是“雨狗”？

汤姆·威兹（下简称汤）：我不知道，你能在康尼岛[1]找到它们。它们很小，在小圆面包里。就是小圆面包里的水。就是一个小圆面包已经被……它里面没有热狗。它……因为在外头淋了雨，就被叫作“雨狗”，比正常的热狗要便宜……[弹了几个钢琴和弦]不，“雨狗”可以是随便什么人……那些睡在门廊里的人，那些没有信用卡的人，那些不去教堂的人，那些身上没有背着房贷的人，你知道吧？那些跟着感觉走、自个儿说了算的人。那些顺着路走的人，你明白吗？

迈：你大概说的是过着边缘（margins）生活的人。

汤：边缘生活，对，边缘生活。买不起人造黄油（margarine）的人。

迈：我有机会听了整张专辑，里面有十九首歌。你觉得它算不算那种讲了一个完整故事的专辑？

汤：我不知道，因为一开始我以为会有一些地方把所有痛苦不安的人聚拢在一起，你知道，会有些外头的还是国内的地方让他们碰上。我不确定，好像看起来是有……在我看来是有些联系。我不觉得那是一个线性的故事，而更像一个水族馆。所以真的算不上那种——你知道——给你一个开头，最后在结尾把你放下的类型。

迈：我听到很多种声音，奇怪的打击乐声音，让人想起晚上大街上能听到的那种外国话的对话。

汤：没错，我不知道，我尽力了。你没法想造什么效果就总能造出来。你听到的一些东西，并不仅仅是纽约，而是你真的打开耳朵才能听得到的东西。当我开始写歌的时候……我就给自己一个降拍，然后说“从现在开始发生的事情，看到的东西，都会掉进我挖开的这个洞里，我梦见的东西，从绿拖车厢上掉下来的蓝鞋子，从黄地板里冒出来的破窗户，从天花板上掉下来……”我在那一刻就把它们都放在一起，就好像下雨的时候你没法找到足够的容器，把雨都装回去。等到不下雨了，就算你套件长袍，戴顶搞笑的帽

1　纽约布鲁克林区的一个岛。

子站在路当中，也求不来雨。当你写歌的时候，各种想象就冒出来，没在写的时候就不会冒出来。你明白吗？对我来说一直都是那样。我会经历一些周期，或者时间，那种时候我挺能接纳各种东西的。

迈：这张专辑对你来说代表了多长的创作期？

汤：就几个月。我在华盛顿街和霍雷肖街交叉的一个地下锅炉房里写的，我那时候跟好几个乐队共用那个地方。休息室蜥蜴乐队，约翰·卢里的乐队。约翰在这张专辑里做了点东西。他演奏了《漫步西班牙》这首曲子，他是一个演员，也是个萨克斯手。所以那是一个可以让我晚上跑去工作，也去做梦的地方，能找到那地方对我来说很幸运，我能好好组织我的想法。当你在写东西的时候，你会把头往随便什么地方撞，就为搞点想法出来，你明白吗？[发出金属碰撞的声音]所以，那是一个安静的地方，除了水管里流水的声音以外。

迈：我把几首歌单独拿出来问你，这样可以搞清楚你对它们的想法。《新加坡》总让我想起《香港蓝调》，豪吉·卡迈克尔的歌。他在电影《逃亡》(1944)里面弹的曲子。

汤：噢，对！我很爱那首歌。我一直在想理查德·伯顿要是困在了香港或者什么地方，那会是什么样子，你知道吗？他是那种精壮的英国汉子，有点……你知道[此处无法听记]……进进出出过什么地方？台湾，还是关岛、香港、广州、上海、菲律宾，那边的什么地方？所以我试图去想象那会是什么样的经历，让它看起来像理查德·伯顿的事迹。

迈：扑面而来的异国情调？

汤：对。你就会梦到一些东西。

迈：同时也给专辑里其他的歌曲建立了氛围？

汤：对，我希望是这样。最后有点小风暴。我想："哦，结尾来点小风暴也许有点浮夸。"不过还是很有效的。

迈：《拍拍手》这首，很暴力的一个画面。

汤：好吧，嵌入了点童谣，你知道？[引用了几句词来强调]"红酒，红酒/鹅为什么要喝红酒/猴子在有轨电车道上嚼烟叶/轨道断了，猴子噎着了

/ 它们都坐着条小船升了天。”对吧。“亮闪闪，一枚罗斯福一角硬币 / 一路跑到巴尔的摩，快要赶不及。”同样的韵律，同样的……我就想象这些人全都搭上 A 线火车，所有穿礼服的百万富翁都往火车上铲煤……你知道吗？大伙都吊在窗户外面，你知道吗？有点像……有点像黑暗的……有点像拉尔夫·斯特德曼[1]画的画。

迈：《墓地波尔卡舞曲》像是挺特别的家庭肖像画。

汤：啥时候都别在公众面前讲自己的家庭！那是……我学到的教训，不过我老是自己打自己脸。玛姆姑姑会给我打电话，比特摩尔叔叔会给我打电话，还有威廉叔叔、弗农叔叔，都会打。你知道，你叔叔菲尔，你明白吧？总是这样的，所以……“菲尔叔叔不吃药就活不了 / 他害了肺气肿，眼睛差不多全瞎 / 我们得找到钱藏在哪儿了 / 现在就拿来别等到他神志不清。”那是我在一次家庭聚会上听到的对话，我永远忘不了。

迈：所以这些都是真有其人？

汤：对！

迈：真的？有时候很难讲……

汤：哦，我不知道！

迈：现在我想聊聊《探戈跳到酸痛》这首快舞曲。

汤：可以。

迈：那算是一种偏离拍子、偏离中心的东西……

汤：没错。[在钢琴上弹了几个和弦]

迈：也是这张专辑里你唯一弹了钢琴的曲子。

汤：对，是的。我那时……我没怎么坐到那里去，你知道吗？我有一个很好的乐队，我觉得并不是很有必要自己坐下来弹钢琴。我弹了点吉他，还有……钢琴总是把我带回室内，你知道吗？我想要探索一些不同的想法，音

1　拉尔夫·斯特德曼（Ralph Steadman，1936— ），英国艺术家、插画家，以为美国作家亨特·汤普森的“夸张新闻”运动系列作品画的插图而闻名。

乐里一些不同的地方。钢琴呢，总是让你觉得还在自己熟悉的地方。你没法想象钢琴摆在……摆在院子里，除非上面带点塑料，你知道吗？你可以……

迈：在岛唱片发的两张专辑里都没怎么弹钢琴。

汤：没有。

迈：是不是意味着你拿吉他写歌的次数更多了？

汤：有一些是吉他，另外我还租了架小风琴，是架小号脚踏风琴。另外我还一直在玩点手风琴。我不知道，我一直想……在你不了解的乐器上写歌肯定很有意思。你知道。我捡起一支萨克斯，敲起了鼓……或者，你知道……拿个长号。随便什么我不熟悉的东西都可以，那总是……对你的创作总是很好的。

迈：你最后给旋律带来了很多不同的想法？

汤：对，对，就是小孩的玩具。你捡起一件小孩子用的乐器，你知道，敲敲打打……钢琴总是让我觉得……[弹起《探戈跳到酸痛》]

迈：我想问问你《垂下你的头》，这相对来说是首挺直白的歌。

汤：对，是一首流行歌，一首流行曲子，几乎……对。

迈：有一阵子我觉得这首歌就是《汤姆·杜利》[1]的回声，我控制不住……控制不住那么想，汤姆！

汤：对，《垂下你的头》，我是说，“请”，你明白吧？不过凯思琳当时在吹口哨，我说：“这该死的是啥呀？”她说：“哦，我不知道。”所以我就这么做出来了。我写下来带到录音棚里。当我写歌和录歌的时候，在这个过程里，你找到的东西都会跑进去。你知道，就好像一个大桶，你就往里面扔东西。很好笑，对。

迈：正好问问你……这些年有很多人翻唱过好些你的歌。别人都唱过你的歌。《Ol’ 55》被很多人翻唱过。布鲁斯·斯普林斯汀唱了一个可爱版的《泽

1　一首起源于 1886 年的加利福尼亚民谣，讲的是发生在北加州的一桩谋杀案。该曲于 1958 年由流行民谣组合金士顿三重唱翻唱，位列排行榜第一位，从而变成脍炙人口的名曲。该曲中也反复唱“垂下你的头”这句歌词。

西姑娘》。

汤：对。

迈：你想象过听到自己喜欢的什么人来翻唱你的歌吗，还是从未有过这想法？

汤：没有，我不常想这种事，不过如果有什么人做了，你会喜欢的，你明白吧？这些歌会到处放，总有什么人会听到，那是很不错的感觉，好像拥有很多鸽子，你明白吧？《剑鱼长号》里的《在街坊》被一个荷兰组合翻唱了，名叫《In the Stromcafé》[1]，特别搞笑。

迈：他们翻译成荷兰语了吗？

汤：是啊……"在那风暴咖啡屋里"……太搞笑了，我好喜欢！

迈：你知道我一直有些奇怪的想法，像弗兰克·辛纳屈翻唱诸如《汤姆·特劳伯特蓝调》这类《丛林流浪》（Waltzing Matilda）[2]风格的歌，在我看来和弗兰克真是绝配，哪怕是在今天，过了这么久以后。

汤：在过了这么久之后的今天！

迈：哦，那不是我们在1950年代《爱情摇摆曲》里听到的那个弗兰克·辛纳屈。他已经不是同一个人了，我们也不是。

汤：好吧，我不知道，我一直在等着听弗兰克来翻唱我的歌。他现在进城都不给我打电话了，你知道吗？而我嘛……我不知道，你还能怎么办呢？

迈：好吧，他可是个大忙人。

汤：哦，没错。可我也很忙呀！不过那可是弗兰克！我们过去……我们过去走得很近。我们过去真的走得很近。

迈：《盲目的爱》真是一首荒腔走板的乡村歌曲。

汤：是一首乡村歌，对！我的第一首！我制作的第一首乡村歌，真的，里面有小提琴和其他东西。我喜欢默尔·哈格德他们那伙人，那伙路边旅馆

1　荷兰文"街坊"一词的拼写为"Stromcafé"，英文听起来像"风暴咖啡屋"（Storm Cafe）。

2　澳大利亚最有名的民谣，被称为其非官方国歌。

的人，我喜欢。罗伯特·奎因在里面演奏过。他让我保留了这首歌，我本来差点要拿掉的。奎因在这张专辑里演奏，还和卢·里德[1]一起玩儿，他跑来给专辑加了点吉米·里德[2]的东西在里面。我当时想："该死，那可真不错！我本来根本不知道该拿这首歌怎么办。"我只有一把贝斯和一把吉他，你知道吗？我想："我们大概可以开场时放一点故事在那里，一点念白。"我那么想，就直接弹出来了。我觉得来得很直接。我当时在纳什维尔，我问了周围的家伙怎么样，他们说："得了吧，兄弟！那样子这里的电台压根不会放，兄弟！"所以我不知道，大概玩过头了。我想："老天，最后总算做出来了。我们这首歌会大爆发的……"

迈：那是基思·理查兹参与的另一首歌。

汤：对，他很迷人。好吧，我总是很喜欢他的歌和他的嗓音。你知道。《你得到了白银》，你知道这首歌吗？

迈：是的。

汤：兄弟啊！他可真是有那种脆弱的嗓音。[模仿理查兹唱歌]"宝贝儿！"还有真的……

迈：他声音里总是有迸发的力量。

汤：对，他是头野兽，也是个真正的绅士。他的动作，他的……我真的很幸运，他……他来这里做一张专辑的收尾，给专辑混音。所以我就……我就是很走运，我觉得。《我有什么好失去的？》这首歌会很适合基思·理查兹。他就真的来了，真的做了！你知道吗？就好像……

迈：到最后发现他其实听过你的东西？

汤：我不知道。他说他知道我的上一张专辑《剑鱼长号》。他知道一点，对。你知道，他是个巨人，你知道吗？所以你想，大概这家伙只会听歌剧或者什么的，是吗？对，就那样！所以他怎么会碰巧听过我的东西呢，对吗？

---

1 卢·里德（Lou Reed，1942—2013），地下丝绒乐队主唱。

2 吉米·里德（Jimmy Reed，1925—1976），黑人蓝调创作歌手，电子蓝调代表人物。

迈：对，他一直是一个吸收各种影响的家伙。

汤：好吧，他也到处跑。他真的很国际化。那些东西对他很有吸引力，他会整合到他自己的想法里。他还住在堪萨斯和俄克拉荷马，玩狡兔三窟，你知道吗？他在圣路易斯、爱荷华、保加利亚和香港，到处都在。

迈：好吧，全都是音乐。

汤：对，那就是尼日利亚遇上路易斯安那的地方。

迈：汤姆·威兹听些什么东西呢？当他不在写自己的歌的时候听什么？汤姆·威兹休闲时听的音乐是什么样的？

汤：老天，我不知道。很多不同的东西。我是说我有时候听电台。你可以从任何东西里得到收获，我想。我喜欢隔着墙听到的歌，而你还会听错。你也就能听出来一部分，你明白吧？当你把听到的东西全都打乱，然后……纽约就是一个很适合的地方。从车里电台传来的，从窗户里传来的……很好。

迈：你有没有在写歌的时候脑海里直接把自己当作另一个人？

汤：有啊！《盲目的爱》……我想默尔·哈格德可以做出来。“要我说，把那首歌直接送给默尔吧！”……“嘿，说你呢！叫默尔来听电话！”

迈：你送了吗？

汤：没有，也许我该送去！

迈：我觉得你应该。

汤：不，我没有真这么想。我估摸着，你也就是把写好的东西丢出去，也不知道对什么样的人有什么样的意义。通常你做出东西来，觉得有什么会发生的时候，你都是错的。所以我宁可说：“这里有点我随便写出来的东西，我们就把它丢到窗户外头去，看看能发生什么。”

迈：曾经有人请汤姆·威兹做广告吗？

汤：有啊，钱给得不够多，你知道吗？那次他们请我上美国航空公司的广告，我说：“好吧，如果我要出来卖，你总得给够钱吧？”你明白吧？得足够让我拿这钱退休，因为一旦上了广告，我就没法出来混我这行了。

迈：我来问你几首《雨狗》里的歌。《枪街姑娘》——我在里面听到了点《丹维尔夫人》[1]？

汤：没错，有那么点联系。我想做一个“故事里的故事”，明白吗？这个故事在哪里结束？有一段：“告诉大伙他们看到了，他们往那边跑了。”里面讲有个姑娘和一个瘦竿子百万富翁一起被绑在树上，有个家伙拿着手枪进了面包房，还有……所以我就试着把所有的东西都丢进去，搞得像“该死的，这里到底是什么情况？”就好像你在半夜醒来，想要想起什么事儿，但是你想不起来，你只能想到一点片段，明白吗？不过，对啊，就像你说的那首歌那样，我也喜欢那首歌。

迈：《联合广场》，就在这首之后，好像是对前一首的十足的反转。

汤：那只是很直接的一首。基思也在里面演奏了。他弹了……弹了那段吉他，老天！你明白吗？他全身向前倾，几乎到两点钟的角度。我是说像两点差十分，你明白吗？他前倾得这么厉害，他的脖子上一定有根绳索吊着，一直连到天花板，这样才能不让他在地上摔个狗啃泥。不可思议的是，他有些老式鞋子，看起来像被狗啃过。他一直喝着那种《反抗世代》[2]的酸麦芽威士忌，看起来像个海盗。真是迷人的人物！

迈：他看起来更健康了。他的确经历过一段不太好的时候，就像死神拿着根火柴擦过他。

汤：哦，这是未来的一部分，你明白吗？我的意思是，我们都得向前看。他已经把那段日子抛在身后了。

迈：他在录音棚里和你一起干了几天？

汤：就一个晚上！他来的时候是，我想想……我不知道，大概九点，我们一直弄到第二天凌晨四点。

迈：《市区列车》。

汤：对，那首歌有点算流行曲，或者是一次打造流行曲的尝试。

1　美国民谣歌手蒂姆·哈丁创作于 1967 年的歌曲。

2　英国歌手比利·艾多尔于 1983 年发行的唱片，销售达数百万张。艾多尔以唱腔故意五音不全、咬字含糊、时轻飘时刚猛吼叫著称。

迈：还有其他人也一起合奏了那曲子。来自霍尔与奥兹组合的G. E.史密斯。还有托尼·莱文弹贝斯。

汤：对……都是很不错的家伙。

迈：你为啥就找他们几个一起演奏这首？

汤：好嘛，因为他们的工钱都给足了。

迈：那挺管用。

汤：相信我，那是一个三重奏。都是很不错的家伙。我和别的乐队试过那首歌，都不行。你就是没法找到可以那么演奏里面一些东西的家伙。就是没法找到合意的伙计。

迈：也给了这张专辑一个不同的维度，有点不同的声音。

汤：对，有点儿。对，那有点难搞，因为我还没想好往哪个方向走。有点不太熟。

迈：我得问问你斯普林斯汀翻唱你的《泽西姑娘》，你第一次是怎么听到那个版本的，当时反应是什么？

汤：我不晓得什么时候第一次听到。哦！我拿到了一盒带子，对。我在上面……我不知道，我想我是在电台里听到的。对，电台放出来听到的。我当时说："这首歌挺不错的嘛。"对，我能帮的都帮他了，就我看来，现在他得靠自己了。我在他的事业上能做的都做了，而且……你明白吧？好吧，我还挺喜欢的，真的挺喜欢，听了很多次。这歌被放进了某个牌子的点唱机，那挺不错的，你明白吧？嗯，挺不错的感觉。我喜欢他翻唱的方法，挺喜欢的。对，他是个不错的家伙。

迈：他一直是一个脚踏实地的家伙。

汤：没错，没错。

迈：现在《雨狗》已经完成了，你对这张专辑感觉怎么样？

汤：好吧，里面有些东西我本来会用不同的法子做出来，不过，你明白吧，我不知道，我挺喜欢里面的很多东西。

迈：里面有很多首歌。有十九首。

汤：对啊，兄弟！

迈：加起来差不多有五十、五十五分钟。花这份钱买这么多音乐可真不少了！

汤：对，你这个观点真好，迈克尔，真的，我是说，你拿同样的钱买到了更多的娱乐。我觉得这很美国。我不知道。这些歌，看看它们会经历什么。我的歌不太上得了电台，所以……我觉得是这样，你知道……也许有些人拿了很多钱来写各种不同的歌，因为你知道你有什么样的听众。你知道你的听众很……每个人都注定会听到这个，你明白吗？我不知道……

迈：不过同时，那些人也更愿意套用同一个模子写歌，那很明显不是《雨狗》的做法。那里面的歌以各自的形态和长度来组成这张专辑。

汤：对，我觉得那样很好。我觉得每首歌都得有自己的器官构造，得适应它自己的故事什么的。

迈：你知道，回想我和你认识的这十二年，我从来没看到你在一张专辑出来后对它完全满意的。

汤：对，我不知道为啥。我想是因为这样你就会立即开始做下一张专辑，来纠正上一张专辑犯的错。我和一些我真心很喜欢的家伙们一起玩了音乐，整个过程我都是很享受的。

迈：而你这回出了一张很有挑战性的专辑，经得起反复听很多遍，把人们带去了很多未知的地方。

汤：哦，我希望是这样，希望是这样。不过下一回……有一些歌这次没放进去，我自己也很喜欢的。有一首叫《宾州伯利恒》："那就是鲍勃·基督，开着鲍勃·基督的雪佛兰，就在那美丽的宾州伯利恒城里。"这首歌没放进去。还有一首叫《破衣烂衫打扮起来》，还有一首《骷髅骨架》没放进去，还有《玛丽·安托瓦内特的著名遗言》。所以有一些东西没放进去。我说："哦，好吧，也许我们可以在唱片上装个尾翼。"我们可以把那些歌装在那里，不过我不知道那会起什么效果。你就把它送上台，保证他的领带打直，头发都梳过了，明白吗？"一定得拉上前门拉链，皮鞋也得擦过……"

迈：那就是为什么我们在这一个小时里拥有了这么多音乐，我希望人们听到会喜欢，希望他们越听越想听。汤姆·威兹在岛唱片公司出了一张新专辑，叫《雨狗》。

汤：好，跟你聊得很不错，迈克尔！

弗兰克的狂野岁月（1987）

威兹的剧场处女作《弗兰克的狂野岁月》定于1986年6月中旬公开表演。舞台导演特里·金尼的创造力和威兹非常不同，这导致了两人经常性的摩擦。金尼并没有被解雇，也没有被赋予自主权，而荒原狼公司的演员，后来凭借《阿甘正传》中的配角获取奥斯卡最佳配角奖提名的加里·西尼斯挑起了大梁。西尼斯整合资源，用捉襟见肘的预算完成了这部舞台剧的最终阶段。《弗兰克的狂野岁月》的全球首映被荒原狼剧场公司放在了伊利诺伊州芝加哥的圣荆棘剧院，时间是1986年6月22日。

威兹最初尝试和保罗·汉普顿一起合写原创舞台剧本，保罗是伯特·巴卡拉克的合作者。《为何梦比体验甜这么多》是一个因为《弗兰克的狂野岁月》而被抢救过来的神秘项目。弗兰克告诉《旋律制造家》杂志说，剧本里的汽车销售员是一个“成功地做一个失败者的人，一个失败得特别成功的家伙”。对威兹来说，那时候完成这部剧作的制作挑战太大，所以在制作前期就放弃了。

演出不温不火地持续了三个月。该剧选用了荒原狼公司的常规演员，包括莫伊拉·哈里斯、加里·科尔、文斯·维夫里托、汤姆·欧文和兰德尔·阿尼。威兹请他的巡演乐队来补齐剧中弗兰克的破烂乐队缺少的成员。来自“潘恩和泰勒”[1]中的泰勒给弗兰克这个由威兹完美呈献的角色带来了一些魔术。

威兹决定把新鲜出炉的《弗兰克的狂野岁月》中的歌曲拿来组一张专辑，

1　美国双人魔术师搭档。

这是一个颇有谋略的做法——这张唱片最终被认为是经得住考验的艺术品。对威兹来说，这出舞台剧和这张录音室唱片是完全不同的两个项目。在舞台剧演出结束以后，威兹和他的乐队在芝加哥停留了两周来录制这张专辑。威兹要求乐队成员离开自己的舒适区去演奏，从而为歌曲制造出新鲜的声响。他请马克·利伯特飞来贡献他独特的吉他演奏，威兹充分相信这是正确的做法。最终的成品在 1987 年 8 月上市发行。

同时，威兹继续在电影中出镜。这也促进了他自己的电影项目。《巨大成功》（*Big Time*）包含一种全新的超现实卡巴莱舞曲。这部纪录片困于其邪典的状态，一直没有以 DVD 形式发行。

曾在《旋转》杂志负责西海岸这一块的编辑巴特·布尔有一种能在荒谬中找到幽默的才华。这对采访汤姆·威兹来说是一种优势。在他善于发现细节的目光下，以下的采访偏离了传统报道的问答形式，而让威兹自己和自己的怪癖对话。

此时此刻，威兹已经拥有了一切，他放弃了从前的酒徒形象，而更专注于歌曲创作和表演的内在与外在的活力。

波希米亚蓝调

《旋转》杂志

巴特·布尔

1987 年 9 月

托斯卡酒吧，周二，深夜，在旧金山的哥伦布大道和百老汇大道交叉处。这是一个不错的酒吧，很可爱。有些喧闹但并不太喧闹。点唱机吱嘎嘎地放着歌剧音乐。弗朗西斯·科波拉在后排放着桌子和酒的地方。他在听劳伦·赫顿[1]讲故事，当他笑起来时，每个人都跟着笑。萨姆·谢泼德从凳子上起身付

1　劳伦·赫顿（Lauren Hutton，1943— ），美国女演员、模特。

他的酒钱。他的万事达信用卡掉到了地上，而站在一旁的红发女郎没有看到。她一脚踩在信用卡上，继续自己的对话。谢泼德走掉了。劳伦·赫顿也走掉了。科波拉和他的人也走了。差不多所有人都走了。酒保用块抹布擦过吧台，在他身后的门廊里，我们看到的一个人正像是汤姆·威兹。他往里凝视，又斜眼看了看，摸了摸自己的头。一个烟屁股被踩住，但还在发光，沿着地板拖出一条烟迹，从左到右。他顺着烟走进来，走到点唱机跟前，寻找着。他从裤袋里找出一个二十五分硬币，敲下按钮。男高音歌声飘出来。那是普契尼歌剧《图兰朵》里的《今夜无人入眠》。

一把鸡尾酒上的粉红纸伞，通常出现在颜色醒目的热带鸡尾酒杯边沿的那种，现在在舞台地板上飘来飘去，从左到右，被一阵看不见的风吹动着。

汤姆·威兹打着黑领带，穿着红袜、一双铁路靴。一个腰身像枪杆一样的女人坐在他旁边，一条腿勾住他的膝盖。她穿着红色弗拉明戈晚装，披着件黑色小披肩，她的名字叫瓦尔·戴蒙德[1]。她的眼皮上画了眼珠。她眼睛张开时可以看到你。她眼睛闭起来时可以看着你。宝丽来照片散落在舞台上，在他们的脚下。

汤姆·威兹（下简称汤）：我不懂高尔夫。

瓦尔·戴蒙德（下简称瓦）：[同情地小声咕哝]

汤：它需要更多的性，[闪光的灯泡直接出现在他头顶]夜间高尔夫！

瓦：我听说前阵子有个人打高尔夫赢了很多钱。

汤：他们比拳击手赚得还多。

瓦：那看起来不应该。

汤：是不应该。一边是被暴揍一个钟头，一边是把球往洞里打。真不应该。

1 瓦尔·戴蒙德（Val Diamond，1951— ），出生于旧金山的舞台剧演员，代表作有《海滩毯巴比伦》。

从摄影场地，导演通过一面黑色小透镜，通过导演的取景器看着他们。他把取景器交给助手，转身走开。助手通过透镜仔细观察他们。汤姆的前门拉链半开着。

这是黎明时分。蝙蝠群匆忙回到它们的钟楼，而在楼下，有一只手拽着绳索敲着钟，肯·诺丁等待着。诺丁这个用词语演绎爵士乐的声音之神，你可以经常在李维斯牛仔裤广告上听到他，他等着要发言。这一回是汤姆·威兹的词语和肯·诺丁的声音，有时候则是反过来。情况是这样的：汤姆·威兹的声音像是含着一口砂石在漱口，肯·诺丁的声音听起来像是在贩卖整整三卡车装的人造黄油，还全都装在趁手的、可重复使用的塑料浴盆里。这里没有魔鬼，只有喝高了的上帝。肯·诺丁，我们理解中的上帝，一丁点酒意都没有，不过他愿意表演。他有话要说。

肯·诺丁（下简称肯）：[坚韧的声音]就好像杰克·尼科尔森有一次对我说的——分镜头剧本是给胆小鬼们用的。

我们在一间夜店里，一个空荡荡的夜店。一组摄制人员坐在一间几乎空荡荡的夜店的后排。肯·诺丁那打了黄油的嗓音是唯一的光线。

肯：就我们的目标而言，也许该有一些东西需要作出解释。也许用不着。不管怎样，欢迎来到山田小姐的奇奇俱乐部。

现在我们看到了舞台，一列灯泡穿过舞台前幕闪闪发光。

肯：舞台前幕。黄油味的舞台前幕。

我们看到汤姆·威兹身穿正装礼服，身子陷在舞台中心的一把椅子里。

肯：我们来这儿是有目的的。我们在这里要拍一段录影，一段能配合《吹吧，风吹吧》这首曲子的录音。这首歌来自汤姆·威兹的新专辑《弗兰克的狂野岁月》。

在诺丁说话的同时，我们看到威兹一下从他的颓丧中（好像真的一样）挺直身体坐了起来。他的嘴唇完美地与诺丁的说辞同步，而他的双臂做出各种花哨的姿势。

肯：但是《弗兰克的狂野岁月》不仅仅是一张专辑。《弗兰克的狂野岁月》也是一场戏，一部舞台剧作品。《弗兰克的狂野岁月》是两个……

瓦尔和汤姆各自举着一包薄荷糖在面前。他们小心地把两包糖的包装连在一起。

肯：……两包薄荷糖合在一起。而《吹吧，风吹吧》的录影带不仅仅是戏里的一个场景，也是改进过的全新作品。汤姆就是弗兰克，像以前一样，或者他不是，但无论如何，他是个腹语术演员。他把自己的声音投射到演员阵容中的其他部分，而这一部分由瓦尔·戴蒙德和一只假肢巧妙地扮演。

汤姆从上衣口袋里掏出一叠充满细节的个人档案，透露关于一个角色的性格的许多内容。他抽起了二战前的好彩牌香烟，套着雷蒙德·洛伊[1]设计的绿色烟盒，或者是一包 W. C. 菲尔兹[2]用自己最爱的儿子命名的切斯特菲尔德牌烟。事实上，它们都是罗利牌烟，他夸张地留着烟灰，夹着烟表现出漠不关心的样子，然后猛一回头看着另一个方向，同时瓦尔这腹语术演员的傀儡

1　雷蒙德·洛伊（Raymond Loewy，1893—1986），美国工业设计奠基人。“洛伊设计”被认为是优良设计的象征、销售保障的代名词。

2　W. C. 菲尔兹（W. C.Fields，1880—1946），美国喜剧演员、杂耍演员、作家。

呼出一口白色的烟云。威兹拿起烟盒，用手压扁，把它弹到藏在角落的垃圾篮里。一阵沉默，又一阵沉默，然后他一跃而起，把瓦尔丢在地上，然后我们看到他弯腰对着垃圾篮，在里面找那个烟盒。他找到了，从盒背面撕下一个方块。

汤：[转向摄像机] 我抢救了优惠券。

他坐了回去，嘴唇一直在动。

肯：事实上，他现在不再抽烟了。那样就会太像过去的汤姆·威兹。而过去的威兹已经过去了，玩完了，僵尸一具，完结了。至少从美学上讲是这样。他已经铺好了床，在床上睡过了头。那时他写的都是那些住在没出息的街区里、过着没出息的生活的孩子们，最后他们都变成了没出息的一伙人。达蒙·鲁尼恩在讨版权费呢。

威兹在舞台上面无表情，做出漠不关心的样子。瓦尔肿着眼睛怨恨地凝视着，她的眼睑紧紧关闭。

肯：而现在我们身在一间夜店，一间几乎空空如也的夜店。你有没有注意到那邮票大的吧台，还有吊袜带架子做的链条装饰着墙面？有没有看到黑色的瑙加海德革卡座？很久以前，这里曾是安妮的440俱乐部，兰尼·布鲁斯辉煌的表演生涯就是在这里开始的。啊，但那是很久以前了，这里变成山田小姐的奇奇俱乐部已经超过二十年了。你见过山田小姐吗？

一团黄色的聚光打在俱乐部的后排，照亮了一幅黑白照片。上面有一个用黑色圆珠笔书写的签名："山田小姐——1969"。她永久地以单脚脚尖站立，回头望着，抬起她的长黑发披在背后。她只化了简单的妆，她的双乳像是以流苏为尖的射弹。汤姆·威兹站在一旁，欣赏这张照片。

汤：[*砂砾般的嗓音*]假如我是个姑娘，我就想长成这个样子。

弗朗西斯·科波拉的警卫官过来告诉威兹，弗朗西斯在隔壁的恩里克餐厅吃饭。如果威兹能过去和他聊聊，他愿意等到摄制组午餐休息的时候。在下一部电影中他有一个角色。威兹在奇奇俱乐部吧台和一个叫比夫的家伙坐在一起，等着剧组给他们调好小杯烈酒，山田小姐回过头俯视着他们。

汤：拉斯维加斯。她在拉斯维加斯的大场子干过。你知道，我见过一个家伙犯心脏病，从一张赌桌旁倒下去，他老婆在按压他的胸口做急救，而赌场监赌人还在一边说："新的掷骰者上来。"我向上帝发誓，真的。

肯：[*上帝般的语音*]来找我吧。听起来可能是真的。

汤：新骰子，新掷骰者，不要停。冷。冷血。

比夫：你当时离着多远？

汤：我就是那个新掷骰者。

比：你离桌前赌赢了吗？

汤：没啦。我赌得很小。我就是个吝啬鬼。我的零钱袋里都是蛾子。

他起身去机器上买烟，虽然他不再抽烟了。一群蛾子从他的零钱袋里猛飞出来。他买了莱利牌，但一根也不抽。

汤：所以你觉得男人气的鞋子配什么合适，比夫？

比：罗马凉鞋。上面带珠子的那种。

汤：我一直在问身边每个人，呃，每个接触到的人，因为我在做一个问卷调查。要我说，美国的制鞋业正经历一场危机。

比：那就穿一脚蹬懒汉鞋。

汤：不啦，没法走那个路线。没法走那路子，因为会有危险。

比：怎么会？

汤：我就不喜欢那名字。懒汉鞋。对一个像你这样努力工作的人来说，听起来就不对。

比：你可以管它们叫“一脚蹬”，但……

汤：那就更难听。比懒汉鞋还难听。你总不想别人管你叫“一脚蹬”吧。

比：你抓到了要点。

汤：要点。我一直被要点吸引。情况正在变好——十年前，你什么要点都找不到。情况正在变好，对鞋子和音乐来说，都是这样。

午饭上来了，午饭结束了。科波拉不耐烦地在恩里克餐厅里等着。威兹告诉比夫他被邀请去表演的角色。科波拉在桌上敲着手指。

汤：撒旦崇拜者的头子。送冰人。我本来可以演《送冰人》里的送冰人。

比：你拒绝出演了？

汤：对。犯了个大错。看那些家伙今天都到哪一步了。我本来还可以演《搭车人》里的搭车人。

比：老天爷！你连那都拒绝了？你本来都可以吃这行饭了。你本来现在都可以成为鲍里斯·卡洛夫[1]了。

汤：对。错上天。

科波拉坐在恩里克餐厅的露天桌子上，生着闷气。发大火了。气得冒烟。发誓要报复。一个礼拜后，威兹在床上醒来，发现身边有一只到处冒油的雪佛兰 350 引擎。他大声尖叫。

一小堆粉红色的糖果纸屑被吹散在舞台地板上，从左到右，被一只手持

1　鲍里斯·卡洛夫（Boris Karloff，1887—1969），英国演员，以出演弗兰肯斯坦系列电影著称。

电风扇吹散。

汤姆·威兹穿着黑领带和燕尾服、红袜子，还有铁路靴。他的连鬓胡已发灰。瓦尔·戴蒙德穿着红色弗拉明戈舞衣。她的金发在西班牙式褶皱上堆得老高。她的左腿跷在右膝上。黑色渔网袜。

汤：你知道迪克·肖恩吗，去世的那个？

瓦：世界上第二伟大的艺人？那个演了《世界上第二伟大的艺人》音乐剧的家伙？

虽然他不抽烟，烟从他手指间一支看不见的罗利牌香烟上升起。他茫然地弹掉烟灰。烟灰掉到盖在他脚上的礼帽的边缘。

汤：我跟他一起合作了一个小节目，演了一个华尔街的酒鬼。从没播出过。他在里面用了一堆侏儒，十三个。

一段暂停。

汤：他死在了舞台上。他的儿子就在台下。他正在演绎一段有关死亡的台词，他为了模仿犯心脏病而跳下舞台，变成了真的。观众全在笑。临死前最后一刻听到那笑声算是不错。

更多烟灰，像生命一样真实，掉落在帽檐。真的烟从看不见的罗利牌香烟中冒出来。

汤：不错的死法，我猜。可能现在他们会播放这个节目了。

奇奇俱乐部空空如也，几乎全空着。舞台中间有一把椅子，台下摄影场地中间也有一把椅子。从台下的椅子中，我们听到了肯·诺丁的声音。

肯：很奇怪，汤姆·威兹放弃了他标志性的写作风格，同时也放弃了他赖以成名的声音风格，真是让人不无遐想。他曾经被认为是拿爵士乐下酒的垮掉派复古风，是在最不浪漫、最没诗性的街区里住着的浪漫诗人，是最有才华的那种故事讲述者，是一个拥有真正天才的扯谎蛋，他就那么突然地、唐突地停下来，不再编故事了。而当他这样做时，他的音乐本身解开了结。或者如果没有解开，那么……

一段长时间沉默。很长。

肯：也许别人更有资格来谈论汤姆·威兹的音乐。也许这时候有必要引入哈里·帕奇。

一小束聚光照亮了舞台上的椅子。

肯：哈里·帕奇，很可惜已不在人世了，他是一个美国怪人。一个古怪的家伙：一个捣鼓小发明的人、一个自由的灵魂，发明了很多乐器，也发明了他本人。用别的话说，就是一个疯子。一个和汤姆·威兹一样的加利福尼亚人，也和汤姆·威兹一样，是一个在找到音乐之前过着流浪汉生活的人。他发明了他那惊人的四十三音阶，他发明了漂亮的、叫人难忘的乐器，只用来演奏他那奇怪又光辉的音乐。你也许会认定他是一个冠冕堂皇的人，一个总希望发出重要声明的人，一个自我中心者，总带着某种意义上的极端性。哈里·帕奇在活着的时候几乎没得到什么认可，而他又是如此渴望。他把他的四十三音阶叫作“纯律”，而他觉得这么做完全正当。

从舞台正中的椅子上发出的声音低沉、刺耳，引起一丝不差的回响，听起来像是约翰·休斯顿[1]通过无记名投票当选为上帝后的演讲。

哈里·帕奇（下简称哈）：以我的理解来说，这个年轻的汤姆·威兹兄弟，他和从事一项高贵事业的乐团有那么点接触，这个乐团致力于延续我的音乐和乐器，比如“马自达马林巴琴”、“马林巴琴英雄交响曲”、“云室圆球”，还有别的那些。这种接触虽然有限，不可能伤害到他，但很难讲这在多大程度上帮到了他，因为就我听来，他的东西无非是拿自由思想与我的纯律体系背后的永恒原理进行缺乏想象力的杂交。若是他想进一步向我示敬，最好再回头去仔细学一学。不过，仍旧有一些我音乐里的宏伟壮丽之处，在这个年轻人的东西里稍稍体现了出来。就像我一样，他对最大的和最小的声音很感兴趣，像我一样，他听到了高速公路之音，还有用教堂钥匙敲打一筐啤酒瓶发出的共鸣。想象一百个中国人同时用九磅大锤往地上敲桩子、给跨州铁路铺铁轨的声音！而一个火车头带来的蒸汽轰鸣着飞过那些桩子。想象一群睡在敞篷车厢里的流浪汉一齐打呼噜，想象检票员的呼噜声和他们呼应着，在尾车厢里上下颠簸。想象雷鸣，大草原上宏伟的雷鸣把他们全从睡梦中惊醒！想象一个作曲家哪怕尝试去创造出这种声音时需要的孤独！我祝愿这位年轻人鸿运高照。我钦佩他的戏剧性风格。

在俱乐部后面，在吧台上，有一束灯光。汤姆·威兹和那个叫比夫的家伙待在那里，面前各自放了瓶啤酒。威兹并没有抽烟，但是烟却从他两指间升起。

汤：我有好些年带着煤气罐上路。

1　约翰·休斯顿（John Huston，1906—1987），美国著名导演，以古怪和反叛著称，代表作有《马耳他之鹰》等。

他灌下一点啤酒。

汤：我仍旧还会做噩梦，梦到观众全朝我扑来，钢琴上的键都往下掉，舞台幕布被撕开，我的鞋都掉了，我爬向舞台侧翼，而观众还在朝我扑来，朝我骂骂咧咧。还有汽车零件扔过来。我在奶牛场演过，在牛栏圈演过，在运动场，地板下面有冰的冰球场。冰能让那地方凉下来，在8月还行，但在2月就太狗娘养了。不过假使你能欣赏它的壮丽多彩……

比夫灌下一点啤酒。

汤：上舞台永远不要带钱包。会走霉运的。弹钢琴的时候口袋里不要装着钱。弹起来要像你急需钱的样子才对。

汤姆灌下一点啤酒。

汤：我现在不怎么弹钢琴了。不在上面作曲了。那很难。因为有时候会觉得钢琴整个都是冰做的。很冷。钢琴很方，大部分都是方的，你知道，而音乐是圆的。所以我觉得有时候钢琴会给你的东西添上边角。

汤姆和比夫都灌下点啤酒。在他们背后，我们看到一把单人椅，还有一束强光打在舞台上，我们看到哈里·帕奇一直没有停止说话。

哈：[从远方切入]……西方世界的半音音阶带着固有的谬误，这种毒性在一代又一代无辜的耳朵中产生了效果……一队爱尔兰人一路向西，身上带着他们自己的九磅大锤……

一个粉色气球在舞台前飘过，从左到右。

汤姆·威兹穿着黑礼服和黑领带、红色袜子、铁路靴。瓦尔·戴蒙德穿着红袍子和黑顶帽。在背景里,《吹吧,风吹吧》正被金花鼠乐队(Chipmunks)的阿尔文疯狂地唱出来。当音响师重新切入,这一组镜头开始了。

一块护墙板发出碰撞声。一个粉红的气球飘过地面,从左到右。

汤:欢迎来到山田小姐的奇奇俱乐部。演出开始了!

两架风琴,一支中音喇叭,一架钟琴。一副粗嗓门嘟哝着,唱起歌来。声音是从瓦尔的嘴巴里冒出来的,她双眼紧闭,盯着面前的蓝色。汤姆·威兹,这位腹语术演员,又深又急地吸了一口烟,一股烟从瓦尔的嘴巴里冒出来。她的嘴唇呢喃出他的歌。他拧下了她身上的木头假肢,从里面掏出一瓶酒,大口喝起来。他给酒瓶盖上盖子放回去,再把假肢装好。他的香烟搁在她手指中间,他的歌从她嘴里冒出来。他躲在她背后拿手出来挠挠头,她一头栽倒,但是他在她倒地前抓住了她。一首歌呢喃到了末尾,在结束的时候,她从他背后掏出一节干电池。他倒下来,倒在地板上。他像僵尸一样抽搐,手中撒下碎纸花,堆成一堆。一台手持电风扇吹来,从左到右。

收场。剧组走下舞台,只留下一只扁平旅行箱和一支苏萨大号。汤姆坐在旅行箱上,苏萨大号放在一旁。剧组有人拿着大号离开。

汤:噢,把苏萨大号拿回来。

大号回来了,威兹爬到里面,调了调吹口。它发出刺耳的叫声,仿佛一个人眼睁睁看着自己的母亲变成了一张咖啡桌时发出的声音。汤姆鼓起腮帮,他的脸变红了。他像举重运动员一样举起大号。他夹着大号离开了舞台,他的礼服尾巴在后面拍动。他把小拇指伸入耳朵使劲掏。

汤：我该拿这玩意儿怎么办？

没有回答。普契尼《图兰朵》中的《今夜无人入眠》响起。

汤姆·威兹谈控制嗓音

摘自《汤姆·威兹（故意）倒过来飞》，《音乐人》杂志

1987 年 10 月

马克·罗兰

马克·罗兰（下简称马）：你现在觉得自己对嗓音能有所掌控吗？我不是说字面上的嗓音，而是指你交流的能力。

汤姆·威兹（下简称汤）：你得一直在嗓音上下功夫。可一旦你觉得自己有了个像样的嗓音，无论你折腾什么，都会变成你试图去做的东西。你想让自己转弯，倒过来飞——但不能因为搞错了才那样，而是一个清醒决定后的结果，并且得把它做好。你不想有人跑过来说："好啊，他去抢银行失控了，事后直接跑路躲到山里，死了三十七个人。"你不想让人说："好吧，他决定放开控制杆，牺牲整架飞机，还有机上的全体乘客。我还真得说那是壮烈的飞行。爆炸的火花一直到奥克斯纳德都能看到。了不得。"我觉得你应该更多地建设自己，胜于建设音乐。然后不管你瞄准什么，你都能正中要害。

马：你确实等了很长时间才实现音乐上的飞跃。也许那就是这个过程中关键的部分。

汤：很奇怪。这完全是一段旅途。你不知道旅行会把你带到哪儿，会让你遇上什么人，会给你的生活带来什么样的改变。我只能说我宁可早点跳出去，不过我不知道我是否真的跳出去了，还是，你知道，只是重新装修了一下。不过至少我知道有三张专辑跟之前做的东西划清界限了。我很清楚这一点。

我不再用同样的路子写歌了。我以前只是坐在房间里对着架钢琴，锡盘巷的套路。我原以为歌就是那么写的呢。

比以前更好的威兹

《音乐和声音输出》杂志

1987 年 10 月

比尔·福尔曼

这个故事以火车开始。“我父亲小时候有个朋友在得克萨斯一个叫硫磺泉的地方。”汤姆·威兹用一种特地为故事、旅行、眼泪和银行劫匪定制的起皱的声音说道，“他好比当地的詹姆斯·迪恩[1]，那时总会骑一辆印第安摩托车和火车赛跑，一直跑到交叉路口。他总是说要走出镇子，这是他脑子里的大事情：到镇子外面去。但他总是走到镇子边上就转身回来了。那时候不管火车往哪儿开，总会停下来取邮件。他们有种钩子会伸出来挂上邮件包然后继续开。有一天这家伙又在和火车赛跑，就在交叉路口相遇，然后直接撞上去了。他整个人就插在了那钩子上。”威兹停下来盯着桌子。“不过火车的确一路把他带到了下一个镇上。”

在意识到自己需要逃离装模作样的鸡尾酒 - 爵士乐美学——那正是之前把他带进公众视野的东西——五年之后，威兹没有让刺人的邮包钩子来帮忙，就成功逃离了镇子。不过那仍然是在交叉路口处的一次死里逃生。他决定不再舒舒服服地当一个古怪而又受尊重的艺人，跟着一系列制作人赚些还算说得过去的钱；他在 1982 年走进录音棚，录制了第一张自己制作的专辑《剑鱼长号》。那是艰辛的自我反省过程和新得的灵感共同产生的光辉结果，这

1　美国著名演员，代表作品有《伊甸园之东》《无因的反叛》等。1955 年因超速驾车，死于车祸，年仅二十四岁。

张专辑违背了庇护所唱片公司的期望。威兹就自己干了。

“我想引入很多我自己体验过的音乐素材，但是不知道怎么去涵括它们。”他回忆说，“就好像你以一些颜色和某种风格起步，但一下子就把自己画到死角里去了。我不知道怎么突破，除非把所有东西全烧了。我很害怕要那么做，因为那样不知道会把自己带到哪里。我觉得自己就好像孤零零的一个人，脑子里面装满了各种鸟类，不知道怎么把它们放出来。”

今天，这位自称“忧伤王子”的家伙刚刚完成了一张新专辑。他在岛唱片的第三张，这家唱片公司也发行了他之前的《剑鱼长号》和《雨狗》。《弗兰克的狂野岁月》是一张有着天马行空的古怪和统一的才华的录音室专辑，里面有真正新颖的声音和想象力。起初我们预览了《剑鱼长号》专辑里的歌曲《弗兰克的狂野岁月》，后来又看了威兹和妻子凯思琳在芝加哥上演的舞台剧，弗兰克追求功名的故事，看起来像是在你背后偷偷探讨多烧一座桥或者多烧一幢农场屋子的好处和坏处。音乐很松散，很出人意料，这一点和之前1985年由吉他主导的专辑《雨狗》一样，虽然这回的音乐更倾向于手风琴，一组晦涩的键盘和大量号角声，其中包括日渐流行的手提式扩音喇叭。

在恢复了对录音的掌控的同时，他的表演事业蒸蒸日上（威兹主演了吉姆·贾木许的《不法之徒》，出演了罗伯特·弗兰克的《糖山》，还在即将上映的《紫苑草》中与杰克·尼科尔森演对手戏），威兹现在没有把他老一套的东西再拿出来的意思。

“就好像是装错了地方。”他观察着一盘大到吓人的菜，在旅行者餐吧，一间地处洛杉矶城区边缘、几乎废弃的菲律宾馆子（猪头肉配黑豆才3.89美元），“一旦你放下了什么东西，就会有另一样东西跳到你怀中，你觉得自己不抓住它就会淹死，但如果你抓着这件东西，可能就淹死了。你觉得你一下子变得太大，好像没法回到童年了。”

童年对威兹很重要，不仅仅因为他现在有了两个孩子。“和自己的童年保持联系变得越来越难了，却也越来越重要了。你可以随便拿起什么东西就演奏出来——只是你得明白什么是有效的，什么是无效的。当我们在拍《不法之徒》时，约翰·卢里[和威兹在同一部电影里的演员，也是休息室蜥蜴乐队的领队]从臭水沟里掏出一根旧排水管，直接拿它吹了起来。听起来像迪吉里杜管[1]，你知道吗？如果你能让自己回到那种像孩子一样乱折腾东西的状态，不要那么成人化，就能打开一扇窗户，通向很多事情的窗户。”

而威兹也会告诉你，另一扇窗户会同时关闭。“我不会再听老东西了，就好像看自己的老照片，好像‘那张把我的耳朵拍得太大了，哦天啊，这张光线真糟，我还有双下巴。老天爷，看那件衬衫，我当时以为自己是谁啊？那家伙是谁？’”

很合理的问题。汤姆·威兹在三十七年前出生在加利福尼亚的波莫纳。威兹的妈妈是一个小学老师，爸爸在贝尔蒙特高中教西班牙语，那学校离旅行者餐吧只有一英里远。饭桌上会讲西班牙语，墨西哥音乐会从空中飘进威兹一家的房子里。不过威兹的父母并不那么倾向于让威兹走音乐道路，而是期待他走学术道路。“家里有太多老师了，”他低沉地说，“老师还有部长都太多。我想打碎窗玻璃、抽烟、整夜不睡，你知道吗？我的行为榜样是匹诺曹，你知道吗，那个往欢乐岛的泳池里尿尿的小男孩。那就是我当时想做的事情。我就想去欢乐岛。”

威兹真实生活里的欢乐岛，是一长串破败的旅店、鸡尾酒吧和饭馆。“这其中我最喜欢在饭馆工作。”他面无表情地说，“系着条围裙，坐在那儿，洗洗盘子，收拾收拾东西。感觉这里是我说了算。”这一切最终通向了录音棚和更大的场合，但这样的改变并没有妨碍他继续收集小人物和不安的灵魂。就像一个赌徒总是不带钱，拿着上周的赌马表出现在跑马场，威兹讲述的宏大幻景和尖刻现实，记载了我们所有人心中破产的罗曼史，而他粗犷的嗓音、摇晃的香烟和凌乱的衣服，把这种二元困境以拟人化的方式呈现了出来。

厄勒克特拉/庇护所公司出的半打唱片，在同样数量的年岁里，刻画了辛酸的人物和情感，这对威兹第一阶段的事业来说是很合适的档案。“零碎

1 澳大利亚土著使用的一种乐器。

钢镚”覆没于他自己的点 38 口径弹雨。汤姆 · 弗罗斯特在四十年后打电话给玛莎，问起她的丈夫和孩子们，并倾吐仍在燃烧的爱。而汤姆 · 威兹，这个几乎没法与这些破败人物区分开的人，唱起《西区故事》中的《某个地方》，他召唤出的那种田园牧歌般的天堂是如此遥不可及、令人心碎。

或者像弗兰克在一首歌中表述的那样，那是威兹和他妻子在新专辑中合作的三首歌之一：“如果我在你怀中睡去 / 请在梦中把我叫醒。”欢乐岛仍然在发出召唤。“这就是为什么人们会编出这些小故事，为了有时候能从中逃离现实。”威兹如此推断，“你对你的生活不耐烦了，所以你可以找到这些小地方，在那里你可以把人们搬来搬去，改掉他们的名字，并且让事情起点变化。”

回到为科波拉出演电影《旧爱新欢》的时候，威兹遇到了他未来的妻子，后来他们建立起了稳固的家庭和共同创作的伙伴关系，尽管他们最近几年里在纽约和洛杉矶的转租住所搬了五六次家（目前居住在洛杉矶）。“我想开始为自己创造一个我可以住进去的世界。”威兹说，他否认了舒适生活的到来会使创造性枯竭这一说法。“哦，我不处在幸福或者类似的状态，”他再次确认道，“我是说，某些片刻我是幸福的，然而我们中的大多数人，都处于躁郁状态。”

“我们中的大多数人，要是身边有人情绪紊乱，都会有点不舒服，不过我觉得艺术家们得在某种程度上保持那样的状态，才能接收到必要的信号，不管是从谁那里传过来的。而这会让你有一点……我不知道。少数几个人能让我们纵容，比如像萨尔瓦多 · 达利这样的。不过我们不想要太多那样的人。”

尽管调性古怪，汤姆 · 威兹在庇护所唱片那几年的作品却更容易被归类，部分是因为他在安排上更倾向于标准的小型爵士乐队演奏法。那正是威兹下定决心要在《剑鱼长号》中摒弃的声音。他咕哝着说：“除了少数人，比如蒙克和明格斯、巴德 · 鲍威尔、迈尔斯，大多数爵士乐只能让我联想起尼龙袜子、游泳池、小防风灯，还有，你知道，干净的厕所和新西装。”

“人们就想把你放到那种位置，能让他们知道你是谁、你是干什么，这样他们才能把你装进瓶子，这样他们才能什么都拿来装一点。在公众视野中成长是很难的，很难允许你去改变，去实验，你知道吧。”

而威兹在庇护所唱片公司时写下的单曲中，有几首会被加进他计划在秋天举行的巡演里。“歌都是挺难混出头的，因为有一些歌只能存活一天。有几首你只是拿它们来撬开大门，有几首会更像是主打。每一首歌都有自己的生命。有时候很难讲一首歌能活多久。你得回去把它们重新拿出来，再摆弄一番，才会知道它们是不是还可以让人买账。”

《弗兰克的狂野岁月》的录制也需要同样的创作过程，因为这些歌曲都是在同名音乐剧的背景下第一次出现。威兹把这种挑战称为“让它们都穿着同一双鞋子到处走”，录制这张唱片在录音棚里花了大约六个月。录制期开始于芝加哥的环球录音室，完成于洛杉矶的日落之声录音室，威兹在那里监督了他的第一首舞蹈单曲——对这个有准备吗？——的混音。

虽然《弗兰克的狂野岁月》成功吸收了诸如库尔特·魏尔、马蒂·罗宾斯[1]和埃尼奥·莫里康内[2]的影响（同时也用心听取了走失的家畜和巴厘岛猴乐[3]），把《坚持住，圣克里斯托弗》这首歌变成一首舞池热曲，依然是一个奇迹。像威兹所有的录制活动一样，这首歌的混音完全超越了家庭成员、动物和媒体的界限，但威兹还是对结果很满意，特别是他加进去的火车的声音。我们等不及要看舞池里拥挤的人群听到这首歌时的样子，他们会听到这首歌里咕哝的唱腔、车辆的震动声、用垃圾桶制造的大镲声、用哈蒙德踏板演奏的贝斯线，还有从史黛丝·Q[4]式舞曲渐渐消逝的节奏转入的调式被扭曲的吉他漫游。

“我喜欢跳舞俱乐部里的景象，”威兹说，“就好像一种完全自由的组合，

1　马蒂·罗宾斯（Marty Robbins，1925—1982），美国最流行和成功的乡村歌手之一。

2　埃尼奥·莫里康内（Ennio Morricone，1928—），意大利电影配乐大师，代表作有《美国往事》《天堂电影院》《西西里的美丽传说》等。

3　Monkey Chant，也叫“Kecak”，印尼巴厘岛的本土音乐和音乐剧。

4　即史黛丝·林恩·斯温（Stacey Lynn Swain，1958—），美国流行女歌手，1980年代流行舞曲代表人物。Q源自《007》系列中詹姆斯·邦德的搭档。

你知道，有些地方会把菲律宾民谣和奥斯卡·黎凡特[1]混合起来放，还会把《法网》[2]主题曲放出来，偷偷塞进一段斯特拉文斯基的东西，然后顺手把小奥斯卡·布朗[3]混成詹姆斯·布朗。”

不过，用哈蒙德风琴脚踏板演奏的贝斯线？“我用了那么久立式贝斯，所以就很难找到一把喜欢的电贝斯，”他解释说，“所以脚踏板是我能找到的最接近的东西了。就像是一架鼓，但是上面有谱，你知道，很大、很失准的鼓。比尔·舒密尔，我们的手风琴手，用自己的双手演奏脚踏板。我在考虑带它们上路巡演，让它们得到和马林巴琴一样的地位。”

“那些录音期间发生的事情都很棒，特别是当大伙都在弹奏自己不熟悉的乐器的时候。我叫拉尔夫·卡尼，萨克斯手，在几场录音里同时吹三把萨克斯。然后比尔·舒密尔敲脚踏板，格雷格·科恩吹中音号……有时候去摸索你不熟悉的乐器，这种发现的过程很棒。”

然后还有几个人把熟悉的乐器变得面目全非，那是从休息室蜥蜴乐队的吉他手马克·利伯特那里学来的特长。“他用鳄鱼夹来调校吉他，”威兹说，“还有一整组用锡纸和晶体管做的设备固定在吉他上。或者他会用口香糖包琴弦，各种东西，就为了让吉他发出很工业感的声音。”

威兹也有他自己的武器库——史前键盘，那种你如今在唱片里根本找不到的类型。这里有他那不停喘气的泵风琴，他那沉重缓慢的美乐特朗电子琴，他那俗气的法费萨（Farfisa）[4]键盘，当然还有 Optigan[5]。“Optigan 是一种早期家用的合成器 / 风琴。你有那些碟来给你营造不同的环境——塔希提的、管弦乐队的、酒吧的——然后你把自己的旋律应用到那些不同的音乐世界里去。它带来一整个百科全书般的音乐世界。”

---

1 奥斯卡·黎凡特（Oscar Levant，1906—1972），美国钢琴家、歌手、演员。

2 1950 年代的美国电视剧。

3 小奥斯卡·布朗（Oscar Brown Jr.，1926—2005），美国创作歌手、诗人。

4 意大利电子器材制造商。

5 Optical Organ 的混成词，一种电子键盘乐器，出现于 1971 年。

“我一直也很喜欢美乐特朗。披头士用过很多次。牛心上尉[1]乐队也是。它们很老，都已经停产了。它们中有很多可以采到电台声、电话声、航空传讯对话。而且在录音室里很难摆弄它们，因为它们在电子接口上不够成熟。所以它们几乎就是无线电或者矿石收音机。”

威兹不同寻常的录音手法不只体现在对乐器的选择上。《伊斯坦布尔来电》如同一场无拘无束的欢闹，伴随着班卓琴、吉他、贝斯、鼓，还有威兹在俗气的法费萨键盘上即兴创造出的隐隐鬼魂声。当歌曲即将结束的时候，法费萨键盘以最大火力切入，像抛石机一样把听者投入一片地狱般的土耳其溜冰场。“我通常不会把乐器孤立分开，”威兹解释着歌曲开头出现的鬼魂。“那首歌里，我拿出了我那台法费萨，歌曲结束时敲得火热，所以听起来很古巴味或者类似的东西。”

仿佛要将录音室变成一间急诊室，威兹看起来特别想用反传统的方式演奏乐器。比如《你做梦时很天真》这首歌用两种编配出现在《弗兰克的狂野岁月》里。“酒吧间版本”释放出忧郁的旋律（让人想起一大票爱尔兰酒歌），里面用的是泵风琴、立式贝斯、小提琴，还有钢琴。另一个版本用来结束唱片 B 面，这个版本把多余的东西一点点剥掉，而又一层层把声音拼凑上去，几乎都让人产生了老式手摇留声机的幻觉。威兹说：“78 年的版本最早是在家里录在磁带机 [达斯冠牌 244 型，有翻盖式套子的那种] 上的。我对着一只七美元买的麦克风唱，把它存在磁带上，然后转录成二十四轨录音，配进了拉里 · 泰勒的立式贝斯，然后将之混音。质地对我来说很重要，就好像获取颗粒感，或者弄得有点失焦。我不喜欢很干净的东西。我喜欢表面噪声。有时候对你要做的东西来说，噪音会变成粘合剂。”

另一样出现在《弗兰克的狂野岁月》里的创新，是到处应用的扩音喇叭。威兹通过扩音喇叭唱了至少四首歌。“好吧，我就想用不同的方法弄出那种

1　牛心上尉（Captain Beefheart，1941—2010），美国摇滚音乐人，以宽广的音域、超现实主义的歌词和谜一样的艺术人格著称。与弗兰克 · 扎帕是高中好友。

声音。”他解释说，“用坏掉的麦克风，对着罐头唱，用手包住麦克风，把人声通过奥拉通牌喇叭传出去，就好像汽车收音机的外放，然后再用麦克风收集。曾有一次认真考虑过把一张唱片广播出去，再通过汽车收音机放出来，然后麦克风去录汽车……不过那会变得太复杂了，你知道吗？所以扩音喇叭就是解决这一切的方法。”

威兹说，实时获得变样的声音，比事后用录音棚仪器造出来的更好，这样能让他应对当时的效果，相应修饰自己的人声输出。“另外这也让我感觉到自己是在创造声音，而不是通过均衡器去寻找声音什么的。我感觉像是在建造某种我自己的小世界，我自己的领地。”

“以前我曾经觉得把歌写出来就够了。我曾经害怕录音棚。不过那里面可以让你做很多事，只要你不让它吓到自己。那是一个实验室，无论你带进来的是什么，你都得明白自己想用它干什么。我和很多给我帮助的好人一起合作过。维克托·费尔德曼，打击乐手，他几个月前刚刚去世，在乐器上帮了我很多。我有点想避开标准的套件，实验一下不同的乐器——巴厘岛乐器以及像火箭筒鼓、摇竹，还有非洲鼓之类的东西。所以他帮了我很多。”

“我试着对尽可能多的选项敞开怀抱，”他继续说，“可能是十三个贝斯手，可能是在户外录音，可能是在浴室录音。杀猪杀屁股，各有不同路。身处录音棚就好像在组织噪音开会。我得学会弄清楚自己究竟要的是什么，不听到那样的声音不罢休。那是一种旅程，就像做个拾荒人。”

在碰到技术层面的事物的时候，这位艺人把自己形容为“白痴专家”。“我仍旧——我不知道——在录音棚里很原始。那不是一种科学，我也不会那样去学。我现在每次录音的时候，也不一定会带着特定的工作方式。我主要是想保持自己做的东西有自发性，鲜活起来，接受各种建议。让它活起来。”

要问他怎样在录音室里指挥他的音乐人，威兹说：“你得形成一种交流方式。就像导演跟演员讲话一样，你得知道怎么把对的东西在对的时候向对的人说出来，你说的东西能对他有意义。就好像呼叫一只狗——你都怎么叫的？你吹口哨，拍大腿：‘过来，小家伙！’”

威兹被他自己的类比搞笑了。“这么说很不像话。不，不是那样的，对不起啊，兄弟们。”

从歌词上讲，《弗兰克的狂野岁月》不吝于一个精巧的谜，从《伊斯坦布尔来电》中的好建议（“永远不要相信一个穿蓝风衣的男人 / 永远不要在你死了以后开车”）到《昨天来了》中辛酸的评价（“今天是灰色天空 / 明天是眼泪 / 你得等到昨天到来”）。

这张唱片填补了同名歌曲留下的空间。弗兰克已经把车停在马路对面，喝下几瓶“米奇大口”[1]，然后烧平了他在郊区的房子。现在是一系列不那么光辉的冒险，让他躺在暴雪下的公园长凳上。

“好，剧中开场是在一张公园长凳上，”威兹说，“和一个清仓甩卖换救命钱的家伙在一起。”他躺在长凳上，东圣路易斯的气温已经华氏零下三十度，他好像在梦中踏上回家的路，那对他来说是唯一能让发生的一切重来的地方。所以有点像把生命的结束放在前面，把开始放在第二。

“真的就是一个简单的故事，讲一个快要自杀的家伙，被允许在完蛋前回顾下自己的一生。他有机会掉头重来，给自己换一条路走。那就是故事要讲的东西。”

“就是代表了某些想要让生活发生改变的人，为了做到这点你必须割断那些绳索，那些把你绑住的绳索，就那么回事。然后他回头看，想找到某种答案，因为他选择的道路把他带向了非常黑暗的地方。因此他回到家，净化自己并作出忏悔，寻找某种继续前行的理由。就像回首过往寻找答案那样。”

不过威兹并不鼓励对作品作关于生平的解读。“通常你会隐藏掉所有东西代表了什么，”这位歌曲创作人说，“你自己是唯一真正知道的人。我不太会把我碰到的事情编年记下，对世界分解、拆卸、重组并如此看待它。这里面东一点、西一点，很多地方的东西都有。”

“在这张专辑里，我试图像演一个独幕剧里的角色那样演绎每一首歌。

1 一种麦芽酒品牌，以其蜂窝状、宽口的酒瓶著称。

我不觉得我有必要在所有歌里都是同一个家伙。所以在每一首歌里，我自己建立舞台，试着用任何可能的方法去演绎，只要能让我活在那个故事里。你知道，体验派唱歌。”

这位体验派歌手的表演事业，也在通过出演一系列小角色得以持续发展，一直积累到去年出演主角扎赫，电影《不法之徒》中的忧郁 DJ。“我一开始知道要演这个角色，真的很紧张，”他回忆说，“我都要打退堂鼓了。”不过，当威兹去了拍摄地路易斯安那，他的自信心恢复了一点。“大多数时候我就是试着放松，自然点。至于说要演出一个充满细节、充满各种想象空间的角色，我不觉得我真的做得很深入。不过我从没做过节奏那么紧张的事情。大部分戏我只有几句台词。”

导演贾木许把芝加哥荒原狼剧场公司制作的《弗兰克的狂野岁月》看了三遍，他很赞赏威兹的表演能力，并补充说，威兹帮助塑造了扎赫这个角色，这个角色起初是作为一个音乐人被写入剧本的。“扎赫是个阴沉的人，不怎么爱说话，然而作为一个 DJ，他是一个以说话谋生的人。”贾木许说，“我觉得在某种意义上，那也有点像汤姆本人。我个人认为，他是一个在某些层面上自相矛盾的人。汤姆有时候会有暴脾气，有时候很强势，但同时他身上也有非常温柔的一面。他不会在这两种极端上停留，而总是好像在两者之间不停来回移动。这让我非常喜欢他。”

在《紫苑草》中，威兹扮演了杰克·尼科尔森的伙伴鲁迪，一个小流氓（很自然），最后死了。“尼科尔森是一个伟大的美国说书人，”威兹热情地说。“当他说故事的时候，就像一个人在独奏，他就那么臻于化境了，你知道吗？很有自发性，脑子转得快。我记得他说过：‘我了解三样东西：我了解美容院、电影，还有火车调车场。’”

对威兹来说，美容院仍旧是一个谜一样的东西。不过他正在规划自己的电影项目。“现在还都是零散的东西，也许现在谈还太早，”威兹在轻微的怂恿下松了口，“讲的是一个有健忘症的保释代理人，带着一个不会读写的孩子进城的旅程。有点像带着瞎了的导盲犬。你知道，里面有音乐、叙述、旁白，有点布莱希特的风格，你知道？”

而这部电影呢？“有点像《橡皮头》[1]吧。”

还有更多。一部即将出现的《弗兰克的狂野岁月》宣传录像片，会将威兹作为一个腹语术演员来呈现，有一位胖女士会做他的前台傀儡。他还计划为罗伯特·威尔逊的一部乡村音乐歌剧贡献音乐。“他说会有七名主要演员，剩下的就都是龙套了。”汤姆回忆说，“有点猫腻。”

威兹也会贡献一份口语作品，摘自查尔斯·明格斯的自传，给即将发行的一张由制作人哈尔·维尔纳汇编的明格斯音乐再演绎项目。而他也同时开始创作新一批歌曲，暂定名《只有火车》。

不过可别期待这些新歌中的任何一首能有“七十八个版本”，因为威兹的达斯冠牌四轨录音机已经丢了，翻盖什么的全没了。“在纽约被偷了，”他摇摇头，挤出一个微笑，“那就是为什么我离开了那里，他们把我打垮了。所以现在我又回到了起点。我不知道，我现在只是在学习声音之间的关系，以及你录音的环境如何总给作品添加色彩。你在家录音，就有跟在录音室完全不同的情绪。”

“这就像表演。有一些放松的技巧，能让你利用无意识中。你知道，就好像他们说的，有些东西是能跨越国界和文化的：痴癫、动物，还有音乐。”

那到底谁说了这话？

威兹在低声回答前沉默了一下。

“我不知道，呃……我说的。”

1　1976年由大卫·林奇执导的电影。

巨大成功（1988）

汤姆·威兹的第一部故事片制作，围绕着他那世间独一的舞台表现，和伴随每晚演出而来的歌舞杂耍/小贩叫卖的气氛来展现。威兹脑中肯定早就有了一个想法，就像他在1988年和《滚石》杂志分享时说的："我们试图避免的，就是做出一部像鸟类填充标本一样的演唱会电影。我试图像拍一场墨西哥斗鸡那样拍这部电影，而不是拍一段吹着空调的演唱会录像片段。有一些片段感觉像是用狩猎步枪拍的。忘掉摄影机的存在，那就是我要做的事情。可是你看自己在现场演出中的样子，不太可能和你在台上感觉到的一样。我以为自己看起来会高很多。我以为我看起来像罗伯特·瓦格纳[1]……假使我们有更多钱，我们会拍一组仰光角斗士的连续镜头，还会拍观众一起举起火柴什么的。我们可以拍水下芭蕾的连续镜头，不过那很可能就是一部不同的电影了，我觉得……现在电影完成了，我不会再像电影里那样把内裤从外裤后面抽出来了，不过做完后总觉得有什么东西你想改一改。"不管他是什么感觉，他忠实的乐迷觉得他做得不错。

威兹谈《巨大成功》

摘自《巨大成功》新闻发布资料，岛唱片

1988年9月

在解释他音乐里浓郁的异域情调时，威兹说："我想让音乐更接近我头

1　罗伯特·瓦格纳（Robert Wagner，1930— ），美国电视剧明星，代表作有《哈特夫妇》等。

脑里发生的东西。在很长一段时间里，我在一个很有限的世界里写歌。我给自己很有限的工具来干活。一直到某个时刻，我的生活，我脑子真正想的，我真正听到的东西，和我写的东西已经大相径庭了。”

“一旦你的作品碰到死路，你就得做点什么，”他继续说，“你没法往前走也没法往回走，有时候你觉得好像得把自己的脊梁骨打碎了再重新装起来。那就是我尝试去做的，一次做一点儿。就像隆鼻手术。”

“凯思琳是唯一推着我前进，从而让我能搞定一部电影的人，”威兹说。“我本来也就是从巡演回家，不会录下任何乐队的画面之类的。我们本会像什么都没发生过一样谈起巡演。那是第一次，我们一起努力把所有东西都放在一块。”

在巡演排练开始前，威兹、布伦南，还有 [导演克里斯·布鲁姆] 展开了关于舞台布景的深入讨论，为了能使其适于影片的拍摄。

“起初舞台布置得像个垃圾场，”布鲁姆解释说，“我们想了个主意，要摆出那种超大号的树脂玻璃公告牌，就像你在洛杉矶韩国城看到的那种——带背光，原色的。”最终威兹和灯光设计师达利尔·帕拉吉把这个概念简化为影片中的灯箱。

“我围绕着灯箱来设计剩下的所有东西——就好像在房间中央弄了头大象。在影片中每个乐队成员都被分配了一个灯箱。尽管有其他光源补充，我们想要给大家制造一种印象，好像它们是唯一的光源。然后我们设计了红黑相间的地板。”

“我们的企图从来都是，要让所有东西看起来不那么像有艺术企图。”布鲁姆总结说，“到了最后看起来就像拿贝西伯爵艺术风格装潢的科帕卡巴纳夜总会。”

“演唱会电影的失败之处就在于，它们不是现场。”布鲁姆说，“我一向用的类比就是，站在一条潺潺流动的小溪或者小河旁，只是照一张定格的照片并观看它。那就不可能是同一个东西。我得拍下演出，放到一个骰子盒里，然后丢出去。我得超越那小河的问题——给舞台表演的精华部分施以涡轮增压，给它点动力。”

威兹也意识到了把现场演唱会转换成电影，总是会带来一个问题：“你想让一部演唱会电影不只是演唱会的胶片记录，而是与此同时，它也是某种会动的东西。因此克里斯编织出一个内在剧情，讲一个在剧院工作的家伙——引座员、检票员，或者售货亭里的哥们——那种睡觉时做梦会梦到演艺事业的人。”布鲁姆说，“在他自己略微扭曲的脑海中，他真的撞上了巨大成功。”

威兹谈身处聚光灯下：

摘自《早晨变成折中派》，KCRW 电台

1988 年 10 月 3 日

采访者：你喜欢身处聚光灯下吗？

汤姆·威兹：我想我喜欢。我喜欢，我不喜欢。你半个身子在说：“朝我看，发现我”；另一半说：“不要烦我。”有点模棱两可。你想看到人们来认可你做的事情。同时你又不想每天每刻都得做。做电影《巨大成功》是抱着这样一个想法：你把电影放出去，让电影去上路巡演，然后自己可以留在家里。就是这个想法，不过我最后还得出门去接受采访。电影得到了好坏不一的评论，我觉得那就是他们的叫法——好坏不一的评论。有个家伙说：“钢琴老师看了会吓晕过去！”那是我最喜欢的评论之一。另外有个家伙说，这部电影看起来像是在一头病得不轻的动物的胃里面录的。这些才是优秀的评论。我推荐这种评论。

威兹谈创作过程

摘自《偷听埃尔维斯·科斯特洛和汤姆·威兹对话》，《选择》杂志

1989 年 7 月

汤姆·威兹（下简称汤）：有时候我会听唱片，我自己的东西，我想，老天，

我最初在这上头的想法那么好，怎么最后做出来的变成这样。我现在试着去做的，就是把跑过来的想法一把抓住，让它保持鲜活。就好像你用双手运水，想都保留下来，但有时候等你到了录音棚，什么都剩不下来。[……]

你可以实现某种音乐上的机巧，但实际上它会压制你发展中的某个点，或者绕过它。这种事一直在我身上发生。比方说三和弦综合征。然后你说，好吧，如果你想让巴尼·凯塞尔[1]录一段简单的东西，一大块砖样的和弦，有点脏，有点粗，很响，有点尖刻，有点神秘——不行，他是个能信手拈来的人，他已经发展到那个级别了。拉里·泰勒，和我合作的贝斯手，来自罐装燃料乐队的那位，如果他感觉不到位，他就会放下贝斯直接走人，他会说："我不干了，兄弟，我搞不懂。"而我很尊重这一点。我会说："好，谢谢你告诉我。"[……]

埃尔维斯·科斯特洛（下简称埃）：可你是否曾想过，在你选择的音乐人中，现在已经有好几个组合了，他们会阻止你走过头吗，当你从你自己写的歌里走丢的时候？他们有没有玩出来什么东西，给你设置路障？

汤：有时候会成为路障，不过有时候又会打开一扇门。像那些大伙在两次重录的间歇里玩的东西，你得对在录音室里发生的事情心中有数。因为一旦摄影机停下，带子也不再转的时候……要发掘出什么东西都得花大量时间，有时候一出来你就发现了，有时候过了两个礼拜你才找到。[……]

音乐里出现的大多数变化，音乐里激动人心的事情，是通过人和人之间的错误沟通产生的："我以为你说的是这个。"诗也是从那里来。[……]不过我喜欢那些错误。我向它们致敬，鼓励它们出现。

埃：你有没有一点巧合的感觉，感到有些歌在诞生之前已经被事先写出来了？或者有些歌在被人们听到之前，你脑海里就装着那些人把歌写下来了？

汤：绝对有。就好像梦会预演特定的事情。

1　巴尼·凯塞尔（Barney Kessel，1923—2004），美国爵士乐吉他手，对和弦、对位法与和弦旋律有过人理解。

第三部

骨头机器（1992）

在为宣传电影和唱片《巨大成功》进行了过多采访和电视出镜后，威兹一下子消失了四年，因为他想专注于他的家庭，也想和他的音乐方向上的新想法产生关联。

威兹收到了铺天盖地的邀请，请他去出演院线电影，而他最终接受了一批类型多样的邀请，从特里·吉列姆的《渔王》（1991），到海科特·巴班克的《在上帝的领土游戏》，到吉姆·贾木许的《咖啡与香烟：加州某处》（1993），还有罗伯特·奥特曼的《银色·性·男女》（1993）；他还为贾木许的另一部电影《地球之夜》（1991）创作了电影音乐。大多数与他合作的人都被他那诚挚认真的性格所打动。

特里·吉列姆对他的印象尤其深，以至于想把他带入自己未来的电影项目中。在 1997 年 12 月接受菲尔·斯塔布斯采访时，吉列姆分享了他对威兹的印象："简单来说，他是杰夫·布里吉斯[1]的一个朋友。他说：'你一定得会会汤姆。'有意思的是，当我见到汤姆，甚至是在和他一起拍电影时，都没有听过一张他的唱片。我就那么认识了他，立刻就喜欢上了他，所以我们一起拍了电影，他演得很棒。制片厂想要把他的东西剪掉。他们觉得那些东西没有明确地推动叙事，所以是可以去掉的东西。他们全都错了。"

对那些想利用他独特的声音与形象来赚钱的公司，威兹也发起了不懈斗争。原则上，威兹拒绝任何用他的歌去做推销的邀请，哪怕用他的嗓音也不

---

1 杰夫·布里吉斯（Jeff Bridges，1949— ），美国著名演员，代表作有《谋杀绿脚趾》《钢铁侠》等。

行。他第一起成功的诉讼发生在1988年，当时菲多利食品公司找上他，想用他的一首歌《直面而上》（那首歌其实是对广告推销的控诉）。威兹拒绝了，菲多利公司便雇用了一个声音很像威兹的人唱了一首歌，公然剽窃了这首威兹拒绝授权的曲子。威兹的法律团队向美国第九巡回上诉法庭起诉，法庭判决赔偿艺人237.5万美元。威兹的胜利让他成为最早起诉一家公司未经许可使用模仿者并赢得诉讼的艺人之一。在一次访谈中，他发表了后来众所周知的评论："如果迈克尔·杰克逊想给百事可乐打工，他为什么不直接穿上西装去他们的办公室，当场就把事情办了呢？"在后面的采访中，威兹清晰地表述了他对自己被当作商业贩子这件事的立场。他回绝了每一个邀请，主动地寻找，并打败了每一个胆敢侵犯他商标权的人。

1992年8月上旬，从《弗兰克的狂野岁月》算起五年的等待之后，威兹和岛唱片向全世界发布了唱片《骨头机器》，这张唱片后来被许多人认为是大师杰作。那是一部金属和血肉的不和谐交响，切分成大钢琴弹奏的数个骨架和弦，交织着迷乱信息。唱片里那些前卫的器乐编配，丝毫不对缺乏经验的听者让步，尽管它获得了一座格莱美最佳另类音乐唱片奖。起初是一阵咔咔作响的打击乐引入了《地球在尖叫中死去》，然后这声音被威兹粗粝的嗓音盖过风头。时间并没有让他的声带变得更醇厚，却赋予了他唱出的不和谐音以逻辑性。

这张专辑的主题是杀人、必死性，还有渴望。一大帮充满才华的音乐家对威兹毫无约束地开放时间，供他选择，包括回访的基思·理查兹、普莱玛斯乐队（Primus）的莱斯·克莱普尔，还有灰狼一族乐队（Los Lobos）的大卫·伊达尔戈。威兹留在了离家很近的地方，他选择在加利福尼亚科他蒂城的草原阳光录音棚录制这张专辑。他选择的房间——X录音室，后来被音乐人称为"威兹房"。录音棚主管马克·伦尼克在1999年和《索诺玛县独立报》分享了在草原阳光录音棚发生的细节：

X录音室和现场演奏区，位于一片老旧的、水泥浇的养鸡场孵化房里，里面有一间，现在被当作等候室，是汤姆·威兹很偏爱的声学环境。

“[威兹]深深被这些‘回声’房间所吸引，在那里创建了《骨头机器》里的听觉景观。”伦尼克说。

到了今天，占据着X录音室那深穴般的主室一整个角落的，是特别庞大的一堆异国风情乐器，它们被威兹在最近录制唱片时使用，而这张唱片暂时还未被命名。它们可谓无所不有，从呆头呆脑的到晃晃悠悠的，从最显眼的大家伙到老木鼓、古董嘉年华钢琴、各种形状大小的吉他，还有一堆长了锈斑的园艺工具。

“威兹让我们喜欢的地方在于，他是一个音乐学家，他有惊人的听力，”伦尼克说，“他的才华是国家的财富。”

杰西·迪伦，鲍勃·迪伦的儿子，拍了一系列威兹扮演宫廷小丑的照片，充斥着皮裤和飞行员眼镜之类的打扮。一张如此模糊的照片，暗示出唱片里充满了模糊的听觉风格，最终成了专辑的封面。

威兹的谎言

《观察者》杂志

1992年7月（发行于1992年11月23日）

皮特·西尔弗顿

和威兹交谈就是面对谎言，持续的、决然的、有趣的谎言。“我会告诉你我所有的秘密，但关于我的过去我会撒谎。”他曾经这样唱道。

就拿他那额头中间由六十四个逗号组成的疤痕来说，那线条和正常的皱纹刚好组成直角。“老天。”他说——那是个在纸面上本该天真无辜的词，从他嘴里冒出来就变了味。他自己也不知道那伤疤怎么来的。他记不起来了。然后他沉默了一下，在思考的时候给自己的眼珠一点转动的时间，也让自己的身子扭个来回。然后他就想起来了。一颗子弹从那里进去过。疤痕标记了子弹的入口，随后那颗子弹继续完成既定旅程，穿过了威兹的脑颅和大脑灰质，然后从他的后脑盖处重新现形于外面的世界。

"而我这辈子从没感觉那么好过。"他对着自己的早餐咖啡粗声道。

或者比如说起他和乔·斯特拉默尔[1]的第一次会面，那是在1976年，威兹当时在伦敦的罗尼·斯科特俱乐部演出（这是性手枪乐队贝斯手格伦·马特洛克告诉我的故事）。那时还籍籍无名的乔·斯特拉默尔几天前认识了威兹，演出当天跑到俱乐部门口，要求兑现免费入场的承诺。威兹来到门口，目光凶狠又轻蔑地盯着斯特拉默尔，然后把手伸进大衣，从内袋里掏出满满一品脱杯刚倒出来的健力士[2]啤酒。他一口气喝光了啤酒，然后对看门的说让斯特拉默尔进去。

威兹并没有对这个传闻予以回应。不过他喜欢它，对它表示热烈欢迎。"老天，真是个好棒的故事。"

"对啊，事情的真相不是什么我特别在意的东西。比起真实发生的事情，我更愿意找到好故事。我这人就这样。"

"我是个大扯谎蛋。"

那他对于什么事不会扯谎呢？

"呃，呃。"他沉默了一会儿，也许是想从桌布的图样上找点灵感，也许是在希望我能就此闭嘴走开，让他自个儿和老婆孩子一起享受今天剩下的时光，"现在开始，无论我告诉你什么，可能都是谎话。"

汤姆·威兹刚出了一张专辑，并且汤姆·威兹必须接受一些采访。因此汤姆·威兹，在今天这样一个初夏的暖日，坐在巴黎街头咖啡馆的一张桌子

1　乔·斯特拉默尔（Joe Strummer，1952—2002），英国冲撞乐队主唱，1970年代朋克运动的标杆人物之一。

2　原产于爱尔兰的著名黑啤酒，几乎是苦啤酒的代名词。

前——他住在街对面一间安静、事先预订的，还很昂贵的酒店里。对他来说这是很早的早餐，对于孚日广场这地方的其他人来说，现在则是正常的周六午餐时间。

像他这样的标准美国人，会点杯可口可乐和一大杯白咖啡放在自己面前，并且一点说法语的尝试都没有。“这不是一座给男人的城市，巴黎，不是一座给男人的城市。”他时不时哼唱几句。像惯常的一样，他不停地扭动、转身和抓挠，把椅子压得嘎吱作响。他的黑摩托靴一直在桌子底下晃。他那标志性的灰胡子——在威兹留过的各种式样的胡须里，那是过去这些年唯一保留的一种——留在一直停留着的地方，就在下嘴唇下面。

在这样的环境里，本不太可能碰见这个男人，对他的评论总是陈词滥调地提到便宜酒馆、尼古丁斑，还有爱德华·霍珀的画和杰克·凯鲁亚克的小说。这里他身处的地方是最显著的大革命前巴黎的残存，走几步路过去便是巴士底狱——现在玻璃墙面的歌剧院占据着主导地位，就像曾经的监狱所拥有的地位一样。

如果依照陈词滥调里说的那样看待威兹，这一般来说意味着这样的联想，即当这所监狱依然存在，监狱最著名的住客萨德侯爵还活着（即使不那么健朗，也得说健康地病着），威兹住在这儿肯定会感到舒服自在。也许还得提到威兹曾经公布过的、他那完全虚构的住址（混乱和肮脏交叉口），或者他长期住过并且真正住过的洛杉矶热带汽车旅馆，那里有他收藏的古董破烂，还有涂成黑色的游泳池。

正如有可能的话，他本会期待看到周日的孚日广场，看到法国保王派全都上街参加每周一次的游行，穿着妥帖的蓝西装，带着他们那些身穿妥帖的蓝灯芯绒短裤的孩子们——总是得穿灯芯绒（corduroy），因为这是一个王室用的词，来源于法语 core du roi（国王的绒裤）。

不要让任何人告诉你与此相反的看法：无论他的个性特质是什么，而且它们多如牛毛，他已不是早先那副陈词滥调中说的样子。就算他在那种形象中陷得最深的时候，里奇·李·琼斯——他那时的女朋友——也不敢苟同。

她相信威兹当时真正想要的，是和尖叫的孩子们一起住在小平房里，把礼拜六都花在看电影上。这或多或少是他已经得到的东西，除了有一两声尖叫的误差。

他现在是一个四十二岁的男人，和结婚近十二年的妻子住在一起，她曾经是个剧本编辑，现在和他一起写歌词。从前的凯思琳·布伦南有笔直的金发和白皙的皮肤。她是一个在伊利诺伊农场长大的姑娘，熟稔于死猫挂在门廊里的景象。现在她和汤姆·威兹住在加州的一个小镇上。而且，不，她不会开口谈话，虽然她会耳语并时不时啜一口自己的茶。

但他会谈到她对写歌的帮助。很难与妻子一道工作，对吗？“当然，我们为各种事打对方，但当有了孩子又共同生活，什么事情都得一起做。所以何不一起创作，你知道的。”

她给歌词带来了什么之前没有的东西呢？

“一条鞭子和一把椅子。[1]《圣经》。《启示录》。她在天主教家庭长大，所以就那些东西，你知道。血、酒，还有罪过。她把我碾成了粉末，所以我不会再一遍又一遍写同样的歌了。很多人都会那么做，包括我自己。”

而他现在是两个小孩的父亲了，虽然——好吧，是，也不是，让他自己来讲这个故事吧。“我大概三周前在孟菲斯，为了参加一个婚礼，然后去了一趟雅园（Graceland）[2]。就好像是个加演节目。好像是狂欢节上的终极加演节目。买票进去看看以前人们喝酒醉倒的房间。我宁可看到他的脑袋被腌过装在罐子里。那才会让我觉得值回票价。

“我们走过他的墓地。我的小儿子说：‘我多希望他们能把他挖出来，把他的牙齿都撬下来，这样我就能做一串项链了。’

“我觉得那东西还没有人想出来过。‘猫王’埃尔维斯的牙齿项链。”

他现在也是拥有全球金曲的人了，这得感谢罗德·斯图尔特和他那首略

1 意思是布伦南是威兹的驯服者，如同马戏团里驯兽师抽着鞭子让狮子坐到椅子上一样。

2 位于田纳西州孟菲斯的“猫王”故居，被列为美国历史遗产建筑，每年访问者数量仅次于白宫。

作夸张却令人信服的翻唱版《市区列车》。

他现在处于一次为期两周的访欧旅程中，部分是为了度假，部分是为了看看塞维利亚公司制作的《黑骑士》[1992 年 7 月 8 日至 10 日]，这是部由他和罗伯特 · 威尔逊以及威廉 · 巴勒斯合作的歌剧——他称之为“奇妙装置”（contraption），这个词是他这阵子最喜欢的；他通常每一阵子都有一个最喜欢的词，他喜欢把那种词语撒到一大串用得上的句子里。

然后是专辑的推广。“不，不是这事。”他想了想，“哦老天，我本来应该做个屠夫的。”他觉得自己并不像过去那么渴求关注、认同、支持、喜爱和鼓励了——这通常是一个值得怀疑的陈述，考虑到这是从一个职业表演家嘴里说出来的。

不过他就这么说了，顺带指明了自己自相矛盾的地方。“有些时候，感觉像一场祈雨舞。不过我不管怎样都不喜欢下雨。所以现在我是在这里求雨呢。”

距离上次下雨已经过去很久了。《骨头机器》——标题是对人类身体的某种所指——是他四年里的第一张专辑，是他五年来第一张有新歌的专辑。“以前从没去想过。我不知道已经过去多久了。”

“花了一些时间才开工。我收集想法，而想法这东西通常本来就存在于我身上的某个地方。这就是把想法都放到同一个地方去的工作。歌曲好像来得挺快。一旦你体内找到了一首歌，你就拿它去冒险吧。”

“我觉得录音有时候能变成一种很暴力的作业。我觉得录音室有时候就像屠宰场一样，在那里你会产生跟自己的想法干一架的念头。很多时候你到最后会弄得一堆毛，死掉的鸟和满嘴的毛。”

“这对我来说可不容易。音乐就像是活的东西。你可不想谋杀它。”他确实说了“想”这个词，“你不会想把音乐都溅在墙上。你想走进某些世界；你想走进一滴眼泪或者石膏裂纹上的一个洞。你想去某些你从来没有去过的地方，而有时候这些旅行是成功的，有时候你只能被留在躺满尸体的草地上。有时候你会意识到，你没有带够补给，你没水了。不过我爱这一切的过程。”

“这就有点像吃药。如果你吃的是对的，世界上就再也没有那么惊悚的事情了。

“歌曲其实很简单。你把它们握在手上。我现在就可以弄出一首来。但正因为它们那么简单，就好像去观鸟，你知道。你得知道一点跟鸟有关的知识，不然你就什么也看不到：只剩下你、你的望远镜，加上脸上傻乎乎的表情。

“你得给自己做一副天线什么的，让歌朝你这儿跑过来。所以你得让自己也带点音乐性。你得变成属于音乐的人，也得让体内有音乐存在——这是某种让歌曲愿意继续活在你体内的方法，体内或者身边。有时候你真的得静下来，才能抓住某些大家伙。”

《骨头机器》的地图上有哪些指示牌呢?

“好吧，有一些特定的领域你想去覆盖。我们想让这张唱片带着一种，好像是世界末日那样的角度。”比如第一首歌《地球在尖叫中死去》。“有时候你觉得做出来的东西该有七英尺高，上面还粘了石头，不过做出来完全是另一个样子。不是每次回程的时候，你都能带回自己出发时想找到的东西。你对它有一个想象，而现实会很不一样。

“有时候一首歌会从不知哪里冒出来。另一些时候你追着一首歌差不多好几天，然后什么也没留下来。然后你得把它们带回当初发现它们的地方。有时候它们会逃掉。有时候会死掉。有时候它们先生病，然后死掉。有时候它们会杀了你。”

这是一张咔咔哒哒、叮叮当当、砰砰咚咚的专辑，里面有打击乐大集合——简直就是一个双关谜，比如说，像“一个铁十字架上面有金属块垂挂下来，你用一把大锤子去敲。用力敲。就好像敲一个大铁垃圾桶。”此外，这张专辑请来了基思·理查兹，其中一首歌的共同作者——“他是一个真正的吉普赛人。音乐在尾随他。”还有张伯伦，一个在电子合成器方面类似于先驱的人。“这是个奇妙装置，你知道。”他解释说，用上了他最喜欢的词。

如果他现在还听其他人的音乐的话，会是喜欢的老歌或者说唱电台。

“我喜欢说唱。它的风格很质朴，大呼小叫的，也很暴力。说唱有形式和框架。黑人音乐是美国唯一一直在变化和演进的音乐。可能这么说不太准确。只是说看起来黑人音乐是一种活着的音乐，而不是死掉的音乐。它先是在成长，然后愤怒，然后就闭嘴了，然后会打破窗户，然后消失，然后再回来。不过它是活着的音乐，它还有份工在打呢。”

是真实还是讲故事？“当我谈论想法或者音乐的时候，我告诉你的是我的感觉。我对自己讲的东西可是抱有很真诚的态度的。”

要说能察觉出有两个不同的威兹，那可不是新鲜事儿，也可能不算真实，不过威兹并不会对此争辩什么。“对，我就像个腹语术演员。你到最后就是为了生存而干这行。所以你从不会到哪儿就说自己在哪儿。这事习惯一阵子后就变得简单了。你家里有两间屋子，你永远不会同时身在这两间屋子里。”

不过还有第三个威兹，突然出现在美国电视上，给菲多力公司的多力多滋牌玉米片做广告。“他们模仿了我的嗓音。配音的那家伙是我的一个粉丝，常做我的模仿秀，他住在得克萨斯，有一个乐队。”威兹起诉了，最终赢得二百五十万美元的赔偿，不过当然现在还在上诉期。威兹的模仿者是一个见证了威兹星路的人。“他做了这事以后感觉很糟。他做的时候就知道自己干了件坏事儿。他好像知道这么做就会惹上大麻烦。他还是做了。不过他后来当了我们的污点证人来洗脱自己，帮我们赢下了这个案子。

“我到现在一毛钱都没看到。这种事情会永远永远拖下去。千万别去打什么官司。等你头发都掉光了，骨头都化成灰了，事儿还没结束。

“就好像往窗子里丢一块石头——可你等五年后才听到响。打官司就好像是用一只假肢手掌捧水喝，水永远都送不到你嘴边。

“不过在必要的时候，你还就得去打官司。假使有人把你房子烧了，你总得做点什么吧。”

不过对未来怎么说呢，那官司给威兹留下了什么？

“我想的就是：虫子爬进来了，虫子爬出去了。虫子聚在你鼻子里面打牌。一条蛇爬进了你的眼睛。我不能坐等着虫子开始吃我。那是一个大梦。”

那就做个好梦吧，汤姆·威兹，三个版本的你都是。

作曲家、音乐人、表演家、演员：汤姆·威兹是一个文艺复兴式的人，他的黑色音乐捕获了黑暗的时代之声

《脉冲》杂志

1992 年 9 月

德克·理查德森

“我想对自己的嗓音做的，就是让它变得有点精神分裂，然后看看我能不能吓到我自己。”

汤姆·威兹搅拌着自己的第三杯咖啡，从那种顶针形的小塑料容器里倒奶油。这间货车服务区的小餐馆不远处，是佩塔卢马的 101 公路，北加州的干旱少见地休了一天假，一阵持续的夏季雨水落在拖挂式卡车、福特皮卡，还有威兹那辆褪了金色的 1964 款凯迪拉克威乐上。现在是下午四点半，而威兹，在半小时的交谈后，刚刚做完了热身，准备接受他近五年来的第一次采访，谈的是他的新专辑《骨头机器》（岛唱片 / 宝丽金公司），这也是他在 1987 年《弗兰克的狂野岁月》之后第一张录音室专辑。“我不喜欢被定死了，”他用他那副不可能被认错的粗哑嗓子咕哝着说，这副嗓子自从 1973 年的处女专辑《关门时间》后一年比一年粗粝，饱受摧残，“我讨厌直接的问题。如果我们选点话题然后胡吹，那才是我最喜欢的。”

环视这间小饭馆，卡车司机们在狼吞虎咽吃猪排，要不就是在红色人造革皮的电话亭里打电话，威兹盯上了时钟—— 一点钟的时候，钟上的两根针扫过约翰·韦恩[1]的脸，另一张脸是“猫王”埃尔维斯。年轻的、健康的、《温柔地爱我》中的埃尔维斯。“我去过雅园，”他喃喃低语道，“我参观了一半就不得不从人群中脱身。我的小儿子说：‘嘿，我们为啥不把他挖出来，拿他的牙齿做串项链呢？’很多游览的人好像是在参观基督故居一样，他们

1　约翰·韦恩（John Wayne，1907—1979），美国杰出的西部片和战争片演员。

不想听到那种话。不过我觉得这主意很值得玩味。在他的孩子们以前玩过的秋千架上，有一个弹孔，我不喜欢那景象。有点粗暴。滑梯上有个弹孔。甚至他们说起这件事的口气，好比：‘哦，小孩子们，他们就是在寻开心嘛。’但你知道那场面就好像——他们都喝高了，开了后门，有人拿来一把点 410 口径卡宾枪，他们必须用枪去打点什么，要不然他们的邻居就得遭殃。所以他们说：‘试试打秋千架吧。’这么看那次游览真有点让人讨厌。”

“不过这是我国吸引眼球的好地方，”他继续说，“就好像一个空洞的中心，像那些情人节糖果一样中间是空的。哇哦，那就是一个加演的节目，而我总是对这些事情感到好奇——你知道，长两个头的牛什么的。算了，不要提了；我去了那里。不管花多少钱，我会买票进去，坐下来。我会看看那些三头婴儿什么的。当我在这个层面来把握它，它就更好理解了。”

任何对威兹的音乐演进足够了解的人，都会感知到他着迷于社会的下层生活，以及破碎美国梦的现代遗产。这种关切是他的作品的标志，并延续了很久，从那个写出《Ol’55》（早先被老鹰乐队翻唱过），还有《圣地亚哥小夜曲》（最近被南希·格里菲思[1]翻唱）的内省的波希米亚式创作歌手，从低俗的《丁字裤和乳贴》/《暖啤酒和冷女人》、《零碎钢镚》和《小饭馆的夜鹰》里的夜生活，到时而暗黑又铿锵的音乐复合体，展现城市声音景观的《剑鱼长号》和《雨狗》（通常被认为是和《弗兰克的狂野岁月》一起组成的三部曲的前两部）。同样，这种关注也在威兹的现场表演中得到呼应，特别是他在 1987 年具有戏剧感的、收入《巨大成功》中的巡演，还有他出演的电影角色、他的电影配乐（最近的是吉姆·贾木许的《地球之夜》），还有他为很多种致敬汇编专辑选的曲目，包括给哈尔·维尔纳的《别睡去》选的《迪士尼烤鸡》，给库尔特·魏尔和布莱希特的《让人类一直存活的东西》选的《迷失在群星中》，还有为《红热 + 蓝》选的带讽刺的《我不介意》。

“我喜欢有点散落瓦解的东西，”威兹说，“因为我来自一个破碎的家庭，

1　南希·格里菲思（Nanci Griffith，1953— ），美国乡村民谣女歌手。

我想。我喜欢那些被忽略掉的，或者需要被重新装好的东西。”在《骨头机器》中，威兹把所有东西——关于崩溃、腐烂的主题和声音——带到了极端。对审判日、荒凉乡野，还有各种形式的背叛的刻画，加上咔咔作响的打击乐、刺耳的吉他、喘息的萨克斯和键盘，还有威兹嘶哑的吼叫和邪性的低语，鲜活地呈现出这位歌手对天堂和地狱的想象。“我弄出了点新的类型，”他说，“世界末日，那对我来说是新的类型。自杀遗书。谋杀。《地球在尖叫中死去》——那是我最爱的歌之一。它带有某种启示录般的东西，我不知道，大概非洲风的东西。”你可以想象威兹穿着他的靴子、牛仔裤和黑皮夹克，左臂下撕开条大口子，细致地翻捡被大地震或核爆炸摧毁的街区里的碎块。他用一根杆子戳戳这里刺刺那里，寻找只有他才会拾取的金属碎块，或者破机器零件，然后对它们严刑拷打，让它们供陈出内心深处的感受。

“我们就像骨头做的机器，”他说起了专辑的标题，“大多数机器都会带上某种人类的特质，哪怕是辆自行车，特别是旧自行车，被经常骑的那种，哪怕在没人骑的时候都会显出这味儿来。我喜欢机器的这一面。我看过一张照片，上面是一个造瓶机，有个家伙在上面干活，那是在 1920 年代。它可以在十二小时里造四万个瓶子，它里面有很人性的东西，某些很动物性的东西。它看起来像某种皮肤被烧掉了的生物。我喜欢那种声音。我想开拓更多的机器声音。”

为此威兹找来了一套打击乐器，叫作“双关谜”（Conundrum），“看起来像某种变态的西班牙大铁十字架之类的”。结果便是《在罗马斗兽场》这首歌，听起来像有个人在隔壁大声嚷嚷着敲墙。还有《海洋不要我》，讲的是一次被阻止的自杀事件，像是把肯·诺丁放进《海宫猎奇》[1] 里朗诵出来的，歌里面阴魂不散地回响出蒙着布的巨大铁链撞击水下墩台的声响。

“在《地球在尖叫中死去》里，我们拿出了鼓棒，到处试用，”威兹说，“我想找到那种我特别喜欢的俾格米人[2] 营地的录音声，可我们就是找不到。

1　1958 年至 1961 年间在美国开播的海底探险电视系列剧。

2　并非一个种族，而是泛指男子平均身高低于 150 厘米或 155 厘米的种族。

我们试了房间里的各种地方，也用了不同的麦克风。什么也找不到。不同类型、不同大小的鼓棒也试了。后来我们就跑到外面去，把麦克风放在柏油路面上，砰！声音找到了！就因为我们在户外。”

“我在探索越来越多超出常规，却能制造声响的东西，”他继续说，“现在也是这么做的好时候，因为现在世上有各种我用得上的垃圾，它们本来就被扔在那里生锈。我都不敢相信。我觉得总有东西会从我们所住的这个垃圾世界里跑出来，知识和信息正变得非常抽象，而本来真的用得上的东西就只能躺在那里，像一堆大恐龙的尸体那样腐烂。总能从这垃圾世界里找出来什么有价值的东西。我们该怎么办呢？把它们埋了，在上面生活？美国人对这一点还算有点知觉，总会问：‘现在这东西用不上了，除了扔到谷仓边，我还能拿它干什么？’”

“我听说收垃圾日在日本很疯狂，如果你想捡回什么很奇怪的东西，或者那些在过去七八天里过期的东西，那可正是时候。所以我常会想到这些东西。我经常跑去敲敲这敲敲那，看看会发出什么声响。不过要让它在录音室里产生意义就是不同的事情了——得看你怎么拿麦克风录，在什么样的房间里录。你到最后总是要抵抗那些东西的物理原理。我对这种事情很感兴趣。我经常自己和自己很荒谬地争论起东西的声音和质地，就这些东西会让你晚上睡不着，把你逼疯，这就是为什么这张专辑最后能发行出来，我特别高兴：那堆破烂可以从我家滚出去了！不过我很喜欢这个过程。真的喜欢。我喜欢有音乐从我的手指间穿过。”

在《骨头机器》里，威兹捡回来的恐龙物件之一是一架钱伯林牌前合成器时代键盘，混进了事先录在模拟电路录音带上的循环素材。“玩得很漂亮，真的，”他兴奋地说，“我有差不多七十种声音在这个设备里，从马叫到雨滴、笑声、雷声、七八种不同的火车声，还有所有的传统管弦乐器声。这是一个很好的额外选项，如果你不喜欢更正统的、被视为艺术的那些乐器的声音——有时候那些乐器好像都把空气挤跑了。”

大多数《骨头机器》里的音乐，显然被简化到了只有吉他和打击乐，从而让最突出的声音变成了威兹的歌声，加上拉里·泰勒（杰里·李·刘易斯，罐装燃料乐队）弹出的立式贝斯。威兹对自己弹奏的一组非凡的吉他声持自嘲的态度：“实际上，”他说，“我找了其他人弹吉他，我付他工钱。我说：‘好，听着，我不会用你的名字；我是不是要额外付你不少钱，才能说这是我弹的？’大多数情况下他们说，我可以这么来：‘你就把钱给我得了，我自己会消失的，不会打官司什么的。’我可以在一个有限的范围里弹吉他，不过我可以在有限的范围里弹奏任何东西。好比说橱柜的一条腿断了，我可以拿四本书垫出合适的高度，保证它不倒下来。对一首歌来说我可以做那四本书。我做不了那橱柜，但是我可以做那四本书。”

“有很多时候，那就是你在一首歌里做的。你在听，也在想：‘这首歌需要的是什么呢？’有些被放到歌曲构建过程里的事情，几乎像是造弗兰肯斯坦的医学步骤。‘它需要的是什么呢？’它很美，但是没有心脏，要么它只有一颗心脏，别的器官都没有，它需要的是一排肋骨什么的。通常我对歌曲的医学问题很在行。到最后我大概会做一个音乐里的医疗咨询师。我会被叫去瞧瞧生病的歌曲，然后要么说‘把白布盖上吧’，要么说‘做手术’。我会背个包带上我的锯子。有时候你得把腿敲断，再重接起来。我对这种事很在行。不过那样可疼了。可是假使说你一早没把我叫来，现在才需要我了，那你得配合我做些不那么叫人舒服的疗程。我喜欢把歌打破，敲碎它们的背脊。我喜欢有伤疤的歌——当我听到它们的时候，我就看到所有的伤疤。”

与其组建一支乐队来配合他要给新歌做的手术，威兹宁愿去请来他最喜欢的音乐人做客座演出：萨克斯手拉尔夫·卡尼，贝斯手来自普莱玛斯乐队的克莱普尔，灵薄狱疯子乐队（Limbomaniacs）[1]的布莱恩打鼓，吉他手乔·戈尔（也是《吉他手》杂志的资深编辑）、大卫·菲利普斯和瓦迪·瓦赫特尔，灰狼一族乐队的大卫·伊达尔戈弹手风琴和小提琴，还有在《那感觉》这首歌里，一起合作写歌的基思·理查兹。

1　活跃于20世纪八九十年代的一支重型放克风格乐队。

“假使我从加入一个乐队开始，假使我是个乐队，我早就已经和乐队闹掰了。”威兹笑着说，“不过我和很多人一起有过很棒的体验，一起感受音乐冲动的体验。我真的不算那种很会社交的人，那种像磁铁一样有力场把人都吸过来的人。虽然做音乐比抓虫子看起来更带有社交性，人们还是会因为有不同的特点和怪癖而彼此分隔。我很少敢去刺探那方面的人性，所以经常得闭上嘴。不过当你遇到一个能和你产生默契的人，那可真叫人开心。我喜欢大伙在玩一段后飞起来的感觉：你的指关节都出血了，你屁股很疼，肘子和膝盖都蜕了皮，裤子也湿了，头发上还有血。我觉得那特别棒。这种情况并不会总出现，但是你希望它会出现，努力让它出现。不管你要做的是什么，你的职责就是要求自己确实能进入那种状态，这样才能保持某种有意义的触角，并保持对所有东西都充满好奇。”

如果威兹彻底让自己放开，他说，《骨头机器》也许会进入一种彻头彻尾的声音实验。但是在组装的过程中，这张专辑还是被歌曲的主题接管了。然而，那并不会让他的工作变得更容易。他滔滔不绝地讲着把新歌带到这个世界的奋斗过程。其中的一半是和自己的妻子凯思琳·布伦南共同创作的。“凯思琳和我埋头进了一个房间，大概一个月，然后把它们搞出来了。”他说，“有时候我们从零开始。一对一。和另一个人一起写歌，那可是很不一样的活计。不过我说，我们都一起弄出孩子了，我们也可以一起写歌。我太容易进入老套路了。我进去后就说：‘哦，这是我的位置。’就像铁铲的把手。哪怕在钢琴上，我的手也总是每次放在同一个地方，因为你的双手有一种独立的心智。不过有时候你得靠一个人站出来说：‘不，把手放在那边，试试这个。’她就是来这么做的人。我那样做她都会叫停。‘哦，又来这个了。哦老天，哦，这都第一百遍了。’不过我也会把她敲打一番，当然不是真的打。”他说着，身子靠在录音机上。“我不会真打她，别误会我。”

威兹描述起他让自己的歌曲去经历的痛苦。“有些吧，就像土豆一样从地里冒出来，”他说，“其他的，就像混凝纸浆，我得把一坨坨的东西弄出来，我得把手弄脏，这叫我很生气。有一些就好像乖儿子。‘为你骄傲哦，儿子。’”

他用杰克·尼科尔森在《闪灵》[1]里的腔调说，“你一向是个乖儿子，你呢，倒是一直给我找麻烦，我们去东边旅行不带你了。”

“我对这些歌会发脾气。”他说，“我会对歌生气。‘噢，你这个胆小鬼，你这个小饭桶，你们他娘的上不了我的专辑了，你个小兔崽子。不可能让你上，我们三天后就得出发了，不会带上你。因为你又胆小又饭桶。’然后歌曲们就会说：‘哦，老天啊，我们上不了了。’到最后能对那些歌抽几鞭子总是好的，吓吓它们，拿它们开玩笑。它们就会改变。你明天再回来看看，它们就显得乖巧一些了。”

“你知道谁做那事最棒？”威兹自问自答，“基思·理查兹。他在这事情上就像个真正的大巫师。他转着圈，像动物一样，闻闻，踢几脚土上去。他很有仪式感，搞得跟丛林似的。我体会过和他一起花几周写歌，真的很兴奋。他写了那么多不同的歌。你能从他脏兮兮的吉他和那副流氓样里认出来，他就像个蹲在加油站的杀手。——‘哦，兄弟，我们最好别在这儿停下来加油’——你也会意识到他真的很吉普赛。我们有段时间玩得很野。你可不能跟他一起喝酒，想都别想，你会一早就喝倒，他会把你贬低成很尴尬的东西。你会变成桌子——他们会把酒往你身上摆。他会把你变得更强硬。”

他把过去五年花在了特别的项目上，包括电影原声，在词语－爵士乐大师肯·诺丁的《虔诚的催化剂》以及萨克斯传奇特迪·爱德华兹《密西西比小伙》中的客串，以及与威廉·巴勒斯和罗伯特·威尔逊合作写成的舞台剧《黑骑士》（在德国汉堡上演，在那里他也会和威尔逊一起合作《爱丽丝》）。在这些之后，威兹也许需要让自己在面对歌曲的时候变得更强硬一点。“当你在给电影写歌的时候，”他说，“完全是去配合别人，就好像你身处一个管弦乐团里，你就是个长号，要么你就是个鼓，诸如此类。你就是个抬棺人，那就是你真正的角色！大多数电影还有大多数唱片，就好像一把长号，而在长号

1　库布里克 1980 年的电影作品。杰克·尼科尔森在片中扮演一位作家，因幽闭产生暴力倾向，声音带着恐怖邪性。

下面埋着的才是真正的电影或者真正的唱片。想想真的很奇妙，在这些项目里有那么多东西最后都被埋在底下——你想出来的主意、本来可以发生但没发生的事情、没达到预期的歌。你所希望的就是在把它从坑里拖出来的时候，不会把它的头扯掉，光剩下皮毛。在我看来那很粗暴。”

但是写歌这件事里，有什么是他喜欢的？他说，是能让他有做一回补锅匠的机会。“你可以把什么都变掉，只要你想，”威兹说，“如果你不喜欢一首歌的方向，你可以从头开始把骨架都换了，或者把三四首歌配合在一起的效果换掉。录制专辑叫我讨厌的地方是，这东西是永久定格的。最终你得把它晾干，我讨厌那样。我就喜欢一直去改变它们的形状，把它们砍成两半，把我上次不想用的部分用到另一半上去。”

“这是会把每个人都逼疯的部分。我喜欢钻进去和歌曲待在一起，把它们吃下去，把它们折腾一番，试用所有的变化。有时候歌听起来有爱尔兰味，你把它朝这边斜过来一点儿，听起来就有巴厘岛味，往那边斜一点，就更有罗马尼亚味。我喜欢琢磨音乐，你可以在不同的经度和纬度上找到自己。对节奏来说，有很多不同的坐标系，当你开始探索节奏的时候，可能你发现听起来很有中国味，然后你意识到那就好像是棒槌在地上敲，这是自然而来的东西，用不着你把它放到哪个特定的国家里去。这里面有不少东西来自你自己的橡胶梦。”

这些年来威兹已经越来越自信，相信自己有能力把自己在头脑里听到的声音变成音乐。“我喜欢想到自己不管瞄准什么都能打中，”他说，“你到了知道自己怎样都能打中的程度，那顺手抄起什么都能打中。不过有很多歌不想被抓住，它们会逃跑。如果你想活捉它们，你必须有些和音乐常理不同的手段。就好比任何其他的事——你在榨取它的时候经历了什么，就会得到什么，两者成正比。”

然后还有关于他嗓音的问题，他已经对自己的嗓音进行了训练，有时候还会用扩音喇叭以及别的设备来处理，从而把他的嗓音变成一种机器，一旦发出悲鸣就会带着异乎寻常的表现力。“我想对自己的嗓音做的，就是让它变得有点精神分裂，”他解释说，“然后看看我能不能吓到我自己，或者一首歌接一首歌地来，看看我能不能把我的脑袋整个从身子上转过去，弄断自己的椎骨。要么我就涂上口红，朝一个罐子里尖叫。哦，对，我对我的嗓音作为一种乐器很满意。我戒了烟，没人注意到这点。或者我说‘我失声了，我没有嗓音了’，他们说‘我没听出来’。那很伤人。”

最后，在弄出了一长段即兴重复段来描述歌曲的骨架血肉是如何被创造出来之后，威兹身子倚靠着卡座的角落，试图把他自己放到美国文化的总体图景中，这幅图景并没有太多空间留给那些会走进邻居院子里敲打东西的人。“有时候很难，如果你不得不和传统的商业世界打交道，”他说，“我们似乎会向任何能做出一千万份拷贝卖给每一个人的东西敬礼；胜利的标准是每个人都能拿到一份，而不是创作出十首伟大的歌曲。我不会用这种评判法则来做标尺。”

“不过美国也有一部分能让音乐变成活的东西。在新奥尔良，音乐就像这里的塔巴斯科辣酱油，他们会拿点酱油浇到吃的上面。在这个国家，唯一真正有活力——也就是说不断地进化、很努力地工作——唯一真正的美国音乐是美国黑人的音乐。它浸透了某些很重要的东西。我女儿会听说唱电台，这种音乐就像涂鸦，或者监狱墙上的诗，像打破窗玻璃的那块砖。它很有力，很本质。”

对威兹来说，在广阔的美国天地里创造他自己的文化，就像写歌一样，是一项持续性的事业。“就我这种加州来的白人小伙来说，”他说，“我听很多东西，然后这里敲下一点，那里敲下一点，再把这一块和那一块捆在一起，然后把它们带出去会会从最顶上掉下来的，再用报纸把它们都包起来，最后点上一把火。这就像做一张唱片。”（或者像做一次访谈？）在冒着一场谁也没料到的大雨开车走人之前，他总结道：“你不会真的完工，你只是停下来。你持续地往上头画，做各种加工，直到最后不得不停下。”

威兹在路上、歌里、乐器里，还有哭房里

摘自《夜晚带电》节目，KCRW 电台

1992 年 10 月 9 日

路上总是很艰苦，因为每个晚上都不一样。[……] 有些晚上，感觉像被剥了皮泡到柠檬汁里，另一些晚上，感觉自己像有八英里高，整个世界都盖上了床垫，怎样都碰不坏你。

[……]

我的理论是，最好的歌从没有被录下来过，因此我们听的都是二手音乐。我们听的都是活下来的歌，但是还有那么多歌没有活下来，因为它们害怕机器，不允许自己被录下来。这里的诀窍就是把歌弄进去，录下来的时候不要弄疼它。[……]

我觉得你发疯的时候，打鼓总会打得比原来好很多。我觉得陌生感对你的发展很有好处，这是音乐才能的秘密所在。让这种感觉保持鲜活很重要。我喜欢和乐队一起玩这一手。我说："我们一起再来演奏一遍这东西，现在呢，让我们互换乐器，搞得完全失去平衡，看看我们能不能把这段再来一遍，演得既没谱又没重心。"我们就那样试一遍。或者你起个头，说："我们来把乐队砍成两半，你们这一半人现在弹这首歌，你们这一半人呢，我要你们也弹，但是节奏落后一点，这样我们就能找到点在泰坦尼克号上摇摇晃晃的感觉。"我觉得能给乐队提建议是很重要的，你得在进入一首歌之前就告诉他们。我喜欢和这方面能作出回应的人一起玩。[……]

我记得小时候电影院和剧院里曾经有那种叫哭房（crying room）的地方，你还记得吗？上面有个大黄色标志写着"哭房"，我曾经以为那是给那些被电影情绪煽到的人去的，他们得去那房间里，他们都在那里哭。那里总是有很多人。你会在外面听到哭声。长大点后，我才意识到那是给带小孩的母亲用的，她们的小孩在哭，她们又想看电影，但是没法在观众中继续看电影，因为那样会打搅到别人，所以她们会带着小孩去哭房，不过看起来每次放悲

情电影的时候，总会有更多的人待在那里，真正的悲情电影，那里面会有很多人。

采访汤姆·威兹

《早晨变成折中派》节目，KCRW 电台

1992 年 10 月 12 日

克里斯·多利达斯

克里斯·多利达斯（下简称克）：终于能见到你了，真棒！

汤姆·威兹（下简称汤）：很高兴见到你，克里斯。

克：《剑鱼长号》标志着你作品的新方向……它看起来，几乎像是你突然深入虎穴，去制作你自己的作品了。仿佛你开始了全新的冒险，而我们今天还能在你的新作品《骨头机器》里，听到你冒险的篇章。

汤：不错。好吧，我喜欢那些里面带着冒险的歌。我觉得那是每个人都想找的东西，带有冒险的歌，还有，你知道吧，堕落和情色的行为、蒙难、谋杀……我不晓得，对我来说是这样，我觉得直到那一刻我一直……我觉得我自己还没完。我觉得在那个时刻，我想做出一些听起来更有手工味的歌，以及对一个声音和故事的新世界进行实验和探险，所以我是说，特别是打击乐，我对这片百慕大三角一样的打击乐更感兴趣，在那里你能发现世界的边缘，有时还会掉下去……

克：这种新的需要，是不是给了你换唱片厂牌的正当理由？

汤：实际上没有，新专辑是给 EA[厄勒克特拉 / 庇护所] 公司做的，而且乔·史密斯[1]都听过了。他不知道该拿它怎么办。他看我像看一个疯子。一

1　乔·史密斯（Joe Smith，1928—），著名音乐唱片企业家，时任庇护所唱片 CEO，后成为国会唱片公司总裁。

开始他说："你自己制作唱片吧，去吧，去制作自己的唱片，你应该制作自己的唱片。"于是我说："好的，很好。"我做了大概三四个东西，带过去给他听，他说："好吧，我不知道……"然后我做了一整张专辑放给他听，他说："我不知道我们能不能把这张东西发出来。"后来克里斯·布莱克维尔听了，我就通过合同上的一个漏洞离开了EA，偷偷溜走的。克里斯·布莱克维尔很爱这张专辑，他说："我们会把它发出来。"所以那会就是这个情况。他和那专辑很合拍。布莱克维尔有一对很棒的耳朵，你知道吧？因为他喜欢我做的东西，所以我觉得那就意味着他有一对很棒的耳朵，你知道吧？

克：那也是弗兰克登场亮相的时候，这个人在你的作品里待了好一阵。弗兰克从哪来的？他来自哪里？

汤：哦，老天，我不知道。它就像一次腹语术表演。《弗兰克的狂野岁月》就是一个短篇故事，讲一个小镇上出来的家伙想出来闯一闯，把自己变成个人物。我不知道他从哪里来的，就是《剑鱼长号》里的一个小故事，一个古怪的短篇故事。

克：很显然，他让你起了兴致，因为这短篇总是被修修补补，还被扩编，然后变成了一部你带去巡演的舞台剧。

汤：好屠户总能把牛身上的每一块都用上。

克：我不知道算不算巧合，不过在弗兰克开始四处潜伏的时候，你也开始投身电影工作。你生命里表演的部分开始扩张，我猜是从你和弗朗西斯·福特·科波拉签的合同起头的。

汤：好，我想想，在和弗朗西斯合作之前，我就已经演了几部电影。我和弗朗西斯合作的第一个项目是《旧爱新欢》。那时候我住在纽约，而他一直想做一部酒吧间轻歌剧，他是这么称呼的。对我来说那算是有点倒退，因为我当时已经在试着突破我歌里那些死气沉沉的钢琴加鸡尾酒造型。我正试着把这些拒于门外：对酒精的完全痴迷，以及我自己从中获得的变态的惬意。他倒是想要鸡尾酒歌，所以我从纽约回到了洛杉矶，开始在办公室里写歌。我本来从不会在那种有木镶板之类的东西的办公室里写歌的。不过感觉倒是很好，跟他合作很满足，后来我们又一起做了其他东西。你在旅途中碰到了能跟你产生默契的人，那很棒。

克：到目前为止，你自己最满意的表演作品是哪一部？

汤：我喜欢《紫苑草》。我还在罗伯特·奥特曼的电影里演了个角色，那部片还没上映 [《银色·性·男女》]。我演厄尔·皮戈特，一个喝酒的豪华车司机，我在片里跟莉莉·汤姆林[1]结了婚。和罗伯特·奥特曼合作很棒。他就像一个坏镇上的好警长。我还演了《惊情四百年》。那部片很快就上映了。很棒的。我演这部电影的时候，真的享受了很好很好的时光。

克：现在你在《惊情四百年》里演伦菲尔德，那可真是个不可思议的机遇，要是我，我会想让这事情……

汤：疯狂起来？好吧，你看很多人觉得我真会吃那些昆虫，我真的得把事儿说清楚，因为我没有真吃那些昆虫，你知道吧，我把它们放到嘴巴里，就像给它们来一次游乐宫的奇幻旅程。我把它们送进游乐宫，让它们在我嘴里爬来爬去，然后我再把它们拿出来。你知道，我并没有真的用自己的牙齿去谋害它们的性命。

克：把它们吃了就太简单了。

汤：对，不过我真的很享受。我在……我有一些时候会被吓到，当时我既害怕又很振奋：在疯人院被水管子浇一身水，穿得像只蛾子。我还得戴着那些手梏，真的很疼。它们的设计……它们是基于意大利一种针对钢琴手的真实设计，为了让人的手保持笔直。上面有金属套，为了防止你的手指做出任何非钢琴的动作。它们就像，我不晓得，好像是给你的手指穿上了紧身褡。它让手指完美地保持这样 [做出手指套上套子的姿势]。全是金属做的，还有给你的指尖套上的套子，会让你的表皮生疼，看起来也很吓人。就是那概念。

克：对，我本来要说，他们为什么要给伦菲尔德穿戴那一身？我猜是要

1　莉莉·汤姆林（Lily Tomlin，1939— ），美国女演员，曾出演《影与雾》等电影和《绝望主妇》等美剧。

一开始就看起来很奇异。

汤：对，看起来很搞笑。

克：但是在电影里，我们不是该看到更多伦菲尔德的历史吗？

汤：我不知道，我还没看那部电影，我不知道我们能看到多少伦菲尔德的戏。

克：在伦菲尔德进收容所之前你都没看到过他？

汤：没有。有张他的照片，戴着帽子，穿着西装，在他失常以前。

克：我猜他过去是个生意人？

汤：对，是个房地产公司的推销员。

克：他搞上门服务。那对你来说一定很奇怪。当你在做音乐方面的事情，你能掌控一切，你制作唱片，里面每一寸都是你自己的。而当你在电影里，差不多好像你又回到了在庇护所唱片那些年的样子。

汤：对。电影有时候很难演，因为，好吧你知道，他们不是出钱叫你演戏，他们出钱叫你等待。你得经历很多等待。有人告诉我做表演会让女人更像女人，却会让男人更不像男人。我说："哦，老天，那就是一直让我心烦的东西。谢谢你。"瞎忙一气弄你的头发，你知道，早上六点就得起来，你知道，那些人成天瞎忙一团。

克：你说得很有道理。

汤：但我喜欢能让自己飞离地面的时刻。那在电影里很罕见，在舞台剧里更常见，你会很真实地体验一场斗殴。电影都是那么支离破碎。就是块马赛克。不过跟优秀的人一起合作总是体验丰富，让人满足。有时候电影就像你买了幽灵船上的最后一张船票。你永远也回不了家了。

克：你有没有想过在电影里出任一些更能让自己掌控局面的角色，也许自己做些导演工作？

汤：老天，我不知道。你得对很多事情非常了解才能干那一行。有很多事情要做。那里有下丘脑室旁假体钛合金适配器、热力学刽子手、生物肉体再生器那种东西。你得懂很多东西才行，而我的事业还没到那个阶段。就好像你得变成特斯拉那样的人才行。

克：这张专辑首先打动你的，或者打动我的，是里面沉重的打击乐感觉，原始而坚韧的质地占据了很大一部分。还有很多暴力的……

汤：好吧，对歌曲来说，那些东西一向是很好的素材。

克：真的。似乎对你来说，那更像是一个在家里完成的项目。离家近了很多。

汤：好吧，你知道，那全是在录音棚的一个小房间里完成的，那个小房间不是设计用来做录音室的，正是这种特点帮了我们的忙。那就是个声响很棒的房间。不隔音的水泥地板、破窗户，你知道，很棒。就是个房间，储藏室。

克：那是什么？你名下房产里的一间？

汤：不，是录音棚的。那里还有其他房间。我们在真正的录音室里录了几天，叫人很不开心，很压抑。"这房间声音很糟糕，"我说，"这房间里永远长不出音乐。"我很愤怒，我很低落。于是我四处走了走，在那地方到处看看，然后我说："这边这间房怎么样，我打赌这间房声响会很好。"大伙都笑了。我说："不，说真的，这房间有什么不对？感觉更好。有热水器、一扇门、一扇窗、一张桌子、一把椅子，墙上有几张地图。把咱们的板箱都搬过来，我就在这儿开工，把电线都接过来。"那时候是雨季，大伙都说："好，没问题。"他们就那么干了，我们进到那房间里，所有东西都开始能联结在一起了，所以那样真的很好，这项目第一天就碰上了一次爆胎，但从中我们发现了一个新地方，能让事情玩得转。

克：好吧，你拖进去好多乐器，找到了它们的特性。实际上这张专辑里有一样新的乐器，那叫……

汤：哦，"双关谜"。

克：对。

汤：那是我的一个朋友塞尔吉·埃蒂安造出来的。那东西……就像……其实就是一个金属摆件，像个金属十字架。看起来有点像一件古代中国的酷刑器具。就是件很简单的东西，不过它会让……它让你接触到另类的声源。

用锤子敲它们。听起来像监狱大门在你身后关上。我喜欢这东西。你玩到最后指关节都出了血。你就拿把锤子狠敲，直到你就，你就再也敲不动了。能那样使劲敲东西感觉很棒。真的就是拿锤子一通猛敲，有多重敲多重。很好，也很治愈，诸如此类。

克：你在创作一首歌的时候会不会试不同的东西？我了解到的是，你和你太太凯思琳想出了大概六十个不同的想法来做这张专辑，在逐渐缩减范围后，你拿剩下的想法做出了这张专辑？

汤：你总得丢出去一大票歌。也不是丢出去，你把它们当配件拆用。那是这个过程的一部分。弗兰肯斯坦就在那里，把他的头拧下来，马上装到、缝到这家伙身上去。让他活口气，直到他的脑袋被彻底割下来。这就是歌曲创作的一部分。和凯思琳合作很棒，她是个伊利诺伊州出来的、背教了的天主教徒。所以她脑子里装满了神话传说，还有旋律。我扇炉子她点火。这就是个俄罗斯轮盘赌，有时候你得到很好的想法。和她的合作很棒，我们的确有很多歌最后不用了，但那也是创作过程的一部分。

克：你的孩子们实际上也对这张唱片作了贡献。

汤：没错。

克：那是怎么来的？是不是像早餐桌上的谈话？

汤：哦，你知道每个人都会像吉米·杜兰特[1]那样钻进来："每个人都想试一把身手。"呃，我的小女儿说——她有个词叫"陌生使"（strangels），是"陌生人"和"天使"拼起来的。陌生的天使。"陌生使"，他们叫"陌生使"。"要么，"我说，"你可以有'大脑使'。"那些住在你头脑里的陌生天使就是大脑使。我们就这么来来回回扯，最后扯进了《海洋今天不要我》这首歌，专辑里的自杀遗书。嘿，小孩子在学会说话以前就写了成千上万首歌了。他们写歌比谁都更有能耐。所以你会希望自己有能耐写出小孩子喜欢的东西。

1　吉米·杜兰特（Jimmy Durante，1893—1980），美国1920年代开始走红的著名歌手、钢琴家、喜剧演员。

克：最难征服的听众。

汤：有个中西部的家伙给我写了封乐迷信，说："好吧，我的小女儿现在会来听你的歌了，她……那些歌有点吓到她。她觉得你是一个介于樱桃爆竹和小丑之间的人物。"我喜欢那话。对啊，小孩子们。你没法糊弄他们。他们要么喜欢你，要么就不喜欢。

克：当你最后在歌词和音乐上都把歌写到你想要的地步，你也把乐队拉扯起来了，然后你想要做出东西来，你是会一直让录音带转着，还是等到你做到位了再录，你先排练，再转录音带？

汤：你在加面糊之前会搅牛奶吗？你会先放鸡蛋进去还是……你什么时候把肉桂放进去？是在放了肉豆蔻之后，还是说你先把葱花放进去摇？什么，那东西你要烤？那东西你要煎？我不晓得，有时候。你是提茶壶盖呢，还是不提茶壶盖呢？

克：你怎么知道一首歌已经死了，知道它就是没法成活？

汤：好吧，有些歌就是没法成活。有时候你得像个医生一样。你得从医学角度看它们："这首有什么毛病？"你得对它们做诊断。它们有一些害了没法医好的老毛病。有一些你没法确诊。有些歌，你打磨了好几个月，最后还是没法成行。它们会被丢在身后，而总有一些歌会上突发新闻。我们有一首歌叫《菲律宾席梦思烤猪》，讲的是老街坊里的老仪式，这首歌没能上专辑，真叫我心碎，但它就是上不了。歌本身很好，也许会上别的什么。那是一首讲……有点像什锦炒饭，你知道吗？什锦炒饭，小龙虾饼。肉片秋葵。

克：所以你用不上了就扔回废料堆，扔回粪堆？

汤：没错。

克：你是不是一个特别信宗教的人？

汤：不，我不觉得……不，我不信宗教。

克：你一点也没受过宗教教育？

汤：哦，我小时候上过教堂，对。我妈妈听到了专辑标题，她不喜欢。《骨头机器》。她说："为什么我们总是要自降身份？"她说："你记住，魔鬼最恨的就是唱歌的基督徒。”所以，我还是小孩的时候会去教堂，有一个礼拜天早晨，我突然决定不再去了。因此我就停了。我不知道外面有什么，也不知道天上有什么，一间小办公室，也许有一间小办公室，就好比，如果你的车在纽约被拖走了，你得去七十四号码头取，可能在凌晨四点，一面有机玻璃挡板隔在那里，差不多有三英寸厚，上面还有弹孔，一个老太婆戴着双光眼镜坐在打字机后面，你意识到你的车……你可以看到车，看过去，你知道，在那边和几百辆别的车锁在一起，而且你的车看起来很羞耻也很尴尬。而你意识到她，她手上有整个……她手里掌握着你的命运。所以差不多是那样的东西。我是说，在你死后。人们会觉得那很简单，但是，我是说，帮帮忙好吗？你死后这明明会变成组织上的噩梦。这么多魂灵，谁？在哪儿？什么？啥时候？你会干什么？你会拿到你的号码吗？那真是见鬼了。所以你得非常……而你死后找个伴肯定会很难，因为会有很多人找不到他们爱的人，因为他们就是一小束闪烁的光。会很艰苦的。

克：你是在怎样的教养中长大的？我的意思是，你父母懂音乐吗？他们是好玩的人吗？

汤：好玩的人？

克：在你成长的时候。

汤：我爸很懂音乐，我妈也是。他们都会唱歌。我家房子里会放音乐。放平·克劳斯贝[1]，放哈里·贝拉方特[2]，放马蒂·罗宾斯。

克：所以他们会跟着唱片唱歌，而且……

汤：我爸喜欢很多墨西哥街头乐队的音乐，现在还是很喜欢。他是个西班牙语老师，所以那是我们听得最多的东西。他们不让我听那些热门新潮的音乐。所以，我不知道你的音乐教育大多是从哪里来的，你小时候听到了一

---

1 平·克劳斯贝（Bing Crosby，1903—1977），美国流行歌手、演员，1934 年至 1954 年间红遍半边天。

2 哈里·贝拉方特（Harry Belafonte，1927— ），历史上最成功的的牙买加裔美国流行歌手，被称为“卡里普索之王”。

点点，然后你就走上了自己的探险，你要做什么都听凭你自己，看你自己怎样整合。我总是觉得我会找到什么从卡车上掉下来的东西。像这个声音，我会找到什么法子把它整合进去。我把它放进比如《眼球娃》[1]这样的歌里。我会试着消化这声音，给它做点改变。我不知道最后都是怎么跑到一起去的，但一旦你有了对音乐的信心，那通常来自足够的天真，你会放空自我意识去探索，因为你真的很想让歌曲也喜欢你，和你喜欢它们的程度一样，那就是音乐里面……音乐里面有些地方，只有当你变成一个白痴的时候才能走进去，那是唯一能让你走进去的法子。你知道，有高潮的音乐，有低落的音乐。有一次我们在汉堡拉起一个管弦乐队，一半的人是从火车站拉来的，一半的人是本来就在管弦乐队的……大家都处得不太好。你想："哦，很好，每个人都会教别的人怎么样去……"你知道，有些地方的确配合到一起了，不过……我不知道，音乐是活的东西，所以它能……你可以弄疼它，你可以伤到它，你要是不小心，连杜松子酒都能伤到。所以，我不知道，我喜欢……歌曲都很奇怪的，它们很简单，来得很快。如果你不抓住它们，它们就自己继续前行了。它们会跑到别人那里去。其他人会把它们写出来的。别担心。

克：汤姆，你有没有把音乐像你脑子里听到的那样，实现出来？

汤：好吧，你知道，我总是会做妥协。如果我真的用自己觉得顺耳的路数写下来，除了我之外，没人会爱听。

克：真的？

汤：对。

克：所以你是说你写歌的法子……

汤：我用理性来把所有东西都清理干净，因为我有越来越多的理性，就像我喜欢踩在理性上面。踩在否定上。把它磨碎进排水沟，再通过投影仪放出来。我总是很喜欢这样，基思·理查兹在一部电影里管这叫"头发夹在门里"。你知道当大伙都在看电影的时候，突然有根头发夹在放映机里，大伙都会说

---

1 汤姆 · 威兹的一首歌，后收入他 1999 年的专辑《骡子变奏曲》。

“哇，看那根头发”，然后说“哇哦”，头发飞走了。那就差不多是整部电影里最让人兴奋的时刻。就好像管弦乐队调音的时候，那是整晚表演里最有趣的地方。“你知道当你们这帮人在调音的时候，你们真的，好吧，你们有点意思出来了。而当你们开始弹奏的时候，音乐已经走掉了。”

威兹谈火车

摘自《汤姆·威兹遇上贾木许》，《勇往直前》杂志（英国）

1992 年 10 月

吉姆·贾木许

汤姆·威兹：一种让我着迷的声音，是用一个管弦乐队来发出火车的声音，真实的火车声音。我在洛杉矶认识个伙计，不仅收集了斯廷森[1]游乐场风琴的声音（那是一种嘉年华用的风琴，每个旋转木马上都有，我们把那声音用在了《地球之夜》里），而且他还往里面装了火车汽笛的四个八度音，然后我就能玩火车汽笛风琴，听起来就像蒸汽笛风琴。很棒的声音。你知道，很多最初的、最早的声音实验，那些创造声音幻觉和操控声音的实验，是灵媒来做的。灵媒做的是通灵的法术，和死者沟通，他们会在做通灵法术的房间里布置一个矩阵，除了有管子，还有其他一些东西，它们能往里面传送声音，然后让声音从不同寻常的地方冒出来。突然一个老头打呼噜的声音会从你的椅子底下传出来。而你身在一间黑暗的房间里，双手握拳，这就是个精心设计出来的诡计，为的是让你相信，魂灵在造访这间屋子。所以有很多我们听得出的声音，现在都能在录音棚里做出来了，改改声音的状态或共振，要么就是改改音调，改改响应频率，要么就改改均衡器，这些声音最早都是在这

1　美国最有代表性的游乐场风琴制造商，制造了大多数游乐场旋转木马背后自动播放音乐的风琴，风琴上带有各色可爱的卡通人物造像和靓丽的釉质贴面。

些管子上探索出来的。你可以听到一个女人唱歌，声音是从墙上的一幅画里传来的。管子就从墙穿过，墙里有洞，管子探出来，声音就出来了。有谁想得到有人在耍那一套把戏？所以他们就相信他们听到的是自己母亲的声音，要么他们突然听到了一个女人唱歌，要么……

威兹出镜的一部电影，贾木许1993年导演的短片《咖啡与烟：加州某处》征服了那些偏爱粗粝黑白独立电影的影迷们，成了他们那个小众群体心头的最爱。这部电影里的角色没有多少表演成分，更多的是展示威兹的本来面目，和他一起出镜的是他的同道中人、偶像破坏者兼摇滚明星伊基·波普。1994年接受《村落噪音》杂志采访时，贾木许回忆了这部片子是怎样组合起来的：

> 汤姆精疲力竭。我们在前一天给《我不想长大》拍了个短片，而他一直在做很多访谈。他情绪有点阴沉，他这人有时候就这样，但他也是个很热心的人。他那天早上来迟了——我前一天晚上给了他剧本——我当时和伊基在一块。汤姆把剧本扔在桌子上说："好啊，你知道，你说过这东西会很搞笑，吉姆。恐怕你得把笑话都圈出来，因为我根本看不到啊。"他看着可怜的伊基说："伊基，你觉得怎样？"伊基说："我觉得我得去倒杯咖啡，让你俩聊。"我就让汤姆冷静下来。我知道这只是因为早上起太早，汤姆带着点坏情绪。他的态度整个转变过来了，不过我想要他在剧本里保留点那种偏执粗暴的样子。我们和那种情绪合作，保留了他的性格。假使他当时情绪很好，我觉得这部电影就不会像现在这样有趣了。

威兹谈被人记住以及大虫子的声音

摘自《你要对汤姆·威兹说什么？》，《村落噪音》杂志

1993 年

比尔·多兰

比尔·多兰（下简称比）： 你想要人们怎样记住你？等等，你不是要上哪儿去？

汤姆·威兹（下简称汤）： 被记住？你为什么知道我不知道的东西？老天，我不知道。有点古怪的人。超乎寻常地圆滑，又很文雅。抽一条烟也不会咳嗽一声。你见过那种德国现在在卖的阿道夫·希特勒马桶刷吗？用来筹钱对抗死灰复燃的纳粹活动的？

比： 我暂时还没有把那东西放进购物单。关键词是“暂时”。你下一次巡演会去什么样的地方？

汤： 我不知道，小剧场……要么体育馆。我只会去体育馆了。我坚持要体育馆。[……]

比： 你觉得 MTV 台是不是不可逆转地把音乐搞得更糟了？

汤： 基本上，就是商业。一个国际频道。就是个电子马戏团。

比： “骨头机器”会是什么样的消费品？

汤： 我不晓得，不过左撇子型号会更贵，就这个区别。你有没有见过老式印刷机？见过它们印东西吗？它们发出的声音？惊悚啊！它们发出那种叮咚声、咔嚓声，还有嘶嘶声。那就像骨头机器。在我看来，总是像一只大虫子在吃墨水。

威兹和他最喜欢的歌

摘自《胡闹：和无与伦比的汤姆·威兹交换故事》，《流言》杂志

1993 年 5 月

汤姆·威兹

我一直喜欢写冒险的歌，写谋杀歌谣，写沉船事故，写出于堕落或者英雄主义的不良行为。我喜欢写互相勾搭的荤故事，写浪漫情感，写狂野的勇气，还有写神秘事件。每个人都会时不时想活在一首歌里。在歌里人们为爱情去死。在歌里人们跑路逃亡。歌里有幽灵船或者银行劫案。我总是想活在歌里就不回来了。歌是制造迷信或者莫名失踪的配方。

《他们把风称为玛利亚》《青少年天使》《邦尼·邦尼疯人院》《漂亮小伙弗洛伊德》《春山矿难》《哈蒂·卡罗尔的孤独死亡》《文肯、布林肯和诺德》《泰坦尼克沉没》《三只乌鸦》《扎斯变成了蓝人》《漂亮波利》《拉雷多的街道》《拉格伦之路》《约翰·亨利》《步履蹒跚的李》《比利·乔颂歌》《弗兰基和约翰尼》《兄弟，能给点零钱吗？》《伏尔加船员》《山王大厅里》《晚安，爱的痕迹》《奇异果》《雅各的梯子》《西班牙语是爱的语言》《迷失在群星中》《给魔鬼的同情》《友谊地久天长》，还有《耶稣之血从未辜负我》。

以上是一部分我最喜欢的歌。

威兹谈死掉的动物

摘自《汤姆·威兹》，《矢嘲鸫》杂志

1993 年 2 月

布莱恩·布兰农

布莱恩·布兰农（下简称布）： 你会不会觉得地球正在死去，我们只是

活在自己的梦里，无视这个事实？

汤姆·威兹（下简称汤）：我想是的，不过我觉得世界会在我们死后还存在很长的时间。我就是在等着世界开口把我们都吞下去，把我们从它背上都刮下去。我觉得世界是一个活的奇观。你往地上插个铲子，有没有听到过地球叫唤一声“啊呦”？我们都活在我们祖先腐化的遗骸里，不管是动物、矿物，还是蔬菜。所以世界是一个活的东西。我不觉得它会尖叫着死去，我觉得我们会尖叫着死去，死在时间的沼泽里。

布：我听说你搬到乡下去了，那里有很多路毙动物。

汤：没错。路毙，枪架子，倒掉的鸡笼，成队的秃鹰。

布：总有被杀的？

汤：你待在农场一带，总会看到宰杀动物这种事。畜棚是涂成红色的，因为宰杀动物的活计都是在那儿做的。最初畜棚是用死掉动物的血涂的。涂颜色之前，上面就有血。

黑骑士（1993）

尽管每张专辑发行之间的间隔越来越长，威兹还是通过把才能贡献给其他艺人来保持多产，而他的合作者和他的专辑一样类型多变。他对 1990 年代浮出水面的多种不同音乐风格都保持开放态度，特别是说唱和嘻哈。同时他也继续着他对舞台剧的兴趣。他以德国民间故事《魔弹射手》为基础，创作了音乐寓言剧《黑骑士：投射魔弹》。1993 年 3 月 31 日，该剧在德国汉堡塔利亚剧院首演。而该剧的英文版首演于 1998 年，在埃德蒙顿国际边缘音乐节。1993 年，岛唱片发行了该剧歌曲的录音室版本。

《黑骑士》是威兹和垮掉派作家威廉 · S. 巴勒斯，还有舞台剧导演罗伯特 · 威尔逊合作的产物。岛唱片发行的 CD 像是一种大杂烩，献给那些期待威兹能用同样的笔触来延续《骨头机器》的乐迷。其中的器乐部分凸显了与上一张相似的乐器，比如蒸汽笛风琴、一把锯子、中提琴、班卓琴、马林巴琴、风琴、法国号，还有威兹（给《俄罗斯舞》）在 Emax 键盘上做出的弦乐。在唱片封套的艺术设计方面，凯思琳 · 布伦南贡献了一幅她画的画。

这张专辑发行后不久，威兹一家迎来了他们的第三个孩子，这个儿子被起名为沙利文。威兹终于实现了财务安全，因而有能力按照自己的喜好来选择做项目的时间和地点。从此以后，整个摇滚世界会很少看到他的身影，直到 1999 年 4 月，他的下一张原创专辑《骡子变奏曲》在美国发行；但与此同时，威兹和威尔逊的合作继续产生了两部剧作：1992 年的《爱丽丝》（对刘易斯 · 卡罗尔的《爱丽丝漫游奇境》的改编）和 2000 年的《沃伊采克》。

威兹谈巴勒斯——巴勒斯谈威兹

摘自《汤姆·威兹：万能的游吟诗人》，《纽约时报》

1993 年 11 月 14 日

罗伯特·帕尔默

巴勒斯先生说起合作仍然满是热情。

“当汤姆在劳伦斯这里的时候，”他最近在电话中说，“我们在构思《黑骑士》的基本结构，他有些很棒的主意。我构想的是用海洛因来比拟原本德国故事里的银子弹。一旦你用了一颗，你就得用下一颗。汤姆说：‘没错，第一颗总是不要钱的，而且当然会直接命中。’”

威兹先生说：巴勒斯先生“对我来说总是个怪吓人的老家伙，当我认识他的时候就怪吓人的。不过他能让每个人都参与整个创意过程”。在汉堡，威兹先生和巴勒斯先生分开工作，到了晚上一起把成果带给威尔逊先生，由他在第二天早晨排演。“因为我们工作的方式，”威兹先生说，“录音自然会有点粗糙，好像是工作样带，那时我没有意识到这些录音最后会被发行。那对我来说太好了。我一直在为此挣扎呢；一旦想到我们要真的录什么东西出来，我就会被冻住。我最喜欢的录音都是那些在音乐中却不知道自己是音乐的毫无拘束的时刻。”

威兹谈水琴

摘自《机缘的音乐》，《旋转》杂志

1994 年 6 月

马克·理查德

水琴来自威兹的异域乐器收藏库。它看上去像是两把披萨锅面对面焊在一起，而一根用长绳子绕着包裹起来的、带消音器的排气管夹在中间。不同长度的金属杆在锅的边缘插了一圈。当把水从中间的排气管倒入披萨锅，你可以用一条鲻鱼搅动杆子，或者用一把琴弓绕着它们拉，从而发出深海中科幻电影般的声音。

“玩玩看，”威兹说，“这上头没有专家，也没有初学者。”他说，一旦你拿起这件乐器，你就和其他所有人处在一样的位置。“在音乐里，我喜欢那些能让你放下自己傲气的过程。你就只跟自己的乐器握握手。有时候你更天真懵懂，音乐就会更爱你，它就想留得更长久。我弄得杂乱无章，忘了歌词，而我想，‘也许我就该忘些歌词，这样我就能另外写点’。这就是为什么我总喜欢用上一些我在某个地方找到的乐器，我喜欢机器里的鬼魂。你丢掉了些东西。‘那段小号怎么了？我以为我们有段小号的。我们要不要再来一遍？来不了，他跑了。小号手现在人在维也纳呢。我们找不到他。那，我猜这一首就没有小号了。可能没有小号更好呢。真就更好！我一直没特别喜欢那段小号。实际上，小号手找不到了我还挺高兴的，否则我们就会觉得有义务往里面放段小号了。现在我可以跟小号手讲，不要心里不好受，我没有把小号那段拿掉，我们只是落下了。’”

威兹谈《新加坡》、宇航员剃须刀、里德·加扎拉[1]和小塞米·戴维斯[2]

摘自《早晨变成折中派》，KCRW 电台

1998 年 3 月 31 日

克里斯·多利达斯

[《新加坡》是]一首很冒险的歌曲。……在录音室里我们的鼓声是用剖

1 里德·加扎拉（Reed Ghazala，1953— ），美国音乐家、实验乐器制造者，被认为是“电路改造之父”。

2 小塞米·戴维斯（Sammy Davis Jr.，1925—1990），美国黑人歌手、喜剧演员。

面为两英寸乘四英寸的木头敲打某个人的五斗柜制造的，而这整首歌玩下来，所有的基调重拍都是木头反复打五斗柜的声音，而歌的最后一小节里，这整件木头家具倒掉了，一点也没剩下，歌曲就结束了，但那是……那就是我听到这首歌时想到的。我看到一堆木头，这让我很兴奋。迈克尔·布莱尔是打击乐手。那不是个很贵的五斗柜，我们只是碰巧在马路的人行道上找到的。[……]

你有没有意识到，当宇航员第一次在失重状态下刮他们的胡子，胡子都会飘上天花板？他们要刮胡子，空中满是他们的胡子，所以他们得想出一种特殊的剃须刀。真空剃须刀。就是会吸的。刮胡子时，剃须刀直接把胡子从你脸上吸下来。店里现在还没得卖，要是有我会买一把。[……]

我想做一整张专辑讲[凯思琳的]梦。她会做很美妙惊奇的梦，真的叫人眼睛发亮，我觉得它们都应该被写成歌。[……]

在俄亥俄住着一个很有意思的家伙，叫里德·加扎拉。他做了一个东西叫光子单簧管，就是一个盒子顶上装一块感光贴片，音调会随光的强度变化，所以你对着它照手电筒，它就发疯一样，听起来像你把一只龙虾扔进一堆篝火，如果你把光减小，它在那里就好像"呜呜呜哇哇哇"。他会把玩具拆开再装起来，它们就跟原来不一样了。有很多墨守成规的家伙也在那里捣鼓这些东西，比方说在五金店里做，你知道。当你开始听到这些乐器声音的时候，你对五金店的看法就改变了。你去到五金店里就开始想，老天，我真想知道那边那个桶会发什么声。[……]

也许我会做集成曲，什么东西都带一点。我前些天晚上做了个梦，梦见小塞米·戴维斯在厕所里给了我个拥抱。是那种很大的厕所，像电影院里那种，你知道吗？这个大号皇家气派的厕所，我刚准备出去，而小塞米·戴维斯在那里，他看起来很棒。他穿了件粗花呢西装，发型也很棒。他给了我一个大大的熊抱，你知道吗？突如其来，克里斯。

骡子变奏曲（1999）

1992年后，汤姆·威兹的乐迷一直没有等到一张完整的专辑。在那段时间里，威兹继续着自己在电影和剧场的事业，同时和他的妻子一起作曲，从而堆积了一批私藏的原创歌曲。

《骨头机器》为他创建了一个先例，也许为他在公众视野中提升了名气，特别是在他被授予一座格莱美奖后。威兹却选择了隐入地下，一直待在那里，直到他觉得他能拿出一件新作品，一件值得把自己重新引荐给这个世界的作品。

《骡子变奏曲》是他新奉献的作品标题，这张唱片最初发行于墓志铭（Epitaph）唱片公司新设立的姐妹品牌Anti-。它变成了评论界和乐迷们的最爱，也为他收得另一座格莱美奖——最佳当代民谣专辑奖（同时也因歌曲《坚持住》得到最佳男性摇滚表演奖提名）。

为了推广这张专辑，威兹选择在1999年秋季举行一次全面巡演，不仅在美国本土，也去欧洲。1987年以后他就没有以这种规模来巡演了，这次他得到的是铺天盖地的吹捧和各场演出门票均告售罄。

威兹也出现在了VH-1台的《说故事人》节目里，让电视观众尝到了具有自己传统特色的故事和笑话——还有充满激情的表演。

流浪的智人

《电报杂志》

1999 年 4 月 10 日

米克・布朗

汤姆・威兹最初建立自己名声，是通过歌唱以如下事物为标记的城市地带：当铺老板、文身房，还有灰狗大巴站。这是些很棒的故事——搞笑、悲伤，而且聪慧——在那些故事里妓女是圣人，而贫民街流浪汉被有爱地刻画为“小男孩们”，这让弗朗西斯・福特・科波拉称他为“忧郁的王子”。

威兹刚刚制作了他六年里的第一张专辑，他把他的歌描述为“给耳朵的小电影”，而新专辑里有一首歌与其他歌曲相比，更加直白地展现了电影特性。《他在造什么？》讲述了郊区的神秘故事。在潦草刺耳的背景和如《阴阳魔界》[1]一样的声效中，威兹扮演起一个好管闲事的邻居，叙述出隔壁的历历奇闻。

“他订阅了各种杂志。照面的时候他从来不招手。他肯定有事情对我们藏着掖着。他没有养狗也没有朋友，他的草坪都快死了，而他送出的包裹都是怎么回事？现在门底下传来的声音是什么？他在往实木地板上敲钉子呢，而我向上帝发誓我听到有人低声呻吟，而我一直看到电视发出的蓝光。他在那里造什么？”

它表面上是讲郊区礼仪的寓言，也可以被解读为关于媒体入侵私人生活的讽刺剧。“讲的是觉得我们有知情权，”威兹粗哑地说，“你知道吗，他开一辆蓝色马自达，每天不到凌晨三点不回家。他昨晚用空手道砍他自家的灌木丛——身上只穿着内衣。所以我们组合起这些事情，编出了个故事，故事讲的是某个纯属虚构的恶人，然后我们把它变成了一个连续剧。那就是媒体的作用。我们喜欢透过锁孔互相看。他们应该做锁孔眼镜，那能卖出上

1　1959 年至 1964 年间在哥伦比亚电视台播出的科幻惊悚电视剧集。

百万呢，因为我们就喜欢那样子看着彼此，跪在地上透过锁孔看。”

他在那里造什么？这个问题拿去问汤姆·威兹也很说得通。

自打 1970 年代他开始制作唱片起，威兹一直在敲硬木地板，用空手道砍灌木丛，从而造出最独一非凡的作品，这样的作品在流行音乐中仅此一家，别无分店。他是一个音乐人？是一个诗人？一个说书人？是一个扮演角色的演员，还是一个扮演演员的角色？时间证明了威兹满足以上所有身份，并且不止如此。在过去的二十二年，他已经录制了十五张专辑，他写有舞台剧和电影音乐；而作为一个演员，他和如此多样化的导演有过合作，包括科波拉、吉姆·贾木许，还有罗伯特·奥特曼。

更能让他的作品折服人心的，是威兹自己的个性。带着流浪汉的行头和墓地般的苍白，他抵达音乐现场时，看上去、同时也表现得像一个从查尔斯·布考斯基小说里走出来的人物—— 一个成天喝高的酒鬼，住在阴沟里却仰头看着星空，装了一口袋悲伤的故事来讲生活中的废物们，也不吝于把尖酸刻薄的唾骂献给任何企图闯进他破烂领地的人。

威兹的一贯作风是宁可扯一个妙趣横生的谎，也不要讲干巴巴的事实，他对任何直白的问题，特别是想扯上他私生活的问题所作的回应，用的是一个濒死之人偷看一位殡仪员在他的床脚边挥动卷尺时所抱有的全部热情。

我记得 1976 年遇见威兹，那是他第一次访问英国，当时我犯了个错误，想问他对“好玩”的定义。他对这个词仔细审视，仿佛要将之从自己的鞋底刮掉。

“我没有什么好玩的事情。实际上，我有过一次，在 1962 年，我喝下一整瓶止咳糖浆，蹿上一辆 1961 年款浅灰蓝色林肯大陆的车后座，和我的几个墨西哥朋友一起去看一场詹姆斯·布朗的演唱会。自打那以后，我就没有过好玩的事情了。那就不是个叫我喜欢的词。它就像大众汽车、喇叭裤，或者藿香油，或者豆芽。这个词会把我搞得不痛快。我可能会跑出去享受一个有教育意义或者能愉悦心情的夜晚，但我不会有好玩的事情。”

那次采访不可避免地在一个酒吧进行。威兹穿着一身二手西装，他忽略了自己身上的脏乱，恐怕也有好几天没见过刮胡刀了。那是在午饭时间，不过不知为什么他看起来已经疲惫不堪。他来伦敦的罗尼·斯科特俱乐部演出，连续三天晚上，坐在钢琴后面，目光穿过一缕从黏在他下嘴唇的香烟升起的烟雾，看着台下空空的座位，演着他那些带着揶揄而忧伤之美的歌。到了第四晚，他们把他扔了出去。“我觉得是我的着装的缘故，”威兹现在说，“每次我走进一个饭馆，人家都会把我赶出来。我连个三明治都吃不到。”

这就是环绕着威兹的神话，有一个互联网站——汤姆·威兹巡回场所纪念——致力于记录遍布美国的、威兹去过或者“会去”的饭馆和酒吧。那些酒吧饭馆的名字本身就暗示着下层生活和荒诞故事：华盛顿特区的“嗨小伙”“玫瑰夜生活”，科罗拉多州丹佛的“南普拉特河以北”，还有新墨西哥州的“铀矿咖啡馆”。

位于北加州圣罗莎的“中国之光”现在可以被正式添加到这个列表上了：这是一间安静的，具有街坊氛围，价格便宜得叫人心服的中餐馆，坐落于铁路轨道旁边。

除非枪顶在头上，汤姆·威兹一向不接受采访，而近几年他干脆彻底回绝了媒体。只有新发的专辑《骡子变奏曲》才能让他屈尊俯就驱车二十几英里，从他那位于葡萄园种植区中心的家中——在那里他和妻子凯思琳及三个孩子一起住着——赶来，暂时坐在这间饭馆后面的卡座中，面对着一盘热气腾腾的炒面和一壶不见底的中国茶。

他那辆破烂的皮卡停在外面，装着一包包给他家游泳池用的水质软化剂。这比听上去更不协调：汤姆·威兹像是一个只会出没在夜色里的男人，至少在你看来，他甚至不像是认得游泳池的人，更别提维护游泳池了。

他穿着耐磨牛仔裤、牛仔夹克、摩托靴，戴着顶软毡帽。他的脸历经风吹雨打，布满线条：发皱的眼睛和顺着下嘴唇几乎看不见的山羊胡，让他看起来带着一种奇怪的东洋模样。在他生活中的某个阶段，威兹的声音常常被描述为浸满了尼古丁和廉价酒精。他好几年前就戒了烟，现在只会有节制地喝几杯，不过他那粗糙的、轰响的低吼中，仍旧带着让人惊异的颗粒感。

“我告诉你我最近一直在想的事情。”他放下茶，伸进包掏出一个笔记本，戏仿学者的严肃态度，审视了一番，“你知道蟑螂在砍了头的情况下可以活好几个礼拜吗？”

他说这番话时特别面无表情。“还有别的：仔细观察蚂蚁的人说发现它们在早晨醒来的时候真的会伸懒腰，还会打哈欠。现在一只蝎子……”

一只蝎子？

“如果你把微量的酒放在蝎子身上，它会发疯，不停蛰自己直到死掉。这些是我觉得很有意思的事情，可以阻止我发疯。我有个电台节目，叫《奇怪非常的事实》，这些就是我们每周会在节目里讲的东西。我们在内华达州一个叫矿工祈祷的小镇广播。那是一个小电台，只有很有限的覆盖范围，不过有很多人会听。他们会因为想听到这节目而往那边搬家——那是我们后来发现的事情。”

汤姆·威兹是不是真的在内华达沙漠里主持一个电台节目？可能也得问问他是在哪里出生的。“在墨菲医院停车场一辆黄色出租车的后座，生在很小的年纪”——他通常这么回答他的出生地问题。参考书上说他 1949 年出生在加州波莫纳。父母都是学校老师，在他很小的时候离婚了。十四岁他在拿破仑披萨店打一份快餐厨子的工，在加州一个叫纳雄耐尔城的小城——“就是丢块石头就能到的范围，”他回忆说，“在硫磺岛艾迪文身房旁边，马路对面是二十九号俱乐部、索伦森胜利摩托车店，还有菲尔黄色录像店。”

“我以为我会做个厨子，”他说，“我那时差不多只能看到那么远。不过碰巧我对点唱机着了迷，那种让你如何钻到电路里又跑出来的原理。那是兴趣的起源。我会听雷·查尔斯的《哭泣时光》和《我无法停止爱你》，我会想，该死的，那可真了不起。”

在高中退学后，威兹打了几份不同的工——“一个多面手”[1]——最后找到了一份俱乐部守门人的工作，那时候他住在自己的汽车后座里。在那里他

1 原文为 jack-off of all trades，威兹玩文字游戏，把通常表达的 jack 改成 jack-off（意为“手淫”）。

开始写下从酒吧里偷听到的对话，“并且意识到那里面有音乐”。

到那时，他已经发展出对流浪神话的浪漫痴迷，把这些人的作品奉若神明：布考斯基、诗人德尔莫尔·施瓦茨（1966年死在一间破烂旅馆里），还有最重要的，杰克·凯鲁亚克。威兹在十八岁发现了《在路上》。“这本书会对我说话，”他简单地说，“我没法相信有人能写出感觉像音乐一样的文字，它里面没有音乐，但从头到尾都是音乐。”

“我在俱乐部里做保安——那地方让我做保安肯定很受伤；大伙都被放进来——而我会带来我的书、咖啡和香烟放松，我会读我的凯鲁亚克，看汽车开来开去，我觉得很激动，我有一个活下去的理由了。因为他给最平常的东西加上了意义。他让坐在那里的我感到自己的平凡生活被升华，浑身被撒满了闪亮的东西。”

自打那以后，他的作品里断断续续出现对凯鲁亚克的参照引用：他曾有一首歌叫《杰克和尼尔》，赞颂凯鲁亚克和尼尔·卡萨迪的友谊，而他最近给一张致敬专辑录的一首歌就叫《在路上》，里面混进了这位作家在一个派对上乱唱的录音。但他和凯鲁亚克最共通的地方是对局外人的同情。像凯鲁亚克的书一样，威兹的歌把孤独变成了一种冒险，把流浪落魄变成了一种美感。

威兹于1970年代早期开始他的唱片事业，在他到洛杉矶的游吟诗人俱乐部演唱后，他被一个叫赫布·科恩的人发现，此人是弗兰克·扎帕和牛心上尉的经理人。（威兹后来回忆说他是在俱乐部外面碰上的科恩：“他在袒露自己。实际上，那天那么冷，他只是在描述自己。”）

他的第一张专辑里住满了美国的废柴：酒鬼和失败者，让你“比中国代数还硬”[1]的脱衣舞娘，吹嘘自己“上过的屁股比马桶座还多”的小镇上的种马，蹩脚的暴徒，眼睛悲伤、被过氧化氢漂白过的女服务员承诺双面煎的爱情（“她们都在我家的炉子上做过饭”）。

1　本来是说中国代数的难，这里威兹利用了 hard 的歧义。

这些歌就像在酒吧里，悄悄摸到你身边坐下的陌生人给你讲的故事（“在这里梦并没有破灭，只是跛着一只脚走路”），它们是一种罗曼蒂克颂歌，献给在最穷困的状态下才有的那些赤裸而历久的生存事实。他歌曲里的人物也许丢了自己的衬衫，也丢了自己的风度，但是他们从没有丢掉他们的人性尊严。

带着写什么就要生活在什么环境里的原则创作，威兹培育出了贫民街弃儿的生活习性和外表特征。他衣着廉价，并且通过在巡演中只选择破烂地方住来证明自己的立场。他的“家”，是在西好莱坞臭名昭著的热带汽车旅馆里的一个房间——那里更出名的事件是灵歌歌手萨姆·库克被射杀。在那里，本来该放冰箱的地方放了一架钢琴，而煤气炉“就是个大一号的香烟打火机”。

威兹承认，他在很长时间里处于被自己所写的下层生活强烈影响的危险中。他喝酒喝得太多。他交上了糟糕的朋友。“我想体验在路上生活的感觉，就像在我的想象中，那些我热爱的老一辈人物所体验到的那样，所以我会住在那些破烂地方，因为我会沉浸在那些地方的氛围中，感受留在房间里的鬼魂。”

“你会想身处那些能生长出故事的地方，而你觉得如果你住在那些地方，那些故事会从人行道上，要不就是从墙上裂缝里跑出来找你——它们的确会。不过你得对自己是谁、你想要表现出的是谁保持清醒的概念，而我有一段时间就弄不清楚我是谁，我变成了我自己的漫画。”

对于决定性时刻发生在何时，他摔得有多远以及如何不再继续摔倒，威兹很不情愿说出。采访“又不是要拿来做当庭证词”，他说，“它们也不是心理疗程。我不能完全确定我会怎样描写对那些事情的感觉，因为我还在不停琢磨”。

“不过我真的知道，你得保护你自己。你看，大多数人都希望艺术家能做不负责任的事情，希望他们会失控。不知怎的，我们相信如果你在那条路上走下去，你就会给我们带回来什么东西，而我们自己不用去蹚那浑水。你自己点着了汽油下地狱去，顺便给我们带点鸡肉炒面回来。这是艺术家传统的一部分；这里的问题是会有人给你开张票去地狱；他们会支持你的坏习惯。所以你自己得当心。”

他沉吟了一下，反思了这一点。“事实上，每个开始把这件事做到一定程度的人，都会为了存活下去发展出某种艺术人格或者形象，否则走那条路就会很危险。用某种艺术人格去靠近它就会安全得多，因为如果那不是腹语术表演，而就是你本人，那可怪吓人的。

“整桩事情就是个表演。没人会给你看他们真正的自己——没人会真的敢那么做，假使他们真那么做了，他们也会过一阵子就改变主意的，因为这种事情发展到后来让你都没法分清什么是真的。骰子在玩人，而不是人在玩骰子。”

后来被证明成为威兹生活转变催化剂的人，是电影导演弗朗西斯·福特·科波拉，他在 1979 年请威兹为他的洛杉矶情感片《旧爱新欢》写一组歌做电影原声。威兹在这个项目上花了十二个月，每天都会到科波拉的西洋镜电影公司去点卯。他爱上了凯思琳·布伦南并与其结婚。她是这部电影的一位剧本编辑。这份工作使科波拉最后请威兹在电影《斗鱼》里拍了他的第一个电影角色。那以后他出现在了科波拉的另外两部电影里，并且主演了吉姆·贾木许的《不法之徒》和罗伯特·奥特曼的《银色·性·男女》。他最近完成了一部新电影，名叫《神秘兵团》，在里面他和杰弗里·拉什以及艾迪·伊泽德合作。“讲的是蹩脚的超级英雄；那些生活中从没拯救过世界也没有赢得过美人什么的家伙。”威兹说，他在电影里演一个武器设计师。

他曾经这么形容从音乐到表演的转变——“好像是从违法私酿酒转行去修手表”。“我通常都演小角色，”他说，“那其实也还行。不过在电影里演小角色可真是会浪费时间。你去到那里，你坐着等，坐着等……表演是不收钱的，你问他们要的是等候的酬劳。我就是这么看的。我喜欢表演，不过在那地方，我不觉得自己有专业的水平。当我录音乐的时候，我可以无拘无束，我可以把一首歌用七种不同的法子唱出来。有些演员能和一个导演一起干出这种事儿：第一遍像是在破口大骂；下一遍像是在祈祷；再下一遍又像个黑人老头。他们能做出所有这些不同的动作。我做演员可做不到这一点。”

这是真的。无论是在《斗鱼》里演一个小混混，还是在《银色·性·男女》里演一个好斗的豪华车司机，威兹的角色看上去总是他在演不同版本的自己甚于出演角色本身。

“同样的说法你可以放到加里·库珀和加里·格兰特身上。”罗伯特·奥特曼说，“汤姆是独一无二的——完全属于自己的一个人。他是歪的，不过是一种正确的歪法。好歪货。”

奥特曼把自己称为威兹的头号粉丝：“我就是喜欢他做的东西，不管是什么。当我觉得自己要哭一场时，这年头我发现要哭出来可挺难的，我只需放一张他的唱片。”而这种感觉是相互的。威兹把奥特曼形容为“一个坏镇上的好警长”。

“好吧，那是因为汤姆一辈子都住在坏镇上。”奥特曼开玩笑说。

威兹是第一个承认自己的作品从没有去紧跟“铺天盖地”营销理论的人，“好像鞋子、护发素，或者太阳镜”。在很多年里，他的唱片是一个完好保存的秘密。一直到1983年发行的《剑鱼长号》开始，他才吸引了更多的受众。那时威兹已经有了一切，却单单放弃了他早期作品中假模假样的鸡尾酒－爵士乐美学。他引进了喘鸣的器乐和管风琴，人声通过一把警用扩音器唱出来，打击乐听上去像是从沼泽里捞出来的什么东西敲出来的，带着身上的骨头和链条嘎嗒作响——他把这个过程叫作“把本来不一定能凑到一起的东西拿来放到一起，强迫它们挤进同一部电梯”。

他更多的钱可能是通过别人翻唱他的歌曲赚来的——出名的有老鹰乐队的《Ol’55》、罗德·斯图尔特版本的《市区列车》，还有《汤姆·特劳伯特的蓝调》，以及布鲁斯·斯普林斯汀的《泽西姑娘》——赚得比他自己所有的专辑的盈利加到一起还要多。（弗兰克·辛纳屈演艺生涯末尾犯过的最大错误就是，他忽视了一个制作人给他的建议——去录一张威兹民谣歌曲合辑。）

也许他职业生涯中收到的最大一张付款支票，来自他最近对一家美国薯片公司菲多利发起的诉讼，这家公司在广告中用了一个声音像威兹的歌手而未经过他的允许。威兹打了官司，赢得了三百万美元赔款。“我觉得你的音乐应该是种馈赠，我不会去做商业广告，”他说，“有些人会做，但我不是他们中的一员，我也不想让人们觉得我和他们是一伙的，会从香烟薯片生意里头赚一票。”

他一直是一个以自己的节奏来创作的人，只会在自己想打拼的项目上打拼，只在他自己而不是唱片公司有意的时候做唱片。这种节奏有时候有点狂乱。在 1983 年到 1993 年间的十年中，他出了七张专辑，创作了三部舞台剧（《弗兰克的狂野岁月》《爱丽丝》和《黑骑士》——后两部是和先锋剧作家、导演罗伯特·威尔逊合作的），出演了很多部电影，也为更多电影写了音乐。但《骡子变奏曲》之前，威兹经历了沉默的六年。

“我就是觉得我应该让东西再多堆一点。先做点别的。”他说着，对这个话题耸耸肩膀不以为然。他从洛杉矶搬家到了北加州，专心抚养自己的家庭。“你歇一阵子，然后你就有了新的视角，就那么回事儿。不过我对老歌都厌烦了，我需要新歌。又不是说我没法什么时候想录歌就录歌，又不是说我从旧金山搬到马拉喀什[1]，再没钱搬回来了。”

“我有个磁带录音机，揣在口袋里到处走；我在车里录东西、回放。有人在汽车旅馆里用自己的拳头敲衣柜，录下来。所以在某种程度上我一直在录东西。就好像人家画画一样。有时候我为了让孩子们安静下来，这样我能想事情，我就说，你喜欢什么？当你想画画，你是要拿一张已经草草画过什么东西的纸，从底下找块地方开始画呢，还是更喜欢拿张干净的白纸？你更喜欢哪样？‘哦，我喜欢干净的白纸。’好啊，那现在我什么也听不清；我想写点新歌。我需要一张干净白纸一样的听觉环境。”他耸耸肩，“可他们该干吗干吗，朝我扔东西……”

“他们管我叫家里的说教师傅。啊哦，他来了……说教师傅。我经常大

1　摩洛哥第三大城市，为该国历史上最重要的古都之一。

吼大叫的。我会骂人的。”

那么，一个严父？

威兹拱了拱眉毛。“实际上，我是作为卫理公会派教徒被养大的。”

《骡子变奏曲》听起来像威兹过去这些年经历的各种音乐风格的调和物，仿佛这些歌是从美国神话的皮肤和骨头上敲打下来放在一块：扎人的三角洲蓝调、1960 年代节奏蓝调、杂耍团咆哮，还有救世军乐团颂歌。

那些曾长期居住在威兹歌曲里的城市流浪汉，在这些年大都消失了（他已经在很长一段时间里，用他自己的话说，“在另一个路灯柱上吊着[1]”）。《骡子变奏曲》是一次对美国乡村的原始风貌、怪物展览和后门廊罗曼史的哥特式探险，再用几首心碎的情歌来添色，这些歌让你觉得，用威兹的话来说，“好像一只眼在笑，另一只眼掉泪”。

他沉默了一下，用叉子拌了拌他的中餐。“你知道要多少滴眼泪才能装满一茶匙？一百二十滴，实际上，我试过。我感到很悲伤，我想，我得让这个情绪派点用场，所以我拿了匙子放在我脸上然后哭。这是我今年做的最佳科学实验。”

写歌，威兹说，就像“观鸟”，或者“观察昆虫。如果你不知道自己该怎么做，你就会花一整天一无所获。对歌曲来说也是一样，你得偷偷溜到它们身边”。

对于制作专辑来说，还有一个特殊配方。“你写出两首歌，你把它们放到一间屋子里，它们生了孩子。歌曲和故事还有笑话的行进路线是一样的。它们被写下来，被忘掉，再重生。你把它们身上的翅膀扯下来，过一阵子它们就会长出新的来。歌曲就好像是你对某些东西的回忆，你的家乡，或者你昨天晚饭吃的东西；给你孩子的东西。我们都会很自然地去做这种事，孩子们比我们做得更好。所以在某种意义上，那差不多就是小孩子的作品。”

自从结婚后，他的大多数歌是和妻子合写的，这是一种让他喜欢的合作

1 指私刑处死。

过程，带着诡诈离奇的特质，“两个人一起做晚饭，或者一起搬钢琴，或者一起涂篱笆油漆。你会找到你们的节奏”。凯思琳，他说，“不喜欢聚光灯”。不过在他的生活中，自打他们相遇起，她一向是一个“炽热发光的存在”。他写过最伤感的歌之一，《伊利诺伊，约翰斯堡》，就是献给她的：

“她是我唯一的真爱，是我成天想着的人，看我的皮夹里，那是她。她在那里的一间农场长大。我胳膊上有一个地方，我在那儿把她的名字写在我的旁边。你看，我离了她就没法活，我是她唯一的男人，而她是在约翰斯堡的麦克亨利镇外长大的。”

没有人会像汤姆·威兹一样写歌，不过他谈起这些东西会感到不安。他换了个座位，摸摸自己的下巴，说自己的个人生活是很私人的，他也希望一直保持那样。威兹不希望有人通过锁孔眼镜偷看他。

他在桌子上敲着手指，喝光了最后一点中国茶。他翻着他的小笔记本。“你知道吗，”他问，“智利有一个镇子叫卡拉马，那里从来没有下过雨。从没有。”他沉默了一下。“他们不会谈论一点雨。他们不会说我们想要多下点雨，或者我们希望能多下点雨。他们彻底不谈这个话题。”

他翻过这页。

“还有一个。在维京人的时代，在船头当祭品的是人类，当然后来变成了一瓶酒。不过最初的时候是人类。他们是自愿的。只是很短的一排，从左往右很短的一排，就在码头的另一面，就两三个人。很压抑的人。”

他怀疑地审视了我。“你知道吧，所有这些东西都会上我今晚的电台节目。我相信你会把这些东西保留在你我之间不说出去。而这个故事会在节目里打头阵：托马斯·爱迪生从十二岁起就耳聋了。”

他所谓的电台节目当然是不存在的。但汤姆·威兹永远是一个非凡的表演家。

汤姆·威兹不为谁

《纽约暂停》杂志

1999 年 4 月 22—29 日

布雷特·马丁

汤姆·威兹也许该重新考虑下打恶搞电话这件事。在他按照预定从北加州的家里打来电话之前，电话响了，有人说“打错了”，然后挂电话。几分钟以后，电话又响了。“这里是机动车管理局吗？”电话那头问，然后笑了起来，“我是汤姆，我和你开玩笑呢。”我不忍心告诉他，就凭他那独一无二的嗓音，他谁也别想糊弄。

实际上，“嗓音”是大多数人看到这位古怪的艺人的名字时会首先提到的。但威兹的迷人之处就在于，他总是在使用他多种不同的嗓音。他的专辑就像舞台剧一样，在里面威兹拿出了一系列处在生活阴暗面的角色。他们被汇总到一起，走上了一条通向威兹的终极目标的漫长道路——“给美国的潜意识编目”。

这种努力在《骡子变奏曲》中得以延续，这是这位艺人的第十七张专辑，也是近六年来的第一张。威兹很有可能会开始他自 1987 年后的第一次巡演。也许。从威兹那里得到直接的答案并不容易。“我不喜欢直接的问题，”他说，“所以如果你问我一个，你很可能得到非常间接的回答。”在面对他不喜欢的问题时——比如赘述某个观点——他偏好用从身边的报纸上读来的假新闻回应。这种策略就和他隆隆作响的声音一样，带着独一无二的威兹主义。

布雷特·马丁（下简称布）：《骡子变奏曲》这标题是从哪儿来的？

汤姆·威兹（下简称汤）：好吧，现在人们不太会写骡子了。自从罗伯特·约翰逊写了汽车，它就成了摇滚乐里最流行的交通工具。

布：你会不会在写专辑里的歌时把专辑的标题作为指导？

汤：在一张专辑写到一半，你开始即兴重复什么东西的时候，标题就不知怎的从作品里冒出来了。有些歌有那种我们开始管它叫“乡村质地”的东西。它们有点超乡村——乡村味和超现实味的结合。它们听起来像老歌，我听起来也像个老家伙。

布： 所以你会管它叫一张“回归（throwback）专辑”吗？

汤： 老天，我不知道。我希望大伙别把它扔回来（throw it back）。

布： 我是说，这里有很多歌像是回望你早期生涯的作品。

汤： 大多数作家到最后都会用不同的法子说同样的事情。有时候你会到你平时很少去的地方转悠，但是大多数情况下，写歌的人会回到某些他们熟悉的领地。我的领地都是些小地方，我想。

布： 有些人会说那地方是另一个时段里的美国。现在是不是更难找到你采用的那种声音和故事了？

汤： 我不这么看。这种东西到处都有。如果明天晚上你想置身于铁轨边的一团篝火旁，你能做得到。你会在某个桥洞下，就着罐头煮豆子，你的靴子摆在冰冷的地上，看一辆火车开过。只要你足够好奇，什么事儿都能找到。

布： 你现在是不是还会出去寻找，或者那种东西现在住在你体内？

汤： 这是好大一个问题。我可能得查查我的使用手册来找答案 [摩擦纸张]。哦对，就在这儿：有些型号的中文打字机上面有五千七百个字，整个键盘差不多有三英尺宽。

布： 这就是你说的间接回答？

汤： 对。

布： 可以。你会用很多很奇怪的乐器，这年头你上哪儿去找一个春巴斯琴和非洲鼓乐手[1]？

汤： 噢，那是斯莫基·霍梅尔弹的。他说他要在这张专辑里演奏，他要开一辆旅行车来，我说：“好吧，把那些家伙丢到后面——都是我从没看过

1　春巴斯琴（chumbus）是土耳其弦乐器相对现代的起源（始于 1930 年），形状像美国班卓琴，带有铝制共鸣碗和皮音板。

也从没听过的东西。”[那些都是]西非洲的吉他。

布：那 Optigan 呢？

汤：那是一种 1960 年代中期的键盘，上面用光纤维读软磁盘。它就像流行音乐里其他所有的东西一样：二十年后流落到救世军，有人把它捡起来，带回家，用它做了一张金曲唱片。把我埋了，再把我挖出来——这好像是流行音乐的秘方。

布：你太太凯思琳·布伦南，在《骡子变奏曲》里有很深的介入。

汤：在我们的作品里，她是太阳，是种子，是土壤，是叶子，是树根，还有雨水。我觉得这张专辑里有某种她放进去的平衡和光亮。

布：有一些歌是你创作过的作品里听起来最甜蜜最乐观的。

汤：那些歌就是。如果由我自己说了算，我可能会为了某些更粗野的目的而把它们弄成垃圾。我对那些事情的看法通常是错的。她是那些东西的大脑——[我们]自从《剑鱼长号》起就开始合作了。

布：哦，这张专辑对你来说在风格上乃革命性的突破。发生了什么？

汤：我从……从我自己住的那颗蛋里孵出来了。我以前把一只脚钉在地上，一直在原地打转，做同样的唱片。是凯思琳第一个让我相信，你可以同时带上詹姆斯·怀特与黑人乐队（James White and the Blacks）[1]、埃尔默·伯恩斯坦，还有铅肚皮[2]——那些从不会出现在同一个演出节目单上的家伙——他们可以在你身上同台演出。你穿上你爸的军装，戴上你妈的复活节帽，骑上你哥的摩托车，拿上你妹的皮包，然后把它们都缝在一起，想办法从中造出有意义的东西来。

布：好像是找到了讲同一类故事的新语言？

汤：对。我不知道——你有没有意识到人的右肺比左肺吸进更多空气？

1 詹姆斯·怀特（1953— ），美国萨克斯手、键盘手，1970 年代中后期纽约无浪潮运动的代表人物之一。

2 铅肚皮（Lead Belly，1888—1949），美国早期著名蓝调和民谣音乐家，以强悍的唱腔、精湛的十二弦吉他技法著称，是美国民谣标准的建立者之一。

布：没错。你为什么不做巡演了？

汤：在路上有许多变数。如果你 [在家] 拿着你的乐器和磁带录音机，你可以把东西打磨出你要的样子。在路上你就得应付各种风向和气候。你知道，黏度和热损耗。

布：你的歌词总能用上最好的地名，比如哈希帕克纳和默弗里斯伯勒。你难道坐在那里成天研究地图？

汤：我的理论是歌曲在构造上都应该是正确的。它们里面应该有天气，还有镇子的名字，通常还得有点吃的——假如碰巧你饿了。

布：你知道丹麦有个汤姆 · 威兹协会吗？显然你在丹麦很大牌。

汤：那还行吧。实际上，我在这儿组织一个丹麦协会都好几年了。因为每天早上我都就着咖啡吃丹麦酥。

布：有没有一个问题你从没被问到过，但是希望被问到？

汤：世界上最老的石头怎么样？

布：世界上最老的石头是什么？

汤：所谓的圣彼得和圣保罗石，在大西洋里头。它们有四十亿年的年纪。你可以把这段放进去吗？我想看到这些东西被印出来。[1]

狡猾的汤姆 · 威兹带来野性的突破

《现在》杂志

1999 年 4 月 22—28 日

蒂姆 · 佩里奇

一个最佳情况下的坏脾气傻瓜，汤姆 · 威兹特别喜欢用光怪陆离的、意

1　这段完全是威兹编造的。世界上最老的石头在加拿大阿卡斯塔河被发现，被称为创世石，的确有四十亿年。没有什么大西洋里的圣彼得和圣保罗石。不过在《圣经》里，“彼得”与“磐石”同义。

味深长的假冒事实来搞乱采访者的脑子，还会用看上去毫不相干的虚构花边来加点佐料，这些花边讲的是热带鱼类、昆虫行为，还有用多少滴眼泪来装满一根茶匙。

从威兹的角度看，要安心接受无聊又陈腐的事实真是毫无道理，令人信服地讲一个搞笑故事能带来更强烈的娱乐冲击。假如你能看穿那层胡扯，在虚假的编造里总有一处事实的内核。

比如说，为什么他要在商业朋克的前哨站墓志铭唱片公司发行他美妙的新专辑《骡子变奏曲》，这个决定令人不解。一种可能的解释，可以在威兹曾经讲过的一个自己在加利福尼亚惠蒂尔城成长的故事里找到。

他自称会和伙伴们一起去沙漠深处，在那里他们会把自己埋在沙里，一直埋到脖子，等着头顶秃鹫盘旋。当秃鹫们冲下来啄他们眼睛，他们会跳起来抓住它们的脖子，把它们挥舞在自己头顶。

用相似的风格，威兹在过去几年保持了无线电静默，他耐心等待着一个唱片公司代理人乘虚而入。当墓志铭唱片靠得够近，他抓住了机会的脖子。

“哦，没错，没错，”威兹在电话另一头咳着说，他自称人在“与里约热内卢一桥之隔的内华达州矿工祈祷镇”，但可能离他在北加利福尼亚佩塔卢马城的住宅更近得多，“我把这把戏传给了我的孩子们，现在我们在假期的时候一起玩。”

“在平安夜，我们没有和其他人一样去弄圣诞树，我们把自己埋在沙子里露出脖子等秃鹫。这已经成了我们家的传统。

“啊，哦，我那些孩子们——他们现在都比我大了。他们比我高，也比我聪明，他们会使唤我，跟我顶嘴，给我下指令。他们认识墓志铭唱片的很多乐队，比如腐臭乐队，嗯嗯……小精明乐队。[1]我觉得那对我是个好地方，我不知道为什么，我就是觉得对路。

1　腐臭乐队（Rancid），1991 年成立于旧金山的朋克乐队，因其过于受欢迎而被打上“流行朋克”的标签。小精明乐队（Pennywise），1988 年成立于加州的朋克乐队，名字源于斯蒂芬 · 金恐怖小说《它》中的邪恶小丑。

“有很多艺人让我觉得，‘老天，他们签下那个新组合叫隔壁凶老头乐队，他们现在出了很棒的专辑《提华纳月亮》。[1] 如果他们能懂我，可能他们也会喜欢我的音乐’。我猜那一套对有些人来说管用，不过对我来说，墓志铭唱片公司有很多伙计看起来都是好人。他们弄出了这一整个大提案，所以我们会用《骡子变奏曲》来试一试。”

无论《骡子变奏曲》放在墓志铭唱片的目录上有多么反常，这都是一张让人惊异的作品，在里面威兹漂亮地总结了自己到目前为止的音乐事业。

他拿出了自己在过去酒吧歌手生涯中学会的法子，用机轴敲锈汽油罐，再调进点酒鬼的罗曼史，制造出了一种带有蓝调味的晃动，让人回忆起他在《心脏病和藤蔓街路口》中嬉戏人生的一面。

威兹在岛唱片时期的录音室实验作品里没出现过的，是插进《骡子变奏曲》里的小型爵士乐队。

“音乐，就其本性来说，是一种合作的努力——是社交的。我太太[凯思琳·布伦南]和我一起写歌，一起给它们编曲，然后在录音棚里和像查理·马塞尔怀特、马克·利伯特、约翰·哈蒙德、拉里·泰勒、格雷格·科恩、安德鲁·伯杰、斯莫基·霍梅尔、普莱玛斯乐队成员那样伟大的音乐人一起制作歌曲，还有克里斯托弗·马文——李·马文[2]的儿子——在《冷水》里打鼓。”贝克[3]的蓝调学派吉他/冬不拉男人斯莫基·霍梅尔的参与，有着完美的意义，特别是在风格粗犷的《赶起骡子》这首歌中的表现，不过威兹和莱斯·克雷普尔的普莱玛斯——这支由怪物摇滚派恶搞分子组成的欢乐乐队——之间的关系，就不是那么直白透明了。

很明显的是，早在克雷普尔参与《骨头机器》的录制之前，甚至在威兹为普莱玛斯乐队单曲《遨游奶酪海》里的猫汤米献声之前，他就曾在一次钓

---

1 这里的乐队和专辑乃威兹虚构。

2 李·马文（Lee Marvin，1924—1987），美国演员，曾获第38届奥斯卡最佳男主角奖。

3 全名贝克·汉森（Beck Hansen，1970— ），美国最具创意的另类摇滚音乐家之一，在音乐界以单名Beck行走。

鱼之旅中遇到了该乐队的成员。

“我那时在博德加湾，”威兹回忆说，“什么都没钓上来。我拦住了这几个家伙，问他们能不能卖一条他们的鱼给我放在鱼线上拍张照，这样我回去的时候就不会觉得那么丢脸了。结果这几个家伙是普莱玛斯乐队的，他们说没问题啊，卖给我一条大梭子鱼。”

“他们就住在附近，因为他们是一个消防志愿队的成员，我时不时会在社区中心办的煎饼早餐会[1]或者乐队表演上碰到他们。

“普莱玛斯乐队的这几个家伙对社区活动都很热心。在泛洪季，他们总会出来堆沙袋，还会带着他们的乐器。至于我自己，好吧，我会为社区做些力所能及的，不过我宁可写张捐款支票。”

除了去博德加湾钓鱼和参加煎饼早餐会，威兹不愿透露业余时间他会在他那间养鸡场改造成的家庭录音棚里捣鼓些什么。出现在《巧克力耶稣》一曲里没有署名的公鸡独奏，暗示了他也许在养鸡。

“我最近一直在把脚往别人的鞋子里伸，”他坚称，带着自己能召集的所有的严肃，“人们会把他们的鞋子、靴子什么的寄给我，我穿着它们走三四个礼拜——这是个有整体计划的事情。然后我把鞋子寄还给他们，收 29.95 美元一双。”

“现在我们有个假期优惠活动，24.95 美元，这活动很合算啊，因为还包送一个漂亮的人造革鞋盒……个人定制的。

“我岳父一直想让我掺和他的另外一桩生意。他有一种小菱形的润喉糖，口味各有不同，一边刻着个十字架，另一边写一段圣经。他管这叫‘圣约薄荷糖’（testamint）。道理就是如果你没赶上教堂礼拜，你就对着圣约薄荷糖冥思，然后把它丢到嘴里去。我们把这个想法进一步发展成《巧克力耶稣》这首歌。”

1　北美地区常见的公众活动，通常为社区项目或者慈善筹款举办，由志愿者在户外做煎饼让群众来聚餐。

即使《巧克力耶稣》带着牛心上尉式的古怪，这首歌也没有减弱整张专辑里出人意料的、强烈的宗教意味，这种意味出现在深沉的灵歌《没人住的房子》里，犹如出现在《快到屋子里来》中，后者以动人的赞美诗给专辑收尾。

从《菲律宾席梦思烤猪》里歇斯底里地耸动的烤猪肉配方，到《画框里的照片》中无所顾忌的多愁善感，《骡子变奏曲》专辑可能看起来像由一堆彼此冲突的概念组成的随机杂烩，但最终这里的一切都会各归其位。看起来几乎像威兹在忙活着某种宏大设计。

“我通常会在这里放点天气，那里放点地名和人物，可能还有一两张食谱，所以我的专辑变成了好像是人们会带去露营的应急工具箱。

“它是那种唱片，你会想开到最大声放，穿上紧身皮裤、长筒靴，戴上你的浴帽，在马路当中学青蛙跳。我希望看到有更多那样的东西出来。”

采访汤姆·威兹

《纽约摇滚》杂志

1999 年 5 月

加布里埃拉

有很多艺人都想装出一副古怪样，不过对威兹来说，那是与生俱来的。在那些最奇怪的话题里，比如蚂蚁的日常生活，他就是真正的专家。作为一个音乐人，他只处在自己的级别里。他具有大师范儿，却带着独一无二的怪异，他的即兴发挥产生了带有绝对忧郁之美的歌——那些歌都是用这一行里最刺耳的嗓子唱出来的。

作为一名演员，他塑造的角色都有自己的生命力。他是声名狼藉的不法之徒，是带着粗野魅力的破落流浪汉。谁能想象吉姆·贾木许的《不法之徒》或者罗伯特·奥特曼的《银色·性·男女》没有他会是什么样？

虽然他已经五十出头，威兹有能耐让自己看起来像一只一百岁的比格猎犬。他是他自己定义下的传奇，给我们秀出不和谐音的扭曲之美。他总是看起来像一个心怀深重忧郁，以至于随时准备卖掉灵魂换一杯威士忌的人。

加布里埃拉（下简称加）：《骡子变奏曲》真是一个很有意思的标题。我几乎要期待听到一头骡子在里面做客座歌手。

汤姆·威兹（下简称汤）：我太太管我叫骡子。她曾说："我嫁的不是一个男人，我嫁给了一头骡子！"我一直想着这件事，它一直在我脑子里。我觉得这能做一个很好的专辑标题。

加：听起来你好像特别固执。

汤：当然，我就是。她不是没来由地管我叫骡子的。不过我的固执也是有原因的。我觉得骡子是很直爽的动物。它们从不听别人的。

加：你对动物有什么特别的感觉吗？我听说你几年前探讨昆虫的时候搞懵了我的一个同事。

汤：[粗气大笑]我喜欢奇怪的东西、滑稽的东西。我有一本笔记本写满了怪诞事实。别让我开始讲那些东西。我可以一直讲个不停，也会把你搞懵——甚至会吓到你。

加：就说一个？然后我会缠着问你作品的问题。

汤：好，这个会吓到你……如果你切掉一只蟑螂的头，就是普通的蟑螂，它不会死。它没有头也能活几个礼拜，不过普通的苍蝇两礼拜就死了。想象一下，两礼拜，它们就死了，甚至犯不着去打死它们。还有，人一次射精能有四亿个精子——假如你到处看看，看看有些人，好像很难想象他们能射出四亿……真让我怀疑……

加：哇哦，你都是从哪里看到这些信息的？

汤：我读报。我读杂志，一旦看到值得收集的，我就在小笔记本上写下来。就算是个爱好或者怪癖吧。

加：你现在和墓志铭这家传奇的朋克厂牌签约了。那是怎么来的？

汤：我喜欢他们。我很喜欢他们，我喜欢他们在音乐里的状态、户外烧烤，还有汽车。

加：布雷特·格雷维茨[老板]是出了名的喜欢飙车……

汤：他是，而且他还传染了很多人。

加：有很多音乐人声称墓志铭和其他厂牌完全不一样……

汤：那是真的。我喜欢它的一点是那里很多人本身就是音乐人。他们在给厂牌打工，同时自己仍旧演现场。这公司不是像一桩生意那样运营的，更像是一群朋友和伙伴一起工作。他们是少有的一家能给艺人时间成长的公司。

加：在《巨大成功》（1988）和《骨头机器》（1992）之间是四年。然后一年之后你发行了《黑骑士》(1993)，但又过了六年才有《骡子变奏曲》……

汤：没错，是的。我想我得慢慢来。

加：这回写新歌背后有什么原因吗？

汤：我想总是同样的原因。只有一个原因让你写新歌：你对老歌厌烦了。也不是说没在写歌的时间里我就啥也没做。我还是很有创造力的，只是用一种不同的方式。我想出了新歌里的想法，收集了这些想法。

加：你有没有把那些想法都用上？

汤：没有，当然没有。有时候我连自己写的歌都不用上。有时候我们录了一首歌的四五个版本，然后决定不用这首歌。

加：你怎么看你的老歌？它们仍旧是你的一部分，还是说你已经很厌烦它们了？

汤：不一样。有些歌变成了我的一部分，有一些就不再合适了，就像一件老套衫或者一条旧裤子，你长得穿不上了。你基本上没法知道十年后一首歌会发生什么，而你自己又会怎么感觉这首歌。

加：你会去巡演吗？

汤：我想我会。我也许会上路巡演，做几场演出，不过我真的不是对巡演特别感冒。就是很不方便。你离家很远。你会浪费很多时间坐着等。当我年轻的时候——好吧，比现在还年轻一点的时候——我做很多巡演。我住在我的手提箱里，不过现在我有个家了，有孩子、家庭，那就不一样了。我想我在变老。

加：你在电影里总是演奇怪的角色。那对你来说是最合适的吗？

汤：我觉得我被定型了。有很多演员会避免弄成那样。他们想避免被定型为总是演坏人，演警察，演皮条客……不过我不是一个真正的演员。我不在乎。

嚎过狼的男人

《磁铁》杂志

1999 年 6 / 7 月刊

乔纳森・瓦拉尼亚

阿斯特罗是一家破败的、醉醺醺的汽车旅馆，位于距旧金山一小时车程的圣罗莎，靠近气候干燥的索诺玛峡谷葡萄种植区。这里是汤姆・威兹的国度——他住在这里的某个地方，尽管具体位置一直是一个被严格保守的秘密。《磁铁》杂志在阿斯特罗订了一间房，因为价钱还算公道，但是仔细看过之后发现，在这个环境里，等待拜会一个用歌曲升华潦倒生活的男人再理想不过。他是唱着寄宿客栈情歌的游吟诗人。他像手相师那样阅读人们脸上的线条，说出轮椅上的微笑和汽车旅馆积分记录背后的故事，那些故事绘出徘徊在他歌里的人物疯狂的面容。

我们的房间，就像威兹在歌曲《第九街和亨内平街》里写的那样，“装满了苦涩和忧伤的残骸”。这是一个像碾灭的烟头一样的地方。通风管坏了，很明显氧气已经离开了这间房间很多年。天花板生了霉斑，空气里闻得出尿味。一块砖垫在短腿的床脚下面，床上点缀着烟烫的痕迹和其他神秘的污渍。浴缸上粘着根阴毛作为装饰。游泳池里满是灰尘和杂草。不过，居然有免费的 HBO 台。仅余的另一样客户舒适体验是，在得知办理入住的女人同时也管着旅馆背后酒铺收银台时的安慰感。现在是上午十点，住客们算是赶了个早，正储备着每日配给他们的伏特加、白兰地，还有香烟。一个小女孩在众人面前学着畅饮时间里醉鬼们的摇摆动作，蹒跚着走过中暑的街道。“他撞上了一面墙，而现在他在跳步走。”她漫无目标地说。在阿斯特罗旅馆只有两种住客，一种只待一个小时，另一种永远不会离开。

我们的住宿可归类为“偶然旅游”，作为随机的参照物对比威兹的逗留——在洛杉矶 1970 年代无尽的、命定的夏日，他在热带汽车旅馆廉价的、弥漫酒精味的房间里住过。那时候的日子更简单一些。一架当作家具的钢琴，走廊另一头住着威兹脏兮兮的同伙，查克·E. 魏斯。“他是那种能把老鼠屁股卖出钻戒价钱的家伙。”威兹曾对采访者这样开玩笑道。魏斯带来了里奇·李·琼斯，她和威兹共享了一段很有创造力的，也很浪漫的游戏时光。正是在热带旅馆，威兹创造了他多年坚持的形象：一个皱巴巴的、灌饱波本酒的民谣歌手，支着架醉醺醺的钢琴，闭着眼，伴着他那牛蛙般粗哑的嗓子，四十度酒精浸泡的和弦跳着快速旋转舞，在烟雾的光晕中踮着芭蕾舞脚尖旋转，胡子茬在他压低的粗花呢帽檐下绕成圈。

在定期为弗兰克·扎帕和滚石乐队巡演做暖场演出的间隙，威兹录了一张专辑来标记自己在早年的化身，他作为一个被碾碎的浪漫主义者，吼出垮掉派与爵士时代最后一缕青烟。在像《寻找星期六夜晚》《零碎钢镚》，还有《小饭馆的夜鹰》这样的专辑里，威兹把他那令人厌烦的、“就得喝到天亮”的艺术人格，挂在由立式贝斯和哀伤的钢琴和弦组成的舞动着的骨架上。那是充斥着流浪汉和漂泊者、跳舞女郎和绝望角色、酒吧段子和臭水沟诗歌的锡盘巷。威兹就是那个在爱德华·霍珀的画作《夜鹰》中，坐在咖啡馆角落里弹钢琴的家伙。不幸的是，在画上你看不到那个角落。

威兹多年前从热带旅馆的生活中退出，可这种形象仍然附在他身上，就像他再也不抽的卷烟的臭味，或者他再也不沾的波本酒的香气。1980 年，威兹在出演科波拉电影《旧爱新欢》时和凯思琳·布伦南（时为西洋镜电影公司剧本审读员）相遇。布伦南从不愿被采访，也不愿被拍摄。她一直是他的合作者与缪斯女神——更不用说，也是他的三个孩子的母亲。“她拯救了我的生活。”威兹说。是布伦南引导他的音乐方向深入左外野[1]，后来以他的岛时期为人所知。像《剑鱼长号》《雨狗》，还有《弗兰克的狂野岁月》这样的专辑，就像一系列看不见来源的业余无线电台，播放出有着从别处世界带来的器乐色彩后的声音，里面充满铿锵作响的打击乐和超现实主义街头报告文学。带着荒废掉的唱诗班、牛心上尉式的海员号子，还有晃进晃出的畸形足犹太乐师管弦乐团，这些专辑具有《巴顿·芬克》[2]式的惊悚感。唯一从威兹1970年代创作歌手岁月里留存下来的，是他的嗓音，那种听起来像是他生下来就老了、生下来就在抽烟的嗓音。

作为一个1980年代流行乐浮华的局外人，威兹坚守在边缘地带，和一些人建立了至关重要、富有创造力的友谊，如电影导演吉姆·贾木许、纽约市区潮人约翰·卢里，还有马克·利伯特，自《雨狗》之后他的即兴吉他演奏就一直是威兹录音工作中的保留节目。1985年，威兹在贾木许优秀的《不法之徒》（讲的是越狱伙伴的冒险故事）中，和卢里，还有罗伯托·贝尼尼[3]合作，颇有成效地建立了一种即兴表演事业。“我写那部电影的时候，脑子里就装着汤姆和约翰，”贾木许说，“在他演的角色里有很多汤姆的成分。那一整场踢破警车玻璃逃出来的戏——我觉得汤姆之前就有做这事儿的经验。”

总体而言，威兹出演了超过二十部电影，包括罗伯特·奥特曼的《银色·性·男女》、科波拉的《惊情四百年》，还有《紫苑草》（与杰克·尼科尔森共同主演）。威兹也在剧院试了身手，1986年在芝加哥荒原狼剧场上演了剧作《弗兰克的狂野岁月》。最近他和卢里重逢在一部非常好玩的有线电视剧《和约翰钓鱼》中。

1　棒球场分为中外野、右外野和左外野。站在左外野的接球者通常站得比较远，孤立于一般球员所能接触的范围之外。

2　科恩兄弟执导，于1991年8月在美国上映。

3　罗伯托·贝尼尼（Roberto Benigni，1952— ），意大利国宝级电影导演与演员，代表作有《美丽人生》等。

到了1990年代早期，威兹把家搬到了北加利福尼亚，发行了《骨头机器》，由乡村超现实主义、启示录般的蓝调嘶叫以及大杀四方的嚎叫构成的黑暗轰响，为他赢得了1992年格莱美最佳另类音乐表演奖。（“他得格莱美奖后大发脾气，”贾木许说，“他恨死那东西。‘相对什么的另类？！那个词到底他娘的什么意思？！’”）在这段时期，威兹还为罗伯特·威尔逊的两部歌剧配乐，分别是《黑骑士》（里面有威廉·巴勒斯的贡献）和《爱丽丝》，同时出演了贾木许1992年的电影《地球之夜》。随后是六年的隐居，也许他把这段时间花在享受家庭天伦之乐，以及探索他对稀有实验乐器的迷恋上。他提笔给巴特·霍普金斯的著作《格拉维琴、小旋风琴和火风琴》写了序言，这本书是霍普金斯对那些鲜为人知的、常常是自制的乐器的研究。威兹也为霍普金斯后续的研究著作《奥比通、匙竖琴和吼琴》作了贡献。威兹和布伦南还为一部今年获得奥斯卡奖的动画短片《棕兔夫人》提供了音乐。最近威兹和马克·林克斯合作了一首歌《血手》，将会按计划出现在闪马(Sparklehorse)[1]的下一张专辑中。他也参与创作、制作并演奏了魏斯的专辑《极其酷》。

作为一个出人意料的变化，威兹去年离开了岛唱片，和专注朋克摇滚的厂牌墓志铭签了一次性合约。《骡子变奏曲》，他在七年中的第一张专辑，也许是他最好的一张专辑，见证了他的圆满。他在岛唱片时期的立体派蓝调仍旧在那里，和《骨头机器》中的美国式原始主义，以及电影原声作品中富含颗粒感的闪光之作在一起。威兹仍旧能够只用自己的嗓音就让钢琴泣涕，就像他在《没人住的房子》和《让我离开时带着》中做的那样。像《在日本是大牌》和《菲律宾席梦思烤猪》里所证明的，他仍然可以像骡子一样踢腿。《骡子变奏曲》几乎就不是《弗兰克的狂野岁月》的延续。也许有人会抱怨说，这张专辑里没有太大的惊异之处，但是当你重新发明了轮子[2]后，有时你就得靠它上路好一阵子。这种音乐创作出来是为了留下来的。还有谁能二十五年

---

1 美国独立摇滚乐队。大多数时间成员只有马克·林克斯（Mark Linkous）一位，他自小残疾并受抑郁症困扰，但音乐才华惊人，于2010年3月6日举枪自杀。

2 习语，指重复做已做过的事情。

一贯地坚持做出苛刻的、大师水准的录音，将之变成自己的职业？

抵达阿斯特罗旅馆时，威兹将他那辆1985年款的雪佛兰萨博班缓缓停下，这对一个以开肯尼迪遇刺前生产的汽车著称的男人来说并不寻常。“我拒绝把这车叫萨博班（Suburban）——我管它叫 Bourbon（波本酒）。”他边说着，边用一个歪歪扭扭的微笑赞美《磁铁》杂志选择住宿的品位。他从头到脚身着暗蓝色牛仔装，穿一双饱经风霜的靴子，戴他商标式的猪肉馅饼帽——一顶兔毛斯泰森毡帽，是他在奥斯汀买的，那里近期举办了西南偏南音乐节，而他跑去演了一场，这可是稀罕事。我们出门去旁边的使命咖啡馆（一家毫无架子的便宜饭馆），吃了点鸡蛋和香肠。他还带着点早晨的困意，嗓子发出比唱片里更粗犷的、像砂纸摩擦般的声音。一副眼镜低低地架在他的鼻梁上，他随意地胸腔起伏粗喘大笑，喷吐着民谣智慧、奇怪的虚构轶事，还有从他随身带的破笔记本上读出的老套科普常识，看起来几乎有慈父般的感觉。尽管照相机常会让他的脸显得更有距离，且抓住皱纹里的阴影，当面见到的威兹仍旧比他四十九岁的年纪要年轻不少。生来具备一副老灵魂的优势就是，你永远不会真的看上去变老。你只会变成一尊经典。

汤姆·威兹（下简称汤）：在我来这儿的路上，我一直在想我这辈子开过的车。我现在开的这辆85年款萨博班，有点像电影《黑衣人》里的车。我开始想这事儿，是因为我刚收到我邻居的女儿写的信，我的第一辆车便是那邻居卖给我的，55年款的别克“特别”。打那以后，我开过55年款的别克路霸。我开过福特旅行车，米黄色的。有一阵子我开过59年款沃尔沃。

乔纳森·瓦拉尼亚（下简称乔）：在我看来，你不像个开沃尔沃的人。

汤：不，不是我自己要。有人想处理掉那辆车，就卖一百美元。他是个警察，那我就说：“我买了。”那是有坡型后背的，那种脊椎侧弯后背。我有过四辆别克车，一辆‘特别’、一辆“世纪”、一辆“路霸”，还有一辆65年款的“雷鸟”。开过道奇货车，那车很漂亮。开过56年款水星敞篷车，还有54年款凯迪拉克，黑色的——他们说那车上过电影《教父》，我觉得我为这一点付了额外的价钱——在蒙大拿州买的。我太太曾经开过那车，没空调，当时华氏一百二十度。她到现在还生这事的气。[读他的笔记本]大多数美国汽车在哪个调上鸣喇叭？

乔：C调？

汤：你作弊！你偷看了我的笔记本！是F调。[读笔记本]你知道吗，造瓶盖用掉的钢铁比造汽车用掉的还多。现在这里有一场全国性的干渴。当中世纪的日本绅士们想要达成协定时，他们会一起尿尿，并让尿流十字交叉——那就是早年的合同……最近在韩国有个渔夫被逮捕了，因为他在大吵一架后把自己的老婆拿去喂鲨鱼；在韩国，直到现在用老婆做鱼饵还是违法的。

乔：我们来谈谈鞋子。

汤：我现在只穿工程师靴。在此之前，我只穿尖头鞋，把我的脚都毁了。我的脚现在就是尖头鞋的形状，穿这些靴子的时候脚两侧都有空隙，得拿报纸塞到里面。不过我活着见证了尖头鞋再次成为鞋界的领导者。那很叫人兴奋。当我开始找尖头鞋的时候，我以前去的是纽约果园街的费尔法克斯，那种小家子气的手推车店。我问："你们家有尖头鞋吗？"他们会去后仓最深最深的地方，拿回来一个布满灰的盒子，吹掉上面的灰，然后说："你要这玩意儿干吗？给我二十块钱。走啊，滚出去。"那是刚开始的时候，从那以后，我看到这种鞋发展出了生机勃勃的事业，一个尖头行业。终极版是前帮尖头、后跟古巴式的。不过我那时比现在年轻好多。现在，我只买舒服的、稳定性好的。

乔：那西装呢？

汤：我到今天还是不会在一套西装上花超过七美元。当我最早上路巡演的时候，我很迷信；我会在舞台上穿同一套西装直到穿破。有很多时候我们一早就得出发。我很讨厌要穿戴整齐的那一套礼节，所以很多时候，我就穿着我的西装和鞋子往床上一躺，随时准备起来。我会穿着一身衣服，就盖上毯子睡觉。我那么睡了好几年，直到结婚后才不那样了，因为我太太受不了。每次她出门几天，我就会穿着西装上床睡觉，不过每次她都能察觉出来。

乔：说到上路，你会为这张专辑巡演吗?

汤：[装作嘲弄的战斗姿态]我不会巡演。我想被安排在剧院里，就像那些密苏里州的家伙们那样，让大伙朝我跑来。韦恩·牛顿剧院。特里尼·洛佩兹剧院。我要有我自己的，一个罐头样的小棚子，装个顶盖，有工作灯，六把椅子，黄土地面。我可以看到它——我知道剧院确切的样子。我会一礼拜演六晚。你们过来看我。[翻过他的笔记本]我有点东西给你——你听说过投弹甲虫吗?一只投弹甲虫在受威胁的时候，会用一连串爆炸来防卫自己。实际上据说从它尾部会放五个单独的弹，快速连续的，一同释放的还有一种微红色、臭不可闻的液体。

乔：那我就得小心了。你还抽烟吗?

汤：戒了。我跟其他人一样，戒了一百次。烟是个伙伴，是个朋友。我到最后会什么都抽，我会在后院挖个洞，拿包烟放进去，撒泡尿然后埋了。一小时后挖出来，放在烤箱里烘干，然后抽上。我抽烟的时候就那么忍不住。

乔：你还喝酒吗?

汤：噢，这事儿会让你的读者感兴趣吗?我们聊了尖头鞋、抽烟——我有预感你会把我勾到酒吧里去……我突然有了画面，那种应急玻璃墙一样的东西上面写着“紧急情况下敲破”，墙里面都是酒……我戒了，戒了，六年没喝了。

乔：你有部叫《神秘兵团》的新电影即将推出。前情提要?

汤：讲的是两个超级英雄。有个家伙叫夏弗勒。另一个叫鲍勒(Bowler)，她把她那个做投球手(bowler)的父亲脑袋拿来，封在聚酯保龄球里。还有个蓝王侯(Blue Raja);他们制作自己的行头，但从没有得到拯救世界的机会。我演的是赫勒博士，一个提供火力的武器科学家。听起来像个轰动大片。

乔：里面有谁?

汤：本·斯蒂勒、詹尼安·加罗法洛、汉克·阿扎利亚、保罗·鲁宾、威廉·梅西、艾迪·伊泽德、杰弗里·拉什。导演是金卡·厄舍，他可真是个王子。我不知道我为什么要演这个，除了他把整桩事情弄得听起来像场垒球赛以外。

乔：顺便说，你演《惊情四百年》中的伦菲尔德时，英国口音学得真棒。

汤：他们说我该去演莎士比亚剧，而不是这些流行乐垃圾。

乔：你怎么遇上吉姆·贾木许的？

汤：大概做《雨狗》的时候遇上他的。他很显眼。他的电影就像俄国电影一样，就像没有人看到过的东西。对我来说，那些电影就像门上的头发。你知道以前去电影院的时候，一大根头发会粘在放映机上，你会坐在那里看那根头发，你会丢掉整个剧情。所以，他就像门上的头发。

乔：你那部《和约翰钓鱼》真的很逗。你怎么搭上约翰·卢里的？

汤：约翰是个不同寻常的家伙。大概是在做《雨狗》的时候在纽约遇上他的。我就因为他才去 [钓鱼]。不过我一跑过去，就想杀了他。他也知道。那次惨透了。一次钓鱼表演。富有刺激性的是，不管我们钓没钓上什么都不要紧（这也是钓鱼的基本概念），跑到森林里去待在一起，就是给自己一个借口，手上拿点东西对着远处发呆，聊聊生活。我们什么都没钓到，很尴尬。甚至搞到我们会从经过的渔夫船上买几条鱼，真丢脸。我晕船又中暑——这里面大多数时候我都是个不开心的家伙。不过无论如何，最后还是变得很好玩。约翰是个出色的编曲者和音乐人，捡起什么东西都能演奏。我们会一起走走，他会捡起一根灌溉水管，很严肃地叫你拉住一头让他试着弄点声响出来。他就像个小孩子，一个介于小孩子和巫师之间的人—— 一个小巫师。鼻子长得也很棒。

乔：我们来聊聊新专辑。你告诉记者李普·伦斯说标题来自你犯固执的时候，你太太对你说的话："我嫁的不是一个男人，我嫁给了一头骡子。"而事实是你在经历某些"变化"。什么变化？

汤：电解治疗。我刮掉了很多不想要的毛发。我经受了香薰疗程。我现在算医学院三年级了——好爱它！

乔：《骡子变奏曲》里第一首击中我的歌是《他在造什么？》。我看到了某种“大学炸弹客”[1]的画面。我们似乎住在这样一个时代，住在你隔壁的家伙可能在他家地下室造化肥炸弹。

汤：我猜是老鼠理论：我们人太多了，我们会被人类的过量增殖逼疯。你开车经过高速公路，突然看到原本是野地的地方，一下多了三十五万座新房子。他们都得上洗手间，都想给孩子买玩具，都想吃鸡蛋和培根，都想要一辆好车和度假时住的地方。当老鼠变得太多了，它们就会自相残杀。

乔：这首歌里你提到了一个镇子叫市长收入，在田纳西州。

汤：我梦里得来的。两个镇子。同一个梦里另外一个镇叫矿工祈祷，在西弗吉尼亚州。

乔：你和凯思琳一起写了《骡子变奏曲》中的大多数歌。你能不能描述一下你和她怎样一起写歌？她是个音乐人吗？

汤：优秀的钢琴手，弹低音巴松管，受过传统技能的训练。以前在亲戚们围着的时候会来一段独奏，她会弹一段小夜曲，弹完走人，然后大伙会像尼佩尔狗（RCA dog）[2]一样挖自己耳朵：“再也不是贝多芬了。”她好像从来不会被任何一种单向的东西抓住。你看，我们都喜欢音乐，但我们真正想要的是音乐来喜欢我们，因为它就是一种语言，而有些人是语言学家，能流利地说七种语言，能用中文写合同，用匈牙利文讲笑话。

乔：回到地名上，圣路易斯看起来经常出现。在新专辑的《坚持住》里，还有《雨狗》的《时间》里，并且你还在不少采访中提过那地方。曾经在那住过吗？

汤：没，从没在那儿住过。那是一个往歌里塞的好名字。每一首歌都需要在结构上自洽：你需要天气，需要镇子的名字，以及有些吃的东西——每一首歌都需要特定的成分来平衡。你在写一首歌，你需要一个镇子，你看看

1　得名于美国数学家西奥多·卡辛斯基（Theodore Kaczynski）。在 1978 年至 1995 年间，为对抗现代科技，他不断邮寄炸弹给大学教授、大型企业主管及航空公司，造成三死二十三伤。

2　尼佩尔（Nipper，1884—1895），生于英国布里斯托尔的狗，曾作为油画《他母亲的声音》的模特，后被采用为多个音响广播品牌的 Logo，包括美国无线广播公司和 JVC 音响。

窗外，看到“圣路易斯红雀”写在某个小孩的T恤上。你就说：“噢，我们就用那个名字。”[翻开他的笔记本]肯塔基州到现在还有一条法律规定你至少一年得洗一次澡，所以我们离开了肯塔基。他们太强迫人了。

乔：我知道你在录音的时候会用地图盖住墙面。

汤：让这事儿更像一次探险。

乔：《没人住的房子》在哪儿？

汤：那是我以前开车送孩子上学时会路过的房子，废弃了，杂草真的有树那么高。在圣诞假期，所有周围的邻居都会闯进去，给这房子买点灯饰什么的。那真有点感人。那就是那片社区微笑时露出的一颗坏牙。

乔：那《在日本是大牌》呢？你在日本有多大牌？

汤：好久都没在那里演出了。上次去的时候，我乘着子弹头列车，戴着我的猪肉馅饼帽，穿着我的尖头鞋，还系着我的窄领带。有一整车厢的日本帮派分子穿得像阿尔·卡彭和卡格尼[1]，真的一身祖特风[2]。他们每个人都说“不准进去，不准进去”，但那是唯一有座位的地方——其他所有人都像牲口一样挤在一起。他们在这个有空调的大车厢里吃饭，伴着茶和饼干，旁边还有六个人抽着雪茄谈天。我说：“操，我就要进去坐下。”我真的进去坐下了。那一刻就好像是那种很沉重的对峙大场面，然后他们都笑了起来，我们互相脱帽致敬，还鞠躬。那次很搞笑。然后我把我的人都叫进来了，我们都坐了下来，我们一帮，日本人一帮。他们一直想让我做内衣和香烟的广告，但我从没做过。我做了一次，以后再也不干了。我以前看到名人做广告时的第一反应是：“噢，老天，他肯定很缺钱吧。那很不好受啊。”当有谁走下坡路时，他们会去做广告。

乔：你成功起诉了菲多利公司用模仿你声音的人做广告。

汤：那家伙是得州来的，拿了三百美元来模仿我。那是他的专长，不管

1 两位都是美国著名黑帮大佬。

2 流行于美国1940年代的服装设计款式，特点为高腰、宽裤腿、窄袖口。

怎么说，他模仿我模仿得很完美。他们围绕《直面而上》这首歌来做整个广告，时不时地他们会说声“菲多”什么的。事后那家伙觉得很糟，跑来做我们的首席证人。我们赢了二百五十万美元。大卫打败了巨人歌利亚。

乔：我们来谈谈《骡子变奏曲》里的一些角色。大杰克·厄尔是谁？

汤：世界上最高的男人，曾经待在巴纳姆和贝利马戏团。如果你看过存档照片就会知道，他们以前会让他和一个差不多一英尺（约 0.3 米）高的家伙站在一起。大帽子，高靴子。那就是为什么“大杰克·厄尔身高八英尺一英寸（约 2.46 米），站在路中间哭泣”。想象一个身高八英尺一英寸的人站在路中间哭泣。那会让你心碎。

乔：那“小鸟”乔·霍克斯呢？

汤：我在报纸上读到这小姑娘，十二岁年纪，扯了个谎来蹭灰狗大巴坐。她从家里逃出来，编了个故事给灰狗大巴，说她父母在旧金山等着见她。她跑完了霍尔顿·考菲尔德[1]的整个旅程，拿到了全美国无限乘车和换乘的票，然后被抓了。

乔：他们拿她怎么办了？

汤：他们首先没收了她的车票。我觉得她没受什么苦。我和我太太读报纸，做了几百篇文章的剪报，我们就是那样子读报纸的，没有其他的东西。那是我们自己的报纸。报纸上有很多凑数填版面的，剩下的都是广告。如果你把它简缩到精要的故事报道，比如讲在密歇根湖里发现了独眼三尾鱼的故事，你可以重新定义你跟报纸之间的整个关系。

乔：《他在造什么？》里有一句歌词：“你永远猜不到斯蒂查先生看到了什么。”

汤：斯蒂查先生是我小时候的邻居。他不喜欢小孩，不喜欢吵闹。所有的小孩经过他家房子时，会大喊大叫制造噪音，而你会看到他从窗户伸出拳头，威胁要叫警察。他老婆曾经说：“你们再这样下去会叫他犯心脏病的。”

1　塞林格小说《麦田里的守望者》的男主角，美国青少年反叛文化标志。

最终他犯心脏病死了，他老婆认定这是我们的错，是我们一伙人一起杀了他。我们得分担那份罪过，把这事情背在身上，那很叫人难受："斯蒂查死了，我们杀了他。"我们也许共同策划了对他的谋杀。

乔：《冷水》是某种流浪汉的生活。你有没有睡过墓地，或者扒过火车？

汤：我睡过墓地，也扒过火车。我小时候经常搭便车旅行，从加利福尼亚到亚利桑那，和一个叫萨姆·琼斯的哥们一起。我们想看看在三天里我们能走多远，看看我们周末出发的话，能不能在周一回来。我记得有一个晚上漫天大雾，我们在一条小路上迷路了，没法确切知道我们在哪儿。雾气涌起，我们真的迷失了方向，天还特别冷。我们在一条干枯的河床上挖了个大坑，一起躺了进去，抓起土和树叶像毯子一样盖在身上。我们整晚都在坑里发抖，早晨醒来雾散了，发现旁边就有一家小饭馆；透过雾我们看不见它。我们跑进去吃了一顿很棒的早饭，到今天仍旧算是伟大早餐里的高水准。那家幻影小饭馆啊。

乔：在《黑市宝贝》里，你管那个宝贝叫"盆栽的阿芙洛狄忒[1]"。很棒的歌词。

汤：凯思琳想出来的。我们认识这个小女孩，很漂亮，但只有四英尺十英寸（约1.47米）高，看起来到处跑过，像个中国裹脚女人。凯思琳说："她是个盆栽的阿芙洛狄忒。"那是帕特丽夏·阿奎特[2]。我们告诉了她那名字，她说："我很喜欢，我会开一家花店就叫盆栽的阿芙洛狄忒。"她真开了花店。不过显然，店没开多久，便倒闭了。

乔：《框中的画》有一句很棒的歌词："我会爱你直到轮子掉下来。"

汤：那是句监狱里的黑话，意思是直到世界末日。

乔：我注意到眼球娃和你同一天生日。

1　阿芙洛狄忒是希腊爱情女神的名字，而"盆栽"（bonsai）一词在英文中是日语发音的舶来词。二者拼在一起异域味道浓郁。

2　帕特丽夏·阿奎特（Patricia Arquette，1968—　），美国女演员。1995年与尼古拉斯·凯奇成婚，2000年离异。

汤：就是个巧合。眼球娃是一个漫画书里的人物。实际上，是尼克拉斯·凯奇把我重新带进了漫画书世界。我还小的时候就不再关心漫画书了，不过他看起来一直将那神话带在身边。看到他鲜活地保留那些我们将之与童年联系起来的原则，以至于以漫画书里的英雄人物凯奇来命名自己，这很让人鼓舞。不过我试着想象一个头上长巨型眼球的人在娱乐业待着会是什么样子。假如巴纳姆和贝利马戏团还开着，我想他一定会扑进去入伙。

乔：巡演会由优能牌眼药水，还是博士伦眼镜赞助？

汤：那是一个比喻，给在娱乐业讨生活的人们，因为他们常常有某种家庭困扰，或者这样那样的精神创伤。我在年轻的时候有一个经理人，我搭上了一个叫赫布·科恩的家伙，他当时帮扎帕打理事务。我想要个彪形大汉罩着，街坊里最硬气的家伙，我找到了。

乔：一个能打断人腿的家伙？

汤：那可是你说的，我没说。我讲赫布的事情可得小心，我可不想弄到……法庭上。

乔：说起生意上的事情，你为什么离开了岛唱片？

汤：发生了很多变化。[前任老板克里斯·]布莱克维尔走了。对我来说，人际关系很重要。自打布莱克维尔退出成立了自己的公司，我就失去了兴趣。

乔：你怎么看那些大厂牌这一阵子的并购，以及裁减员工和艺人？

汤：我认为你应该不计一切代价为你的独立和自由而战。我是说，这就是个奴隶种植园一样的体系。所有的唱片公司都是银行，他们贷给你一点钱让你做唱片，然后就拥有你的余生。你甚至都没有自己作品的所有权。大多数人只拿到他们发行作品的一小部分所得。大多数人能录唱片就很开心了，我也是——你喜欢你的名字出现在合同上的样子，所以你就开始签约。我还年轻的时候，就给自己系上了很多结。

乔：你和墓志铭的合同只有一张唱片，你在一定的时间里授权你的唱片给这个厂牌，在那之后所有权回到你自己手里。我不知道你对互联网有多了解，但现在有一种叫作 MP3 的技术，基本上能让艺人把歌放在网上，人们可以自己下载自己刻录CD。本质上，这种做法就把唱片公司从产业链里挤出去了。

汤：我不知道我怎么看那事儿。我不懂互联网。我不上网。我落伍很多了。我有个翻盖电话。技术进步是强制性的，也是强迫性的，我想。我有种感觉，人们都不再离开家了。他们一整天坐在电脑桌前，每样东西都从屏幕里出来送到他们面前。这就是这个国家要的，但不管什么东西，只要是流行的、容易到手的，通常就对你没好处。好比自来水对你没好处；那是循环利用的尿和化学品，就这样。一瓶水比一加仑汽油更贵是有道理的。对电脑来说，最大的敌人是什么？是水。电脑们都在想办法消灭水。我不知道我在这上头会怎么走。我猜我们正在经历一场革命，没有人知道石头会往哪里掉。唱片公司都吓坏了。不过我不想做唱片公司。有太多繁文缛节，而我已经有够多的电话打来了。另外，我家里有两个十几岁的孩子，如果我要做唱片公司，不可能办得成。

乔：《骡子变奏曲》是你六年来的第一张唱片。有流言说你没有出唱片，也不演出是因为你生病了。

汤：不，我没生病。不过那种谣言会传开很有意思。他们关于我死的谣言极为夸张，说我得了喉癌。

乔：《骨头机器》里面有很多死亡。在《骡子变奏曲》里也有一首歌叫《让我带上它》。很美的一首歌。这是个荒谬的问题，不过我还是得问你：你怕死吗？

汤：[做出嘲弄的虚张声势表情]说我吗？哈，放马过来啊！过来啊！说我吗？我不想走。我还得先扫树叶。我有很多事情要做。我喜欢那个能在自己弥留之际说“要不让那墙纸走，要不让我走”的家伙。很有名的临终遗言。我最喜欢的墓志铭是镇上那个疑心的病患者的：“我早告诉你们我生病了。”

乔：1976年，你对《新闻周刊》说了以下引语：“从这边海岸到那边，有一种共同的孤独在蔓延。像一种普遍而脱节的身份危机。那就是黑暗的、温暖的、麻醉中的美国夜晚。我只是希望自己能够触及这种感觉，在我发现自己某一天被并排停放在安乐街之前。”二十三年过去了，你现在有了妻子和孩子，有了乡下的房子，有了菲多利公司孵下的小蛋一枚——那在大多数标准里都算安乐街了——而你看起来仍旧处在自己创作力和受欢迎度的高峰。在我看来，你的职业生涯就是一种模范，告诉人们怎样在一个布满坏榜样的行业里用正确的方式做事。

汤：谢谢你。我就是即兴玩玩，跟其他人一样……我从没想过我会生活在偏远地方。不过我现在是那个住在隔壁的凶老头了。你瞧，我就是斯蒂查先生了。我收集了一大堆扔到我家院子里的棒球，我不会啥也不要就把它们交出去。

到 1999 年 12 月 7 日，汤姆·威兹将抵达一个新的里程碑：他会跨入五十岁。但是他的年龄并没有阻碍他展开一次新的巡演计划，哪怕比他小十岁的人都会被这样的巡演耗得精疲力竭。他把他的巡演乐队带到了欧洲，为在海牙、柏林、佛罗伦萨以及其他地方欣赏并崇拜他的观众们首演了他的新专辑歌曲。1999 年 7 月，他回到美国本土，在美国各地和加拿大多伦多演了几场。在所有和宣传相关的事务都结束后，威兹也没有停下来，反而继续进行各种计划中的活动，包括和罗伯特·威尔逊在戏剧《沃伊采克》上的再次合作。

采访汤姆·威兹

KBCO 电台演播室 C

1999 年 10 月 13 日

布雷特·桑德斯

布雷特·桑德斯（下简称布）：嗨，这里是 97.3KBCO 电台，洛杉矶 103.1 频道，我是布雷特·桑德斯。很高兴你们今早能和我们在一起。今天机会难得，我们邀请到了一位对我的生活和人生哲学都有很大影响的先生来到演播室。他刚刚做出了这么棒的音乐。他的名字叫汤姆·威兹，他今晚会在[丹佛]派拉蒙剧院出演。他昨晚就在那里演出，据大家说那是一场很棒的表演。汤姆·威兹，欢迎你到KBCO电台演播室C。

汤姆·威兹（下简称汤）：谢谢，布雷特。谢谢你。到这里来很好。哇哦，我都很久没有来博尔德。很久了。

布：有多久？

汤：我不愿说有多久。反正很久了。我们就说有二十年了吧。

布：哇哦！

汤：差不多那么久——我不知道。我是说我很久以前在博尔德的图拉吉俱乐部演出过。不过已经过去了……你知道，我说不出那段时间的很多细节，别人告诉我我们演得不错，我们在那家俱乐部演得挺不错，对。

布：我想你在现在这节点肯定能把图拉吉俱乐部的演出票卖光，汤姆。

汤：好吧[笑]。

布：没问题。所以也许你能给我们弹点什么？我们这里有架钢琴给你用。

汤：哦，天，刚从箱子里直接搬出来的是吧？直接搬进……

布：不，我是说，我们能听到点音乐吗？

汤：我以为我们就是聊聊，我不知道，我选歌？

布：那肯定，你喜欢的什么都行。

汤：好吧[在钢琴上弹《框中的画》]。

布：汤姆·威兹在我们的演播室C。“我会爱你直到轮子掉下来。”好啊，那就是全情投入！那就是全情投入的歌词。这是我听过的最强烈的起誓。你是怎么想出来的？

汤：想出来什么？

布：“我会爱你直到轮子掉下来。”

汤：哦，那是老俗话，对。那是个老……那种老监狱里的说法。我猜那是说你得……你得定期检查你的轮子[笑]。

布：能转！

汤：对，平衡并且能转。对，查下转子，给它们上油。

布：汤姆，你是为了谁做音乐，为谁？是为了一个人吗？是为了汤姆吗？

汤：哦，呃，我想，对的，是为了我。我不知道，这是个很有意思的问题，因为你知道你写的很多歌，只是经由你的手，实际上是孩子的作品，你知道吗？孩子们写的歌是最好的。所以你知道你是在为你自己写歌。我不知道歌曲都是打哪儿来的，它们好像从各种地方跑来。你利用你看到的、记住的、找到的、从前感觉到的和现在感觉着的东西，把歌创造出来。记笔记，你懂的。我真不知道我是为了谁写歌，有时候为了我太太，有时候为我的孩子们，有时候是我的邻居们、我的朋友们、我爱的人们，就好像是奴隶贩子，你知道吗？我很小的时候，一本漫画书的封底写着我可以得到一个图章戒指，上面印着我自己的名字缩写，我就写信过去了，没有读上面的小字。然后我收到了十二箱药膏，要我拿去卖掉，来得到戒指什么的。那可真把我吓得要死。我把药膏藏了起来，戴上戒指，然后我收到了一封律师信，你知道，说我该在那个星期一到法庭上去，而那时我七岁。

布：那时候你七岁！

汤：我不知道。我不知道你为谁写歌。有时候你就是为了音乐而写歌。你就是会弄出能让你记住的、让你爱的歌，然后你就和这事告别了。你留下了点小东西，大伙会在以后发现，你知道，你就像一个容器。歌曲就像容器。所以，我不知道。

布：你最近的 CD 叫作《骡子变奏曲》，很棒。很棒的专辑。

汤：对，那张出了有一段时间了，我猜做得还不错。他们说是那样的。标题来自我太太，她总说“我嫁的不是一个男人，我嫁给了一头骡子”。所以那些就是《骡子变奏曲》。所以那就是标题的出处。我不知道我另外还能弹什么。你有什么想要我弹的吗？

布：有，我喜欢《骡子变奏曲》里的那首：“从十字架上下来，我们可以用那木头。”

汤：好吧，好。我可能得和一支乐队一起演奏那首歌。乐队在吗？不在？就剩我们自己了。呃，我看看……[开始弹《破自行车》的前奏] 哦，我们不要弹这首……来一首鲜为人知的！ [在钢琴上演奏《特洛伊的倒塌》]

布：汤姆·威兹在 97.3 KBCO 电台演播室 C，洛杉矶 1031 频道。汤姆，有你在我面前真好。有机会坐在你面前和你聊。

汤：好吧 [笑]。

布：我们有一阵子没听到你的新曲目。在最近的《骡子变奏曲》后有好几年了。你和威廉·巴勒斯一起写了《黑骑士》。

汤：对，没错。

布：为什么，你的歌迷们想知道，为什么那么久都没听到什么东西。

汤：哦，我不知道，去上驾校了。我去上了一段时间的驾校。那是哈佛交通学校，所以真的……

布：至少是最棒的一所！

汤：有好多事情比我想象的要更麻烦，所以……我不知道。你知道我一向在，我不知道我一向在干吗。做冰雕，通水管，修电路，打石膏板，诸如此类。

布：打理房子周边的事情。

汤：打理，对。

布：那很重要。

汤：修篱笆什么的。不过你知道，“时间飞逝”。你等到把一大堆事情堆在一起，然后开始走进去面对，你知道吗？迈尔斯·戴维斯总是说“唯一让你写新歌的原因是你厌烦老歌了”。那差不多也发生在我身上。你会演绎老歌但是你知道……能演绎新的东西总是有意思得多。

布：说起新东西，近期也许有什么新电影要出来？

汤：电影？呃，我们看看我们有什么。有东西要出来……我收到很多邀约，很多很奇怪的邀约。

布：有没有什么是你不会做的，你说“那很讨厌——我不会做的！”？

汤：不，没什么是我不会做的。“鲍勃，你就把钱拿出来吧！”她就是那么说的。不，总得有什么是我不会做的……我只是还没碰到而已，因为我不会收到那种范围很广、自由度很大的邀约，你知道吗？我是说，我不会演爱情片男主角……不过你知道……我会……你知道电影都是很奇怪的。我不是一个真正的……我会做一些表演。我是说那算是我手里的牌。这里面的麻烦事是你会被抓去很长时间，你得带一本书什么的……带一个图书馆真的，因为有很多时候你得在那儿等待。

布：那是庞大的制作过程。

汤：是的。你就是一个大管弦乐团里的一把小提琴。我习惯的是在我自己的乐队里指挥我自己。所以这事情，你知道，很健康很有挑战，又是个特别叫我头疼的事。对。

布：所以你今晚会在派拉蒙剧院演出？

汤：对，我们会在那里。

布：你对昨晚的表演挺满意的？

汤：对，演得还行。观众们很野，所以，对，昨天晚上很好，我希望今晚一样，甚至更好。

布：好，我们很高兴你能回到科罗拉多州。我想知道我们能不能哄你再弹一首歌，如果可能的话。

汤：我不知道该弹什么。我把这些慢歌都演奏了。我小时候在一个披萨店做过。那里隔壁就是个停尸房，所以，有很多讲食品的段子。不管怎样，我觉得这是献给全世界餐馆从业者的 [在钢琴上弹起《我等不及下班》]……所以你放了那张查克 · E. 魏斯的唱片？

布：对，查克 · E. 魏斯，来自科罗拉多。

汤：对，查克 · E.。

布：你和你太太作为执行制作人参与了这张？

汤：没错。我当然认识查克 · E.，我大概在 1974 年遇见他，你知道，在埃贝茨球场门口。所以那张唱片真的是一张爱的产物。查克 · E. 做了大部分工作，你知道？我们凑了钱，我太太到处兜售它，引起了很多人的兴趣。你知道我很开心能看到这张唱片出来。大伙看上去都很爱它。它也收到了很棒的评论。他演出了很多场，所以我真的很替他高兴。这真的是一个很诡异的组合……就像查克这人那样，你知道吗？所以它听起来很有病、很感人也很吵，而你知道这就是……所以我很高兴这张唱片出来。

布：那么《查克·E.陷入爱情》写的是他？

汤：对，是的。那就该是讲他的。

布：科罗拉多的伙计。

汤：对！科罗拉多的伙计！我遇到查克的时候他穿着件灰鼠毛大衣。

布：哦。

汤：还有很高的舞台，大概四英尺（约 1.22 米）高。你知道吗？那是过去。

布：让人以为他是给里根政府工作？

汤：不，他在冰上走。他试着在冰上找到平衡。那次好像是二月天，他在跳什么冰上舞蹈，你知道吗？

布：哇哦。

汤：但是，对，他那次的歌曲是很棒的。他真的是自己制作了这张唱片。我是说，你知道里面的音乐，他和长期合作的乐队一起演出了很多场，真的是仔细打磨的歌曲，他进棚之前也给新专辑写了很多歌，其余的是老歌，你知道，他在路上写的。

布：最后一个给你的问题，汤姆。关于你的职业生涯和你做到的事情。我是说，你第一次击中我的专辑是《剑鱼长号》，当时我还是个十几岁的少年。

汤：啊哈。

布：你的音乐逐渐变得越来越有意思，越来越复杂。你怎么做到一边在大唱片厂牌取得成功，同时又能坚持去做那些你作为一个艺术家能做的东西，而从不作出任何妥协？因为直白地说，你的唱片和大厂牌里面别的东西听起来一点也不像。

汤：哦，对。我不知道，我真的不知道怎么回答这个问题，我只会建议其他人也这么做，你知道吗？那样也许就会有更多的差异性和多样性。但你知道在你刚开始的时候，你真的得听从建议，从某种已有类型音乐开始，你知道吗？我是说我并不是完全原创性的。我从各种源头吸收养分，我听很多东西，我也不把自己看作是完全原创性的，你知道吗？我会建议当你开始的时候，你保留你自己的东西，想明白自己是谁。然后保持做自己，专注于你自己独特的特质，而不是试图让自己听起来像别人……我是说你一开头就跟别人一样，慢慢地你也真变成和别人一样了，所以这有点像生活本身。

布：好，汤姆，能在演播室 C 接待你真是太开心了。

汤：我也是。

布：在你走之前，我们能再听一首吗？

汤：我会弹一段《耶稣之血》，因为我知道你喜欢那首……

布：对，也是很棒的故事。

汤：好，那是加文·布莱亚斯，这是一首我发现在，呃……他们做了一部纪录片，讲人们能记住的孩提时代的歌曲。他们采访了英格兰很多无家可归的人。他们跑到桥洞下、海滩上，还有市区里，找到不同的人问他们，有什么歌是能让他们一直记住的，那些歌对他们来说意味着什么。有很多人已经失去了一切，也许他们仅有的，你知道，只剩下这些记忆和这些歌了。这就是他们发现的东西。所以加文·布莱亚斯编写了这首曲子，叫《耶稣之血从未辜负我》，而且他用这个标题做了一张唱片。

布：那也是很美的一张唱片。

汤：我是在我太太的生日派对上，凌晨三点从收音机里听到这张唱片的。我不知道是什么唱片，它就那样一直放着。所以这是一首那种……它几乎听起来像一首小孩子的歌。我会弹一段。

布：对，因为那有七十四分钟长。

汤：七十四分钟长，而今天所有东西都在降 B 小调上 [在钢琴上弹起《耶稣之血从未辜负我》]。

布：谢谢你。汤姆·威兹在这里，97.3 KBCO 台演播室 C，洛杉矶 103.1 频道。

汤：好，很高兴来这里。

带着扭曲的传统

《蓝调滑稽剧》杂志

2000 年 7/8 月刊

布雷特·柯福德

他介于乔治·格什温和嘉年华杂耍小丑之间，介于铅肚皮和从汽车后备厢拿吸尘器出来卖的家伙之间。汤姆·威兹——剧作家、著名的性格演员，电影配乐师、舞台音乐剧创作人、入围奥斯卡奖提名者（来自他给科波拉电影《旧爱新欢》的配乐）、忠诚的丈夫和父亲——他在那么大的角色跨度里应付自如。

可首要的是，汤姆·威兹是一位歌曲创作人。他有过诸多流行金曲——它们都被别人录制翻唱了，包括布鲁斯·斯普林斯汀（《泽西女孩》），还有罗德·斯图尔特（《市区列车》）。能录一首威兹的歌，对知道内情的音乐人来说，就是一枚荣誉勋章。如贝克、灰狼一族、安妮·迪弗兰科[1]、A.J. 克罗齐[2]、艾迪·维德[3]这样的艺人，都把威兹引为自己的主要影响来源。他赢得了两座格莱美奖，今年得到的是最佳当代民谣专辑奖，授予《骡子变奏曲》，1992 年则因《骨头机器》专辑获得最佳另类专辑奖。他也因歌曲《坚持住》获得今年格莱美最佳摇滚男歌手提名。

可威兹在本质上，是一个蓝调乐人。他引用了铅肚皮和无数其他蓝调艺术家作为灵感来源。《骡子变奏曲》中的几首歌非常恰当地处在蓝调王国的版图内（《赶起骡子》《巧克力耶稣》《菲律宾席梦思烤猪》，还有《到房子上来》），并且查理·马塞尔怀特和约翰·哈蒙德都出现在了这张专辑里。威兹目前在为哈蒙德制作一张专辑。

这位加利福尼亚纳雄耐尔城学校教师的儿子，走过了一条很长的路。

---

1 安妮·迪弗兰科（Ani DiFranco，1970— ），美国女歌手，其音乐被归类为民谣摇滚和另类摇滚。

2 A. J. 克罗齐（A. J. Croce，1971— ），美国创作歌手。

3 艾迪·维德（Eddie Vedder，1964— ），另类摇滚乐队珍珠果酱（Pearl Jam）的主唱与吉他手。

在超过二十五年的录音生涯中，现年五十岁的威兹和厄勒克特拉唱片、岛唱片都有过长约。为了《骡子变奏曲》，他挪到了墓志铭这家之前以录制朋克风格唱片出名的公司。但威兹的那些作品，混杂着铿锵的喧闹、念白的景观、朗朗上口的嬉笑怒骂、吼叫的蓝调和温柔的抒情曲，仍旧看起来很适合这个厂牌。

威兹从他那具有突破性的、备受评论界推崇的事业中得到的喝彩，看起来对他的自我几乎没有产生什么作用。威兹对《蓝调滑稽剧》杂志很亲切、很动情，也很配合。当长长的访谈结束时，威兹说他“如果想到别的什么”，会打电话来。他第二天的确来电了，并且美妙地在他的钢琴上弹了一段格什温的《序曲Ⅱ》。

布雷特·柯福德（下简称布）：当你开始创作《骡子变奏曲》的时候，你有没有期待过会获得格莱美民谣专辑奖的提名？

汤姆·威兹（下简称汤）：好吧，我不会像那样开始创作，不会想那个。那是件好事，不过那不是我的动力。格莱美就像食品药品监管局（FDA）。人们喜欢得到美国农业部批准，有那种小粘纸标签的。那样更安全。差不多就像人们在表达自己喜欢的口味时，喜欢有别人作为同好陪伴。不过那是件好事。

布：你觉得墓志铭会拿出粘纸标签贴在专辑上，说这是“年度最佳当代民谣专辑”吗？

汤：哦，当然。他们也许会做这种事。

布：那你会把自己归类为民谣音乐人吗？

汤：好吧，我不知道。也可以，如果你需要管自己叫什么东西的话。我是民谣的。我在民谣中间。如果你非得在某个类别下面，那也不算坏。我自己身上有各种各样的特质，不过我可以接受民谣。我开始的时候是个在民谣俱乐部演出的少年。那会我听的就是这种东西。我现在走得已经有点远，不过还是会留在那个领域。

布：你会反对把自己称为蓝调歌手吗？

汤：好吧，我猜要是有人管我叫蓝调歌手的话，我会受宠若惊。我恰恰不是，但是我喜欢。

布：有很多你的歌可以被归类为蓝调，对吗？

汤：没错，没错。

（很快讨论离题到了优秀录音机的质量和其他事情。）

汤：我们离题了，不是吗？我就想从头到尾离题。我从不走进一条直线里。你长大了就意味着你更高了。我们不再那么靠近地面了，而你会很想念只有那么高的时候。我的小儿子今天早上找到了一块从廉价戒指上掉下来的珠宝。换作是我就不可能看到。不过他只有六岁，只有到这里高。我有时候很怀念跟地面那么近的距离。

布：那变老的好的一面就是你开始回到地面，你开始缩小。

汤：你开始弯腰了。[笑]对，没错。

布：你觉得你的专辑反映了你当时的生活环境吗？你的上一张专辑《骡子变奏曲》有一种很乡村的感觉。你同意这么说吗？

汤：当然，没错。这张肯定是更加户外的，不管你叫它什么。

布：那你现在住在北加利福尼亚乡村地区？

汤：对，那是个乡村地区。不过……就好像人们说他们想在这间录音室里录音，就因为这里是佐治亚州、得克萨斯州或者路易斯安那州的一部分。录音最主要是产生在你头脑里的。当你到了那种程度，无所谓身在何处，因为歌曲本身就是风景。那和你听的东西、你吸收的东西很有关系。

布：那你听些什么东西呢？

汤：好吧，我不知道。只有两种音乐：好音乐和坏音乐。我想，如果这么说不会有陷入老生常谈的风险的话。

盲妈额头[1]的《石头里的蜜糖》，就那首歌，1927年维克多唱片公司出的。

---

1 盲妈额头（Blind Mamie Forehand，1895—1930），美国早期女福音歌唱家。

那首里面有几个错误，歌曲渐渐变弱了。我喜欢这种不完美。我喜欢上面有裂痕的东西。那就是我进入一首歌的方式。我记得听过罗伊·奥比森[1]很多年前做的旧小样，有一首歌叫《克劳德特》。他就是在家里录点小样，歌里有一段他弹错了和弦，说“噢，狗屎！”于是他从头来过。我说：“哇哦，我可以进到里面去。”那就是带有很多音乐的东西。我觉得当唱片做得很贵、制作色彩沉重的时候，就会让人们听到后跑开。他们想：“哦，天，我的音乐很小，磕磕碰碰的，上面有裂痕。”

布：你会故意把磕碰和裂痕放到唱片里去吗，还是它们出来就那样？

汤：差不多出来就那样。我已经不会再介意了。现在都到了一种程度，有时候我会把那效果做出来或力求做出来，因为唱片会缺少……他们是怎么称呼这个的……“破坏性处理”。不过《石头里的蜜糖》这首歌的录音里，当她停下来说“就尝尝看吧”，旁边有人听起来像是在用一支笔或者什么东西敲电话铃。它们刚好卡准了拍子。

你知道，我们现在只会买音乐。我们不会再做音乐了。这说法差不多在别的事情上也成立。我觉得发展音乐、认同音乐的人们应该对他们自己做音乐的能力有信心，这很重要，不管那有多么艰苦。对我来说越艰苦越好。

我一向都在听些什么？我有所有洛马克斯录音的再发行版，《南方之旅》，所有国会录音曲库最近发行的 CD 版，佐治亚海岛歌手组合（Georgia Sea Island Singers）[2]，还有监狱歌曲、田野呼喊（field holler）以及很多铅肚皮的东西。我在铅肚皮死掉的第二天出生。我愿意相信我俩在某个大厅里交错走过。当我听到他的歌喉，我觉得我认识他。也许我是一块被他踏过的路边石头，或者他厨房里的一个盘子，因为我第一次听到他就认出他了。

你看，我就像音乐行业里的其他人一样，没有一个正式的背景。我从听

1　罗伊·奥比森（Roy Orbison，1936—1988），美国创作歌手，以标志性的墨镜和歌喉音域宽广著称，被称为“摇滚乐的卡鲁索”。

2　成立于 1900 年代的非洲裔歌手组合，他们巡回美国表演民谣歌曲和带有西非洲嘎勒语文化元素的歌曲，于 1959 至 1960 年间被洛马克斯录制成唱片。

唱片中，从跟人们的交谈中，从逛唱片店中学到东西，还有从跟音乐人厮混中学，跟他们说：“嘿，你怎么做到那个的？再来一遍，让我看看怎么做出来的。”然后我差不多会把那些融入我做的东西里。我有个好朋友，弗朗西斯·图姆，在哈里·帕奇乐团弹半音阶旋律琴，他做了很多年音乐老师，一直是一个深刻影响我的人。他对属于他的人们来说就是一条河。而格雷格·科恩，我多年的贝斯手，是一个彻底的文艺复兴人。他把从种子乐队（The Seeds）[1]到勋伯格，还有处在两者之间的一切东西介绍给了我。最主要的是，我一直在依靠陌生人，还有熟人朋友们对我的热心帮助。我的另一个音乐老师是查克·E. 魏斯，他什么都知道，还有凯思琳·布伦南[威兹的太太]，她知道剩下的所有东西。

布：我最近采访过 A. J. 克罗齐，他引用你作为影响来源。你也可以在其他很多人身上听出你的影响，比如维克·切斯纳特。当别人把你作为影响来源时，你感觉怎样？

汤：那很酷。为什么不呢？大家都还真的在参与这种互相听取彼此的民谣创作过程。哪怕你真的想照原样做出别人前一晚做出来的东西，你也做不到，除非你是某种专业模仿者或者印象主义者。当你听到音乐里的突破时，那是他们尝试去复制某些东西时做得不那么成功的产物，是给门上开个洞让光线照进来的东西。你知道查克·贝里[2]曾经想用他的钢琴手约翰尼·约翰逊弹键盘的方式弹吉他，带有那种跨越弹奏的感觉。当我还是个孩子的时候，我拿起一根针一遍又一遍地想要学会某个人做出什么东西的方法……那就是它传递下来的门道，我很骄傲自己能成为这整个传统的一部分。

布：阿兰·鲁道夫至少在几部电影里用了你的歌，包括你翻唱版本的《某个地方》。你是桑德海姆[3]的崇拜者吗？

---

1 1960 年代车库摇滚和酸性摇滚风格的乐队，被普遍认为是朋克风潮的前序。

2 查克·贝里（Chuck Berry，1926—2017），美国黑人摇滚音乐家，其吉他独奏和舞台风格成为后来摇滚乐主要影响来源。

3 斯蒂芬·桑德海姆（Stephen Sondheim，1930— ），美国作曲家、作词家，被誉为“美国音乐剧界最重要及最具知名度的人物”。下文提及的《西区故事》便是由其作词。

汤：好吧，天，我喜欢《西区故事》里的那些歌，我是莱昂纳德·伯恩斯坦的大粉丝。那些都是很棒的歌。很棒的旋律。

布：说到很美的旋律，我喜欢《我带着它》里的钢琴。

汤：我和我太太合作了这些歌的大部分……如果哪首歌真的很好，那大概就是她做的 [笑]。显然她比我更精炼。我更像是往墙上扔东西的那种……对，我也喜欢那段钢琴。

我太太就像尤多拉·韦尔蒂[1]和琼·杰特[2]之间的交汇点。凯思琳是一朵杜鹃花，是一朵兰花，也是一棵橡树。她身上有四个 B 开头的词：美丽（beauty）、光亮（brightness）、勇敢（bravery），还有头脑（brains）。她拯救了我。假如不是因为她，我现在大概也就在牛排馆里卖唱吧，甚至都没资格卖唱，大概在牛排馆做厨子呢。

布：那段时间你生活里的什么地方跑偏了？

汤：什么地方没跑偏呢？

布：你们在哪一年认识的？

汤：1979 年。我们在新年前夜认识的。

布：可在那之前，你也做了不少好东西啊。

汤：但是我那时都快散架了。我到处上路演出。

布：好吧。你首先写什么，词还是音乐？

汤：那是书本上最老的问题之一。

布：我本没想问这个。

汤：但是你问了。问题是，词就是音乐。如果你有了词，你就有了声音，声音都是有形状的。在这个意义上，在更宽泛的意义上，音乐就是有组织的噪音。孟克曾经说过，没有错的乐谱。全得看怎么解读出来。跳绳歌就是这样，它们都是节奏性的段落。一旦你有了那个，你就有了音乐。所以你有了

---

1 尤多拉·韦尔蒂（Eudora Welty，1909—2001），美国小说家，以描写美国南方生活见长。

2 琼·杰特（Joan Jett，1958— ），美国摇滚吉他手、歌手，代表专辑《我爱摇滚乐》。

音乐时用不着等词。有时候你有了词也用不着等音乐。我不知道谁说的这个，但是他们说一切事物都在渴求迈向音乐的最佳状态。每个人都在很多东西中寻找那种感觉。

布： 查理·马塞尔怀特在新专辑里演奏了很多。你听过他的拉丁作品［大陆漂泊者》］吗？

汤： 那些古巴风的东西？对，我喜欢。看起来很贴合。他可能担心过翻译的问题，不过在那些彼此毫无联系的音乐风格之间，总是会找到重叠部分的。在某个时刻，中国音乐都会听起来有爱尔兰味，谁知道为什么呢？

布： 所以你带上了查理·马塞尔怀特，是因为你想用上你能找到的最好的竖琴手？

汤： 对［笑］，他很棒。他带来了大概三百副口琴，还有麦克风。他什么都能玩。有些东西不适合他那架交叉竖琴，但是我们试过的歌曲都能配合得好。在《巧克力耶稣》里面，就在歌曲开始前，你可以听到他对麦克风讲话。他说“我爱它”。那是这首歌里我最喜欢的部分。

布： 当你和这些名人一起玩，而且你听到这些人都说他们是你的崇拜者，你有没有想过：“我只不过是一个玩音乐的。我不需要那些东西。”

汤： 好吧，那样提醒自己是很重要的。那是一个平衡的做法。我是真心想保持谦卑的。

布： 再说一件能动摇你谦卑感的事情。我爱你那首歌《伊利诺伊，约翰斯堡》。那是好美的一首歌。在伊利诺伊州，真的有一个地方叫约翰斯堡吗？

汤： 对，我太太在那儿长大的。在麦克亨利城旁边，靠近湖链区。那是你跨过州界去威斯康星州之前，最后一个能找到人造黄油的地方。

布： 你在威斯康星州买不到人造黄油吗？

汤： 那可是乳制品州。你开玩笑吧？如果他们抓到你身上有人造黄油……他们会在市场里搜你身。

布： 在边境他们也查你。

汤： 对，有人造黄油检查站。

布：跟我说说你喜欢的蓝调艺术家，你听着长大的那些。

汤：好吧，我曾经和索尼·特里，还有布朗尼·麦基同台演出，那对我可是天大惊喜。我最爱的歌是斯基普·詹姆斯的曲子《看人们》，那让我想起了桑·豪斯的曲子《启示者约翰》，我可是那一首歌的大粉丝。[我听]老的田野呼喊和劳动歌，还有跳绳歌，还有苦工囚犯号子，还有对唱。

我们看看。还有什么？修女罗塞塔·撒普[1]。当然还有雷·查尔斯、“红斑点”（Speckled Red）[2]、科科·泰勒、大乔·特纳[3]、皮蒂·惠特斯特劳、长发教授（Professor Longhair）[4]、罐装燃料……

布：现在还有谁能抓住你的耳朵吗？

汤：“T型福特”（T-Model Ford）[5]。在胖负鼠（Fat Possum）唱片公司出的那些东西我很喜欢。

布：你和大卫·伊达尔戈合作过。你喜欢他的东西吗？

汤：哦，对，我爱那些家伙。我爱灰狼一族乐队。那些丹佛来的家伙，16马力乐队（16 Horsepower）。闪马怎么样？他好棒。卢·安·巴顿，她有很棒的嗓音……牛心[上尉]，当然。埃尔维斯·科斯特略。他是个文艺复兴人，是多维度的。他的歌《宝贝随便玩》，我觉得很适合小吉米·斯科特，我真心很崇拜的一个人。“嚎叫狼”，当然。3M公司——孟克、迈尔斯和明格斯。罗兰·科克也站得老高。桑·拉、哭泣的萨姆·柯林斯[6]、詹姆斯·哈曼、蒂

1 修女罗塞塔·撒普（Sister Rosetta Tharpe，1915—1973），美国黑人女歌手，福音音乐代表，被认为是摇滚乐先驱。

2 即鲁弗斯·乔治·佩里曼（Rufus George Perryman，1892—1973），美国蓝调艺人，布吉乌吉舞曲钢琴手。

3 大乔·特纳（Big Joe Turner，1911—1985），美国黑人歌手，爵士和节奏蓝调双重传奇人物。

4 即亨利·罗兰德·伯德（Henry Roeland Byrd，1918—1980），美国新奥尔良节奏蓝调歌手，钢琴家。后期从事爵士创作。

5 即詹姆斯·刘易斯·福特（James Lewis Ford，1923—2013），美国蓝调音乐家，作品风格涵盖芝加哥蓝调、三角洲蓝调和酒吧唱机蓝调。

6 哭泣的萨姆·柯林斯（Crying Sam Collins，1887—1949），美国早期蓝调歌手。

娜·特纳[1]、艾瑞莎、丹尼尔·约翰斯顿。我还喜欢所有名字里带“小”字的家伙，比如小吉米·斯科特，还有，呃……

布：小查理与夜猫[2]……

汤：小查理与夜猫……所有的“小”字辈，我也喜欢所有的“大”字辈……

布：大妈桑顿[3]……

汤：大妈桑顿、大乔·特纳、大比尔·布鲁齐、小安东尼与帝国乐队[4]、小理查德[5]……扎帕、尼克·凯夫[6]。当然，还有滚石，不可能漏了他们。比尔·希克斯、约翰尼·卡什、“漫步者”杰克·埃利奥特、盖伊·克拉克、兰尼·纽曼。还有哈里·贝拉方特，我爸爸有他全部的唱片。我前几天晚上放了他的东西，我说“天，哈里，你真能杀了我”。

录音这回事儿……你想想就觉得很神奇。你录下来三分钟内发生的事情，某人会在一百年后听到你在三分钟内做的东西。特别有神秘感。你能有机会和未来握手，同时也成为过去的一部分。

布：你觉得自己是一个很好的钢琴手吗？

汤：我弹假的钢琴。我基本上是一个作曲家。当我坐在钢琴前，我不是要弹什么东西或者学什么东西。我坐下来是要发现什么东西。

布：所以当你听到一个很牛的钢琴家，比如吉恩·泰勒，你会说：“我永远做不到他那样。”

汤：天，兄弟，少来了。不过那不是我的兴趣。我走了另外一条路。我

---

1 蒂娜·特纳（Tina Turner，1939— ），瑞士籍美国歌手、女演员。职业生涯长达五十年，被称为摇滚女王。

2 小查理与夜猫（Little Charlie & the Nightcats），美国电子蓝调与摇摆舞复兴代表乐队。

3 大妈桑顿（Big Mama Thornton，1926—1984），美国节奏蓝调创作歌手，蓝调吼叫风（Shouter）代表人物。

4 小安东尼与帝国乐队（Little Anthony & the Imperials），美国节奏蓝调与灵魂乐和声演唱组合。

5 即理查德·韦恩·潘尼曼（Richard Wayne Penniman，1932— ），美国创作歌手，被认为是摇滚乐的奠基人之一。

6 尼克·凯夫（Nick Cave，1957— ），澳大利亚摇滚歌手，歌曲多讲述阴暗晦涩的惊悚故事，是后朋克和哥特风潮的标志性人物。

以前会梦想着布里尔大厦[1]，用那种方式写东西……我很爱卡巴莱舞曲的传统。我刚开始的时候很喜欢听辛纳屈。我的朋友们以为我疯了。他们当时听的是蓝色欢呼乐队[2]，还有铅肚皮。大概在我发现铅肚皮的时候，我也发现了墨西哥街头乐队、爱尔兰音乐、吉普赛音乐。你会把那些东西都联系起来，但自己也不知道为什么。

布：和墓志铭唱片的合作怎么样？

汤：不……他们拉我进去做的是成人督导，操场值班老师。他们很诚实。[墓志铭唱片创始人]布雷特·古尔维茨是一个发明家，是一个眼光长远的人，也是一个偶像破坏家。他在所有的层面都很公平。他不是个流氓。他们把自己更多当作服务行业。你做音乐，他们负责发出来。他们不参与长期强奸、掠夺艺人的那种传统，还有奴役。你在那里很受尊重。

布：我读到另一篇你的采访，你提到，《骡子变奏曲》里的“赶起骡子耕上地”这说法，是你爸爸以前对你说的，一句老话，意思是赶紧去干活。

汤：不，那是罗伯特·约翰森[3]的父亲对罗伯特说的。他说罗伯特早上爬不起来赶骡子去耕田。罗伯特想要走出那里的整个生活体系，他想要自己的生活。所以他逃出了鸡笼。

布：凯思琳对创作过程有什么样的贡献？

汤：我们合作。谁知道合作是怎么样的，能不能弄成？你知道，你洗衣服，我晾干。

她会躲开聚光灯。她偏好那样。我在这里，我更多的是唱歌和跳舞，她更多在幕后。她更喜欢那位置。

布：回过头看，她好像给你的专辑里加进了以前没有的深度和质地。

---

1 坐落于美国纽约百老汇大街，处在著名的锡盘巷范围内，长期驻扎多家音乐产业公司、唱片公司。

2 蓝色欢呼乐队（Blue Cheer），成立于 1960 年代末的著名迷幻摇滚乐队。

3 罗伯特·约翰森（Robert Johnson，1911—1938），美国蓝调传奇吉他手，一生只录制了 29 首歌曲。

汤：好吧，你也结婚了。你知道那是怎么回事。她是老爸的幕后推手哟［笑］。

布：你会不会听自己以前的东西，然后想“那首歌不是很好呀”？

汤：对，我会的。我没法听从前的东西。我有双大耳朵，那时穿得也很搞笑。还有我的歌唱风格很单调。我有段时间听自己的旧作品感觉挺难熬，那些我太太出现之前的东西。

布：你说“我有点喜欢这一张”的时候门槛在哪里？

汤：哦，我不知道，《剑鱼长号》，还有往后的东西。那对我来说是一条划清的界限。那正好就在我结婚前后，我太太和我在那张唱片里就合作了。正是她告诉我：“你可以制作自己的唱片，你用不着进棚叫一帮工作人员和其他人来告诉你应该怎么做。”那就成了我们夫妻店时代的开始。在那之前我感觉自己好像过于使劲了。你要学会什么不要演奏，什么不要说，那对一辈子来说都是很关键的道理。大多数情况那会作用到说话的音量上，特别是在音乐里。

（对话回到了蓝调话题上。）

汤：好吧，我觉得现在什么东西里都有蓝调。蓝调是一种非常有启发性的素材，就像罗塞塔石碑或者泉眼一样，不过现在看起来好像曾经的河流已经变成了一条路。凡是大河交汇的地方，都会有大把的电磁力场。我很爱听从前福音派的东西。你知道那张碟吗，出来的时候里面有约翰·费伊[1]，封面上有查理·帕顿[2]的［《美国原始声音第一辑》］？那是超棒的一套专辑收藏，里面的艺人真的太牛了……战前福音音乐，1926—1936年。你可以在里面听到盲妈的歌。

布：如果五十年后你被人记住是因为写了十首伟大的歌曲，你会觉得对你来说足够了吗？

1　约翰·费伊（John Fahey，1939—2001），美国指弹吉他手，被认为是美国原始吉他风潮奠基人。

2　查理·帕顿（Charley Patton，1934—　），美国早期三角洲蓝调的初创者。

汤：好吧，我这不还有时间吗？［笑］我觉得归根结底，我们都是普通人，或者说我们都是如此以产品为导向，我们喜欢我们能得到的产品，我们希望能使用我们的货物和服务，我们想知道哪些是最好的，那就是为什么我那么讨厌那些“最佳精选”唱片。大多数作品你都得在背景中理解啊。

我不知道，我觉得你有点太慷慨了。

爱丽丝　血钞（2002）

不满足于躺在《骡子变奏曲》的荣誉上，威兹选择继续保持活跃，追随自己的缪斯女神那飘忽不定的精神指引（无论他的缪斯女神把他带向何处）。2001 年，他作为一个受访者和表演者出现在爱尔兰纪录片《自由高速》中，该片聚焦了当代政治和艺术，导演是菲利普·金。2004 年，金对《爱尔兰时代》杂志描述了与威兹合作的细节：

> 汤姆·威兹拿着一块挡光板走进房间，把它扔在地上，又扔了把椅子上去，一屁股坐下。挡板吱嘎作响，椅子也吱嘎作响，他把小手鼓丢上去，踩上一只脚，手上拿着把班卓琴说："我准备好了。"我知道他准备好了，不过我还没有。因为一开口唱起来，他的声音就像一阵旋风把我吹到房间另一头。他整个人投入到自己的表演中……正是那样的时刻，让你觉得五年的等待是完全值得的。一百一十七个给他的电话全都没有白打。哄骗、敲门、不可避免的拒绝——那是工作里的常态——全都是值得的。

2001 年，这部纪录片在欧洲上映。威兹因其作为一个"卓越的音乐说书人"的能力得到了美国作曲家、作家与出版商协会（ASCAP）颁发的奖项，颁奖仪式在贝弗利希尔顿饭店举行。ASCAP 的迪恩·古德曼在新闻发布会上说："第十八届 ASCAP 流行乐颁奖礼周二在洛杉矶举办，汤姆·威兹被授予久负盛名的创始人奖。在演出之前，基思·理查兹引人注目地出现在一段摄于康涅狄格州家中的录像里。他穿着肮脏的衣帽，打扮成哥伦布的样子，从茂密的灌木丛中走出来，开始发表一篇含糊不清的演讲，来赞颂他曾经的合作者。他回忆起自己在威兹的建议下买了一千只虫子给自己的草坪通气。”

2001 年 9 月，威兹回到了音乐剧的世界。这是威兹第三次做这样的冒险，这一次，威兹和凯思琳处理的是其熟悉的领域：希望破灭的弃儿。

《沃伊采克》这部剧作是专辑《血钞》的起源，该剧由德国剧作家格奥尔格·毕希纳写于 1836 年，被很多人认为是现代戏剧的雏形。剧情（基于发生在 1821 年的真实事件）讲述的是一个士兵在被军队剥离个性之后缓缓展开的神志意识，他最终因困境而犯下了谋杀案。这部威兹 / 威尔逊制作的音乐剧的观剧导览册上这样说：

> 带着对社会的洞悉和愤慨，毕希纳刻画了一个人被迫屈服于无情社会中的法律和规则，在一系列超现实的片段里，他为我们展现了一个男人怎样被社会和上级的意志完全压服。沃伊采克被当作一个社会实验来处置。他不停地找工作，失业，再找工作。只有一件事情是确定的：他的绝望，在情感和社会感知上的绝望，还有他与世界的其余部分不断增长的彻底隔绝。沃伊采克只是“用沙子、灰尘、土和污物做的”，就像剧中说的那样——在残酷的社会中他亲身体会到了这点。《沃伊采克》是一部非常现代、具有非凡政治意义的戏剧，该剧讲述的故事展现出，当所有个体都被压迫到生存边缘时，全人类的价值会被如何摧毁。剧本的紧张感和语言上的表现主义显然可以让威尔逊抽象的习语和意象获得起飞。

这些全是在绝望中依旧心生渴望的威兹主义世界里出现的典型人物。威兹对《今日美国》的埃德娜·冈德森说：“这个故事到今天还会继续在欧洲出现。威尔逊告诉我有个低级士兵屈从于医学实验，逐渐被药丸和草药弄疯。他发现自己的妻子不忠。他抹了她的脖子，然后把刀丢进湖里，又跳到湖里找刀，淹死了，之后他们的孩子被村里的智障养大。我说：‘好的，我加入。你在讲‘抹了她的脖子’的时候就把我抓住了。’”实际上，是该剧对劳工阶层话题的涉及吸引了威兹加入，他是几年前在波士顿吃鸡蛋的时候最早听到这个故事的。

威兹的写歌团队创作了歌词，也创作了音乐，而另一位合作者沃尔夫冈·韦恩斯把这部剧作破碎的片段组装成羽翼丰满的作品。工作进展得很顺利，适时地给剧作填上了血肉，完全实现了该剧应有的强度。一位见证了彩排的记者说：“到了彩排结束的时候，毕希纳的《沃伊采克》被转化成了一个虚构世界的解读版本，甚至比原作更抽象，整个符号系统的建立基础就是发生在两种分别代表男性和女性原则的元素之间的交互作用。”

2000 年 11 月 18 日，《沃伊采克》在丹麦哥本哈根的贝蒂·南森剧院首演，并在 2001 年到 2002 年之间巡演于整个欧洲。在第一次巡演中，对话讲的是丹麦语，而威兹的歌是用英语唱的。而第二次巡演则全部变成英文。收录剧中歌曲的专辑《血钞》在 2002 年 5 月发行。

同一年，威兹决定发行他 1992 年舞台剧《爱丽丝》中的歌曲。威兹告诉《奥斯汀编年史》杂志的玛格丽特·莫泽说，原始录音带曾经被偷了。

> 当我们在做这些歌时，所有的录音带都在我的皮箱里。我的车被砸了，有人偷走了舞台剧的工作带。他们意识到他们到手的东西可能会值点钱，所以来索要赎金，我付了三千美元把它们拿回来。算不上很多钱，不是吗？我都有点觉得受侮辱了……他们就想要点快钱，也不会多话。那段时间我录什么都没兴趣。我当时在这该死的行业里让自己喘了口气，所以它就搞糟了。那些歌都放在一个盒子里，我觉得它们值得回头拿来看看。

《爱丽丝》被当作更黑暗险恶的《血钞》的姐妹专辑发行，无意中造就了光明和黑暗之间的平衡。两张专辑的封面艺术设计都强而有力，《爱丽丝》

的封面反映了剧作的超现实崩毁，而《血钞》封面则反映了一个男人血红色的内化视角，带着绝望和痴妄中的疯狂。

格林的镰刀死神

《黑书》杂志

2002 年 4 月 10 日（发行日：2002 年 6 月）

特里·吉列姆

将要发行两张新专辑《爱丽丝》和《血钞》的传奇音乐人汤姆·威兹与富有想象力的导演特里·吉列姆交谈。嘉年华、乌鸦，同时也提到怪物秀，二人如同在说方言。

特里·吉列姆（下简称特）：你最近一向如何，兄弟？

汤姆·威兹（下简称汤）：我都还好，没惹什么麻烦。

特：你为什么决定要自己和自己竞争？

汤：没有人会同时发两张唱片的原因是，有太多该死的工作要做。这里真正的问题是要保证两张唱片都有多样化的质地和主题。

特：你是接连做出这两张的，还是两张前后交替着做？

汤：前后交替，得看我当时感觉怎样。大多数音乐人得开两小时车从旧金山赶来，我告诉他们不许在路上听任何音乐，然后上午十点到，所以他们是空白的，你知道吧？他们的头脑都是空白的。我们能完全新鲜地开始。就好像演员们……你知道，你想要那些扑到小溪里捧水喝的人们。

特：对，那些人不会有羞耻，很明显。

汤：你得把自己当作蜡烛油，能消失在画面里。

特：我很好奇你是怎样构建那些录音歌曲的。是不是大伙都同时演奏，然后你加些层次上去？

汤：好吧，这有时候就像土豆一样从地里冒出来，你只要自己有意识，然后另外一些时候你得用物理学、数学、金融，还有威胁的或者叫它们犯尴尬的话语。

特：你实际上会编排各个部分，先把它们写出来？

汤：好吧，我设法和那些人一起工作，那些……愿意去任何地方的人，然后使用隐喻……我进去的时候带着好几件实验乐器。我要试试用上不同寻常的声源，所以我会在唱片里放上以前从没被当作乐器的东西，而[歌曲]总是能从中得到不同寻常的质地。

特：这是你的东西里总是能抓住我的地方。它抓住我的头脑和身体的一部分，用不同的方式震动。那真让我激动——会吓到我，同时也会让我激动，那会在我的头脑里触发各种共振。

汤：对，我喜欢老唱片。我觉得我喜欢老唱片的地方是……表面的噪音有时候比音乐本身更让我喜欢，或者这两者结合在一起创造出某种鬼魂。当你在听一张很老的、刮花的卡鲁索[1]的唱片，总感觉到他像是在试图走到你身边来，而你总是想帮他。你总是会身子靠向音箱。

特：[你的音乐]很有异国情调，哪怕歌里讲的是一个乡巴佬……一个密苏里州乡下什么地方的乡巴佬。19世纪的格林童话就会不停地跑到我的脑子里来。

汤：哇，我真是受宠若惊，特里。我很高兴它穿透了你的耳朵。你的电影在很多年里把我带到了另一个世界。我可能看过《慕乔森男爵[历险记]》[2]——我不知道——有大概五十遍了…………我想那是对好作品的一种测试——看看它能不能经受时间考验并且和你一起成长，而你能不停地重新发现它，它也会重新发现你。

特：我同意你说的。我是说，不管是一幅画作、一段音乐、一首诗——

---

1 恩里科·卡鲁索（Enrico Caruso，1873—1921），享誉世界的意大利男高音歌唱家。

2 导演特里·吉列姆1988年的电影，又译《终极天将》。

它就一直能产生共鸣。

汤：而且，当然咯，我一直喜欢看一位修女飘过——还有你和小人的关系。这比去马戏团好。

特：你一直沉迷于那个，不是吗？嘉年华，还有马戏团，还有怪物秀。

汤：我觉得我离家出走去加入马戏团了。我觉得那就是我想在音乐里做的事，而我想在某个时刻我们会发现自己有某些特殊的地方……那会让我们成为不同的人。

特：而没有人会歌颂独一无二——或者稀奇，或者离奇，或者惊奇。

汤：我同意。

特：我是说，我不知道我们该怎样把那些东西带回来，区分开。我想我们只能一直做我们手上做的东西。

汤：我觉得现在这世界看起来像是被三四个不同的同业联盟买下了，看起来到最后我们都会给其中的一两个打工。

特：[你的] 唱片公司是哪家……Anti- ？

汤：唱片公司名字叫墓志铭。我合作的那个厂牌叫 Anti-，艺人包括乔·斯特拉默尔……“诡计”（Trickey）[1]……梅尔·哈格德。

特：对。

汤：所以那是个不同寻常的地方，我觉得有点像受伤艺人的庇护所。因为那里做事都很公正、理性，也很公平。你知道，你把西装交给洗衣店到头来还真能把西装拿回来的那种。

特：那些都是很奇怪的人，如果要合作的话 [笑]。

汤：你对这世界和你合作的方式敏感吗……就好比是《陆上行舟》[2]，你真得扛着条船翻过山，或者这世界想要你做电影吗？

1　即阿德里安·肖斯（Adrian Thaws，1968—　），1990 年代英国布里斯托尔音乐运动的标志人物之一，与大规模攻击乐队（Massive Attack）、Portishead 乐队并称为 Trip-Hop 潮流三巨头。

2　德国导演沃纳·赫尔佐格 1982 年拍摄的影片。

特：好吧，我不确定这世界是不是想要我做，不过我觉得它想——我觉得我好像对每一部电影都抱有柏拉图式的理想。世界就在那里拉着线，想要自己做电影，而我变成了书写的那只手。

汤：我明白了。

特：纯粹就是那样。而且你发现事情开始互相配合，犯错误……各种事情都会发生，在大多数情况下，[那些事情] 会让电影更好。我觉得最终的结果，我看着那些东西时想，“对，因为有那些错误和事故，它变得更好了”。

汤：就像生活一样。

特：我觉得你说得对。

汤：我太太和我合作了所有的歌曲，我们还一起制作了唱片，那本身就是一个成就。我们还能跟彼此说上话。

特：我喜欢合作。我是说，我有不少电影的想法，不过后来，在某些时刻，它们会开始让我厌倦。有了一个合作者，我们就可以像蛙跳一样前进，那就变得很让人兴奋了。

汤：好啊，你想要一个人和你一起挖洞去中国，你知道？

特：你所有的东西，对我来说效果都像油画或者小电影一样。

汤：歌曲是给耳朵的电影，或者给耳朵的珠宝。

特：你做的，以及我希望我做的，便是一直给这个世界画点东西，希望有一两个人能注意到这实际上就是他们身边发生的事情。因为我发现我们正在和其他力量对抗。无论是宣传、广告、电影——普通电影——它们是如此忙于给这个世界画一幅完全具欺骗性的画。

汤：光明和黑暗之间的斗争一直在持续。有时候我在想黑暗的一面会不会还多一根长矛。

特：因为黑暗的一面——他们展示的是光明、有趣和娱乐。

汤：那是欺骗。

特：对！那就是欺骗。每个人都说我的东西是黑暗的，他们可能也会说你的东西是黑暗的，但我不觉得是那样。我觉得它比它展现出来的要更接近光明。

汤：尾巴摇着狗，摇了好一阵了。

特：有时候我听你的东西，我都不知道词是啥——我就认识声音。

汤：好吧，有时候歌就那么开始的。然后慢慢地，词就从声音中演变出来了。实际上，有一首歌《永远不要迟到》（“Kommienezuspadt”），完全用了造出来的语言。能花差不多四分钟，满怀信心地一个词一个词去发现一门语言，那很叫人激动。

特：你完成了《爱丽丝》，这很有趣，因为我现在做的一个项目是来自一本叫作《涨潮区》的书，是一个住在图森的家伙写的……讲的是一个十一岁的女孩，一个爱丽丝式的人物，她的父母都是人渣，而她最后跟了她父亲，她父亲是个——好吧，我们后面发现——已经坐在那里死了有一阵子了。而她开始围绕自己用类似于爱丽丝的方式去创造了一个世界。我一直被爱丽丝的故事吸引，因为 [刘易斯 · 卡罗尔] 总是把世界上下颠倒，这是小孩子才有的能力。

汤：好啊，听起来……很美妙——听起来差不多是格林童话了。

特：当我开始做《涨潮区》的时候……我一直在想着你。我做这个的时候想你有好一阵子了。

汤：好啊，我准备好了。

特：我看着这里 [我写下的歌词]，我一直欣赏这样一些东西，比如“在门廊里，鹅群在敬礼”。这是写歌词的法子吗?

汤：哦，不！你说的比我想的更棒。“在葡萄牙语沙龙里。”不过我更喜欢你那个。我得把它记下来。[特里重复了一遍，汤姆写下来]

特：超现实主义已经被完全皮条化了，这真让我发疯——它现在被拿来做广告，卖些狗屎。

汤：我懂。我恨那种东西。

特：它已经没有内容了。有很多图像，但就是没有内容。[乌鸦] 老是在这类专辑里出现。

汤：哦，乌鸦。好吧，乌鸦是鸟类世界里的青少年。他们说乌鸦的麻烦是刚到九点钟它们就把活儿干完了，手上有太多的时间。它们会把一天剩下的时间拿来打某种原始版的橄榄球，或者玩离巢不回的游戏。要么就是坐下来乱叫，聊天。而且他们发现这行为没有什么生物学上的理由……不过一只乌鸦会坐在蚁冢上，直到完全被里面的蚂蚁吞没，坐在那里进入一种几乎是催眠的状态。他们说这种行为唯一的解释就是那会让乌鸦有快感。那是某种形式的吸毒。

特：没错！

汤：它们会把眼睛转回到脑袋里，抬头对着天。他们说那是乌鸦命数的一部分，因为它们的脑袋相对身体的比例是所有鸟类里最大的，而它们手上有大把的时间。这样难免会陷入毒品 [两人都笑]。

特：那很美妙。

汤：你吃过乌鸦吗？

特：没有。好吃吗？

汤：我也没吃过。好吧，我象征性地吃过。有好几年了，算固定饮食计划的一部分。

特：对。那会让我保持健康 [两人都笑]。

汤姆·威兹谈制造声音

摘自《从不做传统的人》，《速记快报》

2002 年 5 月 2 日

詹姆斯·尼古拉斯·乔伊斯

詹姆斯·尼古拉斯·乔伊斯（下简称詹）：《爱丽丝》的音乐现在已经有九岁大了。它改变了很多吗？

汤姆·威兹（下简称汤）：不，一直是一样的东西。就像捐出去一箱衣服，然后又拿回来。嘿，那几条裤子，我喜欢那几条裤子，还有那件衬衫。我一直喜欢那件衬衫。我从没有真正做那些歌的录音，我们就是做了些粗糙版的小样，然后你把歌给别人去做。他们要么愉快地做出来，要么就把歌曲都屠杀掉，叫你无论如何都说不出话来。[……] 我很开心能把它们拿回来。我都忘了我喜欢那些曲子。我太太跟我叨叨了好几年了，我们录下那些歌吧，那里面有些很好的曲子，宝贝。[……]

詹： 你在路上巡演，和你的听众们相遇，这件事有没有改变你音乐里的什么东西？

汤： 我很感激能有听众：有时候会很叫人震惊。就像在华沙一直不肯离开剧院的那群人，那时我都已经回到酒店准备上床了。他们就一直尖叫，跺脚。我想，我们该怎么办？这晚上演出不是已经结束了吗？还是说我们该回去再演一下？那是一个奇怪的时刻，一次致敬，我猜想。他们就喜欢待在演出的地方闲晃，那很酷。[……]

詹： 人们觉得你和你的歌曲之间的联系十分紧密。你是否认为这会让他们对你产生出某种本来没考虑到的亲密感？

汤： 好吧，我猜，因为歌曲就是器皿，就是感情信息的容器。也许就像收到一封我写的信。那是可以理解的。[……]

我喜欢像鼓一样使用我的声音，你知道。[……] 我总在为了制造声音而制造声音。你在有词之前只能做声音。实际上只要你造出任何一种声音，你就有了音乐，真的。在一开始有了词。所以你就有某一种 [开始唱]“德莎嘎嘣，德莎嘎嘣，德莎嘎嘣，德莎嘎嘣，德莎嘎嘣，德莎嘎嘣，德莎嘎嘣，德莎嘎嘣”，你会在这里出来些东西……不管德莎嘎嘣到底是该死的啥。我不知道，我也不在乎。

詹： 有点像小孩子说的话。

汤： 小孩子说的话能做出最好的歌。没有人比小孩子更会写歌。

詹： 而且他们有本能的韵律感。但是我们失去了那种能力。

汤： 对，没错。后来我们就失去那种能力了。我们生下来就知道所有东西。而我们整个的生活就是一个把它们忘掉的过程。

罗素·邦加德管《老大哥》叫“有史以来最好也最蠢的滑板杂志”。他当了七年的固定供稿人。“我不知道怎么发生的，但到最后我做了一阵子音乐编辑。我的工资支票都是拉里·弗林特[1]签的。”

汤姆·威兹

《老大哥》杂志

2002 年 5 月（发行日：2002 年 7 月）

罗素·邦加德

和汤姆·威兹对话很好玩。他的嗓音就像任何一个人吞下一嘴碎玻璃，然后试着拿一杯眼镜蛇毒一口闷进去。他答应接受这次采访，因为他的儿子凯西是这本杂志的粉丝。当公关专员发现是我来做这次采访，她显得非常失望，因为她觉得自己说得非常清楚，凯西非常希望是独一无二的戴夫·卡尼，这个他觉得像蜜桃一样的家伙来采访。戴夫把采访给了我，因为他觉得那些公关专员都很臭，他也不会在乎有什么人把他当蜜桃。

罗素·邦加德（下简称罗）：你对《老大哥》杂志有什么了解？

汤姆·威兹（下简称汤）：哦，我儿子读这本杂志。他十六岁。

罗：先生，你对这本杂志的内容了解吗？

汤：你是说杂志里面有些我一无所知的东西？

罗：里面都是下流文章。这是本尿壶嘴一样的杂志，如果你能这么说的话。它肯定叫人很想拉屎。

1　拉里·弗林特（Larry Flynt，1942—　），美国色情杂志和影音出版大亨。

汤：你是说你现在就可以给我一个机会弃船？

罗：不，我只是想让你知道你的孩子都在读些啥东西。

汤：好吧，那从现在开始他只能隔着房间看这本杂志了。不过跟你老实说，有很多人打电话给我批评这本杂志的内容。可我明白男孩子总归是男孩子。

罗：所以你都告诉你的朋友们你会接受《老大哥》杂志的采访了？

汤：哦，对，大伙都知道。

罗：不过你儿子不是那个曾经说过要把什么人的尸首挖出来用他的牙齿做项链的小子吗？

汤：好吧，你知道，我对这事的看法是，当你十六岁的时候有很多想法会经过你的脑子，不过我觉得他有足够好的过滤器。

罗：好吧，说起十六岁的孩子，你最近有没有看《奥斯本一家》[1]？

汤：你知道，我没看过，因为我家电视都没有一台。

罗：上周有六百万观众等着看那个老头。

汤：我不知道对这个该怎么说。我能想到的唯一问题就是，你为什么会把你的整个家庭交给那种东西？

罗：好吧，那可是 MTV 台。那就像是教育频道。

汤：可是一个人得重视他的隐私。如果你不知道在哪里划出边界线，那你就根本没有自己的生活可言了。那么，他为什么要做那节目，我可想象不到，除非他嗑了药。

罗：好吧，他就是那个曾经用鼻气把一排蚂蚁从游泳池边沿喷下去的人，也许这件事可以作为某种提示。你见过他吗？

汤：对，我见过奥兹。

罗：他酷吗？

汤：哦，他很酷。见多识广的一个人。很有礼貌。从不说脏话。我们主

1　《奥斯本一家》是 2002 年上映的一部真人秀电视剧集，讲述重金属音乐人、前黑色安息日乐队（Black Sabbath）主唱奥兹·奥斯本和他一家人的生活。

要探讨了物理学和巨额融资，所以你想吧。他不是你想的那种人。实际上我是在尼古拉斯·凯奇家碰见他的。

罗：说起尼古拉斯·凯奇，我知道你是他朋友。他会听你的建议吗？

汤：这事儿我可没法完全确定。

罗：好吧，我的观点，也是其他一百万人的观点就是，这阵子得有个和他亲近的朋友，好好给他点建议，他真得挑些更好的角色来演了。

汤：他演过不少很棒的片子。

罗：我同意，不过我说的是他最近选的那些。你拿《柯莱利上尉的曼陀林》[1]对比《我心狂野》[2]，帮帮忙，那都不是同一个人。

汤：冷静，冷静。这间发疯的房子里有很多房间，你知道吗？小伙子，在你结束前，都进去走一遍。

罗：我想我没异议。好吧，所以你这个月会发行两张新专辑，《爱丽丝》和《血钞》，对吗？

汤：对的。我受不了那些家伙一直住在我脑子里还不给房租，所以我说，出去给老爸挣点钱吧。

罗：你这么说很枪花（Guns N'Roses）。你还会去做点巡演吗？

汤：我没打算做。

罗：我也没这打算。上一次你遇到担忧的问题是什么时候？

汤：这是拉里让你提的问题之一吗？

罗：不，他当时跑出去调校他那台金轮椅，而我想到了这个问题。

汤：你知道雄性蜘蛛在它的网上拉了三条线之后，会爬到另一边弹奏那几根线。它制造的声响可以吸引雌性蜘蛛。

罗：不，我不知道那个。那声音能录下来吗？因为要是有谁会录那种声音，肯定是你干的。

1　2001 年上映的英国电影，导演约翰·麦登，尼古拉斯·凯奇主演。

2　1990 年上映的剧情片，导演大卫·林奇，尼古拉斯·凯奇主演。

汤：好吧，我们只能想象或者做梦听见那声音才知道是什么样的。

罗：很撩人，我肯定。

汤：好吧，那不是我们都在做的事情吗？放出交配信号？

罗：你觉得菲多利公司以前和你捣乱的时候是不是就这想法？

汤：哦，对。那事情过去有一阵子了。对，我们把他们抓住了，就像大卫打败了歌利亚。

罗：我听说判下来的是个天文数字。

汤：好吧，当你打倒一个大同业联盟的时候，那可是应该有的。他们可蹩脚了。像那样的大公司的毛病就是它的手不会和脚交流，没有人知道公司里其他人都在做些什么。在这种情况下，实际上是一个广告代理商雇了我在得克萨斯州的一个粉丝。他们给了他差不多六十块钱来模仿我。过了一阵子，我在做一个电台访谈的时候，主持人说我们得插播一段广告，然后就切进来那个广告。

罗：我肯定那对你来说是个特别早的叫醒电话。

汤：好吧，对，我说那家伙的声音就跟我一样。我是说，有很多事情我记不得了，但是我要是做了那广告我肯定记得。我有一个很优秀的律师替我们打了那官司。

罗：你拥有粗犷声音的秘诀是什么？

汤：好吧，我儿子，你每天晚上要对他吼，他才会沾上枕头。

罗：给我讲个弗兰克·扎帕的故事。

汤：好吧，那会我刚开始干这行，我给他做暖场演出做了几年。那是很难搞的演出，因为我得在弗兰克出场之前，从摆在竞技场或者冰球场里的一大堆钴合金森林一样的设备中间走上台，而你如果去看过弗兰克演出的话，你知道他有一帮狂犬病人一样的粉丝，嗷嗷待哺要吃生肉。所以弗兰克会管我叫“直肠温度计”。我就是那个得在弗兰克之前出场给观众群量体温的家伙。

罗：你跟韩国人之间的问题是什么时候开始的？

汤：你这是想给我找麻烦吗？

罗：不，我听说韩国政府派了个什么人开了次新闻发布会，宣称你的专辑有煽动性，你在他们国家不再受欢迎。那你对他们做了什么？

汤：嘿，我可是第一次听说这事儿。

罗：可别去韩国，我得告诫你。

汤：你知道吗，驱蚊剂实际上不驱赶蚊子？它们只会把你隐藏起来。喷剂会堵住蚊子的感官器。蚊子甚至不知道你在那里。

汤姆·威兹

《A.V. 俱乐部》杂志

2002 年 5 月 29 日

基思·菲普斯

汤姆·威兹于 1949 年 12 月 7 日出生在洛杉矶郊区波莫纳一辆卡车的后座（或者一辆出租车，看你相信哪个版本，如果有不同版本的话）。不管这是不是真的，对一个音乐里有着诸多无常和可疑卫生状况的男人来说，这都算合适的出生地。威兹大概在长到能合法喝酒的年纪，就开始在俱乐部里表演由垮掉派赋予灵感的歌曲，尽管他粗粝的嗓音似乎和他的年岁不匹配。在逐渐变成某种 1970 年代加州音乐图景的嬉皮士外围表亲时，他的经验和专辑数也随之增长。在遇上凯思琳·布伦南，这位后来成为他太太并和他频繁合作的女士后，威兹选取了一种更实验化的创作手法，这种手法只在他之前的作品中暗示过。他那凌乱又喧闹的新风格，最早在 1983 年的《剑鱼长号》中完全成型，这把他引向了新的受众和新的唱片厂牌。大约在同一时期，威兹对那种他在歌曲里细述的、在贫民窟游荡的生活方式勒马收缰，开始在表演事业中小试身手。他找到了新的合作者，最显眼的是导演吉米·贾木许和先锋剧院常客罗伯特·威尔逊。在 1993 年发行专辑《黑骑士》之后沉寂了六年，威兹带着《骡子变奏曲》回归，然后再次消失。今年 5 月同时发行了两张专辑《爱丽丝》和《血钞》（皆为威尔逊剧作的原声）后，威兹随即在被他谨慎护卫着的加州某处乡村居所中，与《洋葱 A.V. 俱乐部》通话。

基思·菲普斯（下简称基）：当你在做剧场项目时，你是否担心把它们转化成专辑的问题？

汤姆·威兹（下简称汤）：天，我不知道。你怎么想？它成怎么样了？我不觉得那有多大关系。我是说，时候到了，它便成了一张唱片，它只是张唱片罢了。做了以后它要么有效果，要么没有。我不觉得背景故事真的能定义什么东西，也不能解决任何你在录音时试图解决的问题。“哦，这一切是改编自约翰·威尔克斯·布思[1]的故事，第三首歌讲的是他被困在谷仓里的时候。”我是说，我可以告诉你随便什么东西。“海伦·凯勒在最后一首歌里出场，那首歌是她妈妈唱的。”“哦，好的。”你自己的意识能让随便什么东西都说得通。《血钞》是讲沃伊采克这件事……我本来根本不知道沃伊采克。凯思琳知道的比我多，而我并不晓得这个故事或者其他什么东西。我就是几年前在波士顿一个咖啡馆吃鸡蛋的时候听人讲了这个故事。你想创造出这个故事的某种对应物，但实际上你还是在处理歌曲的内在逻辑。当人们听歌时，他们不是……就好像是在聆听过程中进行的某种催眠术，所以你就像从一根吸管把它吸上来。它就像世界里面的一个独立小世界。你走进去，然后猛然退出。当人们停下来联想一些什么东西，再回到生活中去的时候，那些音乐剧总是听上去很老套。

基：你说过歌曲背后的故事没有歌曲本身有意思。你有没有写过一首跟这个道理相反的歌？

汤：哦，天。我不知道。大多数歌开始的时候都很贫乏。你在早晨醒来，你匆匆穿上吊带裤，然后你默念，然后你思考。它们像钙一样成型。我没法

---

1 约翰·威尔克斯·布思（John Wilkes Booth，1838—1865），美国喜剧演员，刺杀林肯总统的凶手。

一下子想到那么有趣的故事。通常我在我的手背写歌，然后对着录音机唱进去。我不知道。

基：你的很多专辑里都提到了水手和大海。你觉得那是有原因的吗？除了你在圣地亚哥长大之外。

汤：我觉得所有的歌里面都应该有天气。镇子和街道的名字，而且它们也应该有几个水手。我觉得那是歌曲的先决条件 [笑]。

基：对你的歌来说，还是所有的歌？

汤：哦，所有的歌。它们大多数都痛苦地失败了。我去别人歌里找水手和城镇。我不知道，每个人都有他们自己被吸引的东西。有些人写玩具车、天上的云或者猫屎。每个人将不同的东西往歌里放，什么应归入什么不归入，全在于你自己。歌曲都是很有意思的小容器，里面装的是情感信息，你把它们装在口袋里，就像装一块百吉饼那样。

基：当《骡子变奏曲》出来的时候，好像每个人都会问的第一个问题就是："你干吗花了那么长时间？"那会让你烦吗？

汤：好吧，我把自己投身于问题，所以很难被烦到。不过，对，当人们想知道你都在干吗的时候，你怎么可能对一个陌生人解释你在七年里都干了些什么？他们真的有兴趣听吗？ [笑]

基：那些有忠实追随者的艺人，似乎都有定期出专辑的压力。你会感觉到那种压力吗？

汤：不会真的有。我又不是那种昂贵的高能流行乐队，一年八个月在路上，接受《青少年垮掉派》杂志访谈。我最终发现我的生活比娱乐事业重要多了。不过，对，人们会对各种各样的事情好奇，这会干扰到你，在你去判断什么东西才真正重要的时候。他们总是会问一些问题，那些其实对他们、对我、对其他什么人都不重要的问题，比如"谁在 1957 年赢了世界职业棒球大赛？"或者"谁说了'今天你玩爵士乐，明天你就会背叛你的祖国'？"

基：这问题你能回答吗？

汤：那是 1930 年代苏联宣传海报上的。你知道蜂蜜是唯一不会变质的食物吗？他们在图坦卡蒙法老的墓里发现了几罐蜂蜜。它们像第一天造出来一样新鲜。

基：他们真的尝了吗？

汤：他们尝了。换你不会尝吗？要是你从几千年的古墓里找到一罐蜂蜜，你难道不会把手指伸进去然后尝尝？

基：那为什么你用了这么长时间录《爱丽丝》里的歌？

汤：那些歌大概是1992年或者1993年写的，大概那段时间。和罗伯特·威尔逊一起在德国做的。我们把歌塞到一个箱子里，就在那儿放了一段时间。它们就像蜂蜜一样陈年。我们把它们锁起来保鲜。它们是完全密封的。然后你继续做别的歌曲，你知道吗？然后你回来说："好啊，这都还好着呢。"

基：那就好像是在给"伟大的汤姆·威兹遗失专辑"打造名声。

汤：我从易趣上买了个私录拷贝。因为我都不知道那些带子放在哪儿了。

基：那私录带子还能经得起考验吗？

汤：还行。有些东西没放进唱片里去。

基：通常一张唱片会有多少留下不用的歌？

汤：哦，总是有一堆上不了船的。那很正常。你到后来就把它们堆在一起，然后它们自己会把自己发出来。《爱丽丝》专辑的那些歌都放在一个手提箱里，在我车后座上被偷走了，那些激进分子以为自己拿到了什么重要东西，跑来要赎金。我们付了几千块钱把手提箱拿回来，不过我想他们肯定拷贝了那些带子。

基：交换的时候是什么样的？你有没有去什么地方会会他们？

汤：对，某个黑洞洞的咖啡馆，你知道，每个人都戴了太阳镜，天很冷。他们说："我们会把手提箱留在垃圾桶里。你现在放下钱袋……"这给整个项目加了点阴谋诡计的佐料。

基：你和凯思琳之间的合作是怎样的？

汤：[偷笑]哦，好吧，你知道，"你洗衣服，我晾干"。最后都会归结于作出选择，做很多决定。你知道，我们是要做一首写邮船的歌呢，还是写草坪，还是讲一个妓院，或者……一首狂想曲，一首客厅歌，一首工作歌，一首田间号子？是什么呢？形式本身就像果冻壳子。它就像你要和某个人一起做的任何事情。“你把它摁在那儿我来敲”，或者反过来。你会找到工作中的一种节奏。我信任她的观点超过其他任何事情。你必须有你能信任的人，懂很多东西的人。她做了很多事情。我是英格丽·褒曼而她是鲍嘉。她有飞行员执照，在我们结婚前她本来要做修女。我把那事情给了结了。她知道从摩托车修理到巨额融资之类的一切事情。她还是一个优秀的钢琴手，是非洲紫罗兰的权威专家之一。她是很多种强大的材料做的。她就像个女超人，站在那里飘着她的斗篷。合作很管用。我们一起做这个有一阵子了。有时候你们会吵架，歌是怒气的结果，有时候歌像颗土豆一样从地里冒出来，我们对此感到惊奇。她不喜欢聚光灯。她是很注重隐私的人，跟我相反 [笑]。

基：你好像积累了一点隐士的名声。那会让你烦恼吗？

汤：根本不会。我觉得那是好事。那能挡住陌生人。就像做一个养蜂人。不，如果人们在市场上碰到你时，有点紧张不敢靠近你，那是好事。我不是咯咯笑小丑[1]，也不是波佐小丑[2]。我不会给市场开张剪彩，不会跟市长站到一起。你要是把你的棒球打到我家院子里来，那你就再也见不到它了。我只有一个朋友和家人组成的紧密圈子——信任的圈子，像他们说的那样。

基：在你的网站上有一栏讲你的乐迷在公众场合看到或者遇到你。你外出会有问题吗？

汤：我去我乐意去的地方。有个有趣的小故事……我有一次开车做实地考察旅行，去了一个吉他制造厂，给那些小孩子看吉他是怎么造的。所以我们就站在那里，我朝周围看看，那些人都在看我，我就在等着有人能认出我，你知道——“嘿，你不是那个做音乐的家伙吗？那个唱歌的？”没有人。什么也没有。我们在那里待了差不多两小时，看着他们把琴格装上去，我就等啊，

1　咯咯笑小丑（Chuckles the Clown），美国电视节目《玛丽·泰勒·穆尔》中的虚构人物。

2　波佐小丑（Bozo），1960 年代红极于电视节目中的小丑形象。

等啊……一个礼拜以后，我带同一组小孩去垃圾场做考察旅行，等我缓缓停下车，别问我怎么回事，反正我的皮卡被想找我签名的人包围了。那是个垃圾场，老天爷。我猜垃圾场的人全都认得我。

基：这证明了你从来没法知道你的受众在哪里。

汤：你真的没法知道。我想一个人甚至不该假定自己有受众，还让自己为此沾沾自喜。

基：你早期的东西受到垮掉派的影响，而你近期的东西看起来同样受到一些更老的、很难定义的东西的影响。你觉得你年纪增长后是不是在滑向更久的过去？

汤：我不知道。我希望我不会滑倒才好。

基：我不是指负面的意思。我是说，你觉得你在年长之后是不是受到更老的东西影响？

汤：我真不知道。你依靠的东西……我觉得你就好像把世界拆开，再装回去。你从什么东西里拿的越多，你对它的记忆就越好，有时候。谁知道那是怎么一回事？那是些大问题，有关记忆和它对你现在的影响。我不知道。考虑一下这个吧：全球汽车数量的增长速度是人口数量增长速度的三倍。三倍。我是说，现在光洛杉矶就有一千一百五十万辆车。

基：你现在都开些什么车？

汤：哦，我有一辆很漂亮的1959年款四门凯迪拉克威乐。没有人会跟着我开它兜风。

基：为什么？

汤：它不安全。不过看起来很好。我开它去垃圾场。我们会花很多时间在自己的车里。你知道我真正爱的是什么吗？汽车里的CD播放器。你把CD放进槽口的时候，它真的会从你手上拿过去，好像它饿了。它拉进CD，你感觉到它想要更多银色的圆盘。“再来点银色的圆盘吧，求你了。”我很享受这个。

基：你的凯迪拉克里有吗？

汤：不，我在那车里有个小乐队。那是辆旧车，所以我在仪表板的贮物箱里装了个小弦乐队。脾气可躁了。

基：在这些专辑里你用了很多不同寻常的乐器。你能和我讲讲它们中的几样吗？我很着迷斯特罗小提琴 [一种附着很像小号的喇叭的小提琴]。

汤：好啊，你知道，还有斯特罗贝斯、斯特罗中提琴、斯特罗大提琴。你见过没有？

基：没有，我想我没见过。

汤：就是一个喇叭装在琴桥上，上面还有折叶。就像一朵铜花被用老式78 转唱机那样的外形或形状设计出来。你可以拿它对准阳台。弦乐器手不高兴。他们觉得自己一直在和铜管乐器竞争。这东西会给他们增加点优势。我不知道。你现在不会听到它了。我想是因为在功放到来之前，你一直只是在和物理学打交道。这种乐器是对这个问题的一种很有趣的解决方案。

基：有没有什么乐器你一直想用但还没有机会用上？

汤：好吧，我们想过要找一台特雷门琴[1]做《爱丽丝》，不过我们在本地找不到一个能弹出点成就的人来。在原版《爱丽丝》里参与管弦乐演奏的女士，后来被我们发现是莱昂·泰勒明的孙女。她可真是不可思议。你会想象像那样的一个人会带来一些很复杂的乐器，可她带来的东西，就像电热板上长着根汽车天线。她把那东西打开，在里面，给那些电路板建立连接的都是些从啤酒罐上切下来的小块，外面包着电线。那东西整个漆都掉了，但她演奏的时候，就像是雅沙·海菲兹[2]。他们现在在拿特雷门琴做实验。你弹奏的时候感受到的声波具有治疗价值。

基：怎么会呢？

汤：我不知道，单是你不碰它这一事实——你对着空气演奏，你会接触

---

1 又称泰勒明电子琴，1919 年由俄国发明家列夫·特雷门化名莱昂·泰勒明发明的无线电管组成的乐器，被认为是世界上第一台电子乐器。该琴无需手弹，演奏者通过移动手的位置调节音准并通过手势产生共振使其发出声音，弹奏难度可想而知，能成名的特雷门琴演奏家少之又少。

2 雅沙·海菲兹（Jascha Heifetz，1901—1987），20 世纪杰出的美籍立陶宛裔小提琴家。

到声波——用某种方式在基因层面对你起一些作用，可以治病。显然可以起死回生。你知道吗，一个普通人一生中会花掉两个礼拜等红绿灯？

基：真的吗？要我猜会更多。

汤：我也是。我觉得吧，两个礼拜，你知道……

基：听起来像还过价了。

汤：但是，是在你整个一生里面。你知道吗，驱蚊剂实际上不驱赶蚊子？它们只会隐藏你。喷剂会堵住蚊子的感官器。蚊子甚至不知道你在那里。就好像把它们弄瞎。

基：过去是这样的，就像你一样，很多音乐人对广告里使用他们的音乐采取坚定立场。现在看起来变了。你觉得为什么会这样？

汤：我不知道。他们都飞可卡因飞高了。这么说吧，这个话题对我来说都讲酸了。我为这事上过法庭，你知道……你知道，你看到个卫生纸广告，你开始听到《美好时光转起来》[1]，然后你就看着那东西转着滚下楼梯。为什么会有人想给自己制造这样的压迫屈辱？好吧，就是做生意嘛，你知道？你对那首歌的记忆是可以自己选择的。而很多人就是为了钱。就这么回事。有很多人也没法自己掌控。我早期的曲子我自己都没有版权。所以那很不幸，但是有很多人有意识地去让自己的歌受那种剥削，我觉得那样很自降身份。一首歌本来已经和我产生了联系，却被侮辱性地使用，那可真叫我憎恨。我是说，在从前，如果有人去做广告，你会说："哦，天，真糟，他大概穷疯了。"但现在呢，好像是在用摇滚乐抵押香烟和内衣裤。我想那是我们的大宗出口生意。我不喜欢在广告里听到那些披头士的歌。几乎把它们渲染得毫无意义。可能对其他人不是这样，但当我听到的时候，我就想："哦，老天，又倒下去一个。"

基：我还是做不到听到《优美震动》[2]时，不去想起新奇士橙汁。

---

1 雷·查尔斯名曲。

2 海滩男孩乐队名曲。

汤：哦，哇哦，对啊。那正是他们想要的。他们想把你的脑子插到那种思维里，然后改掉整个电路。当你在梦想着你和那首歌的联系时，为什么不想象一下苏打汽水、糖果或者别的什么？那太糟了，不过那就是现在这世界运作的方式。他们就爱拿他们的肉钩子勾上你。

基：你的孩子们现在够大了，能够有自己的音乐品味了。你赞成他们听的东西吗？

汤：哦，肯定，当然。只要他们在听。你知道，当你变老的时候会到来的事情就是，你跟外界失去接触了。我就像一件翻领毛衣。而你的孩子们会启发你："老爸，你听过 Blackalicious[1] 吗？"我把他们带去演出场地，但只是把他们放下车，他们不会让我进去的，否则会很尴尬。

基：你的歌有没有一个自己最喜欢的翻唱版本？

汤：约翰尼·卡什翻唱过一首叫《坐火车去那》；所罗门·伯克[2] 翻唱过一首。不过，你知道，翻唱版本总是好的。我以前会对这事儿有埋怨，后来我说："哦，还挺好。"如果你写歌，你还真的会希望有人听到了以后说："嘿，兄弟，我也可以唱那个。"所以如果他们不翻唱你的歌，你还会寻思："他们干吗不翻唱我的歌？"如果歌曲太个人化，太私人化，那就没法被重新想象。

基：你对记者扯过的最大胆的谎是什么？

汤：说我是个医生。

基：那记者信了吗？

汤：我一开始跟那家伙讲了一通解剖学，我觉得有一阵我挺让他上我的当的。可然后我意识到……他告诉我他父亲是个医生，他还在什么地方给我下了个绊子，好像是我把"股骨"这个词发错了音什么的。我还真的喜欢解剖学的书。我想我得说我是一个业余的医师。

基：你从没行过医？

---

1 来自加州萨克拉门托的嘻哈二人组合，1992 年出道。

2 所罗门·伯克（Solomon Burke，1940—2010），美国传教士、歌手，灵魂乐的创始人之一。

汤：我在家里行过医，对孩子们。够有趣的是，有不少音乐人同时也是医生，或者有很多医生同时也是音乐人。两者有一种联系。外科医生在手术室（theater）工作，他们也管它叫剧院（theater）。所有的医疗过程都要求两只手进行，在某种意义上就像你弹奏一种乐器（instrument）。他们这么称呼他们工作时用的东西，管它们叫器械（instruments）。我跟很多同时也做医生的音乐人一起演奏过。我合作过的一个贝斯手就是个医生。你知道，我想那是有一种内在联系的。有很多人开始的时候读医学专业，然后退学换了音乐专业。我不知道，就是差不多那样的事情。

基：最后还有什么话要对我们的读者说吗？

汤：著名临终遗言？让我想想啊。好啦，我们这么说。呃……我看了下我的清单。我从没有跟着《我的国家属于你》[1]跳过华尔兹，也没有碰见谁这么做过。但是这仍旧是一首华尔兹曲子，因为它是在华尔兹时代写的。

浪子回家

《澳大利亚人》杂志

2002 年 6 月 2 日

伊恩·谢登

汤姆·威兹在做一锅汤。“鸡汤，”他在去找餐具之前用他熟悉的粗嗓门说，“我一会就回来陪你。在我们这儿现在是晚饭时间。”

在人们提到威兹时，家务琐事本来很难走进画面；相反，你会想象在昏暗灯光下的角落里和一个流浪汉共进晚餐，或者一个酒鬼蹒跚走在后巷。当然也可能是一个打扮整齐坐在钢琴边的形象，囫囵不清地用粗粝的声音低唱

1 美国 19 世纪使用的国歌，其曲沿用英国国歌《天佑女王》旋律，歌词由塞缪尔·弗朗西斯·史密斯作于 1831 年。

出的华丽片段，刻画着美国破败的底层生活。那就是音乐人威兹，不过当然，还有演员威兹，细致入微地在罗伯特·奥特曼的《银色·性·男女》（1993）中刻画出住拖车的人渣，或者在贾木许的《不法之徒》（1986）中出演逃亡路上的世界级诈骗犯。还有和著名导演罗伯特·威尔逊合作的作为音乐剧作者的汤姆·威兹。

这些事情组成了威兹过去三十年左右的履历表。他讲述肮脏生活的歌曲甚至一度和现实混合，因为在他的早期歌曲里，那些由醉鬼、女郎和他的夜游神伙伴提供燃料的诸多素材，是当时这位艺人作为一个年轻亡命徒的写照，他跟随杰克·凯鲁亚克和金斯堡的脚步，从酒瓶底部发掘出诗意的世界观。

现在这种体验派音乐家已经所剩不多。在五十二岁的年纪，他不再感觉到需要按他写歌的方式生活。他不喝酒了，也很少巡演，减少了表演，在旧金山往北一百公里的偏远小镇圣罗莎享受着相对安静的生活方式。和他在一起的，除了他的妻子兼缪斯女神凯思琳·布伦南，还有他们的三个孩子，十八岁的凯利西蒙、十六岁的凯西和八岁的沙利文。

但威兹的传奇还在继续。专辑《骡子变奏曲》（1999）的成功，使得他的名字保留在世界各地 CD 商店的成人当代作品货架上。现在他和布伦南又制作了两件可归于这一分类的新作品——《血钞》和《爱丽丝》——它们自由地流动着浪漫、紊乱、相思和厌世，其中的人物和他的经典专辑如《剑鱼长号》（1983）、《雨狗》（1985）和《弗兰克的狂野岁月》（1987）中的一样栩栩如生。

那些 1980 年代的垮掉派音乐杰作成了一种音乐流派的基准线，而这一流派差不多就是威兹发明的，从蓝调、爵士、拉格泰姆、杂耍歌舞剧中提取元素，再配上浸满波本酒的故事叙述，组成一锅杂烩。

故事还在继续。《血钞》和《爱丽丝》在去年同段时间录制，并同时在 5 月 6 日发行。但后者有一段更长的历史。它可以追溯到 1992 年，当时这些曲目里的大部分组成了舞台剧《爱丽丝》的背景音乐，那是美国作家、导演威尔逊对刘易斯·卡罗尔的经典作品《爱丽丝漫游奇境》和《爱丽丝镜中奇遇》

的先锋派演绎。

威兹的歌曲，如《迷失在港湾》《我们都在这发疯》，还有主题曲，都反映了威尔逊对经典童话的破裂视角。两人的合作为威兹1993年的《黑骑士》打下了基础，而三部曲最终以《血钞》收官，这基于他们对格奥尔格·毕希纳剧本《沃伊采克》的改编，剧作两年前在欧洲上演。那是对绝望的一项阴冷研究，带着《痛苦是世界的河流》和《一切都会下地狱》这样的歌名所设下的基调。

“它们是完全不同的、独立选取的歌曲集，”他说：“《血钞》更粗犷一点。《爱丽丝》更像吃一片药丸，我想。那是两种完全不同的历程，不过它们差不多同时出炉。”厨房用品赢得了这些混合隐喻之间的战斗，把他的注意力转移回手边的汤。“不好意思，我得组织一下我自己。”他说。

就像他做菜一样，威兹总是采用一种长时间的、有些人会说完美主义的方法来录音。

“这里面有很多活要干，但是等你干完了……你永远不会像你在制作的时候那样反复地、仔细地听。你得在脑海中形成一定的框架。就好像表演。你得在做歌的方法中作出选择。有时候很难知道你什么时候做完。”

“当他们把它从你身边带走，”他推断，“那才是你做完的时候。”

众所周知，采访威兹是一件没有定数的事。他用无意义的答复——如果有新意的话——来规避问题的习惯是出了名的，要么他就彻底不多说。今天他看起来有点心不在焉，但转而谈论起了自己，从当前状态讲起。

“我现在觉得更简单了，”他继续说，“不像以前那么爱挑剔。”在写歌方面、演出方面，还是表演方面？“任何方面，”他声称，“我觉得任何人都喜欢音乐，但你真正想要的是音乐来喜欢你，所以……就是这样。”

好吧……

“那些编造歌曲的人……通常你最喜欢的东西是让你感到新鲜的东西，新东西。有些歌你立刻就知道自己再也不会唱了，另外一些歌你知道自己在三十年后还会不断琢磨到底是什么意思。”

在《骡子变奏曲》里，他关注的焦点部分转向美国中部日常生活中隐藏的古怪，特别在歌曲《他在造什么？》《没人住的房子》和《坚持住》里。主题——还有曲子——触碰了神经。“大家看起来挺喜欢的，我为此感到高兴，”他说，“不过我没法事先预见到。有部分原因是我有一阵子没录专辑了，而且我换了厂牌。”

他把歌曲——他自己的和其他人的——形容为“就像和你一起打发时间的人。有些你听一遍就会立马丢掉”。

没有几个美国歌曲创作人能在歌曲三到四分钟的空间里，刻画出如此丰富多彩的景象。比如歌曲《登岸假》（来自专辑《剑鱼长号》）中的这段精华：“我往角落里倒了冷掉的炒面 / 跟一个侏儒一起打弹子球，直到雨停下来 / 我买了一件长袖衬衫，正面印着几匹马 / 还买了口香糖和一个打火机和一把刀 / 还有一副新扑克（背面印着姑娘），然后我坐下来写一封给我妻子的信。”

“你就是一步步往前……然后你就上去了，然后你在上头了，然后你就进入状态了，”他说着，用一个轻笑来简化这个过程，“我喜欢里面有天气的歌，还有镇子的名字，还有人名。然后你可以让火继续烧，可能有口吃的……所以，你有了天气，你有了风，你有了动物……这些都是给耳朵的珠宝。”

汤姆·威兹于 1949 年 12 月 7 日出生在加州波莫纳，十岁父母离婚后搬去了纳雄耐尔城。他在其音乐和电影生涯中所无法摆脱的显著形象，便是在圣地亚哥铸造而成，1960 年代他在那里的一家俱乐部看门，会在常规表演之间跳上舞台。他在洛杉矶游吟诗人俱乐部才艺之夜中的表现，进一步吸引到人们的注意。一纸和庇护所唱片的录音合约很快到来，他在那里录下了处女专辑《关门时间》（1973）以及《星期六夜晚的心》（1974），开始整合那些他会长久使用的元素。

然而，直到 1980 年代，真正的转折点才到来。威兹转到岛唱片，制作了专辑三部曲，这些专辑松散地建立在《弗兰克的狂野岁月》里的弗兰克这一人物上。同时他也探索起给电影作曲的艺术。导演科波拉邀请他给电影《旧爱新欢》（1982 年发行）写歌。这一经历也促成了他和妻子布伦南的相遇，她当时是科波拉西洋镜电影公司的剧本编辑。

写作上的自律使得他用音乐来创造鲜活形象的才能进一步彰显。然而，他认为有许多种方式可以让音乐与戏剧相配。“我的理论是……如果你在看约翰·威尔克斯·布思的故事，突然听到《阿比林》或者《疯狂》或者《我永远在吹泡泡》或者《我们突然有了很多钱》这些歌，你会觉得故事很有感觉，对吗？那是你的思维在作怪——让你被它包裹住，找到感觉。你试图在脑海中形成某种观念，通过把一片草坪和一个妓院、一辆凯迪拉克和一场暴雨并置，你知道，但是感知到这点的人们，会对此产生自己版本的解析和理解。我不觉得有必要弄得过于明确，因为你想为你自己的想法留下空间。”

威兹最近在电影上的贡献是在去年的《糟糕大爱》中出镜，该片由德博拉·温格出演，还没有在澳大利亚上映。他从1978年史泰龙的《天堂巷》开始他的表演生涯，1980年代因在《不法之徒》和《紫苑草》中的主演角色而得到喝彩。1990年代他在奥特曼的合辑电影《银色·性·男女》中的表演，以及在电影《惊情四百年》里简要刻画的那位发疯的、即将变成吸血鬼的R. M.伦菲尔德，为他赢得了更多的赞颂。现在表演处于后炉眼[1]，只是被他的“经典形象”伦菲尔德有所拔高，他开玩笑说。

“一旦你演了伦菲尔德，他们就想要你变成他。”他说，“曾有个人告诉我说：汤姆，你出演伦菲尔德真是个错误，兄弟。你永远没法从那个高度回归了。你返场时还能演什么呢？”

假使说他的电影作品中有角色定型化的迹象，那么同样免不了的是人们对他的音乐的特定风格所生出的期待。“你是说如果我不给他们那种，他们就不买账？”

嗯，是的。

“不。如果我做迪斯科曲子或者客厅歌曲或者别的什么，那都不会有关系。我不觉得假如有人很做作地认定我应该做什么，会对我产生丝毫约束力。

1 后炉眼是最小的，意指次要地位。

我处在一个独特的位置。我差不多就做我想做的东西。我又不像后街男孩之流，不是非得卖出两千六百万张唱片，只卖到一千七百万张就是失败的那种。”

提及时下的男孩乐队现象，他流露出对主流唱片工业一贯的不屑。“有很多人是为了钱去做那些的。”他说，“有些唱片公司就像巨型同业联盟，本身就像国家。不过这道理可以放在任何事情上面。”你就管自己做自己的事情，这才是威兹的哲学。

如果唱片公司来招惹他，那么他的世界观，某种程度上遍布于《血钞》中的那种世界观，就会显得更加绝望。“我觉得整个世界都着了火。”他说着，卷起一根烟，“我们在快速滑坡。这让你怀疑自己所做的事情，怀疑你做的事情和剩下的世界之间到底有没有关系。这是伟大人物该站出来的时候。我觉得我们都在等一些有眼光和有激情的人站出来开个圆桌会议解决这些问题。”

恐怕我们再也不会在澳大利亚看到威兹了。他上一次出现在这里是1981年，但是看到他再次来演出的机会渺茫。他不再在美国巡演（只在洛杉矶和纽约演绎这些专辑），所以对长途旅行更不着急。

“另外，我还要担心我的冰雕。”他说着，丢来一个曲线球。我差点接住了，但我有更好的想法。

“要把我放在火上烤需要很多条件，”他继续说，“我不会再巡演了，不过会在这里那里时不时演几场。住旅馆？吃猪食？睡车里？我不知道。我没有以前那么喜欢这些事情了。”

然而只要他的嗓子还能坚持，他就会继续做唱片。

“好吧，你以为自己在干吗呢？”当我提出不同看法时他咆哮起来。“我有弗兰克·辛纳屈的嗓音专业度。”他说，“如果你做的一切都很对，那就别改行。我琢磨着既然对弗兰克是这样，那对我来说也是。”

我们都疯了

ANTI– 电子新闻发布材料

2002 年 6 月 13 日

罗伯特·劳埃德

罗伯特·劳埃德（下简称罗）：汤姆！

汤姆·威兹（下简称汤）：罗伯特！

罗：谢谢你请我到你家来。

汤：[笑]

罗：这可是很少见的招待。

汤：[笑] 你知道，好吧，房间很多。你知道养鸸鹋的时候就是得有很多房间。

罗：大概这就是家具这么少的原因吧。

汤：[笑] 正是！你知道，它们什么都吃。

罗：呃，我们坐在这是因为你出了唱片。你出唱片比谁想的都快。你有点像葛丽泰·嘉宝。

汤：“离我远点”，没错。

罗：对，现在你一次发了两张专辑。

汤：好吧，你知道人们会抱怨两张唱片之间隔太久，然后又抱怨一次发太多。大众成天痒痒。我是说我没法对他们的感觉负责。

罗：所以，这算是对他们的挑衅？

汤：好吧，你知道，发两张唱片的想法就是，你既然把炉子都生了，干吗不多做一个薄煎饼呢？因为……

罗：因为说不定有人来。

汤：你多久做一次饭？你知道吗？所以你干吗不一次烧足一大帮人的饭。

罗：对，一大帮人。今天在你家里，你一直在唱一首歌讲上帝出差去了。为什么他要出差？

汤：我不知道，很难讲。那是歌的逻辑，你知道。我不晓得。可能他无限期出差。可能他从未来过这里。你知道，有两种流派的思潮，我想。

罗：而你给他办公室打电话没人接？

汤：[笑] 好吧，不是。它只是，呃，为了解释你在隐喻中感受到的。我想，这世界有时候让你感觉上帝出差了，不会回来了。

罗：而且显然他把鸸鹋留下来管事。

汤：[笑] 大家都知道他会那么干。你知道他会留一只鸸鹋在办公室做前台接待，再留几只在储藏室里。

罗：现在我知道鸸鹋跟恐龙关系很近，几乎是恐龙变成的。这是对的吗？

汤：它们是直系后代，对。你知道恐龙的鳞片实际上就是羽毛，在它们变成羽毛之前。如果你看到鳞片你就知道。它即将变成羽毛。在两百万年的时间里。不过，呃，我对鸸鹋知道得很少，除了它们看起来很有意思以外。用驯鸟员的话来讲：蠢蛋（birdbrain），你知道。

罗：那可是，像我之前说的，对鸟类的侮辱。

汤：[笑]

罗：汤姆，世界上最小的哺乳动物是什么？

汤：世界上最小的哺乳动物？那是泰国的大黄蜂蝙蝠。它的体重比一分钱硬币还轻。你可以想象那么小的东西，还能产奶，你知道。

罗：好吧，你说对了。我们这次得试一个难一点的。人体内哪块骨头的形状像非洲。别着急，因为可能不是你想的那块。你可能会说是盆骨。

汤：不，我没想说盆骨。我本来想说肩胛骨。

罗：对了！肩胛骨的形状像非洲。

汤：我这次有没有赢到一台富及第牌电冰箱？

罗：有的。我看你有不少房间可以放下电冰箱。

汤：[笑]

罗：没错，不过为什么那被叫作肩胛骨，因为它看起来像非洲？

汤：那完全是另一个领域了。你知道，罗伯特，我不知道怎么回答这个问题。

罗: 我们应该拿《爱丽丝》和你的唱片《血钞》作比较吗？你发了两张唱片。我觉得你给了人们某种指导，某种消费指导，因为他们走进商店的时候……

汤： 因为他们是消费者。

罗： 他们是消费者，他们手上有14.95美元，或者任何唱片现在的价格。

汤： 已经涨了……

罗： 是吗？好吧，那对我来说有点奇怪。不过给大伙帮点忙吧。他们看着唱片封面，没法选择。你会告诉他们什么？

汤： 哦，老天。好吧。《爱丽丝》就像吃一颗药丸，里面有更多梦幻的东西。它更——我不知道——更有药性，我得说。有点像鸦片，有梦幻气。更多的是联篇歌曲。另一张是什么来着？

罗： 《血钞》，你那张叫《血钞》的唱片？我知道一次出两张唱片，有不少东西要记脑子里。一次两个标题呢，但你得用心啊……

汤： [笑]好吧，它更根本。你知道，更多的"哒-哒-哒-哒！"更多的节奏感。我想更真实，更处于真实世界。

罗： 那里面真的有更多的真实世界，你这么觉得吗？

汤： [笑]别来这套！我不知道，我过于简化了。

罗： 的确。

汤： 我有这么做的习惯，你知道。

罗： 对，没错。

汤： [对着镜头]有谁会看呢，对吧？

罗： [对着他的纸沉思]

汤： 这儿，我来帮你。

罗： 汤姆，这些问题真的都是你写的！

汤： [笑]我没有写这些问题啊！

罗： 好吧，你吱声了。有时候……这种事曾经发生在你身上吗？

汤： 对。

罗：你突然用你的嗓子发出没有意义的声音？

汤：经常的事。

罗：是吗？

汤：是的。这叫作默读。我不知道，我猜这是语言演化的一部分。不过这是往回走的，回到声音只有基本形状，还没有应用到任何真正有意义的东西上去的时候。而我想我大概有阅读障碍症，你知道，注意力缺陷症。

罗：你的新唱片里有例子吗？

汤：确实有。在《爱丽丝》里面，那首《永远不要迟到》，实际上是……里面有几个词有真实意义，不过剩下的都是纯粹的呓语。不过有很多人听到的时候会说，“老天，我都不知道你还会罗马尼亚语”或者“我不知道你会说带奇怪口音的芬兰语”。大家都知道我的习惯，我会告诉他们我真的会说那两种语言，不过说实话呢，我不会。

罗：你有没有把一首歌做成罗马尼亚语？

汤：没有，罗马尼亚语尤其不可能。我就是和声音一起跳个舞。发明了一种语言而不知道你将要说的一个又一个词，那可有点刺激。你都不知道你要说什么。这很自由，这是很自由的感觉。

罗：当你说这些语言的时候，在你的脑子里你有没有觉得自己是在说什么？

汤：有的，你会经历一系列的情绪。你会生气，会充满同情，还会很悲伤。你会经历整个情绪变化，不过你只是在使用声音的形状。“嗯－啜，芬－蒙忒－圣－芬－卡”，你知道？“希嗒－闵加，波拉－闵加，波拉－蒙加，其儿－蒙加，毕儿－蒙加”，你知道？

罗：那是中国话吧！

汤：[笑] 你看，你明白我的意思！那真的是一种语言，席德 · 西泽[1]总在说的 [笑]。不过它实际上有治疗效用。你应该试试。如果你生气了，不要

1　席德 · 西泽（Sid Caesar，1922—2014），美国喜剧演员。

说词语。就说声音和形状。

罗：当我生气的时候，我也只能说声音和形状，我都忘了怎么说话了。

汤：大多数歌词和歌曲开始的时候只有声音，不知怎的，意义找到了声音，加入它们的行列，然后你就完事了。反正我是这么做的，你知道。

罗：现在说说这首歌，《你还没有看过我》。

汤：好的。

罗：我觉得这首歌背后可能有个故事，因为报纸上便是这么说的。你没有拿无意义音节开始这首歌？

汤：这个故事就是……牛津大学有一个庆祝会，想要爱丽丝参加，《爱丽丝漫游奇境》里的那个爱丽丝。他们想让她在课堂上发表演讲，但那时候她都八十多岁了。于是她就一路从她待的什么地方过来，那是很长的一段旅程。她走上舞台，走向麦克风，你知道，敲了敲麦克风，对学生们说了些话。这是我们创作的一首假想的歌，来应对那种情况，你可以想象一个人会唱出它，或者想着它。这是一个有点奇怪的情形，要想象故事里一个差不多九岁的小女孩走出故事的时候变成了成年女人。

罗：所以如果她在那个时刻突然唱歌，这就是她会唱的那首？

汤：[笑] 对，她的音乐剧，她的百老汇，没错。

罗：现在我有另一个问题。

汤：没问题。

罗：再一次，我希望你在回答之前仔细想想。

汤：好的。

罗：家蝇唱歌通常在哪个调上？

汤：这个我知道。F 调。

罗：F 调？一个降号？

汤：对，一个降号。

罗：它们会唱完整个音阶吗？

汤：不，不会，是中间八度。

罗：中间八度？

汤：可能到它们生命快结束的时候会有点波动，你知道。

罗：你是要告诉我，在苍蝇的生命里就没有调制器？

汤：好吧，我肯定它们会经历有意义的变化，但是那不能由它们声音的调性来决定，不过如果现在房间里有苍蝇的话，我们可以查看一下。

罗：可能有只苍蝇。

汤：我不觉得一年的这个时节会有。现在可能对苍蝇来说还太早了。

罗：特别是当你把这地方弄得这么干净的时候。

汤：[笑] 还有别的问题吗？

罗：有，十六个问题还有十五个。你排除了六个。

汤：[看镜头] 我不喜欢把带子烧掉。

罗：约瑟夫·斯大林对爵士乐说了什么？

汤：你知道约瑟夫·斯大林对爵士乐说了什么？他说："今天你玩爵士乐，明天你就会背叛你的祖国。"这句话被印在海报上。我猜这海报当时在俄国到处传，贴在所有的地铁站、剧院和啤酒吧里。他显然对爵士乐不怎么感冒。

罗：好吧，大家都知道路易斯·阿姆斯特朗的叛国罪审判。那还好，我觉得。

汤：对，我想他好像判了三十年。

罗：对，他的独奏里发出的那些讯息。我回想起来的是《懒人河》这首歌。那简直是丑闻啊。[1]

汤：[笑]

罗：你想听建议的时候会找谁？你需要建议吗？

汤：我想听建议的时候会找谁？天，我不知道。

罗：青蜂侠？胖子沃勒[2]？奥斯卡·黎凡特？

---

1 以上关于阿姆斯特朗的谈论是戏仿。

2 即托马斯·赖特·沃勒（Thomas Wright Waller，1904—1943），美国爵士乐作曲家，爵士乐跨步流派奠基人之一。

汤：[笑] 实际上，过去我找过绿灯侠求建议。还有银影侠，当然还有眼球娃。当你想要视野开阔清晰的时候，总是得指望他。不过啊，我期望能向胖子沃勒寻求指导，还有奥斯卡・黎凡特，如果你能把他从你的药柜里弄出来的话。不过我不知道，当我需要指导时，我通常会找唱片。

罗：你会把你的唱片作为，你知道，一种生活计划推荐给任何人吗？通过那些歌，比如……

汤：[笑] 我不知道，那我可不知道，罗伯特。

罗：痛苦是世界的河，因为……？

汤：你是说痛苦是世界的河？

罗：嗯……

汤：有叫痛苦的河吗？

罗：真的有痛苦河吗？

汤：不，不。没有痛苦河。我收到一封来自伊利诺伊州的一个九岁小女孩写给我的信，说她把一张我的唱片带到学校去，惹了大麻烦，她希望我跑过去给她撑腰。我会给她的老师打电话吗？她留了她老师的家庭电话以及其他信息。她说她很爱我的歌，说我的声音让她想起了处在樱桃爆竹和小丑之间的什么东西。我真的很喜欢这评价。

罗：樱桃爆竹和小丑可是风马牛不相及。

汤：[笑] 对！所以我们互相通信了一阵子。不过后来疏远了，没再联系了。

罗：她现在多大，十岁？

汤：[笑] 她现在挺大了。恐怕比我都大。我现在对她来说就是件翻领毛衣，不过那段时间，我对她来说是有意义的。

罗：我得再试试，看能不能难倒你，再来一个。

汤：好，我准备好了。

罗：长颈鹿有声带吗？

汤：没有 [笑]。

罗：为什么？

汤：好吧，这里面肯定有一个选择，你知道？因为上帝在某个时候肯定说过："你们要么有二十七英尺高的脖子，要么有声带。"它们做了选择。

罗：当上帝出差回来，和你联系上了，他给你这种选择，说："汤姆，脖子或者声带。"

汤：我会选声带，对。两个都有自然是好，你知道。不过我听说他们很少一下提供两个选择。

罗：好吧，实际上一点也不像你的……不像你的唱片的发行，因为它们不是一起被提供的。

汤：不，它们不是。它们是分开的实体。买一张可以，都买下来也可以，不过你没有义务都买下来。照这么说你也没有义务一定要买一张 [笑]。

罗：他们肯定得是你的家族成员才有义务。

汤：也没有必然的义务。

罗：你唱歌的时候会跳舞吗？

汤：事实上我唱歌的时候会跳舞。我们不都会吗？我唱歌，也跳舞。我想我在某种程度上参与了整个传统。我就像……

罗：吉恩·凯利[1]，弗雷德·阿斯泰尔[2]。

汤：对，我是干马戏团这行的，我想。我们称之为表演的事业。

罗：而我得说，当你踩高跷的时候，你的身手很敏捷。

汤：谢谢，罗伯特。

罗：你以前踩过高跷吗？

汤：只小时候踩过，后来一直没踩。不过一切都会想起来的，就像一种高跷的记忆。我想我们都有某种原始的……就像我以为我已忘掉怎么修风筝，但一下子就想起来了。如果你好多年都没放过风筝，你会很惊讶 [打响指]。

---

1 吉恩·凯利（Gene Kelly，1912—1996），美国百老汇歌舞演员和电影演员，代表作有《雨中曲》（1952）。

2 弗雷德·阿斯泰尔（Fred Astaire，1899—1987），美国电影演员，20 世纪最佳舞者之一。

一下就回来了。

罗：那话怎么说来着？就像踩高跷。他们是这么说的吧，当你记起怎么做某些事情的时候？

汤：对，正是。

罗：你什么时候知道一首歌完成了，汤姆？

汤：你没法总是清楚一首歌什么时候完成，甚至我不确定是否有一首歌曾完成过，老实跟你说。你知道它们在不断地演化。就像跳绳歌。它们什么时候结束？它们永远不会结束。你知道人们总是会改编它们，改改拍子，加加新词，丢掉老词。所以我说，当你准备好录歌了，那才有一种终结。是时候……

罗：作出决定？

汤：对，把鱼头砍了。那也不是正确的类比 [笑]。更像是……有很多人说："你真的在那里头捕捉到了什么东西。"歌里有些东西是活的，录歌的诀窍就是把它们活捉下来。所以在录音室里总是有一种诀窍的。

罗：这世界对你来说就是个野生动物王国，不是吗？

汤：[笑]

罗：在写歌这行，我看你就是尤厄尔·吉本斯[1]。

汤：哦，谢谢！ [笑]

罗：你深入无意义的音节中，它们飞过的时候你伸手去抓。

汤：[笑]

罗：那么汤姆，如果你不做这个，我指的是此刻不坐在房间里和我说话，你会做什么？

汤：哦，老天爷，我不知道。你是说，我有什么后备计划？

罗：后袋里有什么？后房里有什么？门厅里有什么东西等着？

---

1 尤厄尔·吉本斯（Euell Gibbons，1911—1975），美国著名野外生存专家和野生自然食物倡导者。

汤：[笑] 好吧，你知道，我小时候做过邮购夜鱼饵蚓的生意。我卖过夜鱼饵蚓。我总是念念不忘，而且我认为，好吧，我总能把这个生意再做起来 [笑]。而且，当然啦，还有经营汽车旅馆。保住你现在的工作嘛！

罗：嗯，我四处看了看，觉得你挺有装修的才华。

汤：[笑] 简单就是最好的！你不觉得吗？

罗：我觉得是。

汤：你到最后总要把东西丢掉。不如开始就简单点！

罗：那是真的。重新开始。

汤：对，人们就是这么说的。

罗：我想我已经问了你……哦不！我还没问你自己提出来的所有问题。

汤：[笑]

罗：你和你太太合作，而你俩是夫妻……

汤：很好的问题。不，那不是一个真的问题，那是个陈述。

罗：既是问题也是陈述。

汤：好吧，我……

罗：那是以问题形式出现的陈述。

汤：我真的是在和我太太合作。我觉得这就是我们还是夫妻的原因。我们第一次遇见的时候，她在埃默里维尔的棋牌室，当二十一点扑克游戏的发牌员。她什么都做过，真的。她修过摩托车 [笑]，还懂得巨额融资，你说得出来的她都会。深海捕鱼。她有飞行员执照。她还是个理发师，你知道吗？什么都做……

罗：那她什么时候腾得出时间跟你合作？

汤：说的正是！所以啊，我得提早预约。

罗：这就是为什么你的两张唱片之间隔这么长时间？

汤：你说中了！现在你开始明白情况了吧。

罗：她什么时候来处理这台雅马哈？

汤：[笑] 它能用。我不知道它是怎么运作的。我想："如果它没坏，你就别修。”对吧？它能用，就好像……我不知道。对，它就是能用。“你洗衣服，我晾干。”我们在一起有很好的节奏，我也信任她的意见，你知道吗？你得有人对你说：“亲爱的，这算啥，这是猪食吧，这不是垃圾吗？这算啥？”所以那很好。她有很棒的旋律感。她是唯一能弹钢琴又真的能读懂音乐的人，你知道吗？所以，对，她很优秀。

罗：你怎么做到没让她自己单飞？

汤：她不喜欢聚光灯。她不喜欢那个。所以合作能成，你知道？

罗：要找伙伴的话，她是一个很好的选择。

汤：对，没错……

罗：待在背景里……

汤：[笑] 待在背景里！给她上个嘴套，把她拴在消防栓上。

罗：目前你做的音乐看起来充满了不同的形式。

汤：对……是的！

罗：像走猫步？

汤：对，步态比赛（cakewalks）[1]！

罗：没有威尼斯船歌（barcaroles）。

汤：barcwalks？

罗：不，威尼斯船歌。自从奥芬巴赫《霍夫曼的故事》之后，我就再也没听过谁写船歌了。

汤：哦，好吧，威尼斯船歌，那就是一种船的华尔兹。我是说“barc”可以是另一个讲船的词，然后“roll”。那就是为什么有那么多华尔兹是水手写的，因为他们总是在跳华尔兹，你知道吗？从一头跳到另一头。所以“barc-a-role”，那就对了。

罗：而步态比赛呢，它对你来说意味着什么？

1　19 世纪美国南部地区黑人创造的一种公共娱乐比赛，考较的是参赛者步法的熟练及姿势的优美程度，因对获胜者奖以蛋糕而得名。

汤：我不知道。我记得小时候去嘉年华总是有步态比赛，那会他们会放张唱片，你就来回走圈子，如果踩到对的数字，你就会赢一块蛋糕。

罗：你说的这是步态比赛吗？

汤：[笑] 我不知道！歌曲的形式就像果冻的模子。我不知道。我喜欢拿它们随便玩。

罗：你在这里加点味道……

汤：对，然后等它入味。

罗：你对动物王国里的其他成员还有什么要讲的吗，在我们放你回去照看鸸鹋之前？

汤：没有……

罗：乌鸦呢……

汤：乌鸦？

罗：白蚁？

汤：乌鸦？你是说鸟类世界里的青少年？

罗：我听说它们是这样的。

汤：它们是鸟类世界里的青少年，因为它们……发生在它们身上的事情就是，它们会在大概早上九点就把所有的活儿都干完。它们有一整天打发。所以它们用白石头打橄榄球，或者玩“看谁不回巢”，满镇子赛跑。杀虫子。搞个杀虫子竞赛，你知道吗？

罗：它们会跟鸟界的当局惹上麻烦吗？

汤：[笑] 那很有可能。对，它们会的，不过当它们有自己的时间，它们会坐在蚁冢上等蚂蚁从蚁穴爬出来吞没它们。它们这么做，并没有任何确切的生物学理由，除了这能给它们快感。就好像它们会把眼球转到脑后，一边躺倒，任蚂蚁爬满全身。

罗：就没有什么鸟界的当局来管管它们？

汤：显然没有，没有 [笑]，不过这是可以理解的，它们选择那么做，是因为手上有大把时间。它们的大脑与身体的比例比其他所有鸟类都高。就好像沉溺到……几乎像某种形式的吸毒，因为它们把所有可能的时间都花在蚁冢上，在它们一早就把活干完以后……而且……你看我的样子，像是你不信我说的？

罗：我不知道……

汤：[笑]

罗：我见过乌鸦……

汤：对。

罗：我见过乌鸦干活……

汤：你见过乌鸦干实实在在的活！

罗：我见过它们在那里照管它们的生计。

汤：好吧，可能这是只特别的乌鸦。

罗：还有？我们是不是该……

汤：我觉得我们可以了。

罗：继续？

汤：我觉得我们该聊的都聊到了。

罗：好，进入下一环节 [看他的纸]。

汤：还有下一环节。

罗：我们开始吧。呃，“有没有对音乐人的奇怪建议？”你想说这个吗？

汤：哦，音乐人？

罗：当你和那些音乐人合作的时候，那些你招来给你录唱片的音乐人，你对他们有没有奇怪的建议？

汤：好吧，谈不上奇怪的建议，不过我试图告诉他们，当你要开车超过两小时的时候，什么音乐都别听，你知道？因为那是一大早，你得一路开到这里来，在上午十点录音。我告诉他们，如果可能的话，把收音机关了，什么音乐都别放，因为我喜欢新鲜干净的开始。这是我唯一坚持的真正的要求。

罗：如果你真的要新鲜干净的开始，你该和从没玩过音乐的人一起玩。

汤：[笑] 从没玩过的！好吧，这只是其中的一条。能知道无论你做什么，都是当天发生的第一件事情，那就很好。我是说，音乐上的第一件事情。

罗： 对，有几天你会起床照顾鸸鹋。

汤： 对！

罗： 另外的几天你起床和音乐人一起做事。

汤： 正是，这两者很相近。

罗： 我也这么看。

汤： 谢谢，罗伯特。

罗： 汤姆，不客气。

汤： [笑]

2004 年 9 月，威兹 / 巴勒斯合作的音乐剧《黑骑士：投射魔弹》首个英文版，在位于旧金山的美国音乐学院剧院首映。帕梅拉·费因西尔贝尔找到机会和威兹聊了巴勒斯和他的剧作。

一次狂野旅行

《旧金山杂志》

2004 年 9 月

帕梅拉·费因西尔贝尔

哪怕对精疲力竭的剧院常客来说，这个季度最大的事件一定会是《黑骑士》，一部毛骨悚然的音乐剧，以噩梦般的森林为场景。该剧是对一个德国民间传说的超现实想象，在这个传说中，一个男人为了得到魔弹和魔鬼做交易。剧中充满了扭曲的视角、夸张的姿势和阴沉的歌曲——在那些歌曲里，非常规的乐器演奏出朗朗上口的旋律。评论家们忍不住作出比较（“黛安·阿勃丝遇上《红磨坊》”“哥特式杂耍”“横跨卡巴莱歌舞、《三毛钱歌剧》

和《洛基恐怖秀》”[1]），因为这惊悚背后的狂野思维属于罗伯特·威尔逊，一个具有无限发明才能的男人，获得过剧院、电影、雕塑和设计界的诸多奖项，在大博物馆到处可看到他的艺术作品。他实验性的戏剧作品总是颇具冒险精神，结合了诸如舞蹈、绘画、音乐和文本等媒介。他最著名的歌剧作品大概是与作曲家菲利普·格拉斯[2]合作的《海滩上的爱因斯坦》，以及和大卫·伯恩[3]合作的史诗剧作《南北战争》，但你可以用他的简历填满这本杂志。

《黑骑士》最初是与汉堡的一个戏剧团体一起创作的，1990年代早期只在德国上演。威尔逊用他自己充满稚气的墨水画来设计舞台布景以及可怕的表现主义灯光。因为无论是布景还是照明方案都没有保留下来，威尔逊在这第一个英文版中设计了新的舞台和其他元素。（你可以感谢美国音乐学院剧院的凯里·佩洛夫把此剧带到旧金山，这是唯一的演出地。）所有这些看起来都足够激动人心，但不止如此：歌剧的歌曲都是威兹原创，他和他的同事格雷格·科恩用形形色色的乐器，提供了精彩的配乐——有点像威兹2002年初的CD《爱丽丝》和《血钞》，带着颓废的欧洲味道（住在北旧金山的威兹下个月将发行一张新CD《真的去了》）。而该剧的文本来自刚去世的垮掉派作家、曾经的海洛因上瘾者威廉·巴勒斯，他以《裸体午餐》和其他意识流写作，以及多姿多彩的生活著称。你也许会回想起1950年代在墨西哥的一次派对上，他尝试用枪打掉他妻子头上的玻璃杯，但意外地打死了她。巴勒斯说她的死刺激他去写作，而《黑骑士》中回响着他自己的故事（“枪变成探矿者的魔杖，对着子弹想要飞去的地方”），这也许是他最后的作品。他在1997年离世，享年八十三岁。

当我和威兹谈起在这么多年后看到《黑骑士》的英文版，他说：“这是我第一次能明白他们在说什么，因为之前我从没真听懂过，你知道吗？”

1　1975年由吉姆·沙曼导演的恐怖电影。

2　菲利普·格拉斯（Phillip Glass，1937—），美国作曲家，简约主义的代表之一。

3　大卫·伯恩（David Byrne,1952—），出生于苏格兰的美国摇滚音乐艺术家。与苏聪、坂本龙一共同创作的电影《末代皇帝》原声音乐获得1988年奥斯卡电影最佳配乐奖。

帕梅拉·费因西尔贝尔（下简称帕）：你说过你试图写出“能在梦里走进威尔逊想象森林的音乐”。

汤姆·威兹（下简称汤）：他在舞台上创造出这些梦幻场景，而你坐在暗处开始听到的音乐，也许可以和你看到的东西配上。不过要做到这点，你得坠入他给你造出来的流动的梦境中。我听到一把锯子［作为乐器］以及所有这类东西，因为你想着这是在森林里，你知道。

帕：是的，在收录这些歌的 CD（《黑骑士》，在里面我们也可以听到巴勒斯）里，锯子一点也不乏味或日常，它听起来叫人起鸡皮疙瘩。

汤：它也有泰勒明琴的质地，那种大多数人都会和恐怖电影或者太空漫游联系起来的东西。

帕：而在歌词方面，你在唱片封套说明上说，巴勒斯的语言“成为一条让我汲取的词语河流”。但有些台词听起来很像你的。你可以解释下你是怎样在那条河里垂钓，钓上来你的一些歌词的吗？

汤：嗯［思考］……“注意”——小心啥？［唱］“在森林里有一束光……注意那些瞄准器对上的肉类。”［缓慢地说，以示强调］瞄准器对上的肉类。“他会找到回森林的路”——哇啦，哈哈哈……“而荆棘扼住玫瑰让它们垂头。”［说话］“他的后背会变成我细长的新枝丫。它会弯曲，它会在微风中摇摆。”

然后我会加上我的小东西：“魔鬼手拿短柄斧跳起波尔卡舞。在树丛的枝丫间埋伏着一个狙击手。”有人给你一堆词语，犹如他给你一堆瓶盖。你可以按照你想要的随便什么样子，把它们粘在一起。然后用你自己的通心粉把它们混起来。那很好。

这也为这部剧定下了调子，因为巴勒斯已经用铅锤测过地狱的深度，它有那么多层。巴勒斯就像一个魔性版的马克·吐温，就像美国真正的黑暗心脏。他来自巴勒斯加法机（Adding Machine）家族，你知道，他甩掉了所有继承来的镑铐，自己钻了出来。像他们说的那样，当你在地狱里，就继续前行。

所以他时而更像身处菲利普·迪克[1]科幻小说里的那个国度。无论如何那都是很能激发灵感的。而我对垮掉派有很浪漫的想法，当我第一次遇上这个流派时就有了。

还有那嗓音。我最喜欢的是 [引自《就是那样》，巴勒斯在 CD 中为这首歌献声]“饼干化成碎屑就是那样，肠胃蠕动起来就是那样，针戳上去就是那样，胶水粘起来就是那样”——这样的东西真的好到能杀了我。

帕：在最初开始为这部剧做准备工作的时候，你和编曲师兼乐队成员格雷格·科恩，还有威尔逊一起到堪萨斯州劳伦斯和他聊了一下。那次是怎样的情形？

汤：巴勒斯——对，他最爱枪支和响尾蛇，还有……[回忆起来] 霰弹枪作的画。他完成一幅画是这样的——他在三合板上作画——他会拿着一把十二发霰弹枪站开，用大号铅弹朝上面打一个洞。然后他会说：“完成了。”而在某种程度上讽刺的是，他以木板上掉下来的所有碎片给了这幅画生命。到了差不多三点的时候，因为那差不多到了喝鸡尾酒的时间，他会开始给他的手表按摩，好像这样就能让时针走得再快一点。

帕：正式的鸡尾酒时间是几点？

汤：显然在堪萨斯州劳伦斯是三点，这就是他搬到那个时区去住的原因。

帕：我一直在想他为啥搬去那里。

汤：他年轻时到处旅行，可能到过那里。他说：“你知道，有一天我会在这里买座房子住下。”你从这里可以听到铁轨的声音……威尔逊是得克萨斯人——在得克萨斯州有很多平地。那是很适合做梦的地方，你知道，乡下广阔的天空。那就是为什么罗伊·奥比森那么爱那里。罗伊·奥比森通过聆听大草原大约一百英里外传来的跳舞声获得他的嗓音。另一个镇上会传来舞蹈声，什么东西听起来都有回声。他想要自己的嗓音听起来也那样。

1　菲利普·迪克（Philip K. Dick，1928—1982），美国著名科幻小说家。1962 年作品《高堡奇人》获得雨果奖。

帕：你有一次说威尔逊："他永久地改变了我的眼睛和耳朵。"

汤：自打我遇见他，我就戴上了眼镜。他就像一个发明家，你知道，他会挑战你让你发挥出自己的想象力。

帕：现在终于有了英文版，你会希望自己也在里面表演吗？

汤：那就有太多事要做了。我觉得威尔逊会改变你整个身体的分子结构，然后在他的想象中把你重新造出来。就好像在《星际迷航》里被那束光照到；你首先得变成尘土。你知道，我做一些表演，不过我并不是那种意义上的演员。我只是跟着我的歌表演。那样我更有安全感。

帕：不过你出演了好几部电影——贾木许的《不法之徒》和他的新片《咖啡和香烟》，还有《银色·性·男女》，还有《棉花俱乐部》……

汤：对，对。不过我说做过一点表演，指的是另一回事。我做过一点汽修，我还做过一点伐木活。我是个奇石收集者，或者随便什么。假如威尔逊能用我的歌建造一个世界，让我住进去表演，那我再高兴不过了。因为我们看起来彼此互补。我们谈过不同的东西，不过他是那种人，比詹姆斯·布朗还忙。他满世界跑。

帕：所以他不会住在什么特定的地方。

汤：我觉得大多数时候他就住在他自己的脑子里。当我和威尔逊合作的时候，我开始理解到在剧院工作会有时空门让你穿越。他总是很有眼光，很不同，会为自己建造一个世界。

帕：也就是说，和艺术家在一起，界线就会模糊，在现实与——

汤：疯狂之间。

帕：那是个美好的界线，不是吗？如果你能明白你的眼中幻象只是幻象，你可以像艺术家那样使用它们，而不是害怕它们或者让它们把你逼疯。

汤：对，如果很多年前你在帕果－帕果[1]，你可能会变成一个萨满巫师。在另一个国家，你会被选上当总统。

1　东萨摩亚首府。

真的去了（2004）

整个 2003 年，威兹都在忙着为一个计划中的选辑项目和一张全新的原创 CD 弄新曲目。2004 年 4 月 24 日，Anti- 厂牌在网站上向乐迷更新了威兹的活动："汤姆·威兹蹲在密西西比州的一间旧校舍里，为 Anti- 厂牌录一张新的专辑，标题为《真的去了》。《真的去了》是原汁原味的节奏蓝调音乐。"这些提早到来的消息点燃了威兹乐迷心中的狂热，他们一直在紧张地期待着这张新专辑，最是乐意查看网站追踪更新（很棒的市场营销策略）。威兹也通过他的巡演经理人罗斯·斯图尔特来放出他唱片录制过程的信息，以此为一个叫作"雨狗们"的电子邮件讨论组征集会员："我们现在正在密西西比州的一间旧校舍里录新唱片，因为没有什么比得上新材料……凯思琳和我创作的新曲子都会在九月份发行。目前还没有标题。和我们一起合作的是弹贝斯和吉他的拉里·泰勒、弹吉他和三重奏的马克·利波特，还有打鼓的布莱恩·曼蒂亚，凯西·威兹负责打击乐和转盘机，莱斯·克莱普尔弹电贝斯，哈里·科迪弹吉他。一切感觉都很好。歌里写的是妈妈、酒精、火车和死亡、政治、老鼠、战争、绞刑、跳舞、海盗、田园、狂欢节，还有罪孽。换一种说法，还是过去那套肮脏的勾当。"

专辑计划在 2004 年秋天发行。为了给狂热的气氛来一回烈火烹油，Anti- 厂牌发布了一份新闻稿，对专辑作出部分预示："《真的去了》会打造十五首新歌，带有放克、牙买加雷鬼、兼具城市和乡村味的蓝调、兼具拉丁和非洲味的节奏和旋律，并且第一次不带钢琴。在一首歌里，不同节奏、不同音乐流派之间互相冲击碰撞，创造了他音乐里前所未有的混合风。"《真的去了》让威兹见证了他整个职业生涯里排行榜的最高峰。这张专辑带着三万四千张的销量进入榜单第二十八位，同时也在最强独立专辑榜上冲到了第一位。

这是世界某处的最后召唤

《磁铁》杂志

2004 年 8 月或 9 月（发行日：2004 年 10 月 /11 月）

乔纳森・瓦拉尼亚

当蝙蝠侠带着除了罗宾以外的其他人去蝙蝠洞，通常要用他那种超级科学读脑仪来获取关键情报，他用神拳把他们打晕，从而确保他巢穴的位置仍旧是个秘密。

相似的事情也发生在你采访威兹的时候。你发现自己身处旧金山北面某个寂静的小镇。他停下他那辆灵车般漆黑的老款雪佛兰萨博班，然后带你去某个符合他调性的地方—— 一个便宜小饭馆、一个停车场自助餐厅——做一次问答对话。对话很快在账单上来的时候结束。他从不会停止展示魅力、诙谐、古怪和诗性，也经常说话颇有深意。然后他开车把你送回旅馆，举举他的猪肉馅饼帽让你转身，在你回头看之前，他已经消失，回到他在索诺玛县有着绵延的牧场和松林的“某个地方”，在那里他和太太凯思琳・布伦南住在一起，后者也是他的合作者、缪斯女神，两人育有三个孩子。

我第一次采访威兹是在 1999 年，在圣罗莎。我在阿斯特罗旅馆开了个房，那是一间破落的福利旅馆，让人直接想起威兹 1970 年代灌饱波本酒、敲打脏兮兮的钢琴歌唱的寄宿公寓。这一回是都市酒店兼咖啡馆，位于佩塔卢马市，来自威兹的推荐，住宿加早餐，可谓古雅—— 一个混合着维多利亚式店面、波希米亚风摆设和微微的巫师气氛的地方（如果史蒂薇・妮克丝[1]是一间

1　史蒂薇・妮克丝（Stevie Nicks，1948—　），美国摇滚女歌手，前佛利伍麦克乐队（Fleetwood Mac）主唱。

旅馆，那就会是都市酒店这样的）——它看起来和威兹现在的大体形象很般配。他从廉价旅馆走向了森林里的大房子，住进了隐秘的生活中，带着三个孩子、几条狗、花园，还有很多能造出好声音的奇思妙想。

在抵达都市酒店后，我通知了在费城那边的《磁铁》杂志办公室。那天南加州天朗气清，但电话里的消息最多只能算云雾重重。我被告诫说威兹今天带着一种“奇怪”的心情。不过别担心，他的宣传专员向我保证，威兹只是有点紧张，因为这是他第一次为新专辑《真的去了》接受采访。

这家伙没什么可紧张的。《真的去了》是威兹事业的最高点，又一幅出自这位美国大师的辉煌的晚期画卷。它拾起了 1999 年《骡子变奏曲》——完美结合了威兹所谓的“爬行者和哭泣者”——留下的东西，反映出这个时代的午夜心情。2002 年，威兹发行了《血钞》和《爱丽丝》，它们分别是对罗伯特·威尔逊剧作的配乐，威兹和这位备受赞誉的先锋剧作家经常合作。尽管这两张专辑是威兹精通布莱希特滑稽剧和巡回演艺团超现实主义的主要证明，但它们更靠近 1993 年的《黑骑士》，另一部威尔逊剧作的配乐。这两张唱片好到一种程度：你听完《血钞》和《爱丽丝》后会带着显著的感觉，觉得自己必须到那里去，“那里”指的是上演该剧的德国汉堡塔利亚剧院。和这些配乐不同，《真的去了》不是什么遥远演出的原声录音；它就是演出本身，里面的戏剧性和壮丽都直接在你的双耳之间展开。像以往一样，这里的音乐超脱尘俗，充满了风沙侵蚀的悲伤，莫名地达到了这样的听觉效果：既像阿兰·洛马克斯的现场录音那样陈年，又像 1959 年款凯迪拉克的尾翼那样摩登。

但是威兹录音的地方大多像是与那个在《美国偶像》[1] 中做后空翻的世界彻底隔绝，《真的去了》在不安的水中搅起涟漪，而现在我们都发现自己置身于这相同的混乱中。威兹拿出了他那流浪汉魔幻现实主义中可观的一部分，将其导向了当今时事：受操纵的政治、帝国的流血竞赛、被战争车轮碾碎的

1　福克斯广播公司从 2002 年起主办的美国大众歌手选秀赛。

人性，还有让这车轮继续无情滚动的贪婪和仇恨。所有这些都会反映在我和威兹之间阴郁深沉的对话中，这与五年前我们之间进行的左外野奇谈全然相反。不过，正像一位智者曾经说过的，那是不同的时代。

这并不是暗示有人会把《真的去了》和《桑蒂诺阵线！》[1]混淆起来。这里的社会政治评论被深深地染上了威兹专有的棕黑调子，为专辑增添了既有当代性又能超越时代的色彩，它们和威兹标志性的主题——爱情、梦想、马戏团怪物，还有红谷仓里的谋杀案——毫无瑕疵地融合在了一起。《真的去了》同样不是《骡子变奏曲》的第二部分。钢琴作为威兹录音中长久伴随的保留节目，现在已经听不到了。专辑中虽然有——和往常一样——大量醉醺醺的抽象画、满眼悲伤的抒情曲、伴着阵阵奇怪打击乐曲街头耍猴风琴奏出的舞曲，但大部分歌曲是围绕着一种"嘴巴韵律"构建的，那是威兹对着浴室里的录音机咆哮的产物。

这不是能迎合每个人的东西。实际上，你从人们对威兹的理解中就能察觉出很多。这是音乐上的罗夏墨迹测验[2]：有些人只看到洒下的墨迹，其他人看到了梦幻般的嵌合物。他是那种让人要么爱要么恨的艺人，而爱恨双方之间的巨大分野一定是威兹那副足够磨破鞋子的嗓音。如果你希望你的歌手听起来像一双崭新光亮的球鞋，好吧，《美国偶像》就在那里。威兹那蛙人般的嘶哑歌喉是一件乐器，其无所不能远超过人们所能认可的程度，他能模仿出从野狼嚎叫到具有颗粒感、叫人心暖的呜咽，从一个魔鬼打扮的嘉年华揽客小丑的叫嚷，到一天三包烟的罗密欧粗喘出的喃喃情话，而如果仔细听，那情话讲的是世间的一切。至少是一切重要的事情：生与死、爱与希望、性和梦境，以及其间只有上帝才能填满的无尽空间。

很难分辨汤姆·威兹的公众形象从何处展现而私人形象从何处消失，反

1 英国朋克运动旗帜冲撞乐队（The Clash）发行于 1980 年的三唱片专辑，以尼加拉瓜著名反美运动领导人桑蒂诺的游击运动命名，充满了世界音乐元素和政治抗议。

2 由瑞士精神病学家罗夏 (Hermann Rorschach) 创立，是一种看受测者对墨渍图案反应而分析其性格的人格投射实验。

之亦然。这就是他想要的效果。他就是这样维持他的气场的。当威兹最终在他郊区的地铁站旁停下车，他打扮得跟他上次与《磁铁》对话时一模一样——戴着皱巴巴的猪肉馅饼帽，穿一身农场工人牛仔服——但他显得有点不安。这要归因于一位表演老手几年来第一次将他的公众形象从一堆樟脑球间拖出来亮相的紧张感。这套行头依旧合身，只是从衣架取下来还有点发硬。

然而他老一套的抽动——那种“走廊里走动的西班牙人”式肢体语言，椒盐饼干般扭结的双臂——看起来并不像是装出来的。在威兹的姿态中，有一种狼养大的兰尼·布鲁斯的意味：一半是狼人，一半是狼人杰克[1]。真的不难想象威兹在半夜跑到后院对着满月嚎叫的样子。有一刻，他一边和布伦南打着手机，一边用一只手靠着宣传专员租来的汽车的后备厢，像一个老年人在撒尿，或者一个穿拴铁链的犯人在被送回监狱农场前被摁倒搜身。就像这个男人的艺术一样，这一刻看起来具有高度的戏剧性又完全自然。

威兹想要去他在佩塔卢马最喜欢的中餐馆，但他要找到那地方似乎有点困难。我们在一条街上停下，威兹慌里慌张地四处张望，好像小饭馆被人搬走了。然后他记起来了，实际上饭馆在附近的一个零售商场里。那是一个在天花板吊顶和日光灯下显得毫无魅力、满是防腐剂味道的地方——也别提完全没有别的食客——这地方一点也没有威兹说“我们去吃中餐”时你忍不住想象出来的东方鸦片窟氛围。不过他自有他的法门，能给任何他走入的房间添上色彩与性格。研究了菜单后，威兹就点一些蒸蔬菜发表了观点：“假如我不吃点绿色的东西，我太太就会很生我的气。”当菜上来的时候，威兹看起来非常舒服自在。饱饮绿茶并满怀同情心，他分享了笑话和恐惧、梦想和记忆，做了点声效，甚至唱了一段雷·查尔斯。

然后他就又走了。好像是，真的去了。

乔纳森·瓦拉尼亚（下简称乔）：我注意到你手背上有荧光笔写的词“尿

1　美国著名 DJ，电视和电影演员，以嗓音粗粝著称。

片”和“烟花”，失礼地问一下这是为什么？

汤姆·威兹（下简称汤）：购物单。尿片和烟花是大家永远需要的东西。生活就是发生在尿片和烟花之间。

乔：年纪应该带来智慧。有什么事是年轻时不知道，到了五十四岁才明白的？

汤：我学到了很多。大多数的事情，我都是在过去十年里学到的。当然，我戒酒十二年了。我想想，我学到了什么？作为一个国家，我们对香烟和内衣上瘾。这让我们越来越难找到一杯坏咖啡。

乔：我们回到古代史里待一会。

汤：哦，别往回走太远。我会在那里迷路的。

乔：你十几岁的时候在圣地亚哥的一家俱乐部当看门人。那段时间你能回忆起什么？

汤：我不知道。我一晚上赚八美元，我能听很多很棒的音乐。

乔：我读到在你年轻的时候，你听到声音的方式就是梵高看到颜色的方式。甚至日常的声音也能带上超级绚烂多姿的颜色。

汤：我体验过一种状况，相对耳朵来说就像色盲一样的状况。或者说耳朵的散光症。

乔：然后你会背诵那些小小的咒语让那状况消失？

汤：［开始进入念经模式，听起来像是“吉拉－怪物－杀怪物－奇拉－怪物－砰”，同时用勺子在水杯上敲拍子］

乔：你还会这样吗？

汤：我刚才就念了。

乔：不，我是说，你还会对声音有那种体验吗？

汤：我就是那样做音乐的。就有点像自动写作。你难道不想自己走进一间没有灯光的房间，拿一张纸一支笔，然后开始画圈，最后写出一部伟大的美国小说？录音对我来说就像是给鬼魂拍照。

乔：你是怎么第一次碰上牛心上尉的？

汤：我们在1975—1976年有共同的经理人。

乔：你在1960年代了不了解他的音乐？

汤：没有。我在结婚后才更熟悉他。我太太有他所有的唱片。

乔：你那么晚才接触牛心挺有意思，考虑到评论界经常把你俩互相比较。

汤：你吸收的任何东西最终都会分泌。这没法避免。我们中的大多数都是原创画作，什么是学到的，什么是借鉴的，什么是偷来的，什么是天生的，什么是你带进来的，什么是你在这里找到的，这一直都是个谜。

乔：你对纽约州波基普西市搞的威兹斯托克[1]知道多少？他们做的是什么？

汤：念咒，说些胡话，早上六点钟喝威士忌吃鸡蛋，穿着汗衫到处走。我不知道；这只是我的想象。就是他们的某种尝试，以显出虔诚的崇敬。

乔：你还会花时间在垃圾场拾荒吗？

汤：我几乎就住在好市多超市里。我还是有点拾荒者的意思。我老往家里带没用的东西。

乔：你是那种会在自家前院堆满汽车部件、旧鸟盆，还有草坪骑士塑像的家伙吗？

汤：如果能找到一座草坪骑士塑像，我会给个好价钱。至于我的院子，我会留给你自己想象，因为如果我告诉你，你都不会相信。堆的大多数是医药用品，还有金星牌捕蝇草。

乔：我听说《骡子变奏曲》在全世界卖了一百万张的时候很惊讶。你感觉怎样？

汤：我想我感觉不错。不是应该这样吗？

乔：但是当一个像汤姆·威兹这样的艺人一张专辑一次可以卖一百万张，而与此同时整个音乐产业的态度基本上是，只有容易卖的艺人值得为之费心，这意味着什么？

---

1 威兹乐迷举办的一种威兹主题派对，名字仿照伍德斯托克。

汤：我不知道意味着什么。如果他们是草坪椅，那意味着什么？如果他们是盆栽植物，那意味着什么？如果他们是小狮子狗，那意味着什么？这里是美国：企业自由。

乔：《真的去了》里面没有钢琴，是有意为之吗？

汤：不。我把钢琴搬进录音棚了，之后我们从没碰过它。我们在上面放饮料。我也把外套往上放。在意识到之前，我都看不到它了。它变成了一张角落里的桌子。大多数歌都是用无乐器伴奏写的。我从这些口头韵律开始，用上我自己编的循环，把玩它们。那是很新的东西。有时候当你对着录音机直接发声，你无意中就在传递某种东西，好像咒语或者胡话。

乔：那是一个古旧的录音机吗？

汤：不，是个丰达（Fostex）四轨机，配舒尔牌（Shure）SM58型[麦克风]，装在一间很小的浴室里，带四秒延迟，过载得不行……我告诉你还有什么是新的。专辑上面还有跳舞教学曲。你上回在唱片里听到跳舞教学曲是什么时候？

汤：是哪一首？

汤：《大都会滑翔》。在歌词里有怎么跳舞的指导。上面还有很多其他舞蹈，都是可以让男士们来跳的。那是一种真正的舞蹈。他们在1920年代的时候就跳这个。有点像潮流复兴。

乔：你有时候用一种叫“非婚生女”的乐器，那该死的到底是啥？

汤：那是莱斯·克莱普尔玩的东西。有点像根古怪的杆子上长着四根弦，好像没有身子的贝斯。《真的去了》绝非一张用怪诞的、左派的声源填充的唱片。我们的想法就是进录音棚做出一些最基本的三分钟歌曲，你可以把那些歌曲当作面包和水，当作骨头和皮，当作三角桌子。就是这想法。

乔：你什么时候开始做这张专辑的？

汤：天，我不晓得。几个月前吧。

乔：那对你来说是新鲜事儿吗，这么快地写歌录制下来？

汤：我们想在夏天开始前弄完。当孩子们从学校放假回来，家里就得来个全新的范式转换。他们到处跑。

乔：这张唱片是在什么地方录的？

汤：我被误解了。大家都以为我们是在密西西比州录的。它是在三角洲录的，萨克拉门托的三角洲。

乔：有很多伟大的蓝调艺人就是从萨克拉门托纸糊的棚户区出来的。

汤：我不是开玩笑。真的有一个萨克拉门托三角洲。我们在一间废弃校舍里录的。我不喜欢录音棚政治。那里常年被当录音棚用，然后你就进去了。我那时在找一个也许能提供不同寻常的声音的地方。

乔：我们来聊聊你在《真的去了》歌词里提到的一些隐晦的东西。在《我父亲的罪》里，你提到了一种"泰伯恩[1]吉格舞"。

汤：当有什么人要被吊死的时候，他们在绳子尽头跳的舞就叫作"泰伯恩吉格舞"。这也被叫作"在空无上跳舞"；这说法差不多不言自明。剧院为什么有周一晚上不演节目的传统，就因为周一是绞刑夜，没有人能跟绞刑夜争市场。直到今天，剧院在周一晚上都是黑洞洞的。

乔：我觉得大多数人要是知道没多久之前在我国还有公开绞刑，一定会很惊讶。

汤：好吧，到今天我们还有。就是稍微文明了一点：注射死刑。你知道电能发现之后多久，就有人发明了电椅？你知道可视电话发明之后多久，就有人把它往裤裆里塞？不到一天。犯罪总是走在科技前面，等科技赶上来。

乔：那么新专辑里的那些人物呢？有一句歌词："拿撒勒的耶稣告诉了野草地的迈克。"

汤：好吧，假如真的有拿撒勒的耶稣，那就一定有野草地的迈克，还有停车场的鲍勃、河里的吉姆、后院的史蒂夫。

乔：野草地是拿撒勒隔壁的镇子吗？

汤：不，迈克住在野草地。耶稣住在拿撒勒。他们互相通信。

1　伦敦传统行刑场。

乔：在耶稣那个时代有个家伙叫迈克？

汤：我不知道他们那会是不是像这样发音的。

乔：爱敲打的帕克是谁？

汤：三角洲蓝调时期的老家伙。

乔：罗圈腿索尔呢？

汤：歌手。我想是来自圣路易斯。对不起，啵 [笑]。

乔：乔尔·托纳比内是谁？

汤：他是做水泥生意的 [笑]。暴徒一个。他是芝加哥山姆·吉安卡纳的孙子。他给我做了点园子里的活计，我大多数时间和他在一起混。他大概五年前在墨西哥去世了。他是 [制作人 / 作曲家] 哈尔·维尔纳的一个朋友，为人不错。他有个歪路子——我不知道该怎么叫这个——他会到处转转，在什么人的院子里看到他喜欢的东西，就会晚上跑过去拿把铲子挖出来，种到我家院子里。这给我们惹了不少麻烦。所以我就不再说："我真的喜欢那块玫瑰丛，我真的喜欢那棵香蕉树，我真的喜欢那棵棕榈。"因为我明白那意味着什么。他有一次给我带来十二只鸡做礼物。我太太说："乔尔，别熄火。把车掉个头，那些鸡哪儿找来的带回哪儿去。"他是个好人，我认识的人里最不羁的家伙之一。

乔：我喜欢这句词："我像每个人一样想明白同一件事：人生会怎样终结？"

汤：会是什么样呢？跳舞时突发心脏病？一只鸡蛋误进气管？两英里外一场冲突的流弹在路灯上反弹再穿过挡风玻璃，像颗钻石一样射穿你的前额？看看罗伯特·米彻姆[1]，他死在睡梦中。那对一个像罗伯特·米彻姆这样的家伙来说，算很不错了。

乔：那"我的宝贝真好，甚至她的车从后面看都很棒"呢？

汤：[笑] 有一次我跟着我太太回家，我说："我不知道这是哪儿，宝贝。"

---

1 罗伯特·米彻姆（Robert Mitchum，1917—1997），美国演员，以出演黑色电影著称。

她说："跟着我。"然后我对自己说："我的宝贝真好，甚至她的车从后面看都很好。"雷·查尔斯怎么样？真是可惜。[1]

乔：你有没有遇见过他？

汤：我在一个机场碰见过他，他身边围着一大群助手，好像他是穆罕默德·阿里。我知道我没法穿过人堆去找他，除非把自己弄得看起来很傻，好像自己不清楚状况。

乔：他历经磨难走到他后来的地位，真的很让我佩服。作为一个黑人处在美国的那个时代，失明又染上过毒瘾。

汤：好吧，《雷兄弟》[2]是一本很好的传记，如果你想知道雷的所有生活细节的话。雷的故事里众所周知的是[他的伴唱歌手]雷列组合（Raelettes）。如果你想成为一名雷列，你就得让雷……[笑]我最喜欢的雷的形象，是1950年代他作为一个节奏蓝调艺人来北加州巡演，在卷烟厂房里演出。他们只是叫上一帮跳舞的，再出个通告，那地方就会被挤满。人们跳舞能跳得那么凶，甚至地板上的灰都会扬起来，弄得那地方烟雾弥漫，过一会你就没法看清楚你是在和谁一起跳舞，而雷还在那里嚎叫……你知道，演艺圈是唯一可以让你在死后还继续赚钱的地方。而他也会继续活着。你一放那些唱片，他就来了；这真的就像你灵魂的全息影像图。

乔：如果你看看历史，权贵阶层会通过建纪念碑来求得不朽，那样他们就会被永远记住。在某种程度上，这能带来一定的永久性，但只在那个特定的地方。你得跑大老远去看到。而一张雷·查尔斯的唱片，到处都找得到。

汤：而且那张唱片就跟刚录下来的当天一样新鲜。当我听那些老的现场录音时，也许你会听到背景里很远的地方有只狗在叫。你意识到录下这声音的房子已经被拆掉了，那条狗也死了，录音机坏掉了，录这段录音的人死在了得克萨斯州，停在门口的车四个轮胎都瘪了，甚至那间房子所在的土地都没了——可能变成了一片停车场——可是我们还有这首歌。当我听这些旧录

---

1 2004年6月10日雷·查尔斯逝世。

2 雷·查尔斯喜欢朋友和同行称他"Brother Ray"。

音的时候，它们会让我置身别处。我在家放我自己想听的东西，总会是那些阿兰・洛马克斯的录音。我儿子凯西开始摆弄他的转盘机；他在楼上听伊索摇滚、EL-P、圣贤弗朗西斯[1]之类的家伙。所以我在家会接触到很多东西，然后呢，你知道，我把它们都编在一起。

乔：你有没有想过多搞点电子的东西，也许重构一些你以前的东西？

汤：我不知道那是不是属于我的文化。可能更多是属于你的。你比我年轻。我可不想给自己弄个怪异发型，就因为我在商场看到过。

乔：《破败的玫瑰》里是凯思琳唱的女声吗？

汤：不，那是我。那是我的女声。我体内住着个大姑娘。你没有吗？

乔：有可能。你别会错我的意思，不过在《痛苦是世界的河流》[来自《血钞》]里，你听起来像一条瑞士阿尔卑斯山营救犬被灌了点白兰地。

汤：[笑]有时候我的孩子们会听我的东西，然后说："老爸，你这是要做个坠入爱河的甜饼怪[2]吗？"

乔：你有个女儿现在上大学了。

汤：那是没法避免的。我有个儿子十八岁了，在《真的去了》里面玩转盘机。对我的孩子们来说，这就是个家族生意。如果我是个农民，我会让他们去开拖车。如果我是个芭蕾舞演员，我会给他们穿芭蕾舞短裙。

乔：他们怎么看你做的事？

汤：我是他们的老爸，就到这程度。他们不是我的粉丝。你的孩子也不是你的粉丝，他们是你的孩子。诀窍就是把职业和家庭分开。就好像养了两条彼此不合的狗，你得每天晚上去遛它们。

乔：在《真的去了》里有一句歌词："她曾经是个中产女孩/以为她可以在深渊里站起来。"让我打动的是，这是一位父亲会想到的东西。我这么说离谱吗？

1　这三位都是美国 2000 年代红极一时的嘻哈歌手。

2　儿童电视节目《芝麻街》（Sesame Street）中的一个提线木偶，以贪婪的食欲和吃东西的习语闻名。

汤：不会，不过那不是有意识写的。它只是你作为父亲的那些事情中的一件。当我看到那些从伊拉克回来的孩子的照片，他们和我儿子一般年纪：十八，十九岁。他们被派到了那边。

乔：我们来聊下这个。我在《真的去了》里听到很多“后 911”生活的回声。

汤：好吧，《我父亲的罪》是讲政治的。《吊起那块破布》也是。还有一堆当兵的歌。

乔：《我父亲的罪》，你说的是乔治 · W. 布什吗？

汤：我说的是我的父亲，我说的是你的父亲，我说的是他的父亲。父亲的罪会报应到儿子身上。每个人都知道这一点。

乔：《后天》这首歌听起来像一个士兵给他的家里写信，你提到了靠近威斯康星州边界的罗克福德 [伊利诺伊州]。

汤：我读到一篇文章讲一个来自罗克福德的士兵战死了。这些当兵的有很多来自南部和中西部。而那些征兵广告呢？它们简直荒谬。它们里面都放摇滚乐，音量放到最大；他们拿着装备都看起来很酷。

乔：在那首歌里，有一句歌词这么说：“我不是为正义而战，我不是为自由而战，我为活命而战。”

汤：所有休假回来的家伙们都这么说。所以当你问他们为什么不趁着这会安全了直接留在家里，他们会说：“因为那边还有我的兄弟们，他们需要我。我跑过去不是为政府打仗。”因为到了最后，就剩下你自己、你的枪，还有你的战友们。他们真的就变成了路边的碎石。你觉得一个舒舒服服在温暖的床上睡觉的参议员，会把一个士兵看得高过一颗用过的子弹壳？不可能。那就是为什么我们需要更多的子弹，子弹就是那些孩子们。

乔：你觉得这次大选会怎样？

汤：我不知道。我希望他被选下去。我祈祷我们会被动员起来，会有一场压倒性的胜利，我们每一个人，每个相信那些我们时常谈论的理想的人，会把那个杂种选下去。不过现在都是在电脑上投票，恐怕会有什么人操纵这整个事情。这真的是一件天大的事。我们是世界合众国。我们谈的不只是谁主宰这个国家，而是谁主宰世界。我们中的大多数还没有准备好消化正在发生的真相。

乔：我不知道你知道这事儿不，有家叫迪堡（Diebold）的公司，佛罗里达州使用的电子投票机就是他们制造的。其中一台 2000 年在沃卢西亚县登记了一万六千张给戈尔的反对票。爆点就在这里：迪堡公司的 CEO[瓦尔登 · 奥德尔] 是布什 – 切尼竞选活动的主要筹款人。

汤：[讽刺地说] 毫无关联。

乔：这些机器可以很容易被侵入和操纵；这都是有完好记录的。每张投票只是一个数字标记，真的。有一个动议想要这些机器在你投票后打印收据，所以如果你想重新计票，每个人都可以把他们的纸条交回来。而迪堡公司说："那是不可能做到的。"好吧，你知道迪堡公司还造什么机器吗？ ATM 机。

汤：求你别说了。我在想，这是我们这个文明的最后阶段了。我觉得我们都会被丢进厕所，等着被冲掉。现在感觉整个世界都着了火。

乔：这国家转变成警察国家后，你在这片森林里还能坚持很久。

汤：会走到一个极端，你唯一信得过的食物是你家后院里长出来的。

乔：你反对辐照食品吗？

汤：哦，老天，当然了。我家后院有个大花园。

乔：你都种什么？

汤：西红柿、玉米、茄子、葫芦瓜、豆子、南瓜。

乔：那么你和凯思琳是怎么一起写歌的？

汤：我们就丢出一句句词，就好像大声做梦。当我们一起写歌，我们差不多进入一种恍惚状态。

乔：凯思琳和你一起进录音室吗？

汤：哦，对啊。她和我一起制作唱片。就好像她在我腰上缠一圈绳子把我放到井里去，喊着："往左一点，再往左一点。"

乔：《马戏团》这首歌是一种威廉 · 巴勒斯手摇风琴式的叙事，你用你的整个职业生涯把这种叙事打磨到完美。你的很多专辑里都有这种念白段落——《登岸假》《第九街与亨内平街》《他在造什么？》——不过我觉得《马戏团》是这里面最棒的一首。你写了“马脸”埃塞尔，写了“独眼”迈拉穿着她的罗伊·奥比森T恤，给一只叫“三脚架”的猩猩喂奶瓶。是不是因为那猩猩有三条腿？

汤：[笑]不是啦，不是啦。我以为它得到这名字是因为它总是在勃起。

乔：你写了唱约德尔调[1]的伊莱恩，空中女王[2]鼻孔周围冒出细小的白沫，还有一小滴眼泪缓缓流下。然后在冷藏拖车旁——我真的喜欢这段——“音乐就像带电的糖”。

汤：那是个白日梦。我们就好像在梦想自己想去工作的地方。如果我是个离家出走的小孩跑去加入马戏团，这就是我想要入伙的马戏团。

乔：那“狮子狗”墨菲呢？

汤：她是帮“葬礼”威尔斯做飞刀表演的姑娘，被绑在转盘上的那种。我不知道我是不是愿意给一个叫“葬礼”威尔斯的家伙打工，尤其他还要扔飞刀。

乔：还有一句很棒的词：“这地址给老鼠用正好。”

汤：[笑]好吧，那就是随便的一条船，你知道吗？它们头尾相衔过河，成百上千只在一起。它们是杂食动物，什么都吃。你把它们放进一个空房间，里面只有一只空罐头，它们连空罐头、盖子和标签纸都吃，吃完它们能消化掉，把罐头变成屎拉出来。关于老鼠的传说就是它们必须不停地吃，否则它们的牙齿就会长得太长，牙根会从它们脑袋顶上穿出来，像角一样。

乔：这说法不是真的？

汤：我不知道。我又没跟老鼠一起待那么长时间。

乔：我们来聊聊你跟伊基·波普一起在贾木许的《咖啡和烟》里演的戏。

1　一种瑞士民间的歌曲演唱法，特点是速度较快，且不断反复地在胸部发音和头部发音之间进行大跨度音阶转换。参看美国乡村音乐歌手马戈·史密斯的演出，她在约德尔调上堪称世界级。

2　指传奇高空杂技女明星莉莉安·莱泽尔（Lillian Leitzel，1892—1931），为玲玲马戏团的台柱。

那片子拍了有一阵了。

汤：十年前拍的。

乔：我觉得你是天生的演员。我很爱伊基，不过我觉得他没有做表演而是做摇滚，算是在职业上选对了路子。

汤：好吧，你知道，那是些小片段。那不是个演员的活计，更像是一个情景喜剧。贾木许做那些东西很长时间了。当他做一个项目的时候，他会试图把人们弄到巷子里或者意大利饭馆里，让他们演一点自发的东西。他真的想把这个弄得像贝克特的戏剧。

乔：你有没有跟他聊过，让他沿着《不法之徒》的方向做另一部长片产？

汤：表演不是我真正追求的东西。我想说的是，我不是一个真正的演员，只是做一点表演。我不会真的找什么角色演，不过有什么角色让我撞上，而我真的喜欢，我会去做。

乔：你为什么不再巡演了？是不是因为压力太大，太辛苦，以及“谁还要看呢”？

汤：正是。光是每天晚上去一个新演出厅就够费劲了。我是一个暴脾气的老头，很容易被惹毛，我就像一个老妓，你知道。

乔：专辑的题目为什么叫《真的去了》？

汤：那是凯思琳起的标题。我本来想叫《叮当、砰砰和蒸汽》。她说每个人到最后都会离去或者真的离去了，专辑里也有很多离别。这年头几乎很难找到笑声；我们住在这么黑暗的地方。

乔：我不想让人觉得我是那种对“911”满腹牢骚的人，可直到那之前，我基本上都是一个比较乐观的人。那会儿有和平，有希望的泡沫，还有冷战结束后的无限可能性。我们作为一个文明所拥有的能量，可以被引导去建设一个更好的世界，而不是朝彼此开枪。可是在“911”之后，我突然觉得我可能永远也没法再看到那样一个时代了，只会有不停的战争。

汤：你现在在报纸上读到的全都是这些。

乔：好吧，那就是为什么我觉得如果你必须把《真的去了》的精华提炼为一句话，就会是你说的：“我想再次相信世界的仁慈。”我想很多人现在都是这样的感觉。

汤：你知道那是谁说的吗？鲍勃·迪伦。他没有在哪首歌里说这句话；他是在一次采访里说的。他当时谈的是世界的状况，所以我把这句话放在那里。

乔：我读过一篇你和[导演]特里·吉列姆的对谈，在里面你说：“我觉得好像光明和黑暗之间的斗争一直在持续，有时候我在想黑暗的一面会不会还多一根长矛。”

汤：你知道那是谁说的吗？弗雷德·格温[1]。

乔：赫尔曼·明斯特？

汤：对。我的一个好朋友。我们在《棉花俱乐部》里合作过。我们以前总是聊个不停，他是个思想很深刻的家伙。我们每天一起开一辆旅行车去干活；我们每天混在一起不知道多少小时。很温柔的家伙。脑袋比一匹马都大。我觉得他们给他做赫尔曼的装扮时，连额外的石膏都不用打。不过我也相信当你做了一些真正的好东西，它就会被打进一个账户，其他伙计可以用这个账户写支票。我真的相信这一点。

《灵咒》的采访：汤姆·威兹说

《灵咒》杂志

2004 年 9 月

塞尔维·西蒙斯

“他有时候过来喝咖啡，读点诗。他们告诉我他是个音乐人。汤姆·威兹。从没听说过汤姆·威兹。”小阿姆斯特丹饭店年长的老板耸耸肩，“所以有

1 弗雷德·格温（Fred Gwynne，1926—1993），美国演员、艺术家和作家，在电视剧《明斯特一家》中出演高脑壳怪物赫尔曼·明斯特。

人给了我一张他的唱片。他听起来就像克莱门斯·凡·德文[1]。”他指出吧台后面一张凡·德文的照片。“那是他。而那，”他很帮忙地指向相邻的一张照片，“是汤姆·威兹。”

你可以看出来为什么威兹这么喜欢这里。一个如此靠近荒郊野外的牡蛎餐馆，散发出邪性的味道（离加州寂静的佩塔卢马——美国前鸡蛋之都，也是《美国涂鸦》的拍摄地——四十五分钟车程），炫耀着一座风车、斗牛奖杯和台球桌，由一位上年纪的荷兰船员经营，他把威兹对他这个荷兰南方人的奉承视若应当，不过仍旧足够喜欢他。

坐在一张放着咖啡马克杯和一瓶水的桌子旁——“我有十二年没喝过酒了”——威兹显得很放松。看起来，他实际上是修完皮卡过来的：短袖衬衫，沾满土的靴子，一张晒过不少阳光的脸。“好吧，我有时讨厌过分强调音乐的重要性，因为当你有些年纪了，对你来说更重要的问题是‘你会修皮卡车吗？’‘你能通厕所吗？’‘外面有种很奇怪的声音，门口那家伙是谁……？’”说话的声音逐渐高到有些吓人。威兹舒服地打着哈欠。这种害羞的伙计经常渴望躲开别人的注意。当他的回答减少了逸闻的含量，透露出更多的个人信息，他的双手反射般地捂住自己的嘴，句子都支离破碎。他会停下来，修补词语再重新措辞，就好像它们——像和他有关的一切一样——是一部正在构建的作品。

塞尔维·西蒙斯（下简称塞）：《真的去了》和《爱丽丝》《血钞》之间的差异，就像后两者和《骡子变奏曲》之间的差异一样大。在你开始做一张新专辑之前，是不是有一个故意清空台面的过程？

汤姆·威兹（下简称汤）：好吧，你得先把碗都洗了。在某种程度上你想要它更新鲜一点。我不喜欢重复自己。总是有一点老东西，也会有一点新东西——否则我不会频繁地录音，所以在两张唱片之间，你不可避免地会经

---

1 克莱门斯·凡·德文（Clemens van de Ven），荷兰节奏蓝调音乐人。

历一些变化。我觉得你会对创作过程更有自信，哪怕你在试图改变创作过程，你知道吗？因为我不会每次都用同样的法子烧菜。有时候我把火鸡肉放到嘴里的一边，土豆放到另一边，在车里就嚼起来。另一些时候你花一整晚准备一顿饭，十五分钟就吃光了。我不知道，也许这是你拥有的另一个本体？每个人都有成长的边界——你知道，当植物停止生长，新的枝丫就会冒出来？

塞：你的枝丫看上去是倒着长的。当你的同辈上了年纪后都越来越安逸——不太可能会拿各种东西乱搞，或者把他们的听众吓一跳——你，在五十岁的年纪，拿了一个独立合同、一座格莱美另类摇滚奖，做出越来越前沿的专辑。你是在挑战你自己，还是在挑战你的受众？

汤：我自己。我在和衰败对抗。我们都会一个脚趾一个脚趾地死掉。不过，我不知道，有些老果树会结出最好的果实……那不是一件有意识去做的事情，不过我总是觉得当你变老的时候，你得把自己弄得更古怪，而别人得忍着你的古怪。“老阿尔叔叔的下巴满是口沫，不过那也没啥，他老了嘛。”我想我一直都很钦佩那些跳起舞来可以旁若无人的人——那好像差不多就是歌曲创作想要达到的境界，干脆不去想要被录下来这件事。

塞：这和你和“变老”有什么关系？

汤：我还是个小孩的时候就想做一个老头。戴上我爷爷的帽子，用他的拐杖，压低我的嗓音。我一直在渴望变老。我很关注老年人。我在年少时听的音乐就是老人的音乐。对，我听过披头士，但我没有真的注意听。我对任何新人和年轻人都保持怀疑。我不知道，可能是跟尊敬有关？我大概十一岁的时候爸爸走掉了——我想我是把老一辈音乐家作为自己父亲的形象仰望。路易斯·阿姆斯特朗，或者平·克劳斯贝，或者纳金高，或者“嚎叫狼”——我从未真正想过，不过可能是因为我需要父母的指导之类的。

塞：亲老人癖在 1960 年代的加州会显得很奇怪？

汤：我在很多方面都特别落伍——实际上，当我十几岁的时候，我试图在圣地亚哥一个高尔夫球场的钢琴酒吧找到一份工作。那真有点可怜。我穿上西装，甚至没有足够的歌来弹；我只学了点弗兰克·辛纳屈和科尔·波特的歌。不过想来很有趣，那种地方就是我想置身其中的地方，格子裤和高尔夫。

塞：而且孤立，在一个世界被分成“我们”（年轻，长发，抽大麻，弹吉他）和“他们”（年老，穿西装，弹钢琴，高尔夫会员）的时代。

汤：我是个反叛者。反叛者的反叛者。我在很小的年纪就发现了酒精的作用，那东西给了我很多引导。

塞：嬉皮士文化没让你产生兴趣吗？

汤：好吧，有一次我开枪打到了我的一个朋友——意外事故。我在一个峡谷里射空罐头，他跑到我面前来。我的枪走火，子弹打到了他的屁股，从他小腿里穿出来。他没大问题——他对我说的第一句话（他的名字叫帕特·冈萨雷斯）——是“汤姆，你为什么要这么做？”好像是在西部片里。我把他扛起来——所幸的是，他块头比我小——跑了三英里路，把他放上汽车，开去医院。在他住院恢复的时候，有人来探望他——他的一个表兄，去过旧金山，头发长到这儿，戴着耳环，那一套都有——看上去真的很奇怪。我开始对旧金山感到好奇。但实际发生的是什么呢？我跑去那里，跑去城市之光书店找凯鲁亚克。我打定主意要找到一个至少认识他的人——我从书上知道了他去过的那些酒吧，所以我就跑去到处找。我记得我遇见过劳伦斯·费林盖蒂，让他在一本书上签了名。去到酒吧后我会坐在窗边，喝着杯咖啡看外面的街道，花上好几个小时让那个世界浮现在脑海中。我想那是我第一次进入青年文化——不过我有点迟到了。

塞：不过正好是去越南的年纪？

汤：我那时很奇怪。我拿到了一个排得很后的抽签号码，最后做了三年消防员——在林业部门，在墨西哥和加利福尼亚边境荒郊野外的树林里。我学会了怎样挖一个坑把自己埋了，这样火不会烧到我。后来再没用过这招，不过我随时准备好了。

塞：你的第一个唱片厂牌庇护所，代表了西海岸、后嬉皮、创作歌手组成的黑帮。你是怎么混进那个小圈子的，它又是怎么影响了你的音乐？

汤：我对有组织的犯罪——或者有组织的群体——一直很怀疑。很害怕进去。我真心不知道自己适合在哪里。我瞧瞧身边，看到身边的那些艺人，大多数人会觉得我应该跟他们亲如兄弟，和他们建立很好的私交，我却不知道该怎么做。我的经理人给扎帕打理过，所以我和弗兰克·扎帕一起上路巡演，给他做了几年暖场——真不好过，很恼人，总是有三千五百人齐声朝你喊“你好烂”，用最大声量，在一座冰球馆里。不过我想我倒是需要一点反对。这样我才能真心地投入我要做的事。我不想让那事情变得容易。它不容易。

塞：所以你挖一个坑让火在你头上狂烧？

汤：没错，我就是那么干的。我给很多不同的艺人暖过场，他们认为我会和那些艺人很搭——玛莎和范戴拉组合、巴菲·圣玛丽、邦妮·雷特。

塞：他们肯定不太能理解你到底是怎样一个人。

汤：在那段时间我自己也不能确定我到底是谁。尽管我那时在录唱片，但我在寻找自己的声音方面并没有取得成功。

塞：你觉得你什么时候找到的呢？

汤：嗯……

塞：到了你的第二张专辑，《星期六夜晚的心》，我们看到了一点儿。

汤：那张专辑做得糟糕，不过我的确在尝试。那上面有念白。我不知道，那段时间我觉得我真的想看到自己的脑袋长在别的什么人身上。差不多就是这种想法。当我在写歌的时候，我有点儿像是在想象我自己的小锡盘巷，我可以坐在钢琴前，像一个歌曲创作人，旁边放着一瓶酒和一个烟灰缸，等从房间里出去的时候，带着些歌曲，就像他们那样。

塞：为什么是钢琴，不是吉他？

汤：我不知道——我父亲是一个歌手，墨西哥街头乐队是他的大爱，还有哈里·贝拉方特，所以我还是个孩子的时候，就学会了这些墨西哥歌曲——还有伍迪·格斯里，他来自得克萨斯。而音乐真的就是一种语言，所以也许在我小时候学西班牙语的同时，我就感觉到了自己对音乐的爱好，因为他在吉他上给我弹东西。我爸爸——他叫杰西·弗兰克（名字来自反叛双枪杰西和弗兰克），是个硬角色——总是个局外人。他在年轻的时候睡在橘园里，学会了西班牙语。如果你跟我爸爸去一个墨西哥饭馆，他会请街头乐队到桌边来，给他们两美元唱一首歌，然后他自己也开始跟着唱起来，最后和他们一起跑掉。我们得自己找路回旅馆，而我爸会更晚回来，因为他在某个小山包上俯瞰镇子的时候睡着了。

塞：很浪漫的画面。

汤：很浪漫——不过在那时也有很多不那么光明的片段。不过我爸爸——我想他作为一个反叛者养大了另一个反叛者。这是现在我的孩子们正在面对的——当你的任务就是待在原地不动，只能听别人指导，只能相信别人的保证，哪还能越过山头去看到外面的风景？所以我现在便处在所有这些冲突当中。

塞：墨西哥音乐在表现那种夸张的多愁善感方面，和犹太音乐有得一比。把那种特性融合到你刚才对过去所做的电影般的浪漫想象，可以得出你音乐里的一大部分。

汤：伤感和过分伤感。没错啊，我知道那东西。每次我弄那些东西的时候，我太太 [合作者凯思琳 · 布伦南] 都会给我坐电椅。

塞：她有个伤感程度读数仪？

汤：她还真有。而我倒是要小心——“我这块是不是陷进自嘲里了？”“这一段有价值吗，还是说只是一个蹩脚的借口？”她真心最恨的歌是《为你保留我所有的爱》，收在《心脏病和藤蔓街路口》里。“这是段什么狗屎？”——我很高兴有人能指出来。“如果我脸上沾了鸡蛋你就告诉我。”而她会的。因为——我不知道歌都是打哪儿来的，有一些来自咒语，有一些来自胡言乱语。在写歌的时候，你就是乐器。你知道，你真的得在自己身上多花功夫。

塞：你的很多歌存在于 1960 年代以前的美国，一个被理想化的、充满浪漫、霓虹闪烁的美国。你是自己发明出这么一个世界，让你的艺术住进去，还是说你每天尽可能让自己住在这个世界里？

汤：老天，我不知道。有时候分界线很模糊。不过我在不巡演也不进录音棚的时候，过着很不同的生活。我在家庭的角色同我在外界的角色很不一样——球赛，毕业典礼，家庭聚会。我想当我年轻的时候，我会更不舍得离开那个让我汲取写歌养分的世界，而现在我觉得我可以在纪实片和浪漫喜剧之间来回切换，你知道吗？

塞：《蓝色情人节》是你最中规中矩的一张专辑，以“汤姆·威兹”世界的标准来说——是你那时开始的电影表演的副作用？

汤：我曾以为我是在给耳朵做电影——把它们写下来，导演出来，再发行出来。好像是在一个非虚构的世界里写一本小说。先拿出真实的世界，然后甩掉某些我不想要的，再加上某些我希望该有的。我过于伤感浪漫，而那时候我真的还没有长大，到今天我仍旧很大程度上住在一个幻想世界里。不过我喜欢《蓝色情人节》，有时候还会演绎这首歌。最近有人让我在一次婚礼上演。

塞：你能让自己被别人出钱请去走穴？

汤：不，不，不，那是一个朋友的婚礼。

塞：我就是想澄清这一点，要不然我怕你会被走穴邀约轰炸。

汤：我是被轰炸啊。不过哪怕对亲人来说，要我做这种事情也很难。

塞：当你被拍进电影的时候，得看导演——而不是你——觉得你是谁，是什么样的。你从你被请去演的那些角色里了解了自己的哪些方面？

汤：我不知道。你看，我不把自己当作一个演员。我做一些表演，就像我做点水管工的活，做点电工的活，做点乐器修理。唯一就是，当我写歌的时候，我在歌里就是演员。“这首歌要什么嗓音？”“这家伙在这幅画里该穿什么衣服？”我让自己试穿几件，然后选中对的那件。

塞：你说在《蓝色情人节》里你还没有长大。在《心脏病和藤蔓街路口》里你听起来老了三十岁。你总用那副旧的嗓音，是不是把它当成一个借口，这样不用去找一副新的？

汤：我那时不知道有什么办法能找到新的，不过我知道我很焦虑地要去获得一个新的渠道，而有时候我们不知道怎么做到这一点。你就像一辆破旧的玩具车，已经撞过墙了，还一直不停地撞。我那时很有些自毁倾向。喝酒抽烟，成晚在外面混，这对我不好，所以我听起来像闷在一只枕头里尖叫。你知道，我得换挡了——我知道我得作出改变，但我并不是真的明白怎么做。我那会结婚了，就在不久后，在 1980 年，所以那真是我生命里某个漫长阶段的终结。

塞：1983 年你发行了两张简直没法更极端化的专辑：科波拉电影《旧爱新欢》的原声唱片带着锡盘巷式的多愁善感，而《剑鱼长号》带着自由体音乐的疯魔。那是怎么回事？

汤：那是我太太的缘故。她有最棒的唱片收藏——她以为我会有很好的唱片收藏，结果叫她特别失望。我一直没认真去听牛心上尉，哪怕我和扎帕合作过。我一直是这样的独角戏——非常孤立地待在我允许自己去碰的东西里。我就像一个老头，堵了自己的路。她帮助我重新思考自我。因为直到那一刻，我的音乐还是关在箱子里，我自己还是被关在箱子里；还没有把我自己拆箱呢。她让我脱掉鞋子放松——那时候我逛公园还会穿着西装呢。我想直到那时起我才开始成长。成长是吓人的，因为你是颗种子，处在黑暗里，也不知道往上长是朝哪个方向，往下可能会把你带到更深的地下，更黑暗的地方，你知道吗？我那时的感觉是：我不知道往哪边长，我不知道该把什么东西吸收到体内。你希望从父母那里得到什么？你进来的时候带着什么？你到了这里找到了什么？那会我在把所有这些事情搞清楚。

塞：当基思·理查兹在《雨狗》中客串出场时，一只墙上的苍蝇会看到什么？

汤：哦，天啊……！我本来会和那些长期跟我合作的人一起做这张专辑，但他们都在洛杉矶，而我搬去了纽约。我记得有个人对我说："你想要谁在这张唱片里演奏？随便什么人都行。"而我说，"啊，基思·理查兹"——我是滚石的超大号乐迷。他们说："现在就给他打电话。"我说："老天爷，别打，请你别打，我是在开玩笑呢。"几个礼拜后他给我发了条留言："结束等待。让我们跳舞吧。基思。"他跟一个吉他管家一起来，那家伙带来七百把吉他和三百个效果器。我只能说："哦，老天爷……"吓了一跳？完全吓到了。

塞：你又忍不住喝上酒了?

汤：好吧，你根本没法跟上基思的节奏。他是从另一个世界的酒库里出来的。我一开始没有意识到，但后来遇见他父亲，我就懂了。他爸看上去像大力水手。他有个玉米穗轴烟斗，而他眨眼睛的样子——哦，天啊！我开始很紧张，尝试别去害怕，不过他是个很正常、很绅士的人，我们度过了很多开心的时光。他就是喜欢弹吉他。他会在早上四点弹吉他，直到酒都喝光了，像个老游吟诗人，直到想不出别的可以弹的歌了，或者直到人家关掉灯叫我们离开。

塞：你还有另一个一次性合作者，威廉·巴勒斯，在《黑骑士》里。最生动的记忆是?

汤：每天到了下午大概三点钟，他会开始按摩他的手表，好像他能用手指的热量让时针走得更快点，因为大概到三点半或者四点钟是鸡尾酒时间。我们去他家混了好几天。我看到了一些他的霰弹枪画作——他竖起三合板朝上面开枪——我们会谈剧里的故事，所有那些歌就突然从他那里冒出来，“脱下你的皮跳起舞来……”从巴勒斯那里我学到了很多有关爬行动物和火器的事情。

塞：像你一样，他枪法不是太好。

汤：对！对我来说，和他合作是一次机会，去顺着绳子爬高，而底下不带安全网，你真的得弄清自己有什么样的才能。因为你是和一个体内装着整个共同体的人在一起。那很沉重。

塞：当你在为剧作而非唱片写歌的时候，你会不会脑子里带着这个念头：这是一个会变化的东西，得看是在哪里，在什么时候上演?

汤：做一张专辑，你可以不断修改，你可以等到它正好变成你要的样子，然后在那一刻固定下来。而做一部戏，就好像在这里放一圈石头，两个星期后回来，期待它们还在同样的位置。不过你还会尝试修正它，给它一个骨架——你应该能明白它是一条鳄鱼还是一只火烈鸟，即使它会改变位置——

你就那么创作，好像首映夜晚就是那个能把一切都用树脂永远固定下来的夜晚。不过当你离开的时候，大伙都说“我讨厌那个混蛋，让我那样去唱那首歌。他现在走了，所以我会按照我的想法来”。这是人性使然。我要是在剧里面我也会这样。我演了一些音乐剧，当导演走掉的时候我就想：“噢，现在是我的了。他能拿我怎样，演到一半上台把我的帽子脱掉？才不会呢！”

塞：你人到中年，发现自己签了一个年轻的独立厂牌，卖了一百万张《骡子变奏曲》，是不是很惊讶？

汤：哦，对啊。那是我在他们那儿做的第一张唱片，我一点都不知道会发生什么，我很兴奋，但我真的不确定我该怎么适应——一个几乎完全是朋克音乐的厂牌，而我进去了，在差不多五十岁的时候。我是不是个什么老古董，想要换个新发型呢？但他们说服了我，让我相信我是属于那里的，我做的东西是完全合乎道理的，那样就给了我信心。因为我做的东西有一点抽象——在某种程度上我算是在看不见的东西上下功夫。房间装满了乐器没错，但我们得处理那些看不见的东西。所以我打破了不少鸡蛋，留下一地蛋壳。质地就是一切。

塞：在新专辑里有不少有趣的质地——你的歌声听起来像一个循环，在模拟某种备受折磨的节奏乐器。

汤：对，对。不过那不是一个循环。循环会带来的麻烦就是，一旦你的思维意识到那是一个循环就不会再去听它了，就像你不会再看桌布上的重复图案。所以每过三四个小节，你都得做一点不同的东西。我会一直做到我的嗓子都哑了——哦哦咔，咔咔，咔咔——出汗，眼球都爆出来了，头发倒竖，在浴室里对着个四轨机，大晚上别人都睡着了的时候，对着麦克风唱歌。我觉得自己说的是呓语，因为我在做没有词语的声音，但是倒回去听的时候，我可以判断出某些音节。就好像回到语言的过去，先出来声音，然后它慢慢围绕着事项和体验让自己成形。我是那种但凡膝盖没破皮、手没割破，都不会觉得自己真正干了一天活的人。那就是标题的出处——那蓝调的东西，好像我真的去了。

塞：《真的去了》是《灵咒》杂志叫作“讣告”的东西。

汤：那我可得小心了。标题是凯思琳想出来的。她说：“所有这些在唱片里的人们都会离开。你不会离开，对吗？”

塞：如果你离开，你最后会回来在英国演出吗？

汤：那不是因为我不喜欢英国，我只是不喜欢旅行 [微笑]。我真的是个暴脾气的家伙。

汤姆·威兹：在黑暗中起舞

《竖琴》杂志

2004 年 12 月

汤姆·穆恩

不加掩饰的笑容爬上汤姆·威兹的脸，当他谈起前几天在电台里听到跳舞教学曲的时候。他几乎没法相信会碰上这样的事，一个嘻哈电台在 2004 年放起了对 21 世纪新新人类来说相当于《打土豆泥》[1] 一样的东西。那首歌来自恐怖小组 [2]，出场的是胖子乔 [3]，唱的是《向后靠》。不过在威兹的叙述里，这首歌变成了“扭扭舞” [4] 歌单上的珍珠。“那可真野，他们在教你怎么跳舞。我唯一能听出的唱词是‘向后靠’，但是没人会把那段听错。我是说，已经有好长好长时间没人教我怎么跳舞了。”

车轮启动了，因为他，汤姆·威兹的新唱片《真的去了》上面正好有一首跳舞教学曲。他不会让自己产生错觉，不过他对这事情想得越多，他就越意识到作为一个半无名的异端艺术家，一个商业前景有限的人，至少也有责

1　詹姆斯·布朗发行于 1959 年的节奏蓝调歌曲，很有跳舞感。

2　恐怖小组（Terror Squad）：成立于纽约布朗克斯区的嘻哈演唱艺人集团。

3　胖子乔（Fat Joe，1970— ），美国说唱歌手，恐怖小组娱乐公司 CEO。

4　1960 年代初流行于美国的一种舞蹈，强调臀部的摆动，与舞伴互不接触。舞者可自创舞步。

任为自己的最新作品鼓噪一番——而他对这一传说中的跳舞流派所作的贡献便是《都市滑翔》，一首垃圾场交响曲，由咔嗒咔嗒作响的骨架、像在啜食一样的人声打击，以及倾听一个旧时代的城市黑帮寓言组成。没人会把这首歌和《向后靠》弄混，但保不齐他仍处在一种潮流的前沿。他说他已经给自己厂牌的几位执行人打了电话，提醒他们恐怖小组这首歌在电台播送时让人惊异的效果。“我说，亲爱的，研究下这个，我们得上那个电台。”他用一种死亡信[1]般的语气说着，同时带着自嘲的戏谑，“这可能正是我们需要的机会啊。”

这不禁让人浮想这一主题：汤姆·威兹出一首榜单热曲。他被问起假如《都市滑翔》某一天唱红了会对他产生什么影响。“你是说从印第安纳州到香港，每个地方的人，都会在大马路上唱《都市滑翔》？美国桂冠诗人奖之类的那一套都会有？那会把我弄成什么样？”他停下来思考了一下这件怪事，“我会拿这钱修一下我的皮卡。不管那网罩上掉进什么东西，我都得冻起来。我想买个冷冻机。我不是二十一岁，已经有了大多数我想要的东西。”

尽管他可能试图不予理会，但《向后靠》不会让他清净。它对他是有吸引力的——威兹有一种连续统一体的观念，相信每一件旧的事物都会再次变成新的。它为他的论点提供了燃料，他认为回到过去干些翻旧为新的脏活，有着内在的价值，即使不说高贵。在威兹主义的观念里，那些教如何跳舞的歌曲在广播里回归，并引起强烈反响，只是时间问题——要么是可行的商业尝试，比如《向后靠》；要么作为一种暗示性的想法，就像在《都市滑翔》里。有一次，这位五十四岁的歌手在北加州家里接受长时间电话采访，不时地把自己称为“垃圾回收商”，或者没那么夸张，“找东西的”——当你的车钥匙掉进沙发里找不到时，你要打电话叫来的人。他在录音棚里也是这样一个人：威兹的歌曲录制始于这种信念，即任何流行文化热潮中留下来的边角料，都能被找出来、擦掉灰，重新利用。他相信老旧的“漫步者”[2]的传动系统，

1 死亡信（death-letter）：三角洲蓝调艺人桑·豪斯的标志性唱腔。

2 美国汽车公司（AMC）1950 年开始生产的车型，为美国第一款成功的紧凑级轿车。

很可能会变成某种完美又正宗的配件，来造出木纹细密的 RH[1] 牌精巧装置，其设计看起来既复古又天马行空，像一架隐形轰炸机那么充满颠覆性。威兹音乐的全部曲目 / 建筑，全然由铺满鹅卵石的部件制造而成，有一些是从像路易斯・阿姆斯特朗那么久远的年代解冻回来的，另一些则是从胖子乔的唱片制作百宝箱里拎出来的。当他听到那些不连续片段能够互相共存，听到大脚似的嘻哈基调强节奏，与他从蓝调还是新鲜事物的时代借来的分句相互摩擦时，心中颇感愉悦。

但舞步——无论威兹提及与否——是支撑起《真的去了》这张突破性专辑的秘密杀手。这是威兹在《雨狗》后第一次受益于吉他手马克・利波特的功夫，同时这张专辑成为 1985 年后节奏最密集的作品也不是巧合。有时音乐胡乱纠缠着威兹主义惯性的冒失鬼般的大摇大摆，有时音乐投身于缓慢的非洲 - 古巴游行仪式，以及早期雷鬼乐的律动节奏，让你根本没法安坐。威兹的毕生作品通常被解读成两个彼此分割的宽泛类别："伟大的恸哭者"和"狰狞的镰刀死神"，尽管两者同时存在于《真的去了》，但这两种原型的最新迭代，并不是来自对旧有模式的准确切割——这一回威兹显然相信两者都能得益于舞池里的一记刺激。

威兹说经过他上一个项目（双生唱片《爱丽丝》和《血钞》）里的内心沉思之后，他想要激进的变化。他完全回避了钢琴。一开始他甚至完全回避了传统器乐。他寻思着要在音乐里减少失真效果，减少欧洲的味道（尽管《真的去了》带有几首客厅歌），也减少器乐上的精巧编辑，而是回到自己在 1980 年代后期实验过的有机的人声打击质地，从那里开始自己的创作。他说他想跟随自己的本能去飞行，因此他先集齐了飞行中收集到的几百种节奏上的想法，直到后期才会操心歌曲的形式。他开始把一切都和跳舞相关联。他对各种想法做的酸碱度测试是：它有没有让你跳起舞？

1　即 Restoration Hardware，成立于加利福尼亚的家具品牌，价位高端，其设计以复古美国 20 世纪早期风格、充满男性化的理性科学精密感著称。

“唯一能让人们跳起舞的原因是，他们在给自己的身体提供缺失的切分音符，”威兹说，“你知道，抬起你的手肘，把头往后仰，脚下踢起尘土。那是件很棒的事。你几乎没法说它。就是个很自然而然的事。”

威兹的目标并不是那种能在 MTV 或者超级碗中场表演里找到的完美集体舞。与之相反，威兹想要的是真正的跳舞狂热。“我说的是旁若无人地跳舞，”威兹说，“我在 [漫画]《戴夫 · 查普尔》里听到这句话，之后就没法停下来不想它……现在的音乐就是，你知道有人在旁观。哪怕你在做唱片时也有人在旁边看着你手上做的事情，我不确定带着那种自我意识是否有什么帮助。前些天我的小儿子 [沙利文，十一岁，威兹 / 布伦南最小的儿子] 把一张唱片放到最大声，他跳起舞来，完全沉浸其中。我从门缝里看到他。他没意识到我在看的时候太美妙了。一旦知道我在那里，他就停了下来，关掉了音乐。好吧，那肯定是你想在录音棚里达到的境界。我的工作就是定位到那种情绪，把它放大，然后让每个人置身其中。你要让他们都旁若无人地跳起舞来。你要让他们失神呓语。”

旁若无人地跳舞的状态未必容易被捕获到磁带上。这意味着要中止判断力，把自我意识放到极其次要的地位。那得要某种特定的人，有着高度发达的自我，也能够在大多数人会感到尴尬的境地里自如行走。要求有一点诈骗犯式的肆无忌惮，而这也是威兹身上最后一点被掩盖的特性。他也许不是最无情的话务员，但在他的体内，跳动着一颗马戏团揽客小丑的心。他的歌充满了阴谋诡计，来自镇上黑暗角落里的出千赌局，以及开演前就被揭穿的骗术。他最喜欢的人物是那些演把戏演砸锅的人，他们生就一副好眼力和一颗义不容辞的金子般的心，时刻愿意宣扬对浪漫幻想永恒的爱，他们被唤为“马脸”埃塞尔或类似的称呼。他的故事总是发生在尘土飞扬的开阔场地和露天区域，那些嘉年华游乐场会蜂拥而来安营扎寨的地方。他跟随着被小本经营的马戏团雇来的跑江湖的，看他们做点把戏谋生——吞剑或者空中秋千——然后再跟随他们到咔咔作响的拖车里，在那里他们服下并不那么具有魔力的药水，面对那些喋喋不休的存在主义魔鬼。

在《真的去了》里有一首扩展的念白幻想曲《马戏团》，威兹说那来自他的白日梦洪流。加入马戏团逃走，他说，是“一件上学时他总想做的事……我记得乔治·伯恩斯[1]曾说过他在看了杂耍表演后，意识到自己想要尽快进入演艺行业。那是怎么一回事呢？某种重要的古老传统，我想。通常那行业充斥着多多少少骨折过的、受瘀伤的、破碎的人们。那是老一套‘牡蛎在痛苦中孕育出珍珠’的把戏。”

他喜欢马戏团的地方在于，演出并不仅仅发生在中央的圈子里。“你以为你去马戏团是看那些做表演的人？其实他们在看你。你是那晚演出里的一名临时演员。你在那里有两层意义——你会被愉悦，也被当作背景噪音，是观众群里众多奇怪脸型的一部分。”

这样的意识，被那副扩音器般古怪的歌喉表达出来，其传递的音乐听起来像“带电的糖”，给《马戏团》这首歌赋予了沉痛感和能量。“当然我这么描述是高度浪漫化的，”威兹在被问起他说故事的策略时说，“它关系到你选择留下的和选择剔除的东西。做这种事可是有一门艺术的，讲一个故事能叫人拼上老命……这就是‘你怎么拍一张你家车道的照片，让它看起来像生活的道路？’”

他没有提供任何答案。这问题没有答案。不过这是威兹的偏门技能之一。“通常知道怎么做那种事情的人，不知道怎么做其他的事情。我太太，她能把皮卡车大卸八块，把零件都摆在一张毯子上，再把它们都装回去，一块都不会剩下来。她一直是个重型设备操作员，也是一个自杀热线接听女郎。她能修电视机。所以每存在一样你会做的事情，就会有一样你不会做的事情——要不然，所有的生意都得倒闭。”

暂且把威兹的经济理论放在一边，在他和凯思琳的创作关系里，有某种本质上的制约与平衡。凯思琳是一个顾问、一个聆听者、一名歌词作者和一名副驾驶员。她会剪下报纸上可能漏掉的故事。当他思维卡壳时她会抛出几

1 乔治·伯恩斯（George Burns，1896—1996），美国讽刺喜剧演员。

个想法。他不喜欢分清楚“谁做了什么”，但他会说布伦南的存在让他有了测谎仪，也有了征询意见的人。

“有人来检验你的作品是件好事，”他勉强地嘟囔着说，“就是能告诉我：‘亲爱的，这段是狗屎吧？’虽然我觉得这段很棒，但我是有偏心的。我觉得我做的所有东西都能拿出去卖。那么告诉我，我是不是满是这种自欺？这是你在合作的时候会做的事。越是这样做，作品也就有希望变得越丰满。”

这两人已经如此合作了很久。当他俩在科波拉的西洋镜电影公司相遇时，他已经出了几张重要专辑。布伦南当时是一个剧本编辑。那时威兹已经结束《心脏病和藤蔓街路口》里的流浪汉那一套，准备往前走。两人在 1980 年结婚，然后很快就开始合作——合作的产物便是《剑鱼长号》，在 1983 年发行。

大概在那段时间，威兹开始对表演事业认真起来——他在《斗鱼》（1983）里演了一个台球房老板，也在下一年的《棉花俱乐部》里演了一个骗子，但他最强有力的角色是贾木许 1986 年影片《不法之徒》中的扎克。他也写了几部戏，包括《黑骑士》。戏剧创作自打《雨狗》起就影响了威兹的音乐，这个结论很有诱惑力——他的主题变得越来越普适（哪怕他一心反其道而行，让人物刻画变得越来越尖刻），他的作品内涵被一种超越马戏团杂耍演员规范的语言传递出来。但其中的成熟与智慧也很有可能是布伦南的贡献。

威兹不肯明说。他这样描述他们之间伴侣关系中有关创作的一面：“有很多时候，就像点炮仗——谁去点，谁去扔，我们轮流着来。有时候就好像：我拿了个樱桃爆竹，你举着，我来点！”

大多数人的歌喉都有一个单一的最重要的特质——一种甜蜜的纯净，一种陶瓷般的光洁。而汤姆·威兹的歌喉作为乐器，是一种广谱攻击性武器：有时候，当他歌唱时，极高频波像是教堂老鼠的吱吱叫，声入苍穹。在此之下是中高频的锯齿状咆哮，就像从天花板上刮下油漆。和那一起到来的是一些蓄电池酸液般的嘶吼，然后最底层，在低音频段，是一头海洋动物的无形嚎叫。你从《真的去了》里能听到好几种挑战性的唱法——具有蛮力的《吊起那块破布》，更加修饰的《我父亲的罪》——而同时会有多种不同质地一起传来，好像是威兹对自己进行了多轨录音。

然后还有那些分句。尽管他一直是一个灵歌歌手们的学生——雷·查尔斯就刻在他的基因里，所罗门·伯克也是——威兹渲染的不仅仅是灵歌的轮廓，还有那种特殊的节奏；在唱这些新歌的时候，一种缓步前行、抵御节拍的缓慢贯穿始终。也许他认识到他的声音是“老爷车”这个词的终极宣言。他蹒跚着，反复试探着，唾沫横飞地前行，只有在专辑里那些高度修饰的时刻（客厅歌曲《死得可爱》），他才会暂时中止这种匀速运动的感觉。这次还很明显的是一种路易斯·阿姆斯特朗的标记，一种评估性的、轻声细语的螺旋，给一些分句提供了厌世的休止符。也许他的视野里总是有“书包嘴”，但直到他找到那份庄重感，他才能够实现它。

威兹说《真的去了》始于他在浴室里录制长达几小时的人声打击乐。他的想法是用自己的嗓音做出律动的精巧装置——在几首歌里我们能听到威兹用嚓嘎声和啐沫声作为单人节奏口技基调，他喷出的节奏听起来像是循环，实则经常是线性方式录音的结果。（“我不想让事情变得那么完美，”他说，“我连续录了四分钟，就像你打一段鼓那样，弄得满身是汗，感觉就像我真的身在这首曲子里，每样东西都在一点点滑动。”）

然后，在铺就基本的节奏构架后，他请来了十八岁的儿子凯西（一位转盘机艺人）、利波特、贝斯手拉里·泰勒和打击乐手布莱恩·曼蒂亚一起演奏。他期待会擦出火花，因为他会组织起现代拼贴制作方法和老派全现场演奏手法之间的碰撞。自从《雨狗》开始，利波特的音乐食谱囊括了坚硬的城市之音和对古巴 1950 年代吉他音乐的巧妙改造。威兹怀疑凯西是因为能赚钱才入伙的——“他把这看作一块新滑板之类的东西”——不过他最后还是为儿子给音乐带来的质地和能量感到惊喜。

“这回碰上的事情是，在我的乐队里有个家伙十八岁，还有一个六十多了，当大伙都碰到一起，你知道他们会互相学到些东西——每个人都想学其他人的知识……我们本可以更早地用上转盘机，但技术到处都在变化——重型设备里的技术变了，鸟类保护区里的也变了。人们总是会说：‘我记得以前他也就拿把铲子，头上包块布去地里干活。’在现代录音棚里，什么东西对你来说都是唾手可得的，那可以把你解放出来。以前要做的决定是：‘我是该把麦克风放进浴室里再敲那两排四列的垃圾桶呢，还是该用珍珠牌军鼓呢？’”

威兹最能冲击人头脑的一项创意是，在自己嗓音做的打击乐音轨上唱歌。“我先做出来那些音轨，再在上面唱歌，就好像在某种程度上和自己和声。本身已经有了一种协调。就像在科学上——他们现在会往猪胚胎里注射人类基因。周围有这么多人声效果围绕的时候，歌声好像听起来就不同了。我们在节奏上也有了一种完全不同的能量。”

在过去十年的大部分时间里，一种对威兹的意见反复出现，说他太明显地在循环利用他的老把戏，说他的爱情编年史写得没完没了，他那些用来沉思死亡的半浪漫半滑稽颂歌，已经变成了样板文件，说他那些感伤的作品总是被同一个流浪汉形象反复吟唱，而那个人总是栖居在摆着破烂凳子、从龙头流出喜立滋啤酒的相同的酒吧，说在《雨狗》和《弗兰克的狂野岁月》里的那些壮观的、几乎能通灵的街头戏剧在接下来的旅程里丢掉了生动的气质。

而这是无可辩驳的：那些热衷于反复出现的角色是一个濒临灭绝的物种，美国边境上的居民，自从凯鲁亚克——又一位伟大的末日编年史作者——上路后就消失了。威兹写歌称颂那些三流边缘阴谋家们的事迹，而这些不朽歌曲的数量，恐怕都超过了在2004年还真正如此生活的人数。威兹把自己描绘到了一条奇怪的死路上：他在偏僻小路上搜寻流氓的不法做派，而现在这种做派往往出现在主题公园里，因此无论他内心的浪漫情愫如何想刻画出，比如说，关于马戏团生活的超过一般的理解，他都得为他的事业找回一点对人类的真实的意识，即便不在人类的尺度上。

《真的去了》这个标题，威兹说，契合垮掉派关于“疯狂”的惯用语，同时也暗示出他那些人物中的绝大多数都在离开或死去——他的歌词画面如剧本般生动，节奏带着长耳大野兔的急迫感，用多种方式成功反驳了那些说他反复使用同样角色的批评。在《真的去了》里出现的角色是足够普通的人，一些带着平凡的希望和梦想的小人物。然而，威兹把他们刻画得几乎具有英雄气质——在十分钟长的游行圣歌《我父亲的罪》里，他讲述了一个肆意任性的儿子，渴求清洗甚至重写自己的过去；在关于一位迷茫情人的令人心酸的颂歌《任人践踏的玫瑰》里，他追随着一位堕落的花花公子的思绪，当他在街上看到一朵花时才意识到自己被背叛了。只要威兹找个监狱住客，观察他的各种生活片段并滔滔不绝地讲出来，那就有足够的异域情调来写一首歌了；现在，在《摇晃它》这首里，他冒险深入这个罪犯的梦境与动机，从他在重获自由时改过自新的畅想中，抓住了某种普适于人性的东西。

对于他只是在重复这种指责，威兹思考了一下。他的结论是，世上没有新的乐谱。流行音乐中出现的任何事物都是对另一样事物的再造，那就是为什么他对教学性的嘻哈舞步那么着迷。无论他多么想作为一个发明者被人铭记，他首要的贡献仍旧是成为一个吸收者。他做的事情在某种程度上是对他既有作品的提炼和折射——有时候吸收进不同的色彩和想法。人们长久地期待着有人能重新发明轮子，可别指望他来发明。

“大多数你听到的艺人所做的，都是对其他人的糟糕模仿，”他严肃地说，“他们很害怕你看出来他们在模仿。如果‘嚎叫狼’告诉你他试图让自己听起来像吉米·罗杰斯[1]，你会说：‘做得不错，只偏了一英里。’好吧，那一英里就是他的作品……对我来说，一个艺人要做的是接收所有这些信息，然后发回一张动人的图像。录音就像邮寄信件，一种持续进行中的对话，作为一种活着的文化的一部分而存在。你不断放出触须，去寻找新的蛋白质或者碳水化合物，有时候你找回来的是救世军遗物。有时候最叫人开心的事情是往回走。”

在《真的去了》里的另一种回归时刻，是一名士兵写的家信，标题为《后天》。它没有直白地谈到伊拉克；事实上，它也可能是一位南北战争士兵唱

1　吉米·罗杰斯（Jimmie Rodgers，1897—1933），美国南方流派蓝调和乡村乐创作歌手，被誉为乡村音乐之父。

着孤独的深夜挽歌时的声音。不过威兹说他写下这首歌，是用一种方式来介入他所处的世界，至少是一种远远的、隐晦的方式。“我讨厌听上去愤世嫉俗，而在我看来抗议歌曲就像朝大猩猩扔花生，”他说，“很难想象一首那样的歌会在我们运行的既定轨道上制造任何不同。不过同时，皮特·西格尔[1]那首写‘大泥潭’的歌超越了一首歌的高度。我不想掺和口头争论，甚至不会设想自己有能力在一个足够智慧的水准上对这些事情发表言论。我知道自己的能力限度……我能让自己听起来好像对某些事情非常精通的时间，只有五分钟。不能持续太久，要不然我就会滑进白痴的水平。但是我也知道每个人都感觉到，我们好像是在以每小时九十英里的速度冲下一条死路，这感觉不是凭空编出来的。”

威兹关于旁若无人地跳舞的理论有一条推论：必须有选择地接受信息，以及在必要的时候保持无知。我们一度谈起《真的去了》的制作过程，威兹抱怨说，把它分成不同段落会丢失一些东西。“就好像我们在分开所有的食材——我有那么些薄荷，我有那么些洋葱切好了——好吧，那不是真的像食谱那么简单……有时候不搞清楚才更好。”

这就是，他继续说道，这世界跑偏的地方。“什么东西现在都是能解释清楚的。我们生活在这样一个时代，当你随便问什么人：‘那东西是怎么回事？’他们能跑到电脑前在五秒钟内告诉你。那没啥，但是有时候我立刻就开始继续遐想了。我们现在在遐想方面是亏空的。”

他痛心地说哪怕是他最喜欢做、超过一切的事情——制作唱片——也已经变成了一种手术般精确的事业，里面的神秘之处和意外碰撞都被耗尽了。“我有一次做了一盘带子叫‘声音屋’。我录了二十四轨，在每个相邻轨上做了些不一样的、毫无联系的东西。里面有尖叫，有含节奏的东西。我会把里面的部件颠倒一二，然后总能得到完全不同的效果，全看你走进了屋子的

1　皮特·西格尔（Pete Seeger，1919—1994），美国著名民谣歌手、社会活动家，被称为“抗议民谣之父”。代表作有《深陷大泥潭》等。

哪个房间。然后我们会走进房子的公共间，所有东西同时在那里出声，就像一个管弦乐队在调校乐器，那是我最喜欢的部分。有的人在弹奏音阶，另外有人在一个能让自己出神的段落上打转，所有这些声音的混响真叫人着迷。有时候当正式曲目开始演奏时，我会很失望。因为他们本来在玩一个很好的东西，却把它毁了。在他们还没觉得自己是在做音乐的时候做音乐——本质上就是旁若无人地跳舞，那真叫人着迷。假如你问我，我会说，我们需要更多那样的东西。”

全部剥离

《浆糊》杂志

2004 年 12 月

汤姆・拉纳姆

汤姆・威兹此刻应该感到头晕眼花。昨晚——这是他五年来第一次演出，在温哥华拥有两千四百个座位的奥芬剧院——他穿着惯常的松垮黑西装，歪戴着猪肉馅饼帽，四肢像蜘蛛，整个一鬼魅，用来自新专辑《真的去了》中的手提电钻，撕裂大多数的原始蓝调。他采用了一种踏板驱动加数字化延迟的设备，来重现推动这张唱片的大量人声打击乐——低吼出无意义的音节，比如“阿卡，砰砰”或者“砰切咔－哒哒”，并把它们作为循环的底拍反复播放。威兹并不只是活跃——他那柔韧的体形抽搐着战栗着，变成了耸动的节奏。

同时他也很慷慨。除了色彩鲜明的新歌，如《都市滑翔》《山丘顶端》和布满喉音的《吊起那块破布》（全都是和他太太凯思琳・布伦南共同创作/共同制作的），他也抛出了取悦观众的经典曲目，如《桌面乔》《心脏病和藤蔓街路口》，还有《没人住的房子》这首来自他的名作、1999 年格莱美获奖专辑《骡子变奏曲》（他在独立厂牌 Anti- 的第一张专辑）里的标志性歌曲。这场演出请来了马克·利波特弹吉他，一个叫布莱恩的家伙打鼓，拉里·泰勒弹贝斯，还有威兹的儿子凯西做打击乐——接下来他们将去欧洲，之后据称在2005年初回美国。

威兹也应该为其他事情感到特别高兴。比如在伦敦和旧金山引起轰动的、门票全部售罄的《黑骑士》音乐剧，里面有玛丽安娜·费思富尔用颤音演唱出他为剧作家罗伯特·威尔逊创作的布莱希特/魏尔式抒情曲，或者另一张威尔逊委托他做的原声《爱丽丝》，里面的《永远不要迟到》成了温哥华演出的压轴曲。或者是他第多少次在电影中的出演，和伊基·波普在吉姆·贾木许的电影《咖啡与香烟》里喝着爪哇咖啡聊个没完。或者甚至是《一小滴毒药》，这首他献给《怪物史莱克2》电影原声的美妙小曲。在录音事业里消失了几乎整个1990年代之后，这位粗粝嗓门的艺人正在经历一次回归，文艺复兴的火箭直接把这位五十五岁男人送到了创作歌手先锋的地位——那块他最早通过1973年庇护所唱片首发专辑、颓废的《关门时间》所占据的领地。

但今天，当汤姆·威兹拖着脚走进距离奥芬剧院几个街区的中餐馆“金福海鲜”时，他只因为昨晚的成功演出而微笑。他对此心中舒畅，一如对最近取得的其他极为难得且受到褒扬的成就。他看起来很开心能回归，能再次上路，能再次展示他的舞台力量。当然，他也成了顶尖导演如贾木许、罗伯特·奥特曼和科波拉所钟爱的性格演员。在他三十年的事业中，他的歌被诸多知名艺人翻唱，从老鹰乐队、罗德·斯图尔特到约翰尼·卡什和布鲁斯·斯普林斯汀（他颇具讽刺意义地选择了《泽西姑娘》，这首歌是威兹对“老板”[1]和他的劳工阶层主义的一次完美嘲弄。）

但威兹对这一切报以明显的谦卑态度。因此当他在角落里一张隐蔽的桌子边坐下，他若有所思地喝了几杯茉莉花茶，用打着哈欠的老段子手风格关注起了更大的问题。比如他当年在演科波拉的《棉花俱乐部》时结识的好友

1　斯普林斯汀绰号。

弗雷德·“赫尔曼·明斯特”·格温在去世前对他说了什么。“他说当他走进天堂时，上帝说：‘你在下面都干了些什么？’他会说：‘我有部小电影可以给您看看。’”威兹吃吃笑着说，他那钢铁般泛蓝的凝视几乎像拉斯普京一样既催眠又坚定，“‘就是贝托鲁奇作品《月神》（1979）里我演的一个小片段，’弗雷德说，‘我只会给上帝看那一段，不是《明斯特》里的东西，而是《月神》里的那一段。’那就是，对他来说很伟大的一小段时光。”威兹立刻喜欢上了格温，他回忆说，因为“他是一个寻找者，总是在寻找的路上”。

同样的敬意也可以献给威兹。他忧伤的作品——起初住满了明斯特式的厌世隔绝者——多年以来变得越来越超然，越来越形而上学。当他在《真的去了》里告诫“别跑进谷仓里”时，他并不觉得有必要讲清楚为什么——你可以在他那杜宾犬式的咆哮里听到一些很悲剧的、可能也很血腥的事情，就发生在谷仓里。他对发生的事件本身不感兴趣——只有那阴魂不散的死亡气息和威胁感被留了下来。不过有一天当威兹本人来到天国之门，他会给上帝看什么样的生活片段呢？在和他谈了超过一小时后，也许可以认为这个生活片段是他和布伦南之间旋风般的罗曼史。他在出演科波拉的《旧爱新欢》时遇见了她。她教会了他怎样重新思考自己——教会了他不需要去头疼主流大厂牌带来的麻烦事，也用不着搭理遍布这个行业的马屁精。她还让他明白了他们可以成为共同创作的夫妻，在音乐完成之后，可以去找有包容性的发行渠道。这份愿景的纯粹——对摇滚世界的任何既定规则来说都算无可挑剔——为《真的去了》这张专辑及其令人惊异的人声节奏口技实验铺就了道路，也使得威兹这位北加州住客现在满身轻松，尽管现在是他万众期待的新巡演前夜。

那么这家伙会选择放映哪一段胶片录影呢？可能不是《月神》，不过也差不了太多。所以坐好了，关灯……4，3，2，1——放映。

汤姆·拉纳姆（下简称拉）：这里的菜单很有意思——像过去《国家讽刺》

杂志上的假中餐菜单，有嘶嘶酱二嚼龙虾，还有酸甜陆生虾……

汤姆·威兹（下简称汤）： 除了我自己，没人会嚼我的龙虾，我得告诉你。不过你听说过某些人本来很正常，但在经历过车祸或者中过风，要么是受过工伤，脑袋被撞过后，结果他们现在成了美食家，只渴求最怪异的菜。而他们通常只是劳工阶层，所以突然在晚饭桌上，你会看到动画片里的弗雷德·弗林特斯通[1]变得很没精打采，到后来他全家都不认识他了，他该死的到底是谁。他们会说："什么——你换过脑子了还是怎样？"

拉： 第一个问题挺奇怪的，不过你得包涵我。你有没有看过乔·丹特[2]的电影《小精灵》，或者究竟有没有遇见过丹特？因为电影里有只小精灵，如同夜鹰时期的汤姆·威兹，在小精灵酒吧自言自语嘟囔着。至少看起来是那样。

汤： 没有！真的？我不知道——我可能在什么地方看过，因为我有孩子。不过我从没坐下来从头到尾看过。

拉： 好吧，那否定了我的整个理论。

汤： 备选呢！你在这上头有备选理论吗？

拉： 我比我看起来的要更聪明。我感到好奇的是你的艺术人格——至少是早期人们感受到的——已经和流行文化纠缠不清了。

汤： 天，我不知道……这是个很要命的问题。我自己的人格和流行文化纠缠不清……哦，那个角色。对。不过我最近和他没多少联系了——我最近经常在路上。不过你是说，不刮胡子，抽烟，吃鸡蛋喝威士忌，一觉睡到下午三点？我不知道那副样子怎么放到流行文化里，因为我也不算是流行文化的专家。不过那有点像一个康丁法拉斯[3]式的角色。不过是腹语术表演，你知道。我在这边，那边是那个角色。那不是我。

拉： 不过我留有你所有引人注目的视觉资料。就像你扮演的《斗鱼》里

1 美国广播公司 1960 年至 1966 年播出的动画《摩登原始人》（*The Flintstones*）的主角。

2 乔·丹特（Joe Dante，1946— ），美国导演、演员，《小精灵》为其 1984 年作品。

3 康丁法拉斯（Cantinflas，1919—1993），原名马里奥·莫雷诺，墨西哥著名喜剧演员，墨西哥和拉美文化标志性人物，经常扮演贫困的农民。

那个嚼着口香糖的饭馆伙计说：“想想吧——三十五个夏天……”并试图让拉斯蒂·詹姆斯守规矩。

汤：《斗鱼》——我喜欢那部电影。对，那是一个很好的时刻，真的很酷。弗朗西斯就说：“你要写出你自己的对话。”他说：“我甚至都不会告诉你应该说什么台词，这是你的饭馆，你的围裙，你的铲刀。我不会给你任何台词。你全都得自己想出来。”所以那很好玩。我宁可在每部片子里都那么演，因为我本来就记不住台词……不过那段“三十五个夏天”——那是因为我当时三十五岁，我度过了三十五个夏天。

拉：然后还有你在《惊情四百年》里演伦菲尔德的形象，吃的虫子看起来是真的。

汤：对，不错——我真的吃了虫子！每部电影里都有虫子饲养员，你知道。只要电影里有虫子，就有虫子饲养员。那回是面粉虫。蛋白质啊，你知道。不过我小时候吃过蚯蚓。

拉：可是面粉虫有很大的钳子般的下颚。它们会咬你的。

汤：所以你得用下颚咬死它们。你得先把它们弄死。饲养员就不高兴了，因为这些都是他们的小演员。“弗洛伊德！他都跟了我三十年了！看在上帝的分上，你都干了什么？”我以前都不知道做电影还有虫子饲养员这回事，不过这次知道了。

拉：你什么时候意识到你已经形成了自己鲜明的视觉特征？

汤：老天，我不知道。不过哪一门生意都一样，不管你是渔夫、修冰箱的、民航飞行员还是驯狮员，在某个时间点上你会意识到得问自己一个问题——“我能把这事情做成一门生意吗？我能从这里面赚钱吗？”在某个时间点上你会意识到——对，我可以把这事情做成什么样。不过这总归是一种赌博。我在这里面追寻的是我对这事业的全部梦想，能够身在音乐里。我整个人就在音乐里，你知道。它在视觉上看起来是怎样，或者从别人的有利视角看是什么样子，是一回事。不过我是从里面看的。我有我心目中的英雄，我热爱音乐，想置身其中。我受到了灵感的激发，希望有一天能有机会去激发别人的灵感。那就是这件事运作的方式，真的。写歌的人不会上学去学怎么写。你在唱片机旁边坐下来，写下歌词，进行尝试，想出这些变化，大伙都是这么写歌的。至于你是否觉得你能成功，好吧，“成功”有不同的层次。对我来说，我能再做一张唱片，再上路巡演，再把乐队拉到一起做音乐，就很开心了。

拉：不过你总是得懂得音乐之外其他艺术的重要性——书本、电影、绘画。你得去把它们寻找出来。作为一个生在印第安纳州的孩子，我很早就明白了——我们得出来为文化而斗争。

汤：这就是为什么有那么多美国总统是中西部出来的——因为那里都是平地，他们得做梦。罗伊·奥比森？我说：“你那副嗓音从哪里学来的，兄弟？什么——你这辈子听过歌剧吗？”而他说：“没啦，兄弟——如果礼拜六一百英里外有人跳舞，我能听到声音穿过平原，等歌声传到我这里的时候，已经十分微弱了。所以那就是我从小就想发出的声音，就那个样子，就像那些舞蹈的声音。”我觉得这是一个很引人入胜的故事。

拉：不过你懂得，也很欣赏发现一本书或者一部电影时的惊喜。我刚刚第一次看了《黑骑士》，里面有玛丽安娜·费思富尔唱你的歌。我都不敢相信我活了这么久，之前从没发现过罗伯特·威尔逊的作品。里面有很多叫人惊喜的细节，比如有个演员在每一场戏里都朝里弯自己的中指。我不知道为什么。

汤：你想知道为什么吗？因为威尔逊会编排舞台上每一个你看到的肢体动作。他会自己先演一遍，每根手指、每根睫毛、每根头发，甚至每个下巴的动作——所有的东西。他希望他们怎么演，他都会给他们演出来。然后他像个时钟一样倒回来。让它滴答，滴答，滴答。在舞台上到处都有标记，告诉你得站到哪里配合灯光。如果你不在你应该在的地方配合灯光，好吧……在编舞的时候，威尔逊真是不可思议。而且与乐池合拍，与乐池里的所有音乐人合拍。我是说，我在布鲁克林音乐学院看过《海滩上的爱因斯坦》——那好像有九个小时长，你得中间出去买杯咖啡回来，要么小睡一会。那是最奇异的一次体验——更像是去香港的长途飞行。你醒来时，人们都在不一样的位置，光也不一样了。然后你继续睡觉或者读一会书——很奇怪。不过威尔逊更像是一个发明家，一个真正有想象力的人，他对自己要什么不要什么非常清楚。这不是民主。那就是为什么你看到的是一个人特有的心象——你看到的不是一种合作。

拉：那你是怎么给这样一个完美主义者创作音乐的呢？

汤：你知道，你差不多就坐在暗处，在一张长桌子边，开几次讨论会。就好像身在卡纳维拉尔角——那种感觉，你知道吗？你跟他一起监视舞台，加上你要应付很多缺乏睡眠的时刻，因为你要工作很长时间，喝糟糕的咖啡，没有吃的，没有窗户，在一个陌生的国家，还要倒时差。我觉得那些都会带到作品里。你在一种状态里。不过其他人都很信任他——他就像一个教授，最好的教授。对我来说，我在学校的那些年——没有一个老师能比得上威尔逊。就像你总是能记住一个特别的老师，我得说威尔逊就是我的那个老师。我是说，我没上过大学，但是没有别人能对我影响那么大，作为一个艺术家来说。

拉：他教给你哪些关键的经验？

汤：我不知道。这是一个好问题。我从没像这样去总结过。我记得有一次，他在剧场里发了一次大脾气——他叫某人把舞台上的某件家具丢掉，可三十分钟后还在那里。他说："赶紧把那把椅子拿下舞台，要不然我就把它丢到阿尔斯特河里去！"他特别生气。如果他想在一场特定的戏里做音乐，他会对着麦克风做音乐。他就从发出点声音开始——他像这样："噗呲，咪咪嗷嗷！呼嗷嗷，扑扑普普，酷滴酷，布拉布拉！"知道我什么意思吗？你现在就可以做东西。那不是什么魔法。你就在悬崖边上，现在就该跳了。你得相信自己不会撞上石头。

拉：那这有没有给你最后在《真的去了》里实现的人声打击乐的声音，提供最初的想法？

汤：确实，没错。

拉：这一点你昨晚在舞台上使用得很好。你吼出像“阿卡，砰–砰”一样的东西，踩着地上的数字延迟踏板，它就像循环磁带播放的打击乐一样重复。

汤：对。那设备演到半中间的时候出毛病了。那东西叫“回旋镖”。我就吼一段“阿卡，砰–砰”，然后就成了让我能在上面唱歌的东西。

拉：《真的去了》感觉上像是你在《骨头机器》里狂野的打击乐实验的一种延续，那也是你最重要的唱片之一。

汤：对，我觉得是。这张捡起了前面那张留下来的东西。很多人觉得它又捡起了《雨狗》留下的东西，不过我不知道。我希望自己能越做越好，越做越精炼。我现在写歌比以前快很多了。

拉：你也学会了如何去不停地革新自己。当然，不是为了听众，而是为让你自己一直觉得有趣、愉快。

汤：好吧，那才是真正的目标，不是吗？你得一直让自己有兴趣，你得永远保持好奇。我可能也变得更古怪一点了，我可不在乎别人怎么样想。在很大程度上，我不在乎任何人怎么想，因为我有一个自己的世界，可以让自己住在里面。当你开始担心音程的时候，你就知道自己是个作曲家了。你会晚上躺着睡不着，担心某一首歌曲里的那一段。就像昨晚，我看着墙壁，光线很昏暗，有一只眼睛好像有点斗鸡眼。有东西看起来就像一个头颅顶上有一大块云冒出来，还有一只戴着白手套的手。我想：“好吧，要做出这样的东西对这种旅馆来说还挺疯狂的！”到了早上我再看，其实就是一束白玫瑰。不过晚上失了焦。所以那就是我要凭空创造东西的时候会做的事情。看不清到底是什么。我在很小的时候学会这点的。我家里有窗帘，窗帘上有水渍。不过上面也有图案，比如树叶或者骆驼什么的。但是上面会看到真的很戏剧性的水渍，我以为水渍是布料设计的一部分。有所有这些形状在那里，所以我会从中构想出自己的形状。我现在还会这么做。当我看到任何图案时，我会看到，比方说，鼻子什么的。

拉：有一条很悲伤的格言说：我们年纪越大，越不会带着遐想看这个世界——更多的美，或者对美的欣赏都被踩在脚下了。

汤：对，这就是我们的处境——我们在遐想方面是亏空的。我觉得那是因为有了电脑。我现在问人家一个问题，他们跑到电脑跟前说："给我几分钟我就能告诉你……"而我说："不不不不！"我是想要他们遐想一下，兄弟！我可不想知道答案——我就是想让他们遐想一下。

拉：这事情被拖慢了，而同时其他的技术都在加速发展。到一定程度，你光看 CNN 新闻播送都不够了——你得多任务并行，同时去读屏幕底下的滚动条。

汤：首先，我家就没电视，所以我就不在这事儿里头。我在过去十五年里唯一看过的电视节目，我对老天发誓，就是《飙车嘻哈族》[1]。有人给我寄了录影带。而我想："兄弟，我希望这是第一号的节目，因为我真的很爱看。"不过我家里没电视，也没有需要多任务并行的事情。你一次只能把一件事情做对。如果你要做七件事情，每样事情只能占用你时间的七分之一，哪怕你是同时在做这七件事情。这就是为什么我的手机也是个照相机，我的手表也是把步枪——全都疯了。不过现在他们卖给我们的就是这种东西，它已经什么都影响到了，甚至选举。触摸屏选举？得了吧，还有什么比电脑更容易收买？

拉：等等！没电视？那就是说你错过了这季度一些很棒的新剧，比如《迷失》和《绝望主妇》。

汤：我听说那两部不错。不过我挺害怕把它们引到我的食谱里——我怕它们会直接让我昏死过去。我不知道，就好像在吃泡沫塑料。你还记得以前的日子，那时你会把从食品包装盒底下找来的什么换礼品卡寄出去？你得等上三十天，回信来自密歇根州巴特尔克里克（Battle Creek）。现在生活很不同了，因为邮件寄来花掉的时间里，你会遐想很多东西。我记得遐想过巴特尔克里克——这城市是什么样子？是不是像北极一样？谁住在里面？那里真的有一条溪流（creek）吗？

拉：到最后，邮递员像《辛普森一家》里面那样到你家门口说："给你，

1　福克斯体育台制作的一档旧车改装节目。

小屁孩，拿着你傻乎乎的间谍相机！”

汤：你知道我小时候做过什么？你可以得到一个图章戒指，上面刻着你的名字缩写——银的。你把表格寄过去，他们给你寄戒指——简直难以置信。所以我想要这种戒指，我寄了表格出去，戒指来了。那我就把戒指戴着，可是三个礼拜后寄来了十七盒药膏，都装在鞋油形状的罐头里。我得向朋友、亲戚、邻居兜售十七盒药膏，但这个条件是以很小的字体印在表格上的。我当时大概六岁，简直吓死了——我以为我会进监狱，你知道吗？那是我人生的第一次冲突。

拉：在我们那街区，一个小孩子寄去漫画书里的礼品卡，说是会送一个“很吓人的，看起来像真的七英尺高的弗兰肯斯坦”。不过寄到的时候，是七尺长的塑料纸上印着简陋的怪物。他还是把这东西挂在他家楼上的窗户上，装作很喜欢的样子。

汤：没有人真的想知道……好吧，你真的想知道魔术师怎么玩的把戏？你以为你想知道，但你实际上不想，等你真知道了，你希望自己不知道。不过你知道了就没法不知道了。你可以不去想起一件事。有些事情我就是不想知道。拿这说法放到我自己身上也没错——有些关于我的事情人们不想知道。他们想继续对我感到好奇，我觉得那没问题。我支持。所以这么些年来，我通常给出不真实的回答。就因为——好吧，为什么不呢？真相？真相被过誉了，智力也被过誉。你不觉得吗？

拉：我觉得要同时欣赏美丽和深渊，那得有一定程度的才智才行，就像你似乎在做的那样，一张专辑接着一张。能懂得风格奇怪的东西和懂得严肃的东西，其实一样重要。

汤：我觉得那方面大概是我太太让我开了眼。我以前会告诉我太太：“宝贝，我只不过是几块肉和土豆罢了。”而她会说：“哦，你才不是！”不过她的确是一个会深思生活的谜团，却不会想着给世界制造麻烦的人。我曾经以为如果你谈起死亡，那么死亡就会来找你。现在我觉得正好反过来。它就在我们身边，一直都在。或者我就是变老了，开始接受这件事了……

拉：大卫·鲍伊曾说过，一旦艺术家到了五十岁的年纪就会面临两个关键问题：我还剩下多少时间？我该死的到底应该用这时间来干什么？

汤：鲍伊说的对，他在这点上说得很对。我应该花时间来做什么呢？这真的是很大的问题，我都还没有弄明白。你没办法生活在演艺事业里面——里面没有足够的蛋白质，你知道吗？事业，家庭——它们总是在某种程度上可以共存，同时也是完全相对立的。不过我对这两个问题都还好。或者可能我有很多答案在寻找问题。对——那就是了，总而言之。我所有的答案都在寻找问题。

孤儿：争吵者、哭喊者和杂种（2006）

2006年7月25日，威兹通过他的唱片厂牌Anti-宣布了一次小规模巡演。

反偶像且隐居的巡演艺人汤姆·威兹做出了一次空前的举动，他把他那出人预料的精彩现场演出带上路了，这次主要去他1970年代中后期后就再没有演出过的城市（亚特兰大、孟菲斯、路易斯维尔、纳什维尔）。而对于北卡罗莱纳州阿什维尔来说，威兹从没有演出过一次现场；他在1980年代后也没有在俄亥俄州亚克朗市，或者底特律演过。这次超凡巡演的最近一站是在芝加哥，1999年威兹在《骡子变奏曲》巡演时在芝加哥大剧院演出了三晚，门票全部售罄。“我们得到田纳西州去采购点烟花，而肯塔基州有人欠了我钱。”关于此次巡演为何选择这样的时间和行程，威兹这样答复道。

这次巡演是为了推广一个新3CD套装，里面收入他这些年积累下来的珍品。威兹告诉《观察家》杂志：“全都在里头了……庄稼绝收了，老爸死了，火车出事了。全都会被传下来，每一样你吸收的东西都会分泌出来。这些老歌里有很多首会一直跟着你，其他的一些从你身上一吹而散，还有一些被困在那里。每次你坐在钢琴前的时候，都会听到它们。”这个套装里有很多音乐，它的发行是为了安抚死硬派歌迷，也让威兹置身于过去三十年歌曲创作大师的行列。

汤姆·威兹：呼叫与回应

《停止微笑》杂志

2006 年 10 月 27 日

凯瑟琳·特曼

汤姆·威兹如此总结乐迷们对威兹主义中一切事物的迷恋："就算你洒了点东西出来，他们都会要。"那可能是因为，威兹随便拿出点碎屑都比其他艺人最好的作品更酷。也许那就是他的 3CD 合集《孤儿：争吵者、哭喊者和杂种》存在的理由，一种对横跨整个职业生涯的下脚料进行升华的产物。品读"杂种"的言外之意，有助于点明是什么特质让威兹这么出挑。在《孩子们的故事》这首歌里，他用他那厌世的粗嗓门回忆道："从前有个可怜的孩子，没有父亲也没有母亲，一切都是死寂的。整个世界没有留下一个人，一切都是死寂的……月亮是一块朽木……地球是一把翻倒的尿壶。而他孤身一人……"威兹用一阵沙哑的窃笑结束了叙述。面无表情、阴沉，却带着一种邪门的幽默，威兹神秘难解的吸引力在记者们心中引发一种狂热，让他们不断发明新的形容词，来捕捉并且描述托马斯·艾伦·威兹将近四十年丰富多变的职业生涯。

哪怕威兹声称他讲述的是事实，他也未必是在说真话。有他的歌词为证，他是个编故事的大师，无论故事是长是短。尽管他的艺术人格丰富多彩，可看起来艺术人格和他本人是融为一体的。不过能够被大致准确记录下来的事实是，威兹在 1949 年出生于加利福尼亚波莫纳，曾经住在圣地亚哥，1971 年和庇护所唱片公司签约。在 1973 年到 2004 年之间，他在不同厂牌出过十九张专辑，得过格莱美奖、奥斯卡奖提名，出演过一些电影角色，遇到了他的妻子 / 合作者凯思琳·布伦南，生了三个孩子。他很顺理成章地吸引了大批狂热的乐迷群体，他们都是文化上的异见分子，把威兹提升到了一个活着的标杆地位。作为一个民谣英雄，威兹的名字跻身于孤傲不羁者的万圣殿，这神殿里满是他的同时代人和合作者，包括威廉·巴勒斯、罗伯特·威尔逊、查尔斯·布考斯基、吉姆·贾木许。

如果说威兹很难被贴上分类标签，他也很容易被喜欢上。有时候他的嗓音几乎类同于亚伯拉罕·林肯的外貌：轮廓分明且皱纹深刻，暗黑色调，不苟言笑。当他在讲述一个故事或者唱歌时——和仅仅在回答问题时正好相反——他的声音，如果还有可能的话，甚至会变得更加洪亮，更戏剧化，把一种带迷惑性的、异想天开的魔茧包围在被施了法术的听者周身。在使用像“增值”这样的音乐产业术语时，他用的是面无表情的讽刺和不动声色的强调，在谈到奇怪非常的昆虫知识时，则变得忘形入迷，并且就像从《剑鱼长号》到《弗兰克的狂野岁月》这样的唱片中证明的那样，他能创造出独一无二的声场来开启一扇石雕怪兽守卫的大门，通向威兹主义的平行宇宙。因为这些以及更多的原因，汤姆·威兹理所应当地备受尊崇——有时候甚至叫人害怕。

在从加利福尼亚索诺玛县打来的电话中，威兹给人的感觉依次是害羞、思虑周到、让人不舒服、戏弄人、言简意赅、桀骜不驯、有趣、讨喜，以及因为缺乏更好的形容词来描述，只能说很酷。他是那种你愿意与之一起在灯光昏暗、几乎空荡荡的酒吧里，打发掉整个下午的男人——只需身上带着足够的硬币让威兹来操控点唱机和对话。不过我们很愉快地选择了在电话里度过一个傍晚。

凯瑟琳·特曼（下简称凯）：谢谢来电。

汤姆·威兹（下简称汤）：别客气。

凯：很抱歉我没法赶上你最近的演出。

汤：没关系，我们在很偏远、路都不通的地方演呢。

凯：是什么让你决定做这样的巡演，包括一座你在三十年里都没去演过的城市——这些演出里有哪些高光时刻呢，在阿什维尔，纳什维尔？

汤：对，我们巡演了很多叫“维尔”的地方。我跟一个吉他手合作，他叫杜克·罗毕拉德，刚刚组了一个叫满屋蓝调和精妙雷鸟的乐队，一个很棒的蓝调吉他手。我儿子[凯西·威兹]打的鼓。拉里·泰勒，跟我一起好些年了，以前和罐装燃料乐队还有杰里·李·刘易斯一起演出过——他和什么人都一起演出。然后弹键盘的是本特·克劳森。所以我也不知道是什么原因让我出来演的。如果我喜欢做这趟巡演的话，我真的想知道是为什么。我真的不是出来赚钱的。你知道，我做演出有很长时间了，经常有很多头疼的事情，大多数演出厅的物理结构每多演一个晚上都更叫人想发疯。这是大家都得对付的事情。这行当有点叫我发慌，我通常巡演到最后就会害上神经衰弱。所以我就想看看我能不能出来纯粹享受演出。这就是我整个巡演的目标。我也做到了。

凯：我不知道你有没有读过《纽约客》……

汤：那杂志出太快了，我都跟不上。

凯：对，他们家杂志堆成山，你都感到有罪。不过上面有一篇文章很有意思，讲怯场，讲怯场可以怎样令人瘫痪。你对演出的感觉算不算怯场?

汤：我不知道算不算。我总是害怕事情会出岔子。另外，你带着这整套行头演出，要把它搬到全国各地，总是会很棘手的。对我来说，就好像扛着一个出了事的人跑，你知道，“别动我，别动我”，这是演出本身在排练收尾后对我说的第一句话。“不管你怎样，别动我，我就喜欢待在这。”

凯：可能布兰森的那些乡村歌手的想法是正确的？他们有自己的演出厅。

汤：我想过布兰森的那种法子，也跟别的艺人讨论过。就是你不上路，让他们上路到你这里来。对我来说非常讲得通。

出来面对所有那些观众，过了一会儿后，如果你准备得很好，就会很带劲。我不是总能准备完善。不过这回准备得很好，这算是很大一部分原因。

凯：和你一样，我也是土生土长的加州人。你会从别的地方找到灵感吗?还是说你更喜欢老家?

汤：我喜欢逛吉他店、当铺，还有汽车回收场。我真的很喜欢去五金店看看他们都摆出了些什么。我喜欢逛欧洲的五金店。我在克利夫兰买了一把二乘四(约为5厘米 ×11厘米)的吉他，一把用二乘四的木材做的吉他。我想，老兄，那样的东西可真的能火起来。每个人院子里都有二乘四的木材。给我拿块二乘四的木材，我就能做出把吉他来。

凯：你用不着再巡演，做吉他就行了。

汤：不用说，你在路上的时候看不到太多东西。你只看得到现场演出，还有在进城路上和出城路上看到点城镇的样子，不过同时那里面也有让人兴奋的东西；这种悄悄进城的感觉。你过去朝他们扎一下就跑。我就是这么称呼这事儿的。听起来像是一首摇滚的歌名。[模仿猫王唱歌]“你过去朝他们扎一下就跑。”

凯：阿什维尔不是穆格合成器发明人的老家吗?

汤：你知道，我不知道。

凯：他最近去世了。

汤：鲍勃·穆格。他死前开始造泰勒明电子琴。很有意思的人。我第一次泰勒明琴的体验来自这个叫莉迪亚的姑娘，莱昂·泰勒明的孙女，住在俄国。我们当时在汉堡做罗伯特·威尔逊的《爱丽丝》，想找个演奏泰勒明琴的。有个人说，“我认识莉迪亚”，然后她就来了，看上去像个俄罗斯洋娃娃，穿着件传统的俄罗斯毛衣。她的泰勒明琴看上去像个电热板，里面所有的电路连接是用从啤酒罐上割下来的金属片做的，她把这些金属片扯来扯去让电路连接在一起。而天线呢，真的就是一辆车的天线，大概是从大众牌汽车上拿下来的。而当她演奏的时候，她听起来像 [小提琴手] 雅沙·海菲兹。

凯：说到这，就把我们带到了这套我正在想办法消化的 3CD 套装……哪怕是二十年以前，这里的五十四首歌应该会被放在盒式磁带上。

汤：哦，对啊，那就会弄得很乱。太多了，有点应付不过来。我主要是害怕我会丢掉所有这些东西，因为我不是很会保存唱片。我没有一个大保险库，也没有一个整理得很好的房间来放我所有的东西。我不知道。我想可能和你一样，当我想找什么东西的时候就是找不着，而我不再想要的时候，又能找着了。所以我主要是担心我会丢失所有这些东西，所以我想把这套装发出来。这里面有很多东西是我从一个在莫斯科的家伙手里买来的，他在自己收集的那些 CD 上有这些东西。

凯：真的吗？！

汤：从黑市上找着了我自己的东西，从一个在俄国的家伙手里买来的，很奇怪。这里面有些东西我从没拿到过原版录音带，或者数字录音带，或者多轨样带，哪怕半英寸制式的磁带都没有。我就是把它们做出来了，然后你知道，唱完就没了。所以我上了年纪后，就开始收集更多的存档。“哦，我们最好拿着这个，亲爱的，等我们老的时候就用得上了。”我不知道。我们会拿来当咖啡桌用吧。

凯：有没有一些歌曲或者歌曲片段你不记得了？

汤：没有，我记得呢，不过我得通过听这些东西慢慢回忆起来，好像“哦对，我记得那个”。这就有点像做晚饭，然后有人告诉你会有很多人过来，你不只是给自己做晚饭。突然间你就想起餐具之类的东西。你就开始变得有点更加小心翼翼了。凯思琳给整个东西排了序，她在细节方面做得更好。然后当你走进那里，你开始重混一些东西，重录一点东西，然后说：“哦，我们都在这里了，那我们就来做这个吧。”你开始给空房间抹墙粉，在你自己都还没意识到之前，你就有了新的门窗；你还把房间的颜色都改了；这是你开始工作时的自然演化。就好像打开一把电锯——然后锯子就开始找木头了。我就是那把锯子。

凯：是不是一开始就很明显，这套装会被分成争吵者、哭喊者和杂种三类？

汤：不，那好像是后来才想到的，因为这一套东西几乎不可能按时间排序。有很多互不相干的来源，变成这种有点奇怪的轮廓。我听的时候没法不打瞌睡，然后突然一晃醒来。

凯：就像在上学的时候。

汤：对。像航空交通管制。所以它就是，慢歌放这里，念白放那里，更蓝调的东西放这里。

凯：我不知道听到《孩子们的故事》时是否该笑，不过我笑了。这首歌的来源是什么?

汤: 哦, 对。我们做了威尔逊的《沃伊采克》。这首歌是音乐剧的一部分, 不过从没变成《血钞》唱片的一部分; 不知道该怎么做出来……

凯: 当你小的时候, 听的都是些什么样的故事?

汤: 对, 呃……

凯: 有没有讲这世界是一把"上下颠倒的尿壶"? 歌词是这么说的吗?

汤: 一把"翻倒的尿壶"……我加的这句词。[背诵]"他在那里直到今天, 都孤身一人。"

凯: 我可以想象孩子们坐在一个圈里, 看着你, 一脸迷茫和害怕。

汤: 我不知道, 大多数儿童故事里都有黑暗的元素。你知道, 有三个兄弟, 一个脑子有点慢, 没啥野心, 另一个, 很小就离家了, 你知道, 跑丢了……这些故事总是有点悲伤或者令人害怕……它们大多数都是劝诫故事。在某种程度上, 这就是个劝诫的故事。当我的孩子还很小时, 我会给他们编故事。我说: "好, 给我一些元素, 你们想要故事里有什么?" 好的, 树、北极熊, 还有一个打字机。好的, 可以。我们一般就是这样开始的。故事差不多自己就会跑出来, 特别是当你在寻思下一章的时候。这差不多是写歌过程的浓缩版。你知道, 当你给孩子编东西的时候, 你得当场想出来。

凯: 我来问点具体的: 在《真的去了》里, 你写了《后天》, 然后在这套 CD 里, 有《和平之路》, 里面都有意味深长的政治性。《和平之路》是从哪儿来的?

汤: 《纽约时报》。当你每天读报纸, 很难避免让这些东西渗透到你的意识里, 你知道。那首歌是不久前写的。这里面很多歌都是去年录的。它们是新东西。我不想细说每样东西的来源, 不过对我来说, 它们是从可疑的源头来的。我没有放上任何唱片封套说明, 因为我不想过多解释, 我就想把它丢出去说: "好的, 希望都能凑成一块儿。" 就像这样。[停顿]那首源自布考斯基的一首诗, 《涅槃》, 还有那首《庞蒂克》, 源自我的老丈人。如果你跟他一起去逛市场, 你会听到那样的讲话。每次都不一样, 说起更多的车,不同的车。如果看见一辆林肯，或者一辆哈德逊，或者一辆因帕拉，他会说个不停。

凯：你提到了布考斯基——你有没有看过《勤杂多面手》这部电影？

汤：没有，嘿，我很高兴他的小说能被改编成电影。我是布考斯基的大粉丝，所以谁知道呢，你要是真的在某种程度上是重要的、有生命力的，那么当你死了以后，你仍然是一种有影响力的存在，仍然能够发芽开花结果，所以我想那就是每个人都想要达到的地步。

凯：我知道布考斯基参与了电影《酒心情缘》，不过当你死后，人们能随便摆弄你和你的作品……

汤：那是要让自己活久点的另一个理由。待在门廊里，手拿把霰弹枪盯着他们。

凯：你不让自己的歌被广告拿去用，这上面你很有防卫心，所以我会想你是在保护自己的东西让它们永久传下去。

汤：好吧，在合理的范围内。不去做广告什么的，希望能看到我的坟还是保持干净的。

凯：你在这些唱片里致敬了你喜欢的人，比如说，包括布考斯基。你有没有想过要把他的一本书改编成电影，或者还有没有更不知名的人，你想把他的记忆留存下来？

汤：我从没那么想过 [*停顿，思考*]。

凯：比如有个没人听说过的作家……比如，你翻唱过丹尼尔·约翰斯顿[1]的那首《金刚》，那是因为你喜欢这首歌，还是他这个人？

汤：好吧，贾木许几年前给我放了那东西，给我放了他那版本的《金刚》，我努力尽可能把那个版本真实地保留下来。如果你听过原版的，你就知道我什么意思了。我有他所有的唱片……我以为我真的发现了这首歌……那真的

1　丹尼尔·约翰斯顿（Daniel Johnston，1961— ），美国创作歌手，大部分作品都是独自在家中录制，直到柯特·科本经常穿着印有他专辑封面的 T 恤拍照后才为公众所了解。

是界外艺术（outsider art）。界外艺术有意思的是，那也是好大的一门生意。那些界外艺术家编假自传，说他们是精神疾病和儿童虐待的受害者，还有他们在南边很穷的地方长大。他们之所以编出这些假背景，是因为除非你从没受过正统艺术教育，否则你就算不上一个界外艺术家，所以你得证明你根本没有受过艺术教育，这是一个很有意思的大反转。

凯：你可以从画廊的网站上买到界外艺术作品，这事儿真的很讽刺。你是一个网民吗？

汤：我不是。不。不，我真的……很落伍。你能花四十万买一幅用比克牌笔画在食品包装盒背面的画，这真是有意思的地方，考虑到现在经济是这种状况。

凯：你说你在互联网方面很落伍，不过在录音技术上呢——你在技术方面需要什么吗？还是说二乘四的吉他对你来说就足够？

汤：似乎现在你能数字化地做东西——你可以重新做一切以前用模拟设备做的东西。黑胶唱片刚刚退市，就会有人把噼里啪啦冒泡的东西放到一首歌上面去，所以我想在文化上我们总是会埋掉一些东西，又挖出来一些东西，然后再埋掉，为了有一天再挖出来。他们在发型、鞋子和家具上也是这么做的。我们就这么做事情。对于做声音的器具来说，我认识的大多数人，总是在找一些鲜为人知的器材来带给他们不同寻常的声源，让他们能在录音棚里用上。然后有人会说："有个东西叫功放田。"那是一块农田，你随便摁个按钮，就有七十万种声音冒出来，你可以从里面选。再没有理由用七十万个功放器了。

凯：但你宁可？

汤：我宁可有这些器材，但不会死板。无论如何想象，我也算不上一个音响发烧友。

凯：所以当CD问世的时候，你觉得它就是一个会很快过时的东西吗？

汤：我想它们就是百吉饼。百吉饼设计成那样是为了让你可以装在口袋里带着。外面一层是硬硬的，皮革一样，所以里面的面包会受到保护。它就像你的手掌那么大，刚好能装进你的衣袋里。CD 也是一样。这样架子上便能腾出更多地方了。我有一些衣服口袋刚好能装进 CD，有时候我还挺感谢这种设计的。

凯：哪怕这次的 CD 套装有五十多首歌，你还是有两首隐藏的歌。

汤：就像食品包装盒里的那种小奖品。如果你挖到盒底，能找到塑料杆子和卷轴。它是附加值。我给某些人放这些唱片，他们说："我从没听过这里面的东西。"我说："哦，很好。"有些人会那么仔细地关注你做的事情。哪怕你洒出点什么，他们也想要。我也是这样的，如果玛利亚·卡拉斯[1]、克劳迪奥·阿劳[2]、沙里夫·凯塔[3]或者斯特兹·特克尔[4]有什么东西洒出来，或者约翰·雅各布·内尔斯[5]——我不了解他所有的东西。我知道那些基本的东西，但我不了解他九岁那年做的东西。有些人觉得这很有意思，你做了——你在做其他东西的同时也做了这些东西。那大概就是我们做的事情。

凯：有一件事让我惊讶，看起来你的乐迷没有一个是随随便便的。没人会说"哦，汤姆·威兹那首歌我还挺喜欢"。

汤：该死！这就是供给和需求。躲远点。他们会饥渴。他们饥渴的时候就得吃更多，他们就吃得更好。我一直持这个理论。

凯：我不相信。

汤：我就是在装傻。

凯：我得跑到桌子对面来，这样你抬起眉毛的时候我才能看到。

汤：我在卷眉毛呢。

1　玛利亚·卡拉斯（Maria Callas，1923—1977），美籍希腊女歌唱家，20 世纪最有影响的女高音之一。

2　克劳迪奥·阿劳（Claudio Arrau，1903—1991），智利钢琴家。20 世纪最伟大的钢琴家之一。

3　沙里夫·凯塔（Salif Keïta，1949— ），来自马里的流行乐创作歌手，被誉为"非洲金嗓子"。

4　斯特兹·特克尔（Studs Terkel，1912—2008），美国作家、历史学家，以对普通美国人的口述历史和在芝加哥的长期广播节目著称。

5　约翰·雅各布·内尔斯（John Jacob Niles，1892—1980），美国作曲家、传统民谣收藏家，被称为美国民谣院长。

凯：如果你是个搞技术的人，我们本可以打可视电话。

汤：犯罪分子手上有那种东西。有人在拿那东西做些你想都想不到的事。犯罪领先我们很多了。作为一种休闲设备，可视电话没有太多未来，不过可能对卖淫很管用。我想说的是……

凯：供给和需求？

汤：哦，对，我听起来像个生意人。你问我其他人的东西。有个叫弗兰克·斯坦福的家伙我真的很喜欢，他是个作家，我想看到他更多的东西。你应该了解一下他。他是个诗人、小说家、短篇故事作家。他在 1970 年代去世了。

凯：这事儿叫我伤心，当你新发现了什么人，你想看到他们更多的东西，但是他们已经去世，作品都完成了……

汤：你知道更糟的是什么吗？当有人说："那人死了吗？"结果他们还没死呢。但是你没听说他们出什么东西了，你就以为他们死了。假如你几年里不出一张唱片，人们就开始传播谣言，说你得了喉癌，或者生了糖尿病，截掉了一条腿。要么就说你打架没了一只眼睛。他们编造的东西叫人惊奇。这是民谣创作的一部分。[停顿] 我来说点有意思的东西——你知道树的树干和树枝之间的夹角？如果你看那棵树上的一片叶子，你会看到树叶中间的主叶脉上有完全一样的夹角。

凯：这有个名词吗？

汤：找一片树叶，你会发现我是对的。我们在乡下。身处乡下，我想说我们看很多 TV。不过 TV 是"土耳其红秃鹰"的缩写（Turkey Vultures）。好吧，我猜它们就是秃鹰世界里的火鸡（turkeys）。它们会不停盘旋的原因就是，它们的体重小到几乎没有。而它们在做什么呢，你以为它们盘旋着是找地方落地，但是它们群体里有很多没法落地，它们体重那么小，就好像在风暴里看一片想要着陆的树叶。在鸟类收容救护所，他们说大多数被送来的秃鹰是进食的时候被车撞了的。它们进食的时候吃那么多，都没法起飞了。当它们不得不快速离开的时候，它们会被吓到。当心哦，它们要吐出刚吃下的所有东西，才能回到空中……

凯：这画面好恐怖。

汤：就为了能飞起来。我们会做的一些事情，恐怕也会让它们震惊。我们都得做很羞耻的事情。比方说试衣服。

凯：作为一只土耳其秃鹫一定很悲哀，它们肯定没人爱。

汤：我不知道是不是悲哀，它们的世界里有没有悲哀。它们的喙上有个特殊的洞，让它们在把头伸到别的动物尸体里时可以保持呼吸。它们的幼鸟是白色的。我有次在树林里看到一个鸟巢，它们真的是雪白的，看起来像一个个小毛球。它们小的时候都很可爱。你见过鸽子宝宝吗？

凯：没有。

汤：你永远看不到。但它们是存在的。

凯：我寻思着为什么从来都看不到鸟从天上掉下来。鸟死掉的时候都去哪儿？

汤：哦 [悲伤地]。可能有特定的一棵树，保险公司拥有的一棵树，它们会过去。那棵树可能在威斯康星州麦迪逊。实际上是麦迪逊最高的那棵树。保险树。

凯：奥马哈互助保险公司所有？

汤：对。我觉得这些事情很有意思。鸟类，还有……你想过昆虫有什么不同寻常的怪事，《行军蚁》？他们说这将成为下一首金曲，只要我能再多找点线索出来。我得好好琢磨这想法。

凯：[笑] 这就是你的“点选”之一，行话是这么说的吗？

汤：我一直想做一个自然类节目的配音，就像 [理查德 ·] 阿滕伯勒做的那样。所以我就弄出来一段，寄给了《探索》频道，我想看看我能不能做点副业出来。我还把《金刚》寄给了，他叫什么名字来着？

凯：彼得 · 杰克逊。

汤：彼得 · 杰克逊！我给他写了很长的一封信，给他寄了《金刚》。我说：“你兴许可以在电影的开头或者结尾——或者中间的什么地方放。”我也没收到他的回音。我开始有点紧张了。

凯：我刚看了历史频道讲黑死病的纪录片——你做那个频道可能会很好？

汤：你知道，他们试图把我拉进其中的一部纪录片里去。那个项目是他们在英国做的……我不知道是不是真的能弄成，不过他们说“挑一种病吧”，然后给我列出来一长串可怕的病，他们还想让你给这个病写一首歌，然后他们会把它放进一张专辑。这事情都有点失控了。

凯：你有没有最喜欢的一种病？

汤：我不想牵扯进去。我就说了不，“我没法挑出一种病”。

凯：坏血病是一种病吗？那你就能写一首水手号子类型的歌。

汤：坏血病是一种病。给病名找押韵可是很难的。坏血病。有什么和坏血病（scurvy）押韵的嘛？

凯：嗯，曲线美（curvy）。

汤：我知道你要说这个。但是也就这么多了。“她生了坏血病，但她的曲线如此美……”那没可能唱得出来。

凯：那痛风病呢？

汤：也一样。没有人想用那种方法给疾病写歌。差不多像是在召唤疾病，请它过来吃饭。

凯：你相信自我实现的预言吗？

汤：嗯……我不知道。好吧，我觉得有些事情就等待着发生，然后，还有临界点这事儿，所需要的只是你的热心。或者也许只要你的热心就够了，因为它已经收集了几百万其他人的热心，就等着再来一个。而你证明了这点。那就是蝴蝶效应——蝴蝶翅膀的拍动可以创造季风什么的。所以，我相信这些事情……我说点有意思的。我录了一段放慢的蟋蟀叫声。就那么点东西，就是放慢到很慢。不过当你听到的时候，你觉得听起来很像，实际上就是……假如我不告诉你是蟋蟀叫，你会说：“这是什么，维也纳男童合唱团？”

凯：听起来是高音？

汤：是四部和声：贝斯、大提琴、中提琴、小提琴。是管弦乐。它们唱的旋律，是《耶稣基督超级巨星》[1]的开头。你觉得这是在忽悠，但我没有。

凯：好吧，我看不到你的眉毛。

汤：只有一个唱高了。很叫人惊奇，真的。我对那带子什么都没做过。什么效果都没加，除了录下来放慢以外。

凯：如果你要把那声音加到一首鲸鱼唱的歌里，你会得到什么？

汤：好问题。

凯：1980 年代到处都是这种鲸鱼唱的歌。

汤：我的一个好朋友理查德·沃特斯，创造了一种叫水琴的乐器，他以前会跑到岩石上去，声称他在某个层面上能和鲸鱼沟通。

凯：它们和他说了什么？

汤：他就是很惊讶，还真的能有呼叫与回应。那是一种很有意思的乐器，你可能在恐怖电影里听到不少，但不知道是什么做的。那是……呃……你得用琴弓弹。如果你能想象把两个披萨锅面对面放一起，做成一种容器，成平角放着，然后你装上金属杆子，像篱笆一样围绕着锅子整整一圈。那些金属杆子有不同的长度。在锅子中间有一个管子，直插到锅中间，那里有一个洞。你做的第一件事情是从管子里灌水进去，然后你握着管子，拿一把琴弓绕着锅子周围，绕着那些金属杆子组成的篱笆拉，发出的声音真是动听。

凯：听起来应该放到博物馆里去，也许这算得上是一种界外艺术。

汤：很容易。算得上是一种不同寻常的声源。等一下 [对凯思琳说话]。

凯：我猜到了晚饭时间。咱们今晚晚饭吃什么？

汤：我不知道。很不幸，那得看我。

凯：你有心情吃点什么呢？

汤：我不知道。我想又吃狗。昨晚剩下的狗。我想我们得快点结束。

凯：好的，我会加快。所以……你的电影事业，我知道你有两部电影——

1　安德鲁·韦伯与蒂姆·赖斯合作的第三部音乐剧，1971 年首次登上百老汇。

《得州摇篮曲》和《一片好心》——就要上映了？

汤：我不知道那两部电影会怎么样。我不太愿意讲可能永远也没法……你就等着吧。

凯：在你的电影事业里，你被角色定型了，你会这么觉得吗？

汤：对大多数人来说，就是“来吧，给我角色定型，给我定下就行”。就像有些人说：“赃款唯一的麻烦就是‘不够脏’。”我不会有意改变我的形象，以便让自己能演总统或者恐怖分子。我就是跟着演，配合着演。时不时有人打电话给我，是一个有趣的项目，你就做呗。我想理想的做法是，从头到尾让自己拿主意……电影都是很昂贵的，也很耗时间啊。

凯：音乐也是一样的吗？

汤：对，不过不会觉得那么应付不过来，因为更多还是在我自己的领域里。当我进录音棚的时候，我就像是导演，所以我就在这里。不过在电影里，你真的就是……你要么是墙纸，要么是把椅子，要么……

凯：当你说总统或恐怖分子，你是否会期待有这样的挑战……

汤：当一次总统？我不知道。如果有人请我去演，我会考虑一下的。如果我觉得我能做的话。你真的得用能做成功的法子去做。我做一点表演，但我不是一个真正的演员。

凯：下一个问题——这三张唱片是不是让你有一个清空的台面去面对未来，还是说你现在就是坐在门廊里放松一下？

汤：我没坐在门廊里；有成千上万的事情可以做呢。我可能会上路，做几场演出，在圣诞节过后的什么时候。我可能会去澳大利亚、苏门答腊什么的。

凯：在音乐上，你正在做些什么？

汤：写东西，我们总在制造新的曲子，那永远不会停下。

凯：你有没有过希望停下的时候？

汤：不，没有，我爱做这事。我就爱坐在房间里锁上门，有一台钢琴，还有录音带转着，我爱这事儿超过其他任何事情。这是很棒的工作，创作曲子。

凯：在外人看来，你有着理想的职业，不依靠出一首又一首火爆金曲，也不依靠满足公众口味——或者你自己看来，有不同的观点？

汤：是不同。就像所有事情。假如你是个医生，对你的孩子来说很棒，如果他们生病了而你也正好在家。但假如你爸爸在墨西哥的一个医院里出差三个礼拜，他是一个医生就不那么棒了。如果你想要红辣椒乐队[1]的演出票，那你爹在音乐行业里就很棒了，否则，就好像“嗷呜呜呜”。

汤姆·威兹：来自迷离时空的幽魂歌者的天启派件

《现在》杂志

2006 年 11 月 6 日

蒂姆·珀利奇

深入北加州的偏远地区，威兹和他的共犯凯思琳·布伦南一起躲藏在一个改造过的养鸡场里，把数星星当作刺激的夜生活。方圆几英里内唯一的路边客栈，在现场文娱表演许可证过期后，就不再请墨西哥街头乐队来演出。问都不用问了。

另外，威兹已经有十四年没见过波本酒的瓶底了。至少他自己是这么说的。在我们关于他那令人惊奇的、充满了古怪奇谭和被剪片段的 3CD 套装《孤儿》的对话中，这是他第一次听起来像是实话实说——这场对话时常离题到讨论 1949 年款哈德逊车的水平对置六缸引擎的实际状况，南北战争歌曲对当代嘻哈文化的影响，1930 年代蓝调伟大乐手孟菲斯·米尼最喜欢的卡通漫画，还有“跺脚”汤姆·康纳斯[2]的舞台滑稽动作。

---

1 红辣椒乐队（Red Hot Chilly Peppers），美国另类摇滚乐队，1983 年成立于洛杉矶。

2 “跺脚”汤姆·康纳斯（Stompin' Tom Connors，1936—2013），加拿大标志性的民谣和乡村歌手。绰号源自他有跺左脚以保持节奏的习惯，1967 年开始使用。

他过去几年令人印象深刻的产出，很有说服力地证明了威兹一直在忙于创造自己职业生涯中最具挑衅性的作品，根本没时间和他以前那帮游手好闲的倒霉江湖骗子们和小流氓们一起喝高。体量超大的《孤儿》是他隐藏作品的汇编——里面有他被剪掉的片段、合作作品、翻唱，还有关于受控的混乱的创意实验——应该能洗清任何对他的怀疑。

“我跑出来只是为了做个更好的捕鼠夹，”威兹在电话里粗声道，“假如有人不喜欢我做的东西，我真的不在乎。我不会被公众舆论绑架，也不受流行趋势影响。我只是一直在做我自己的研究。”

“我们在一阵子以前开始为了这个作品集而整合东西。时间一直是一个合作者。我会在开始做什么东西的时候想：‘哦，这里的这个东西得再加点胡椒，那里的那个东西可以再放点硝。’我到最后会写出不同部分，把越来越多的段落加进去。谁知道呢？假如我有更多的时间，我恐怕会拿其中三首出来朝它们头上开枪，再写三首出来取代它们的位置。我不会说这些都是躺在那边现成的东西。可能有二十五首歌来自和别人的合作；余下的都是全新的曲目。”

汇编在这套精美包装的《孤儿》套装里的，是五十四首罕见的、之前从被未听到过的曲子，它们被按照主题分成三组，分别是威兹更加直面问题的《争吵者》，更偏向沉重内心的抒情民谣组成的《哭喊者》，而他那首令人毛骨悚然的、对丹尼尔·约翰斯顿《金刚》的改编曲，还有七个小矮人干活时的乐曲《嘿呦！》（在这里被重铸成囚犯劳动号子），最终和其他令人着迷的一次性作品一起，落在了《杂种》这张碟上。

威兹渴望和他的忠实伴侣布伦南一起，分享这次颇具雄心的计划所带来的赞誉（和责难），她在他的整个音乐制作过程中扮演的分量，比人们可能意识到的要更大。

“凯思琳和我在所有东西上都会合作。我们一起写歌，凯思琳挑选类别，只是她本想把《哭喊者》这张碟取名为《闭嘴，吃你的抒情歌去》——你知道，给那些在食谱上慢歌不够多的人。我的任一首歌恐怕原本都放不进这三个种类里的任何一种。歌曲要么比你的心率还慢，要么和你的心跳速率差不多，要么更快，而你会随之作出反应。”

“我不想丢掉这些歌。我没有一个很大的存档。我只是在抽屉里保存几盒带子，和我的发油、一块披萨，还有驱虫喷雾放在一起。就好像是家庭影集，我不确定这些歌对除了我之外的其他任何人能有什么意义。有一首歌是我当时在奥尔巴尼和 [写《紫苑草》的小说家] 威廉 · 肯尼迪一起写的。他在一座桥上偶然发现了这首流浪汉写的诗，就抄下来保留了很多年。他拿出来给我看，建议我写成一首歌。我们就写了。”

另一首在《杂种》上的歌，《我永远回不了的家》，同样产生于一段他意外收获到的过去。尽管它把垮掉派诗人杰克 · 凯鲁亚克归为作者，但这首歌颂公路生活的孤绝颂诗，最终却成了最能揭示威兹个人生活的一首作品。当他辛酸地唱起：“父亲，父亲，你去了哪里。我自打十岁起就独自身处这个世界。”他不是真的在唱凯鲁亚克的生活。威兹在呼唤自己的父亲，他在 1960 年威兹十岁时离婚，之后离开家就再也没有被见到过。

“凯鲁亚克的外甥拿着杰克的这首歌，或者至少包括了一些他的词，想让我录下来。我猜杰克当时在一个派对上开了小差，躲到柜子里对着一个卷对卷磁带录放机唱歌，像这样：‘1949 年我离开纽约，开车穿过全国……’最后我把这东西变成了一首歌，在一次艾伦 · 金斯堡的纪念会上演唱。

“我在少年时发现了凯鲁亚克和金斯堡，这件事拯救了我。成长时身边没有爸爸，我一直在找一个父亲的形象，那些人差不多就变成了我的父亲形象。阅读《在路上》使得日常生活多了一些有趣的神话，把我自己也送上了路，带着研究生活细节的好奇心。”

另一个威兹的行为榜样是《迷离时空》的创作者罗德 · 瑟林[1]，他那权威有力的语调和节奏，可以从威兹释放在《行军蚁》这首歌里的冥思中听到。

1　罗德 · 瑟林（Rod Sering，1924—1975），美国剧作家、编剧，以科幻小说选集电视剧《迷离时空》知名。

显然威兹早在1960年代就是一个狂热的《迷离时空》粉丝，而瑟林这部讲述人类黑暗面行为的黄金档寓言剧给威兹留下了持久的印象。

“罗德·瑟林有一双很棒的眉毛和不可磨灭的声音。他的《迷离时空》故事里讲人性的部分有些很动人的地方。他从不会回避争议性主题——那里面到处有炸弹落下，就在黄金档的电视节目里让每个人都看到。

“我最喜欢的一集叫《赞颂皮普》，里面杰克·克鲁格曼——他看起来和我父亲一模一样——演了一个酗酒的赛马赌注登记人，在一次持枪抢劫里肚子中了枪。当他快死的时候，他看到了他儿子皮普作为一个小孩寻求他帮助的幻象，因为皮普现在是一个躺在越南战地医院里流血到死的士兵。所以他试图和上帝做笔交易，把自己带走让他的儿子皮普活下来。那一集很棒。”

威兹即兴的选择可能会揭示出他和父亲之间的棘手关系。此外，1963年的《迷离时空》第五季开篇剧集也出于另一个原因而显得至关重要。当克鲁格曼扮演的马克斯·菲利普斯说，“我的孩子正在死去。在一个叫南越的地方。那里本不该有一场战争，但是我儿子正在死去”，那是通俗文化里第一次质疑美国在越南的军事存在。

用相似的方式，威兹在歌曲《和平之路》中讲述了近来发生的自杀式爆炸，从而对美国政府在当今中东危机中扮演的角色提出了他的质疑。

尽管威兹在其非典型的政治抗议中，处理起这样令人激动的问题时一直不偏不倚，他唱出的歌词“原教旨主义者两边的人都杀/他们阻碍了通向和平的道路/但你告诉我/为什么我们用枪炮坦克和子弹/武装了以色列的军队”却被认为是充满争议的。不过威兹惯常的想法是，他不会太在意潜在的争议。

“我在《纽约时报》上读到一篇文章，讲一个年轻的巴勒斯坦自杀式爆炸者伪装成一个正统犹太教徒，上了耶路撒冷的一辆公共汽车。这篇故事看起来很明显是在用人性化的叙述方式描绘发生的事情。这个故事让我觉得阴魂不散，那就是我写下很多歌的原因，因为有什么东西让我觉得阴魂不散，而我必须把它们从头脑里释放出来。我还能怎么办呢？华盛顿又没有人打电话，跟我讨论外交政策。”

威兹能录下这首高度政治性的歌曲真是出人意料，同样出人意料的是听到他在《杂种》里的歌《蜘蛛侠的狂野飞车》中忙于制造一些难弄的节奏口技。威兹在《真的去了》时期试过一点节奏口技，不过他在《蜘蛛侠的狂野飞车》中爆出的节奏，揭示出他近来造访了老比兹·马基[1]的场子。谁知道威兹是个嘻哈乐迷呢？

“我在做那首歌时，很是乐了一把——就是唱歌加上一点节奏口技。这首歌很简要，同时也很完整。对我来说，嘻哈有意思的地方在于，它没有什么传统意义上的智慧——这种形式还处在被定义的过程中。你能把热酱倒进奶昔里，因为这还是一片无法无天的领域。只要你想，你可以叫一个斗牛场里的萨摩亚歌手来录一首墨西哥街头乐队风的卡里普索狐步舞曲。

“制作的费用也可以很便宜——你只需三根手指、一个鼓机和一个采样器，就能在你的柜子里录一首热门曲。我自己就在柜子里，还有浴室里录过东西，在车里也录过，随便什么地方都行。”

尽管威兹向我保证他马上就要开始新的录音，他却很不情愿讨论他即将投入的新方向，他开玩笑说：“谁知道呢，也许我会做一张墨西哥山地乡村摇滚唱片。”威兹不太可能把写歌丢在一边，去给斯嘉丽·约翰逊[2]的新专辑创作新曲目，那张专辑在传言中是一个翻唱威兹作品的项目。

“关于那东西，我在报纸上读到一些，”威兹说，“我猜那会很酷，我不知道。我不知道她还唱歌。这些年来有很多不同的人翻唱了我一些歌曲的不同版本，让我很受用。我觉得杰弗里·李·皮尔斯翻唱的《乳贴和丁字裤》挺酷的，约翰尼·卡什录的《坐火车去那》也是。我看到所罗门·伯克不久前给滚石乐队在洛杉矶的演出暖场。他穿着斗篷，拿着节杖坐在一个很大的王座上翻唱我的歌《在你的头脑里总要留一颗钻石》——那很叫我激动。”

“当你写歌的时候，你要带着别人可能也会唱这首歌的意识。那是锡盘

---

1 比兹·马基（Biz Markie，1964— ），美国黑人说唱歌手。

2 斯嘉丽·约翰逊（Scarlet Johnson，1984— ），美国女演员，主演的电影有《戴珍珠耳环的少女》和《迷失东京》等。

巷传统的一部分。我做的东西就起因于对这传统很着迷。你知道，你坐在钢琴前，窗户打开了，有什么东西被风吹进来了，你就把它变成了一首歌。

“嘻哈的问题是，那些艺人不会翻唱彼此的歌。我是说有一些歌能影响到其他的歌，但是那些歌没有被拿来以多种风格重现。所以在某种程度上，你拿到的差不多就像是没有种子的马铃薯。”

正是翻唱让创作歌手的歌曲一直能存活下来，让歌曲在他们消失很久后还产生意义，而威兹看起来正像是能写出持久存活歌曲的人。

“有些歌你写下来，一旦它们被录下来后，你就再也不会唱了，而另一些歌就像字谜一样——你会不停回去试图弄明白它们的意义，因为当你刚写下来的时候心里并不总是很清楚。你从来也没法知道什么歌会留下来，什么歌会逐渐消失。你知道吉布斯[1]的那首歌《链子低垂》，它这么唱的 [哼歌]：‘你的链子低垂吗？它跟着音乐晃了吗？它在灯下亮了吗？它是白金的，还是真金的？’那旋律可以一直追溯到南北战争。

“有些人一辈子说啊说啊，但没有人记住一件他们说的事情。另外有些人说一件事情，到一百年后还会被反复提起，这就告诉你要有质量才管用，而不是数量。”

采访：汤姆 · 威兹

草叉网[2]

2006 年 11 月 27 日

阿曼达 · 佩楚西奇

汤姆 · 威兹最新的尝试《孤儿：争吵者、哭喊者和杂种》，是一套由

---

1 吉布斯（Jibbs，1990— ），美国黑人说唱歌手。十五岁发行的首支单曲《链子低垂》，进入《公告牌》百强单曲榜前十。

2 草叉网（Pitchfork），当今世界最大的独立音乐评论网站和网络音乐杂志，1995 年创办于芝加哥。

三十首新歌和一大堆市面难寻的电影原声曲汇编而成的3CD，所有的曲目都被放进了三个种类里，而这三个种类刚好准确地囊括了他如猛兽般制造噪音的三十多年。和大部分美国人一样，我如此确信威兹存在于一个只有货运卡车、酒吧女招待、牛仔竞技小丑和短波电台的世界，会在那些电台里听到他说，“天生赢家”[1]就像车祸一样刺耳。这次，威兹敞开心扉谈了歌曲创作、斯嘉丽·约翰逊，还有他斑斓的奇想。

阿曼达·佩楚西奇（下简称阿）： 你有没有想过住在加州以外的地方？

汤姆·威兹（下简称汤）： 我到处都跑过。芝加哥、新奥尔良、纽约、洛杉矶、波特兰[俄勒冈州]。加利福尼亚有很好的公众形象，奶与蜜之地。这个州具有的外在形象，和它自身的实际情况毫不相干。就像所有伟大的幻想小说一样。你从哪儿打电话来？

阿： 布鲁克林。

汤： 大伙儿都是从布鲁克林来的！我在纽约住了一阵子。差不多在两年里搬了十四个地方。

阿： 你会想念这里吗？

汤： 我不知道。有时候当我回去的时候我说，哦，兄弟，我记得这个。这座城市的活力。它就像一条大龙。不过我是个急性子。我和这座城市的脾性不是很合得来。我需要事情更那什么一点……不那么有侵犯性。我会和店主吵架。慢慢地，所有街坊里的店一家接一家都关了门，我要买东西得跑得越来越远。我还是待在这里的乡下更好，不会伤到我自己。

阿： 你经常在加利福尼亚各处的废车场和当铺出没，都出了名。是什么让你被那些物件所吸引呢？

汤： 我在不知道那些东西是什么的时候就对它们感兴趣。我说：“嘿，雷，那该死的到底是啥？”哦，那是18世纪的口红，那是世纪之交留下来

1 “天生赢家”(Chamillionaire，1979—)，原名Hakeem Seriki，来自得克萨斯的黑人说唱歌手。Chamillionaire由“变色龙”（chameleon）和“百万富翁”（millionaire）合成。

的狗粮，那是二战时候的帽子。我对东西的细节感兴趣。奇怪的东西。

阿：你收集什么东西吗？

汤：比如小陶瓷狗什么的吗？我收集乐器，一直都在收集。

阿：在密西西比州克拉克斯代尔有个叫“超级赤坎”（Super Chikan）的蓝调歌手，他能给油罐和其他五金零件上色、上弦，做出最漂亮的吉他来。他有一把吉他是用马桶垫做的，他管它叫“大便吉他”。你会做自己的乐器吗？

汤：我有些做东西的朋友能做乐器。“另类声源”是技术上的说法，那也可以是任何东西——可能是你在路边捡到的东西。我觉得五金店可以很让人着迷，如果你拿着一根木槌走进去！我喜欢偏离中心的东西，那些你一辈子看惯了，但是从没听过它发声的东西。敲一下！用棍子敲！我在克利夫兰买了把吉他，是用一块二乘四的木头做的。你知道，在伊拉克你不能在乐器店窗户上挂吉他，因为它太性感了。你知道，就是那曲线。所以我可以跑过去用这些二乘四的吉他，给那个国家带来一场风暴。

阿：你有最喜欢的乐器吗？

汤：我有一台钱伯林，很多年前从韦斯特伍德的一个冲浪玩家手里买来的。那是一台早期版本的模拟电路合成器；它对磁带循环进行操作。那上面有六十种声音——从奔马到猫头鹰叫，到下雨声，还有所有交响乐团里的乐器。包括人类嗓音 [用一种“合成器”嗓音唱一个音阶]。十一秒长的采样！我喜欢原始的东西。我在近几年录音的时候老是用它。

我有一把斯特罗小提琴。斯特罗是创造这种小提琴的人，把一个喇叭装在琴桥上。那是管弦乐团主要在乐池演奏的年代。在老的剧院里，弦乐手会抱怨楼座上的人都听不到他们演奏。所以这家伙创造了这种斯特罗小提琴，那是一种前电气时代用来放大声效的做法。它听起来几乎就像小提琴从 78 转唱机的喇叭里放出来。他还做了斯特罗贝斯、斯特罗大提琴。他甚至还有把单弦斯特罗小提琴。那东西很有意思。我在一张叫《爱丽丝》的唱片里用过。

阿：你有最喜欢的声音吗？

汤：培根。在油锅里炸的声音。如果你录下培根在油锅里炸的声音再回放，听起来像是唱片表面刮花的声音在老式 33 又 1/3 转唱机上放。几乎和那声音一模一样。你可以把唱片的声音替换成那种声音。

阿：人类在寻找不纯的声音方面有很长的历史。罗伯特·帕尔默在他的书《深蓝》里，讲述了西非音乐对早期美国蓝调的影响，以及那么多非洲音乐人如何主动地回避干净的声音——通过把锡片贴到他们的鼓里面，对着长笛嗡嗡出声，像那样的法子。你是不是对更粗糙的声音有种天生的亲切感？

汤：我觉得那样能让你把自己的声音融合到乐器的声音里去。我觉得我们天生就一直对寻找各种变异抱有好奇心。这对我来说不奇怪。我估计这是一个有关口味的问题。你想怎么做鸡蛋吃？

阿：你在这张唱片里唱了杰克·凯鲁亚克和查尔斯·布考斯基。文学在多大程度上影响了你的音乐？

汤：我通常更在乎那些东西听上去怎么样，而不是在纸上看上去怎么样。有些人为了书页而写作，那完全是另外一回事。我做东西直奔听觉的效果去，所以可能在纸面上看起来都不怎么样。不过我仍然是一个爱词语的人。我会被那些只会说方言、只能用文字来交流的人吸引。词语就是音乐，真的。我是说，人们问我“你写音乐还是写歌词”，不过这两样不是真能分开的，在最佳状况下这两者就是同一个东西。有时候你在创作歌曲的时候你就是在制造声音，而声音慢慢地变形或者进化成有实际意义的词语。但是一开始，大多数人写歌的时候就是从 [制造噪音] 开始。

阿：当然，垮掉派也都是很有音乐性的作家。

汤：而且垮掉派会在俱乐部里演他们的作品，喊出他们的作品。这是另一个因素。

阿：你会被什么样的电影角色吸引？

汤：我做一点表演。而“我做一点表演”和“我是一名演员”之间是有区别的。人们不会信任能把两件事都做好的人。如果他们要花钱请人，他们会花在那个最好的行家身上。要不然，就好像是拿来一张上面印了八样头衔的名片。我做香薰按摩、园艺、搬运、穴位指压。在表演方面，我碰到的人通常希望把我放进一个比较短的片段里。要么就是他们有很奇怪的角色，如果是那样的话，只有两页纸的台词对话。麻烦的是，演电影里的小角色是挺难的，因为你得快速进入状态——你只有更少的几场戏来全面展现你那个角色的性格，但是你得完成同样的任务，和其他有一个半小时戏份的人一样，把角色演得具有解剖学意义上的准确性。同时你也得确保和你合作的人真的能赢得你的信任，让你钦佩，并且对和他们待在一起感到放心。并不是总能做到这样的，如果你想保住工作，很多时候你就得冒点风险。

阿：在做唱片方面也是这样。假如你没有和凯思琳·布伦南结婚，你觉得你的音乐会有多么不同？

汤：很难讲。一切都会不一样。她是一个很了不起的合作伙伴，我们有一种真正的默契。那是任何一个和别人合作的人都想寻找的东西。一拍即合。

阿：我对你在家写歌的方式很感兴趣。艺术过程更少，更多的是物理过程——你和凯思琳在同一个房间里写歌吗，你们会吃零食吗，会吵嘴吗？

汤：有时候我们钻进车里，就带上录音机开一段长路。有时候我们就是一起坐在钢琴前——假如我们有截稿日期，那就会把整件事的周期收紧很多。我们分头工作，也一起合作。假如你们两个都懂得同样的东西，那么两人中有一个就没必要存在了。我希望我们从不同的角度来抵达同一样事情。不过我并不是真的明白这是怎么见效的。就是那种你没法去拆分开来的事情。

阿：和你打鼓的儿子一起巡演是怎样的感觉？

汤：他从八岁起就开始打鼓。他是个大个子，很壮的家伙，比我高。他是个巨人。他对音乐很有兴趣，他做节奏口技，听到的音乐会和他在一起。他和老家伙们一起玩音乐——他今年才二十一岁。有了家庭和音乐，你通常会寻找某些能让你变得独一无二的东西。而那样的东西很难找到。但他真的很优秀，和他一起玩音乐真的棒极了，就像你想象当中的一样。你从自己的孩子身上学到的东西，跟他们从你身上学到的东西一样多。

阿：新唱片真的是对你作品的一个很有趣的汇编，给你声音的各个方面分配了一样的权重。你是怎样决定把这些歌按“争吵者”“哭喊者”和“杂种”

编组的?

汤：那就是一大堆歌。就好像有很多很多电影镜头。它们需要用一种有意义的方式组织起来，这样才能形成一种平衡的听歌体验。你有一个大盒子，里面装了这些东西，除非把它们有序排列，否则就没有意义。这些歌全都有不同的来源，也都是在不同时期写的。要让它们合在一起产生效果，真是个复杂把戏。

阿：有没有一首歌对你来说，一开始并不是很明确应该放进哪一张碟里才最好?

汤：有。不过，你知道，抒情歌都进了同一张，我们本来想管这张叫《闭嘴，吃你的抒情歌去》。蓝调和灵歌的东西看起来能放到一块。更难分类的东西最后都放进了《杂种》。那是念白的东西。过一阵子以后看起来就说得通了。“排成三队。你，站错队伍了，兄弟。”

阿：你翻唱了铅肚皮的《晚安，艾琳》，那是我最喜欢的歌之一。我觉得那也是你最强大的歌唱表演之一。你听很多早期的美国民谣和蓝调吗?

汤：对啊，当然。这么多年来，我听过，现在还在听，当然。大多数你吸收的东西最终都会被你分泌出来。你知道的。你吸收进一些东西，就那回事，不管是杰克·蒂加登，还是博·卡特，或者孟菲斯·米尼或者巴比科·鲍勃。他们都可以在那儿被找到，让你去欣赏、吸收，并且得到养分。那是一件很棒的事——一百年前有人做了某些东西，三分钟长度，现在他们不在了，每个在那上面演奏的人都不在了，但是那作品没有走。它仍旧像录下来的当天一样新鲜。我总是觉得那很有意思。我们并不会真的知道我们做的东西会怎样流传下来。不过我试着带上这想法去录歌。我录下来的有些东西，我知道自己以后再也不会唱了，而另一些，我知道我会一直去唱，为了能去解开这个谜。不过我觉得尽可能多听歌是有好处的，不管是听新东西还是旧东西。

阿：有没有一些新的艺人，或者现在演出的人，能让你激动?

汤：米西·埃利奥特[1]。我为她着迷。她拍了一段录像，里面她穿着件汗

1 米西·埃利奥特（Missy Elliott，1971— ），美国黑人说唱歌手。

背心跳抽筋舞。她真是疯了。她是个天生的能手。就好像她一直都在红火。“天生赢家”。我听很多我的孩子听的东西。你知道，Jay-Z[1]、野兽男孩乐队之类的。大多数统领市场、家喻户晓的东西，并不一定是我会去听的东西，不过现在我也放我孩子们会放的东西。我太太，当我遇上她的时候，她有很了不起的唱片收藏。而且那些唱片还好好地待在它们的封套里。我都没法相信。她很会打理她的唱片。拉赫玛尼诺夫和牛心上尉之类。说到我，我的大多数唱片都没了封套，躺在抽屉里的什么地方。我娶了一整套唱片收藏。

阿：你在自己职业生涯的什么时刻最感到骄傲？

汤：大多数时候我就是想做下一张唱片。这永远是最好的东西，素材全新。永远是面前要做的东西。我没有那种“哦，那是我的大场面的时刻”。

阿：我肯定你知道了斯嘉丽·约翰逊正在录一张翻唱你歌曲的唱片。

汤：哦是的，我在报纸上读到了。

阿：之前没人征询过你的意见？

汤：没有，没有，不过，你知道，她有更大的权力。

阿：你会兴奋地去听这张唱片吗？

汤：我真不知道我会不会兴奋。我会很好奇。人们创作歌曲，以便别的人在听到后也想唱这些歌。我觉得这表明了歌曲没那么极端个人化，以至于没法被别人重新解读。我看过她的电影。我不知道她会拿那些曲子做什么。当你拿到别人的歌时，你就把它们变成你自己的。你只能那么做。而那通常要求有一定的裁剪。把袖子剪了，缝几颗纽扣。每个人都会对一首歌做不同的事情，那是一种传统。

阿：在你这张唱片的艺人声明里，你说你的嗓音就是你的乐器，这对任何一个听过你唱片的人来说都是事实。我最喜欢的一些歌手都会听起来有点失控。你曾经被自己的嗓音能做或者不能做的事情惊讶到，或者冒犯到吗？

汤：如果你还在突破局限去创新，还想发现这宝贝能捣鼓出什么新玩意，

---

1 Jay-Z（1969— ），美国顶级说唱歌手。

或者你还在试图模仿一些东西——大多数人都是从模仿开始的，慢慢地你就会发展出自己的嗓音。我喜欢唱词的东西。不过我不是总拿着乐器写歌，我通常写无伴奏作品。那更像是用手指画画。那最接近用一只蜜蜂来编舞。你没有音品来限制你，你的嗓音也没有音品，那是一种很好的感觉。所以对于写旋律来说，你在哪里做都可以。

阿：你是不是一直清楚你想要自己的嗓子发出特定的声音？

汤：我和国家公共电台（NPR）的新闻评论员罗伯特·西格尔聊过这事，他说大多广播员和电台里的人，都希望自己的声音听起来更年长一点。因为他们传递的很多新闻都是很严肃、很沉重的，你不想让自己在谈到路边炸弹导致三十三人遇难时听起来像个小孩子。你得创建自己的声音和整个风度，使之能够赋予你所说的事情分量、尊严和重力。你要让你的嗓音和你处理材料的方式去适应你要处理的材料。

阿：在美国历史上，硬骨头、好斗型的创作歌手有很丰富而精彩的记录——从“漫步者”杰克·埃利奥特到鲍勃·迪伦——他们带着强迫性地神化自己，虚构背景故事，变换名字，发展出不同的艺术人格来配合歌曲。有没有汤姆·威兹的神话？

汤：肯定是有的。实际上，人们了解我的大多数事情都是我编出来的。我自己的生活在后台。所以你对我“了解”的事情只是我允许你了解的事情。所以这就像腹语术表演。这也是一种安全的方法，为了把你的个人生活隔离在你的事业之外。这是很健康也很必要的。我不是那种八卦小报会来穷追猛打的人。你得洗掉那种气味——就像鲨鱼闻到的水里的血腥味。他们知道那气味，他们也知道你同意让他们来闻这气味。我不是那种人。我编造一些事情出来。没有什么东西你说出来，被别人重复之后，还能传达一样的意义。我们都在制造更为简洁的故事。在有唱片录音之前，一切都有赖于民间的流传。在歌曲的演化和迁变中，我们都参与了制作。我们都会伸出手，它们在某个时刻都会从我们手里经过。你去掉一个段落，或者改变性别，或者为你的孩子清理掉一个段落，或者为你的族群加上些更合宜的东西。任何宣称为

“传统”的东西，都是“嘿，我写了那东西，我是那东西的一部分”。就像笑话遇上你的时候——它是怎么遇上你的？如果你能回溯一下，那会特别有意思。

阿：所以一旦你写下什么东西，那就是虚构的了。

汤：没有什么算是非虚构的东西。没有什么算作事实的东西。那些知道真实状况的人不会说。而一点也不知道状况的人，你没法让他们闭嘴。对你自己的故事，那些在你家人和朋友之间流传的故事来说也是一样的。我们都是同一种虚伪的一部分。

阿：你有一本笔记本吗？

汤：对啊，每个人都有！生活太叫人迷茫了。螺丝扳手、口袋折叠刀、狗粮、速溶咖啡、口红。你得想办法理出头绪来。

阿：非常感谢和我对话。

汤：哦，不客气。我在这儿给你留点我笔记本里的东西。在洛杉矶，打老婆是违法的，除非那个人正在走法律程序。在塔尔萨，没有一位获得执照的工程师的监督，开一瓶汽水是犯法的。在得克萨斯，《大不列颠百科全书》是禁书，因为里面包含了家酿啤酒的配方。在得克萨斯克拉伦登，用鸡毛掸给公共建筑除尘是违法的。在华盛顿，给美国国旗涂上圆点花纹是违法的。只有两样东西你往车窗外扔是合法的。你知道是什么吗？

阿：呃……

汤：水。还有羽毛。其他东西你丢出去都会惹上麻烦。

我的狂野岁月和拯救我生命的女人

《词语》杂志

2006 年 12 月

米克・布朗

“我的事业，”汤姆・威兹曾说过，“更像是一条狗。有时候你喊一声它就过来。有时候它爬到你的膝盖上。有时候它翻个身。有时候它就是什么也不干。近几年它在用两条后腿直立走路，它会翻跟斗，甚至能唱一首曲子。”

真是一条奇怪的狗。

威兹1949年出生在加利福尼亚的波莫纳，是一个西班牙语教师的儿子。作为一个捣蛋的学生，他在十五岁的年纪从高中退了学，之后作为一个“多面手”继续接受教育，包括在披萨店当洗碗工和快餐厨子、在俱乐部当守门人。“那地方让我做门卫一定很吃亏，什么人都能进来……”

他的事业可以被分为泾渭分明的两部分。在1974年到1979年间，他出了一系列专辑，讲述了城市里以典当行、文身房和廉价客栈著称的地带——在那里发生着美妙的故事，雨滴能变成钻石，甚至妓女都成了天使，而贫民街上的流浪者都是“小男孩们”。带着他放荡不羁的思绪和墓园般的苍白，威兹并不仅仅是在歌唱那些住在阴沟里的酒鬼们酩酊大醉的生活，他也会抬头看看天空——他很感激能这样活着，甚至到了一种程度，你很难说到底他是一个演员在扮演这种生活里的一个角色，还是这角色在扮演这个演员。无论哪一种说法是真的，很清楚的事实是，当时沉溺酒精并且生活一地鸡毛的威兹正在冒着被自己的创作毁灭的风险。

1980年他和凯思琳·布伦南，一位他在为科波拉电影《旧爱新欢》写原声音乐时遇到的剧本编辑结婚。一次彻底的事业大检修随之到来。威兹炒了他的经理人赫布·科恩，中断了和制作人博恩斯·豪的关系。他离开了庇护所唱片公司，转身与岛唱片签约。他在新合约下的第一张专辑《剑鱼长号》，也是第一张威兹自己制作的专辑，指明了他急转弯的方向。歌曲变得更加抽象——喘息的波尔卡舞曲、葬礼进行曲、像喝醉酒似的海员号子；为喀喀作响的骨头和铁链而作的组曲；乡村蓝调改写成托德·布朗宁[1]的剧本。他很享受做电影演员的副业，也和先锋导演罗伯特·威尔逊一起合作了舞台作品。

1　托德·布朗宁（Tod Browning，1880—1962），美国电影导演，被认为是黑色电影和恐怖片的先驱。

他不再喝酒了，也放弃了巡演，更喜欢花时间陪伴他壮大中的家庭。威兹朝着先锋的、独具特质的、有意晦涩的方向作出的剧烈转变，反而在商业上比他职业生涯之前的任何时候都更加成功，这件事让人们长时间感到好奇。他在 1999 年发行的专辑《骡子变奏曲》在二十五年里第一次把他带到了英国唱片榜的前十位，同时也在美国榜单上走到了最高的位置（第二十名）。

这个月我们见到了他发行的新三专辑套装，名为《孤儿》。这是威兹狂热乐迷们的梦想，他那非凡经典中的每一面都被装进了一个包装盒里：如泣如诉的感伤、先锋主义、萨满教式的老爷车旅行和巫术通灵，还有酒吧里讲述的故事。一张副标题为《哭喊者》的专辑包含了相思的抒情歌、钢琴蓝调和爱尔兰调子。《吵闹者》把山区乡村摇滚、牛心上尉式的真假嗓音切换和粗暴的蓝调摇滚收集到一起。《杂种》是非常规器乐、荒诞故事、奇谈和诗歌的集合，包括了威兹对两位偶像，在文学方面给他影响最大的作者杰克·凯鲁亚克和查尔斯·布考斯基的致敬，还有你听过的最阴冷的儿童故事（“从前有个可怜的孩子 / 没有父亲也没有母亲 / 一切都是死寂的 / 整个世界没有留下一个人”）。威兹说他自己的孩子们“可以逐字念出来。最后他们都哽咽了……”

《孤儿》的来源非常复杂，其中不少歌曲已经在别的项目中出现过。《金刚》是威兹翻唱的丹尼尔·约翰斯顿的歌曲，之前在 2004 年的一张致敬专辑《已故伟人丹尼尔·约翰斯顿：发现并翻唱》中发行过。《让人类活着的事物》最初出现在 1990 年的布莱希特和魏尔歌曲选集中；对《嘿呦！》的一个翻唱版本早先出现在 1988 年发行的哈尔·维尔纳制作的沃尔特·迪士尼歌曲汇编中。《一小滴毒药》已经在维姆·文德斯电影《终结暴力》的原声中被听到过（同时也包含了一段陈年的威兹念白：“我孤身一人，我把我的朋友们都吸到了香烟过滤嘴里。”）。

剩下的歌曲中，一些来自录制《骡子变奏曲》和《真的去了》时没有被包含进专辑的作品，加上那段时期创作的一些歌被重新录制；有一些歌是全新的。正像威兹说的那样：“凯思琳和我想要这张专辑变成，如同是在一整个晚上忙活着赌钱、做贼和推倒牛[1]后，在桌上清空自己的口袋。”这其中的珍宝难以胜数，不过有几首特别显眼。《坐火车去那》这首歌是威兹创作的，第一次被约翰尼·卡什录在1994年的专辑《美国唱片公司》里，这次威兹以福音风格重新演绎，洪亮得能掀翻屋顶。《和平之路》是威兹录过的政治意味最直白的一首歌，这是一篇关于巴以冲突的史诗般的论文，从一位年轻的自杀式爆炸者开始，对徒劳的战争进行了无情的剖析。歌中援引亨利·基辛格臭名昭著的观点“我们没有朋友／美国只有利益”，并且总结道：“也许上帝迷失了方向，他需要我们所有人的帮助／他迷失在了通向和平的道路上。”《折弯树枝》和《世界不停旋转》则是威兹最冥顽不灵的浪漫心声。这一歌曲集不仅仅展示了威兹作为一个作曲家和音乐人超乎寻常的风格跨度，也是他作为一名歌手独具才华的明证。谁都知道威兹的声音是独一无二的——不过这一回，没有人能像威兹这样用那么多不同的方法和表现形式歌唱。“这张唱片的中心是我的嗓音，”威兹说，“我尽最大努力去发出嘎嘎声、重跺脚声、哭泣声、耳语声、呻吟声、粗喘声，我会假声歌唱、脱口而出地歌唱、愤怒地歌唱、牢骚地歌唱和勾人地歌唱。用我自己的嗓音，我可以听起来像姑娘，像妖魔，像泰勒明琴，像樱桃爆竹，像小丑，像医生，像杀人犯。我可以很有原始部落感，很讽刺，很不安。我的嗓音真的就是我的乐器。”

威兹与他的太太和三个孩子住在北加州索诺玛县一间大且不规则的木结构房子里。在葡萄酒之乡（作为一种反讽：他在十四年前就戒酒了）。大且不规则——至少我是这么听说的。威兹极度保护他的隐私，从不在家里招待记者。他这次接受会谈的地点选在了小阿姆斯特丹，一间离佩塔卢马城几英里远的破败的路边饭馆，坐落在一条安静的支路旁，很少被车流打扰。这间饭馆面临着抵押品赎回权被取消的危险（只有乐观主义者才会去竞拍），房间昏暗，沾满了尼古丁瘢，并且在午餐时间完全没有顾客。威兹在这里为人

1　推倒牛（cowtipping）：一种流行于1970年代的乡村娱乐活动，偷偷靠近母牛并设法突然将之推倒。后被引申为无事恶搞之意。

熟知。这里有一面墙上全是他的镶框照片和与他有关的最新剪报。

威兹对老式汽车的喜爱——破烂的凯迪拉克、皮卡——也同样为人熟知，当看到他开着一辆全新的顶配版四驱雷克萨斯驶入停车场，胳膊下夹着一只鼓鼓囊囊的黑公文包出现，不免让人发出一阵惊讶的颤抖。他看起来身材保持得不错，也很健康。他讲述了过去怎样在童年的大多数时候希冀自己是个老人——这个抱负后来被他证明已经非常成功地实现了。在他三十多岁的时候，他看起来就像一个六十多岁的人。现在他似乎把这个过程倒了过来，在五十六岁的年纪，看起来比实际年轻十岁。只有他那副熟悉的、粗犷结节的咆哮声暗示出他有过饱受折磨的、虚度的青春。

他是一个引人注意的谈话者；对话总是伴随着闲聊，迂回绕圈，充满了跑题和临时插入的想法、沉默的停顿、笑话和夸大的故事。偶有几回，为了阐明一个观点——或者仅仅为了取乐——他爆出一阵歌声，在椅子上来回摇，他的双手向前伸，仿佛有一台看不见的钢琴。

他从包里掏出几叠纸——作为给对话的说明和备忘录，字迹细长。聊得深入后，他拿出一个压扁的生锈罐头。“来，这是送给你的，我在来的路上找到的。”我一点也没有表示困惑（当然也没有感激），他继续说下去。“这东西现在可难找了。这年头什么都是铝的。这可是个真的铁罐头。我觉得你可能没法让它通过机场检查。放在托运行李里吧。可能还是会有麻烦……”

米克·布朗（下简称米）：看电视很容易注意到，“打击恐怖主义战争”这件事让美国陷入了持久焦虑的状态。不过你身在我国一个很美丽的地方——你觉得自己和那些事情隔离了吗？

汤姆·威兹（下简称汤）：好吧，首先，我家里没有电视。那很管用。我会捡起报纸看。当然你没法躲过这些事情。他们利用恐惧来驱使我们。我们都被这种感觉支配，但这一点也不新鲜。这就是当前恐惧的形式。在1950年代是共产主义，所以这就是一个新的主义。而在这之后会有另一个主义，我猜。我会努力跟上时事。我有很多朋友帮我保持着时事更新。但我大概一年前把电视机丢进了游泳池里，现在还没法弄出画面来。我还在调试呢。

米：你丢掉了电视是因为你对它很厌烦了，还是你不愿意让你的孩子们暴露在电视面前？

汤：那是更大的原因。当他们还是小孩子的时候，会有成天摁着遥控器换台的危险，你知道。特别是你给他们遥控器，让他们自己待在房间里的时候。等你回来的时候，你都不知道他们看了些什么。这上头奇怪的地方是，你能那么快地换台，会让你在无聊的时候想在其他东西上换台。比如你妈妈和你说话的时候，或者你的老师和你说话的时候。甚至在读一本书的时候：“我现在想要一幅画，我厌烦这些词语了。”我觉得实际情况是，孩子们在自己没意识到的情况下，都会给自己剪辑出很奇怪的电影。所以你坐下来这么弄上一个半小时，你就创造了一部电影——牙科手术到中东冲突，到新生婴儿，到尿布广告，到装满尸体的游泳池。你会剪辑出你自己的电影，因为你没法保持注意力。

米：并且建立起很扭曲的世界观。

汤：不管是不是扭曲。也许那是你唯一能有的视角。我不知道。因为我甚至不知道是不是有真实的世界观。一旦它映入你的眼睛，你的想象力就开始扎根了。如果你和一个人讲七个不相关的词，思维就开始运转了——冰箱、心跳、狗屎、跳水板、荷兰大师牌香烟，还有坏掉的手表。好，我想到了……我们都是间谍，而现在谜团被送到了我们面前。思维永远不会睡觉。到你死了才会。有时候你睡觉的时候，你的思维比你醒着的时候运转得更起劲。

米：你会觉得自己想太多了吗？

汤：我不知道我是不是想太多。我太太会说我想得不够多。不过她现在不在这里，所以我会说，是的，我想得太多了，我需要休息一下。我就跟每个人一样。我太太是一个空中交通管制员。无聊的时刻被偏航恐慌的时刻打碎。某些日子里我坐在睡莲叶子上顺着小溪漂流，然后下一刻风就恨不得把我的皮吹下来。你就得应付这种事。

米：你喜欢处在你现在的年纪吗？在你年纪增长后，生活对你来说是不是变得更好、更有趣了？

汤：你是说我可以回到十九岁？

米：我恐怕做不了主。不过五十六岁是一个很好的年纪？

汤：那真的就是你唯一能待的年纪，如果你想想的话。我在跑道的最后一段。我们都没法回到从前，你只是在脑海里回到对过去的想象中。没有人能线性地活着。有些日子我大概九岁；另一些日子我大概九十岁。我们都在试图来来回回。我觉得实际上你的过去从像一部电影变成了像一张照片，之后又会变得更像一幅抽象画——我离开过去越远，它就越像一幅失焦的照片或者一幅劳森贝格[1]的画。我记得我小时候，和家人一起开车出去，开了很长的路去看我的祖母，开过了大概一百条铁路。我们总是在等火车开过。而对一个孩子有魔力的是，听到那铃声——叮，叮，数着经过的车厢。还有别的东西——当我闻到马的气味时，我知道我们离城市越来越远了。当我闻到那气味，我的鼻子就贴在了车窗上，张望着想看到我的第一匹马。一旦那气味碰到我，对我来说就像香水一样——那就像西瓜，或者咖啡，或者爆米花的气味。那是会有这些好东西出现的保证。那是在南加利福尼亚。拉文、波莫纳。我们看看……史努比狗狗[2]现在住在那里。都发疯了。那里好像有很多片橘园，只有一条路，山脚大道。那时候不像现在有路网，像收音机背面的格子一样。那时候简单多了。我那时八岁或者九岁。那时很长的一段时间没有烟抽，和我的家人一起困在车里。我迫不及待地想快点到我祖父母家，这样我就能抽根烟。我到十一岁的时候就一天抽两包烟了。

米：你会想念它吗？

汤：抽烟？不想。我戒了那东西，也戒了酒。我妻子说："你喝够了。"

米：妻子们总是比我们自己更知道什么对我们有好处。

汤：好吧，那是因爱而生的，你知道吗？"我想有你陪着，该死的！"

1　劳森贝格（Robert Rauschenberg，1925—2008），美国波普风格艺术家，以融合摄影和绘画的抽象拼贴风格著称。

2　指美国黑人说唱歌手Snoop Dogg（1971—　），美国西海岸匪帮说唱（Gansta Rap）旗帜人物。

我在拉斯维加斯看到一个家伙坐在赌桌前。我坐在他旁边玩了一小时骰子，他的脸变得越来越红，变得越来越气愤。最后他抓着胸口倒在了地毯上，眼睛都翻白了。而他妻子在赌场当中捶着他的胸，尖叫："你不能在我面前死，雷！"她念叨了一遍又一遍。然后我听到："新骰子来了，把他挪走。"这就是拉斯维加斯。抬来担架的时候，人群中起了点涟漪，而雷已经走了。涟漪就止息了，像海洋一样。

米：你父母在你十一岁的时候分开了；那对你产生了什么影响？

汤：影响很大。不过那时我不明白为什么。那是极端无力的时刻，而且完全没法预料，就像你能想象的那样。我因为这事受了很长时间震荡。我和两个妹妹一起跟着我母亲。不过回过头看，我父亲是个酒鬼。他真的——这么说都有点个人化——坐在昏暗的酒吧里，什么都喝，格兰威特牌威士忌什么的。他是个酗酒者。那时我对他喝酒的问题没什么真正的认知。所以他差不多就好像是自己把自己弄走了——他是微笑时露出来的那颗坏牙，他差不多是把自己拔掉了。所以在某种程度上我来自一个跑路的家庭。如果我追随了我父亲的脚步，我自己也会变成一个跑路的，我的孩子们也会。

米：所以你是否觉得这事情有一种遗传性，会让你警惕？

汤：好吧，就像任何事情一样，基因的作用力让你追随父亲的脚步，不管他是在哈佛教书还是在酒吧街死掉……总有一条他留给你的路。你最终会走到一个十字路口，你会看到他的路，那条路是有磁性的，所以没错，我受到那股引力。不过他是一个很棒的故事讲述者，所以在某种程度上，我做的事情也是在向他致敬。

米：在你的唱片里总是有很多宗教典故，无论在音乐还是歌词上，都让人想到救世军乐队和复兴帐篷[1]的变种，而这张唱片里你有一首传统的福音歌曲《主啊我已被改变》，还有一首你自己写的福音歌曲《坐火车去那》。那

---

1 美国开发边疆时代的祈祷会延续下来的聚集在帐篷下举行祈祷的仪式，在某些少数新教团体中仍采用。

是因为你喜欢这种音乐还是情感所致？

汤：我不知道……我总是觉得信仰应该更发自内心，你应该有点被信仰打动，你知道吗？我有一段时间搭车旅行，穿过亚利桑那。你觉得亚利桑那很热——在1月温度可是零下十度，而我找不到可以搭的车。我当时十七岁。有一个叫安德森太太的女人来到人行道上，我当时和我的好朋友山姆在一起。她说，天有点冷了，也有点黑了，这是新年前夜，到教堂来吧。他们让我们坐在教堂后排，他们是五旬节教派。他们请了一个乐队：两个墨西哥人和一个黑人鼓手，还有一个老头弹吉他——很奇怪——还有一个大概七岁的小男孩弹钢琴。他们胡言乱语一通。我以前从没体验过这样的东西，所以在我看来那就是无意义的乱喊乱叫；他们都玩疯了。我们坐在后排开始笑，因为他们玩得很不同寻常，我们当时也很年轻幼稚。到了教堂礼拜的末尾他们搞了个筹款，把所有钱都给了我们。他们说："我们想向这些徒步旅行的陌生人致敬，他们跑了很远的路，才能在今晚和我们在一起。"他们给了我们一篮子钱，我们当晚付了一间汽车旅馆的钱，很暖和，还有电视，外面停着皮卡。那可能是我经历过最重要的宗教体验。如果我要加入一家教堂，我就会加入那一家。

米：《坐火车去那》追寻了这种拯救主题。这首歌的历史是什么样的？

汤：多少年前，我不知道，约翰尼·卡什翻唱了一个版本，他当时和里克·鲁宾[1]一起录《美国唱片公司》的第一批东西。我不知道谁问了我，某个人和我说："你有没有什么给约翰尼·卡什唱的歌？"我几乎要从椅子上栽下来。我有一首歌还没有录过。所以我说："嘿——那首歌有一切让约翰尼喜欢的东西——火车和死亡，约翰·威尔克斯·布思，十字架……OK！"

米：那是多么美妙的一首歌，唱出了哪怕最坏的罪人也能被拯救的想法。

---

1 里克·鲁宾（Rick Rubin，1963— ），美国唱片制作人，哥伦比亚唱片公司前联合总裁。

"查尔斯·惠特曼握着迪林杰[1]的翅膀，坐火车去那……"

汤：没错，没错，对每个人都有机会。查尔斯·惠特曼——他是那个爬上得克萨斯高塔对所有人开枪的家伙。他很可能有两面性。[手伸进他的包掏出一张新专辑的宣传版，封套上印着奇怪和不寻常的事实]我们这里有最著名的临终遗言，差不多都是那种东西。奥斯卡·王尔德说："要么那张墙纸走，要么我走。"那不是很美妙吗？在临终的时候，他仍旧可以那么诙谐。他会把他的诙谐留给你。我很享受这种东西。W. C. 菲尔兹说过"大体而言我还是宁可住在费城"。[2]你知道，他很疑神疑鬼的，因为成长在穷困的环境里，他把钱存到遍布美国的几百家银行。每次他在路上的时候都会想到去银行存钱，他会编出一个名字开户。而他死的时候身无分文。但他显然有成百上千万美元遍布各地，而他已经忘了那些户名。那些户头说不定还在那里。我们这里还有别的啥……伊丽莎白女王很烦她自己的红鼻子。她的随从习惯了每过几分钟就给她的鼻子上粉，让鼻子能看得过去。哇哦！那是不一样的东西。做那份工作可不赖。我们都应该有人替我们做这事儿。

米：是什么让你决定把新唱片做成这样的结构，装在三张分开的专辑里？

汤：歌曲很难排序，因为节奏都很不同，主题也很不同。一开始，和你老实说，当我们试图用通常的方法排序时——比方一首快节奏的歌，跟着一首抒情歌，像你传统上做的那种节奏，但这样毫无意义。你不知道为什么我们把一首很可怕的东西接上一首轻松的歌。它需要一个水龙头和一个水槽。那样弄就是没法弄成。所以凯思琳说："哦，对——慢的歌，摇滚的歌，念白的歌，就用一般的方法装吧。如果你是首抒情歌，你就到那边去。三号门。"这样就管用了。

---

1 查尔斯·惠特曼（Charles Whitman）为美国第一起随机枪击事件的主角。1966 年 8 月 1 日他先是在家中杀死妻子和母亲，之后进入得州大学奥斯汀分校持枪无差别攻击平民，造成十四死、三十二伤。迪林杰（Dillinger）是大萧条时期臭名昭著的黑帮分子，罪案包括抢劫二十四家银行和四家警局，两次越狱。

2 威兹所引的这句话来自菲尔兹 1925 年给《名利场》写的模拟的墓志铭，实际上他的墓碑上只有艺名和生卒年。

米：你没有在几年前坐下来说："好，我要写四十五首歌来配这些零碎的东西？"

汤：不，没有。那些歌都是随着时间逐渐弄出来的，然后它们被放进一个抽屉里。有一些歌被录下来过，但是我们并没有拿它们做任何事情。要么就是我们做了一张唱片，但是这首歌放不进去。要么就是一首歌掉到炉子背后去了，用不了了。好吧，让我们把它拆开，切碎，做钓鱼饵吧。不！那是一首好歌！好吧，该死的，不管了，我们把它放到这边来。然后我就把它们弄丢了。然后它们就在一个抽屉里，和麦克风还有发油躺在一起——"我知道你不拿来用就会坏掉"。最后我不得不从一个俄国的家伙手里买回来，花了好大一笔钱 [笑]。那家伙不知道怎么弄到了那些磁带。一个修水管的！在俄国！我在半夜和他通电话，为了买回我自己的狗屎和他谈价钱！

米：你开玩笑吧？

汤：不！我没开玩笑。可怜的小羊羔……大概有十二三首歌在那些带子里，落到那个俄国人手上。

米：他怎么弄到手的？

汤：我不知道！那就是奇怪的地方。现在是互联网时代了，你知道吗？我手上没有这些歌的数字式录音磁带（DAT），也没有多轨录音。我没有保险库。他弄到了这些歌的录音，很好的录音。那些歌从某一期录音或者另一期当中从台子上掉下去了，而我没有拿到 DAT 文件。我做了一个项目，然后这些歌弄丢了，只有一个拷贝，然后某个人弄到了，做了两个拷贝，卖给了什么人，然后……你知道吗？如果你不仔细记录下每一样东西的来去——我试着这么去做但不在行——现在我会让人收集我那些奇怪的东西。

米：所以这里面有一些是你重新录的老歌，在从一个俄国人手里买回来之后？

汤：没错。一些原本可能放到《骡子变奏曲》的歌，要么就是《真的去了》里被剪掉的歌。而我们做完《真的去了》以后又写了一大批新歌。你说，你最好继续前进。我们最好弄一个贮槽。然后他们说："嘿，这个项目结束了。”但它不会真的结束，直到有人把它从你这里拿走，说“我们得用这个——我们要给它做混音处理”。所以这里面很多歌就是我们一直在写的东西。然后那些翻唱版本是深情的致敬——向凯鲁亚克，向布考斯基。

米：你做了凯鲁亚克同一篇东西的两个版本，一首标题为《永远回不去的家》，另一首叫《在路上》。

汤：对，一首是抒情歌，另一首是蓝调。实际情况是，我一开始和普莱玛斯乐队一起做了这些歌，摇滚版的《永远回不去的家》，然后霍尔·维尔纳叫我过去在艾伦·金斯堡的追思会上演出。那里有很多人在讨论他。我身边没有乐队。所以我说，好吧，这是一首真的由凯鲁亚克写的歌—— 一首他们在带子上找到的卡巴莱歌曲。[唱]“1949 年我离开纽约，开车穿越全国，我爹没有给我一毛钱！在冰冷、冰冷的蒙大拿秋天！在一间赌场找到了我父亲……”凯鲁亚克对着一个麦克风唱了这首歌——那是在一个他的作品集里——这首歌真美，很感人。所以我努力像那样去做我的版本。有人拿到了那晚上的录音带，所以我们就把这首歌插进去了。

米：看起来对你来说是一个致敬的行为。而你在这之前的歌是查尔斯·布考斯基的诗《涅槃》，讲一个在路上的年轻人在一间咖啡馆停下来，被一阵惊奇感击中得说不出话：“奇怪的感觉穿过他的身体——那里每一样东西都那么美 / 在那里总是会那么美……”我爱这首布考斯基诗的地方在于它对惊奇感毫无歉意，完全是天真烂漫而且心扉敞开的。

汤：对，而我们都上过那趟车，在那里你就是希望自己能把当前的一切都定格下来。就像人们说的：“拿枪打死我吧！事情都很美好，现在就拿枪打死我吧！”[笑] 在亚利桑那的那间教堂里的时刻对我来说就是这样。当然，在那个街区你不会想说“拿枪打死我吧”，因为他们真会这么干。

米：在凯鲁亚克的书信里有一条很有趣的记录，他描述了一个相似的场景，随后将之戏剧化地写进了《在路上》。他在书里讲到他在一个怀俄明州的饭馆吃早饭，一个牛仔走了进来——凯鲁亚克看到过的第一个牛仔——他描述起来仿佛是生活的精华一下子闯进了门。你在你的歌曲里写这样的时刻非常鲜活，那些神灵显现的时刻。

汤：好吧，当你经历了那样的时刻你会试图去影响它们。你总是在等待那种时刻降临，就像猫等待房子里有东西开始移动一样；你安静地坐着等待，你知道。你从来不知道那种时刻什么时候会来，而你想在来临的时候让自己准备好。我觉得那是人们想在歌曲里寻找的东西。我通常写下歌曲的标题，而通常你经历过的很感性的事情，会变成一个特别的标题跳到你面前来。这是我太太说的——如果有些东西你已在内心酝酿，这首歌曲将是它的现形，而现在你有了一个容器。每个人首先创造的东西都是一个容器。有人做了一个碗来装水。然后他们写了一首歌唱这只装水的碗。你知道，人们在旅行的时候真的只带着种子和歌曲走。在波斯尼亚他们采访了很多难民——他们一无所有了，采访者问他们有什么，他们说有种子装在他们的口袋里，从花园里拿来的。还有他们的歌。就这么多了。一旦你能在这种最基本的方式中汲取养分，其他的一切都会随之而来。

米：所以你觉得写歌、做音乐是一种光荣的使命吗？

汤：天，我不知道。有时候这事情看起来很……微不足道，很琐碎。把这些小歌编出来，我觉得自己像是在把通心粉粘到硬纸板上再涂成金色。然后其他的时间……当约翰尼·卡什想唱一首你的歌时，你心想：“哦，天啊……”因为在音乐里是有等级的，肯定有一些标志证明你越接近源头就做得越好。

米：对你来说谁处在这个等级的最顶端？

汤：老天……好吧，有很多人呢。那是很大一间房子。我得说，格什温、鲍勃·迪伦、路易斯·阿姆斯特朗，还有雷·查尔斯。像嚎叫狼那样的人。人群中的巨人。朱迪·加兰[1]和贝西·史密斯[2]，还有比莉·荷莉戴。

米：我这么问会叫人讨厌，但我还是得问——你对自己在那个等级中的

1　朱迪·加兰（Judy Garland，1922—1969），美国女演员及歌唱家，代表作有《一个明星的诞生》（1954）。

2　贝西·史密斯（Bessie Smith，1894—1937），美国蓝调女歌手，有“蓝调女皇”之称。

地位有所感觉吗?

汤：我不知道。让我自己来说会很冒昧。最好让某些事情来说明你的地位而不是你自己说。[短暂地显出挫败的表情，快速翻过他的笔记本] 不过我想说，我刚好在这儿找到点我想提起的东西……歌曲有意思的地方在于它们能讲那么多事情。庄稼绝收了。我儿子死了。警世寓言。每一样事情都有一首歌来讲。而你想想歌曲在录音工业到来之前是怎样写下来、怎样一直活下来的，那让我很着迷。因为当歌曲里有“传统文化”或者“黑人灵歌”或者“公有领域”的时候，我们都是歌曲写作的一分子。看看阿伦·洛马克斯收集的所有歌曲吧。那是由我们所有人写下来的歌。那些歌一旦你学会了，你就会改一段或者一行歌词。就像食谱一样。当你从邻居那里拿来一样食谱，或者有人问你要一个食谱，传统做法就是变化一下里面的某样东西。你永远不会给别人你的食谱。不，就放一杯半面粉，放蜂蜜而不是白糖，用切碎的榲桲而不是苹果。而那就是歌曲传递下来的方式。你会加上你的段落。或者这首歌不匹配这个城市、这里的天气或者人的性别，我得改一改让它配上。

米：而现在东西都会被录下来，被珍藏起来，就像一座纪念碑。

汤：没错。不过这也能避免歌曲在地下分解。就像被埋在一个棺材里。

米：你说一首歌经常从一个能变成容器的乐句或者标题开始。你能给我举个例子吗?

汤：哦，好的。[查看笔记] 这里有一些标题还没变成歌曲。《我爱上了挡泥板上的姑娘》——就像那些大号半拖车上的。《我爱上了葡萄干盒上的女孩》，《在芝加哥事情会不一样》，你几乎可以听到这首歌了。[用一种健壮的、德国啤酒馆里的男中音唱腔]“在芝加哥事情会不一样……”所以我会按照韵律、节奏和句子的价值选出一些。《他们都在歌唱中死去》——那是一个标题。我喜欢那些马戏团怪物——你知道，乌龟小子、骡脸娘们、骆驼姑娘。在 1900 年代早期有个表演，有一对连体双胞胎——两个女人都会唱歌——她们管自己的艺名叫双头夜莺。一个是女高音，一个是女低音。她们那会能唱到人们心碎。这事情就能做一首歌。

米：你喜欢在歌里放地名，不是吗？明尼阿波利斯。肯塔基大街。在这张专辑里你写了印第安纳州埃尔克哈特，在《初吻》里。

汤：我的理论是如果你要写歌，那就像给某个人打包午饭盒。你得给我一点天气、城镇的名字，你得给我点要做的事情和能吃的东西。这有利于歌曲的氛围。如果你想邀请什么人到你的歌里来，就像邀请他们到你家里来，你得给他们一个地方坐下。因为已经有太多歌曲被写下来，且布置得很好。"在一首新歌里你得用上点老把戏。"

米：《哭喊者》里有很多歌曲是和凯思琳一起写的，比《吵闹者》里的要多。你们俩谁更多愁善感？是她引发了你的多愁善感，还是你引发了她的？

汤：我俩都会引发对方一点。两个人之间的化学反应从来没法倒回去找出哪一块是你的，哪一块是我的。那是一个熔炉。我们融合在一起。不过她会更多说一些，比方说："你要是再在歌里把人家手指砍下来，我就会离开你。如果你还要把什么人的胳膊卸了，或者你还要把什么人弄瞎，我就会离开你。"

米：所以她是合作关系里更人道主义的一方？

汤：好吧，她是从中西部来的。就像《下点小雨》这首歌，《骨头机器》里面的。[用一种朦胧的方式唱]"好吧，冰人的骡子停下了/停在了酒吧门外/在那儿这个男人用残缺的手指/弹起一把奇怪的吉他/德国小矮人/和屠户的儿子一起跳舞/下点小雨从不会伤害到谁……"她说："你一定要把谁的手指砍下来？你为什么就不能让他像个正常人一样弹吉他。上帝啊！还有为什么德国人就得是小矮人？就算他是，我们为什么要知道？这又不是拍电影！""可是亲爱的，有时候你得把人变矮，切下四肢里的一条。这在艺术上是许可的。"

米：如果有张画很正地挂在墙上，你会想把它拨到一边斜过来。

汤：对啊，对啊。我会的。那么做我会有乐子。

米：而凯思琳会过来把画扶正？

汤：有时候会的。这是一直在进行的斗争。等着铃响出来打一场。唯一的麻烦是脱掉手套动上真格的时候。我们一直在各种事情上面掰手腕，当你走到歌曲的一行行歌词里，一行你很喜欢的歌词 [插进他的声音，随后为他太太的声音]“你知道吗？这首歌里面最弱的就是第三行，把它划掉。”“你跟我开玩笑吧？我正要把它挪到前面去呢。这首歌里最重要的词就是第三行。”有人告诉我，如果你的一首歌写得很烂，无法取得进展，把最好的几行歌词拿出来，摆脱它们，然后再来完成它。这是很好的建议。

米：我感觉到和凯思琳的婚姻改变了你特别多东西。

汤：哦，老天，那是毫无疑问的。都是好的方面。正因为她我现在还活着。我本来一团糟。我喝酒抽烟上瘾，本来戒不掉的。我真的是最后一分钟被救下来的，就像来了个天外救星。我就像是跑公路的兔八哥，你知道，掉下悬崖的时候四周瞧瞧，就在像子弹一样下坠之前，它踏出一股烟跑了，跑回悬崖上。那就是我。我能戒掉烟足够幸运了。我戒酒十四年了；那是一个很大的转折点。然后有了孩子们，你知道……一旦有了孩子们，你就没法想象没有孩子。所以我太太和我的孩子们真的拯救了我。

米：这是个悖论，不是吗？西里尔·康诺利[1]说过：“对美好的艺术来说，没有一个敌人比大厅里的婴儿车更严峻。”但对你来说似乎正好相反——大厅里的婴儿车，家庭生活，是你的音乐里剧烈转变的催化剂。

汤：你知道，尼古拉·特斯拉 [交流电的发明人] 说过他独身的原因是……他说：“跟我说哪一种发明是由已婚男人创造出来的？”当然他也有强迫症。他得洗一百次手。他对三这个数字有特殊的癖好——所有的东西都应该被三整除，到门口的步数，他在进门前绕着屋子转圈的次数——三，三，三，三。他和爱迪生合作过，后来退出了。他是我们能用上电的真正原因。但爱迪生拿到了药。而特斯拉拿到了收据。

米：但是对你的创造力来说，稳定幸福的家庭生活对一直是一种恩赐，而不是损害。

汤：我想是这样。从前我的家是在路上，最终那样子让我感到害怕。我

1　西里尔 · 康诺利（Cyril Connolly，1903—1974），英国文学批评家。

感觉我在寻找一个家，像找吃的，或者围着可乐售卖机找钱一样。

米：对那种生活有很多浪漫的理想主义，而经验证明了那只是……浪漫的理想主义。查尔斯·布考斯基的生活看起来就是个例子。

汤：好吧，我们当中没有人真的知道布考斯基的生活是什么样子的。我们知道我们读到的是什么，还有我们从他的作品里收集到的、想象出来的是什么。本质上，当你是一个表演者的时候有前台和后台。你只知道我们允许你知道的东西。

米：你遇见过布考斯基吗？

汤：有几次。就像我遇上基思·理查兹的时候，你试图一杯杯地和他们喝成平手。但你是个新手，你是个小孩子。你在和一个吼叫的海盗喝酒。不管你懂不懂得控制酒力，你都最好现在就放下。所以我觉得我还能坚持，但是我没本事坚持下去了，跟他们俩中的哪一个都不行。他们是用不同的材料做的。他们就像码头工人。不过那很有趣。我在布考斯基的家里见了他。巴贝特·施罗德[1]是我的一个朋友，他们想把我拉进电影《酒心情缘》里去演布考斯基。他们可以出很多钱，但我就是演不了。另外我不觉得自己是一个好到能演那种角色的演员。但是布考斯基……我猜每个人都会在年轻时，刚进入艺术领地的时候去寻找父亲的形象。这对我来说更加至关重要，因为我没有父亲——没有一个在身边管事儿的父亲——所以我找到了其他人来给我提供父亲的角色。我一直都在寻找那些家伙。

米：我理解在父亲离开后你会跑到朋友家里跟着他们的父亲混。

汤：[笑]那是真的。我躲在一个小房间里听平·克劳斯贝，而我的朋友们都在外面玩投篮。“汤姆！你在干啥呢兄弟？跟我父亲聊天？”我会说：“没错——那怎么了？你现在又没在用他。我管你借下你父亲，看在上帝的份上。你都不感激你父亲，他都在安泰保险工作了二十九年……”

米：所以那就是你穿双排扣衣服、听豪吉·卡迈克尔的口味的来源？

1　巴贝特·施罗德（Barbet Schroeder，1941— ），出生在伊朗的瑞士籍导演。

汤：可能就是这样！有点像你开始模仿你身边的东西，不管你在哪里。我听弗兰克·辛纳屈做笔记。我喜欢他脸上的疤。他有块很大的胎记，总是很小心地在照片上做模糊处理，但我看到过显现那胎记的照片——几乎就像在他一侧脸上的烧伤。

米：在这张新专辑里，你写过一首很不可思议的、和辛纳屈有关的歌，叫《内心年轻》。几乎太老套了，叫人没法相信是真的。

汤：[冷淡地]对，那首歌总是能打动我。我太太就觉得这首歌很搞笑，因为她说："你唱这首歌听起来真是压抑得要命。当你说：'而这是最好的部分/你在起步前就有了优势/如果你是内心非常年轻的人……'"她说："我一点也不会买这种狗屎的账。"[笑]"内心年轻，去你的吧！"

威兹谈生活在布什治下的美国

摘自《汤姆·威兹：话多的男人》，《国家》杂志

2009 年 12 月 1 日

斯蒂芬·达尔顿

威兹回忆，生活在布什治下的美国，真是令人毛骨悚然。"感觉好像，开卡车的司机是个独眼龙加独臂侠，而且他的脑袋还完全转到了后面。"他干笑着说，"他踩碎了油门，距离悬崖越来越近。而我们的嘴巴都被胶带封了，手都被捆住了。那是特别吓人的时刻。"

为了给他的话题加温，威兹坚持说这位前总统在错失了自己一生真正的使命后，彻底迷失了方向。"我觉得真正的问题是，布什其实真心想做美国职业棒球大联盟总裁，但这职位当时没有空出来，"他说，"因为我们都有一千种平行的生活本来可能成为我们现在的生活，如果我们一路上做了不同的选择。我们每天都处在十字路口。我本可以跳出那扇窗户，而不是仅仅朝窗户外面看看。"

也许是厌倦了宣传机器，厌倦了又一轮招待采访者的冗长废话，厌倦了躲避射向他私生活中心地带的子弹，也厌倦了打到他家的长途电话，或者只是想更长时间地从他的家庭生活中抽身，威兹决定采访自己。在他的努力下，他完成了一次值得称赞的采访工作。

真实的忏悔

ANTI– 新闻稿

2008 年 5 月 20 日

汤姆・威兹

我必须承认，在会见汤姆之前，我听到了很多让我害怕的传言和小道消息。直白地说，就是他的赌债、他对异性催眠般的吸引力，加上他对别人感受的毫无顾忌……他庞大繁杂的枪支收藏、他无节制的购物行为、整形手术、滑雪旅游、缉毒行动，还有他家里的几百间房间。他的避税手段、他在公众场合撒尿的行为……我在见到他本人之前感到很紧张。比如该怎么放行李之类的事儿。不过我发现这个人实际上温和、聪慧、开放、生气勃勃、热心帮忙、有幽默感、勇敢、无所畏惧、健谈、整洁，也很虔敬。他是个童子军，真的（也是个巨人）。和我一起看一看汤姆・威兹的内心吧。脱掉鞋子，请别抽烟。

问：你收藏过的最奇怪的唱片是什么？

答：在 1970 年代洛杉矶有一家唱片公司发行了一张叫《马塞尔・马索[1]精选集》的唱片。那张唱片有四十分钟的沉默，随后响起掌声，它卖得还真不错。我很喜欢放这张唱片作伴。可是当人们在这张唱片播放时一直说话就

1　马塞尔・马索（Marcel Marceau，1923—2007），法国哑剧大师，小丑毕普的塑造者。

让我很受打扰。

问：有什么不同寻常的东西曾被落在衣帽间？

答：温斯顿·丘吉尔出生在一间女士衣帽间里，他还有十六分之一的易洛魁人[1]血统。

问：你总是很享受时装和历史之间的关联……跟我们讲点那个。

答：好的，我们说两件套泳衣，1974 年由一个法国时装设计师制造。第一个穿最省布料的两件套泳衣现身的女人，在当时可真是具有爆炸性的，就像美国在马绍尔群岛的比基尼岛上放的原子弹引爆装置一样，所以它被取名为比基尼。

问：列出一些塑造了你的创作生涯的艺术家。

答：好，这里有一些我刚想到的：凯鲁亚克、迪伦、布考斯基、罗德·瑟林、牛心上尉、康丁法拉斯、詹姆斯·布朗、哈里·贝拉方特、“阿妈”雷尼[2]、大妈桑顿、“嚎叫狼”、铅肚皮、洛德·巴克利、玛贝尔·莫瑟尔[3]、李·马文、塞隆尼斯·孟克、约翰·福特、费里尼、维加[4]、贾格尔[5]、理查兹、威利·迪克森[6]、约翰·麦考密克[7]、约翰尼·卡什、汉克·威廉姆斯[8]、弗兰克·辛纳屈、路易斯·阿姆斯特朗、罗伯特·约翰逊、豪吉·卡迈克尔、恩里克·卡鲁索。

问：列一些对你来说像灯塔一样的歌曲。

答：仍旧是现在能想到的……不过你明天再问我这列表当然就会变。格什温的第二序曲，《悲怆奏鸣曲》（贝多芬）[9]、《埃尔帕索》（马蒂·罗

---

1 北美印第安人，原居住在哈德逊河、圣劳伦斯河和伊利湖之间。

2 “阿妈”雷尼（Ma Rainey，1882—1939），美国早期蓝调歌手，有蓝调之母的称誉。

3 玛贝尔·莫瑟尔（Mabel Mercer，1900—1984），出生在英国的著名卡巴莱舞曲歌手。

4 维加（Weegee，1899—1968），美国摄影师，以用闪光灯拍摄凶杀现场著称。

5 贾格尔（Mick Jagger，1943— ），滚石乐队主唱。

6 威利·迪克森（Willie Dixon，1915—1992），美国黑人蓝调音乐家，对芝加哥蓝调的影响仅次于穆迪·沃特斯。

7 约翰·麦考密克（John McCormick，1893—1961），美国电影制作人。

8 汉克·威廉姆斯（Hank Williams，1923—1953），美国早期乡村音乐大师。

9 本段歌名后的括号部分为译者所加。

宾斯）、《你真的抓住我了》（英国奇想乐队）、《士兵男孩》（谢利斯合唱团）、《向后靠》（恐怖小组）、《晚间火车》（早期蓝调名曲）、《到我的厨房来》（罗伯特·约翰逊）、《低地的愁容女士》（鲍勃·迪伦）、《春之祭》（斯特拉文斯基）、《歌唱比利·乔》（美国乡村民谣创作歌手鲍比·金特里）、《路易路易》（金斯曼乐队）、《就是个蠢蛋》（克里斯蒂娜·阿奎莱拉）、《爱的囚徒》、《王当涂鸦（整晚）》（“嚎叫狼”）、《林戈》（加拿大歌手洛恩·格林）、《球与链》（大妈桑顿）、《奇异果》（比莉·荷莉戴）、《成熟女士》（艾林顿公爵）、《我脑海里的佐治亚》（雷·查尔斯）、《无法停止爱你》（英国歌手菲尔·柯林斯）、《就像一个女人》（鲍勃·迪伦）、《如此孤单我会哭》（汉克·威廉姆斯）、《谁能让雨停下？》（清水乐团）、《月亮河》、《秋叶》、《男孩丹尼》（约翰尼·卡什）、《脏旧城》（都柏林人乐队）、《丛林流浪》、《不停滚动的火车》（雏鸟乐队）、《蜘蛛鲍里斯》（谁人乐队）、《你真的能抓住我》（斯莫基·罗宾森）、《血红右手》（尼克·凯夫和坏种子乐队）、《浑身是劲》（猫王）、《这一切的原因》（“嚎叫狼”）、《谢南多厄》、《夏日》（艾拉·菲兹杰拉德）、《没有一首歌》（弗兰克·辛纳屈）、《友谊地久天长》、《这是一个男人的世界》（詹姆斯·布朗）、《爬行的王蛇》（三角洲蓝调民谣名曲）、《今夜无人入眠》、《把它带回家给我》（山姆·库克）、《猎犬》（大妈桑顿）、《你好，墙壁》（美国乡村音乐歌手法伦·杨）、《你又赢了》（比吉斯乐队）、《星期天早晨来临》（约翰尼·卡什）、《几乎忧郁》（查特·贝克）、《泵出来》（埃尔维斯·科斯特洛）、《绿袖子》、《只想看到他的脸》（滚石乐队）、《无尽的告别》（鲍勃·迪伦）、《纽约童话》（棒客乐队）、《塞尔维，给我拿点儿水》（铅肚皮）、《拉格伦之路》（都柏林人乐队）、《九十六滴泪》（美国车库摇滚乐队问号与神秘主义者）、《在梦中》（罗伊·奥比森）、《替补》（谁人乐队）、《查理找到蓝调正当时》（美国民谣创作歌手丹尼·奥基夫）、电视剧《皮鞭》的主题曲、《同一桩事情》（穆迪·沃特斯）、《走开吧，勒内》（美国巴洛克流行乐队 Left Banke）、《好歹有点价值》（美国摇滚乐队布法罗斯·普林菲尔德）、电影《美国往事》主题曲、《如今克兰西甚至没法唱歌》（布法罗·斯普林菲尔德）、《噢，神圣的夜晚》（传统基督教颂歌）、《E小调弥撒曲》（布鲁克纳）、《哈莱姆曳步舞》（滚石乐队）、《问题男人》（美国录音师马文·盖伊作曲）、《冬天的韦德》（传统黑人灵歌）、《空床蓝调》（贝西·史密斯）、《让我们欢乐》（希伯来语犹太传统民谣）。

问：对你来说天堂是什么？

答：我和我太太在66号公路上，住在一间6号汽车旅馆[1]里，房间里有一壶茶、一把便宜吉他，还有当铺里淘来的录音机，门外还停着一辆能跑的车。

问：对你来说什么很难？

答：大多数时候我跨坐在现实和想象两头。我的现实需要想象，就像一个灯泡需要插座。我的想象需要现实，就像一个盲人需要拐杖。数学很难。还有看地图。遵从命令。木匠活。电子设备。自来水管道。准确地记住事情。直线。石棉水泥板。找到一根安全别针。对别人有耐心。点中餐外卖。德文音响说明书。

问：这世界有什么出问题了？

答：我们都被埋在信息的重压之下，信息又经常和知识搞混；数量经常和充裕搞混，财富经常和幸福搞混。利昂娜·赫尔姆斯利[2]的狗去年获得了一千二百万美元……而迪恩·麦克莱恩，一个俄亥俄州的农民，只赚了三万美元。那就是生长在我们每个人头脑里的疯狂，超大号版本的。我们都是拿着钱和枪的猴子。

问：最喜欢的电影场景？

答：《愤怒的公牛》里罗伯特·德尼罗在拳击圈里。《上错天堂投错胎》里，当沃伦·比蒂说"你想不想喝杯咖啡？"时朱莉·克里斯蒂的脸。《伊甸园之东》里，当父亲中了风，詹姆斯·迪恩坐在他的床边叫护士滚出去。

---

1 遍布美国和加拿大的连锁汽车旅馆品牌，以方便低价著称。

2 利昂娜·赫尔姆斯利（Leona Helmsley，1920—2007），美国女商人，以"吝啬女王"著称，去世时给她的狗留下大笔遗产。

《历劫佳人》里玛琳·黛德丽说“他是个不错的男人”。在《杀死一只反舌鸟》中斯科特说“嘿，坎宁安先生”。《火柴人》里尼古拉斯·凯奇在药房里崩溃……还有《吸血鬼之吻》里的吃虫子。《唐人街》的最后一幕。

问：你能不能描述一下一直留在你心里的其他电影场景？

答：在《典当商》里罗德·斯泰格尔给一个波多黎各人解释有关金子的一切。《教父》里白兰度死在番茄堆里露出可怕的橘黄色牙齿。李·马文在《北帝王》里扒着货车底盘乘车，博格宁拿铁打他屁股。《历劫佳人》里丹尼斯·韦弗在汽车旅馆里说“我只是个守夜人”，手扶着一棵小树。《黄牛惨案》里吊死人的那段。《银翼杀手》里鲁特格尔·豪尔的死前演说。《希腊人佐尔巴》里安东尼·奎恩在海滩上跳舞。《东镇女巫》里，当女士们往巫毒娃娃刺针时，尼科尔森在教堂里身上盖满树叶。在《疯狂的麦克斯2》里，梅尔·吉布森的蓝色赫勒犬被一箭射死。当瑞秋在《驱魔人》里说“父亲，你能不帮帮一位上年纪的祭坛助手？”《金银岛》里酒馆的盲人。在河边扼死那个年轻姑娘后的弗兰肯斯坦。

问：你能不能告诉我一件发生在奇怪地方的奇怪事？有什么想法？

答：一艘日本货船在二战时身中鱼雷，躺在东京港海底，船体上有个大洞。一队工程师被叫去解决问题，把受伤的船打捞出海面。其中一个工程师在想办法解决这个难题时说他记得小时候看过一部唐老鸭动画，里面有一艘船，船体上有个洞，躺在海底，他们给船身注入很多乒乓球，船就浮上来了。心存怀疑的一群人都笑了，但是里面有一个专家愿意试一试。当然，除了东京世界上还有什么地方能找到两千万个乒乓球呢？结果这就是最完美的解决方案。乒乓球被注入船体，船浮上了海面，那个工程师高兴坏了。有道德的解决方案总是会出现在完全不同的层面上；同时，在面对没有可能的胜算时要相信你自己。

问：你收过的最有趣的唱片？

答：是一张很奇怪又很美妙的唱片，我听说是来自罗比·罗伯特森[1]的唱片厂牌。那是录蟋蟀的。没错，蟋蟀，我第一次听到的时候……我发誓我听到的是维也纳男孩合唱团，或者摩门教大教堂合唱团。里面有四部合唱，是摇摆的整套合唱。然后录音带里有个声音冒出来："你听到的是蟋蟀的声音。唯一做过的操作是带子被放慢了。"什么效果都没有加上去，除了带子被放慢以外。这声音真的让人萦绕于心。我给查理·马塞尔怀特放了这张唱片，他看着我就好像我从自己口袋里掏出了一个小妖精。

问：你对反讽很着迷；什么是反讽？

答：雪佛兰公司发现雪佛兰新星（Nova）在任何地方的销售业绩都破了纪录，除了拉丁美洲，这让他们特别不解。最终他们意识到 Nova 在西班牙语里翻译的意思是"不走"（no go）。算不得汽车里最好的名字……任何地方。"不走"（No va）。

问：你有没有什么生活信念？

答：贾木许曾告诉我："快的、便宜的、好的……只能选两个。要么又快又便宜，但肯定不好。要么既便宜又好，但肯定不会快。如果又快又好，那肯定不便宜。"快、便宜、好……挑（两）个词做生活信念。

问：海明威的墓碑上写了什么？

答："原谅我起不来。"

问：你会怎么比较吉他手马克·利伯特和斯莫基·霍梅尔？

答：章鱼有八条触手，鱿鱼有十条，每一条上都有几百个吸盘，每个吸盘都有力量爆开人类的动脉。它们有个小鸟喙一样的器官向猎物注入毒液。有报道发现巨型鱿鱼和章鱼触手长达一百英尺。鱿鱼被报道过拉沉整条船，吃下落水后失去方向的水手。有些人相信那些无法解释的深海沉船和整船失踪事件，是巨型鱿鱼一手造成的结果。

---

1 罗比·罗伯特森（Robbie Robertson，1943— ），加拿大摇滚音乐人，前 The Band 乐队主音吉他及创作核心。

问：你从为人父母中学到了什么？

答：“永远不要把你的车借给一个你生出来的人”——埃尔玛·邦贝克[1]

问：汤姆，现在中大奖的问题来了……“他是那样一种男人，一个女人必须和他结婚才能甩掉他”是谁说的？

答：梅·韦斯特[2]。

问：谁说过“美国人里有一半只是假装高潮”？

答：罗伯特·米彻姆（他实际上是在睡梦中死去的）。我想他这么说已经算很宽宏大量了。

问：你在意想不到的地方发现的非同寻常的事？

答：1. 真的美：停车场汽车留下的油渍。

2. 擦鞋摊看起来像巴西那些用废木材做的王座。

3. 当铺橱窗里的假牙：在内华达州里诺城。

4. 超棒的房间声响效果：在牢里。

5. 最好吃的食物：在俄克拉荷马州塔尔萨机场。

6. 最多礼品店的地方：在葡萄牙法蒂玛。

8[3]. 最不可能见到一群奇卡诺[4]人的地方：在莫里西[5]的演唱会上。

9. 最贫困的地方：华盛顿特区。

10. 一个流浪汉用一副歌剧般美妙的嗓子唱着单词“细菌”，在一个中国城的空垃圾场。

11. 一个中国人在苏格兰讲得克萨斯州口音英语。

12. 睡得最好的一晚——在亚利桑那州一个干枯的河床里。

---

1 埃尔玛·邦贝克（Erma Bombeck，1927—1996），美国幽默作家，因描写郊区家庭生活的报纸专栏而广为人知。

2 梅·韦斯特（Mae West，1893—1980），美国演员、歌手。达利的红唇沙发便是根据她的嘴唇设计。

3 原文如此。

4 生活在美国的墨西哥或拉美后裔。

5 莫里西（Morrissey，1959— ），英国歌手，原史密斯乐队主唱，1987 年后单飞。

13. 有最多穿红裤子的人的地方——圣路易斯。

14. 最美丽的马——在纽约城。

15.1890 年在马里兰州巴尔的摩，一个男人被指控犯了谋杀，且被陪审团裁定罪名成立……却被放走了，当时主持审判的法官在审判结束时对他说，“你被判有罪，先生……但我不能把一个无辜的人送进监狱。”你懂的——这个谋杀犯是个连体人。

16. 阳物最大的（相对于身体的比例）——藤壶。

问：汤姆，你很喜欢词语和它们的根源。奖两千美元问你……疯人院（bedlam）这个词的来源是什么？

答：这个词是伯利恒（Bethlehem）一词的缩写。它来自伦敦城外伯利恒镇圣玛丽医院。这家医院从 14 世纪开始接收精神病人。在 16 世纪它变成了一间疯子收容所。疯人院这个词开始被用来形容任何住疯子的地方——引申义用来形容任何嘈杂混乱的感觉。

问：你的耳朵怎么了？

答：我有听觉散光症，这让我把东西听错——我有听力幻觉。我猜现在他们会说是注意力缺陷多动症。我脑子里有个扰频器，它吸收别人说的话，然后翻译成猪的拉丁语反馈给我。

问：最让你激动的音乐体验？

答：我最激动的音乐体验是在时代广场，三十多年前。那时在布里尔大厦旁边有个排练房，里面所有的房间都被隔成小间，刚刚够打开门。里面有架小型立式钢琴——烟屁股、丢掉的钥匙、旧裤子，而且还没踏板。你进去关上门，其他排练间传来的声音那么吵，你都没法真正工作——所以你就停下听着，而那种音乐大杂烩真是惊人。单簧管吹着音阶，探戈，轻歌剧，跑偏的弦乐四重奏，声乐练习课，有人引吭高歌《一切都会变成玫瑰》，业余摇滚乐队，还有钢琴课。地板都会跳动；墙壁很薄。就好像十个电台在同时广播，在同一个房间里。那是一座音乐的火车站，各种声乐都在四处乱转……对我来说那是天堂般的感觉。

答：有什么是你想看到，但因为出生太晚而没法看到的？

问：歌舞杂耍表演。有那么多捣碎的文化和奇怪的混合。三角洲蓝调吉他手和夏威夷艺人被放在一起，结果就产生了滑音吉他。我们现在将之理所当然地视为非洲裔美国人的语言，但那是一种杂交授粉的文化，就像大多数文化一样。就像所有的文化。乔治·伯恩斯曾是一个我特别喜爱的歌舞杂耍表演艺人。冷淡而镇定、好奇，也很搞笑——不管他说的是什么。他也能跳舞。他说：“真正懂得怎样管理这个国家的人在忙着开出租车，给人剃头，这太糟了。”

问：什么样的人算绅士？

答：一个会弹手风琴却不弹的人。

问：最喜欢的巴基·富勒[1]名言？

答：“火焰是从木头里给自己松绑的太阳。”

问：你会琢磨什么事情？

答：1. 子弹知道自己要打谁吗？

2. 海洋底部有塞子吗？

3. 骑士们对他们的马都说些什么？

4. 一份报纸对自己最后沦落进碎纸机的命运有什么感觉？

5. 作为公路边的一棵树是什么感觉？

6. 有时候小提琴听起来像一只暹罗猫，而第一把小提琴是用肠线（catgut）做的——这里面有什么联系吗？

7. 这个世界什么时候会暴跳起来把我们都从它背上甩下去？

8. 人类最终会和机器人通婚吗？

9. 钻石是不是就是一块很有耐性的煤？

10. 艾拉·菲兹杰拉德真的用她的歌喉弄碎了那个玻璃酒杯吗？

1　即巴克明斯特·富勒（Buckminster Fuller，1895—1983），美国建筑设计师，以设计世博会富勒球成名，首创低碳建筑概念。

问：你喜欢些什么声音？

答：1. 非对称的机场行李转盘制造出一种高频的、反复出现的声音，由摩擦力发出，听起来像一根又大又湿的手指环绕着一个巨大的玻璃酒杯边缘移动。

2. 街角的福音传道士。

3. 曼哈顿的打桩机。

4. 我太太的歌声。

5. 马或者火车跑过来。

6. 孩子们放学的声音。

7. 饥饿的乌鸦群。

8. 交响乐团调试乐器。

9. 老西部片里的酒吧钢琴。

10. 过山车。

11. 车大灯被霰弹枪打中。

12. 冰融化。

13. 印刷机。

14. 晶体管收音机里直播球赛。

15. 公寓窗户里传来钢琴练习声。

16. 老式收银机 / “ca-ching”[1]。

17. 大功率高速中型汽车。

18. 踢踏舞演员。

19. 一大群阿根廷球迷。

20. 节奏口技。

21. 海船上的雾角。

22. 一间繁忙的餐馆厨房。

---

1 ca-ching 为收银机发出的声音。

23. 老电影里的新闻编辑室。

24. 大象惊跑。

25. 煎培根。

26. 游行乐队。

27. 单簧管学习课。

28. 手摇留声机。

29. 铃铛狂响。

30. 中国话吵架。

31. 弹子球机。

32. 儿童管弦乐团。

33. 手推车。

34. 烟花爆竹。

35. 之宝牌打火机。

36. 汽笛风琴。

37. 低音钢鼓。

38. 拖车。

39. 斯特罗小提琴。

40. 加弱音器的小号。

41. 烟草拍卖。

42. 锯琴。

43. 泰勒明琴。

44. 鸠。

45. 海鸥。

46. 猫头鹰。

47. 反舌鸟。

48. 鸽。

整个世界一直都在创造音乐。

问：什么东西会吓到你？

答：1. 车后座躺着个死人，眼珠上爬着只苍蝇。

2. 任何飞机上的气流震荡。

3. 警笛和探照灯加在一起。

4. 糟糕街区晚上的枪战。

5 . 汽车引擎转起来就是打不着火，天越来越暗了，开始下雨了。

6. 监狱大门关上。

7. 在太平洋沿岸公路急转弯开过，司机突发心脏病死了，而你在后座上。

8. 你在送信，碰上一只害狂犬病的杜宾犬，它低声吼叫露出牙齿……你身上没有狗骨头而它想把你屁股咬掉。

9. 在电影里……你要剪掉哪根线才能拆掉定时炸弹，绿线还是蓝线？

10. 麦凯恩会赢大选。

11. 拿着轻机枪的德国人。

12. 官员在办公室里，摆着一副官样。

13. 你掉下小河的冰窟窿顺水漂到下游，现在你发现头顶是个冰盖。

问：跟我讲讲你和特里·吉列姆合作的事。

答：我在《魔法奇幻秀》中扮演撒旦（Devil）——不是随便什么魔鬼（devil）……就那个魔鬼。我不知道他为什么想起来叫我演。我是在教堂里长大的。吉列姆和我在拍《天涯沦落两心知》时认识。他是人群中的巨人，我对他的电影很敬畏。《终极天将》我看了几百遍。《妙想天开》是无比的成就。《格林兄弟》是去年我最喜欢的电影。我大多数戏份都是和克里斯托弗·普卢默一起演（他演帕纳索斯博士）的。普卢默是地球上最伟大的演员之一！大多数时候我看着他学。他是一个真正的电影明星，也是个绅士。吉列姆是个乐队指挥、船长、魔术师、独裁者（好的那种），是一个天才，也是世界末日时你愿意与之搭上同一艘船的人。

问：给我几个你们俩在创作的新歌标题。

答：《贫民窟菩萨》《等待我的好运到来》《有一天我会变成一棵橡树》

《在笼子里》《地狱挣脱了》《转瓶子》《高而孤独》。

问：你很快就要上路巡演了，对吗？

答：我们会去 PEHDTSCKJMBA[凤凰城、埃尔帕索、休斯敦、达拉斯、塔尔萨、圣路易斯、哥伦布、诺克斯维尔、杰克逊维尔、莫比尔、伯明翰、亚特兰大这些城市的首字母缩写]。我有一个一流乐队：拉里·泰勒（立式贝斯）、帕特里克·沃伦（键盘）、奥马尔·托雷斯（吉他）、文森特·亨利（木管乐器），还有凯西·威兹（鼓和打击乐）。他们演奏时像赛车手一般精确，他们都是魔法师。我和他们一起演那些从没试过在录音室以外演的歌。他们都会多种乐器，会像真正的男人那样跳波尔卡舞。我们就是博尔曼六型车，正像帕特尼说的："开博尔曼六型车就该有灵魂！"[1]

1　博尔曼六型车是 1969 年讽刺喜剧电影《帕特尼 · 斯沃普》中的虚构产物。引文是帕特尼在广告公司集思会上念咒般重复的一句话，成为该电影的标志性台词。

译后记

很多年前，我在杭州文二路夜市上找到一张印着奇怪人像的唱片，标题为《雨狗》，创作者叫汤姆·威兹。这个和唱片封面一样不合逻辑的名词一下子抓住了我的好奇心。而听完之后，比唱片里各种稀奇古怪的器乐更让我好奇的是，一个怎样的人物才会拥有唱片中的嗓音，一个拥有什么样生活经验的人才能用稀松平常的几个词造就《低垂你的头》这首歌里的透彻哀伤，而又是什么样的人物能用粗鄙的帮派语言创造出《枪街女孩》里那种让人身临其境的亡命之旅。而在听完汤姆·威兹更多的唱片如《剑鱼长号》《骨头机器》之后，歌曲里不停交替出现的雄奇旷野、破败街头以及流浪其间的人物，则让我更加想了解这个在声带上洒满碎石的男人，他是如何用美国特有的民谣故事写作，以及街头白话、黑话里那些粗糙的词语，笼罩了那么多后街暗巷、逃亡路上和幻想世界的奇观，并流传下只有扯起他那副特有的嗓子才能言说的诗意？而他的语言为何如此阴魂不散，只需听过几张唱片，那些粗俗而真实的词汇就深深嵌入了我的日常口语？

若如先哲所言，语言的边界就是世界的边界，那么进入你语言的人就成了你身与心的一部分，从此伴随你上路行走。

后来生活赐予的旅行把我带去了很多汤姆·威兹唱过的地方。在洛杉矶西好莱坞区夹杂在民居中的圣莫尼卡大道尽头，我找到了他最初自荐登台、唱出名声的游吟诗人俱乐部。这间小型俱乐部有着老旧的吧台和热情的酒保，躲在吧台后面的舞台和双层观众席似乎别有洞天。而前厅墙壁上赫然贴着一系列民谣摇滚顶峰时期的人物照片：鲍勃·迪伦、詹尼斯·乔普林、尼尔·杨等。汤姆·威兹的照片正跻身其间，他戴着标志性的猪肉馅饼帽，夹着烟，开心地被琼·贝兹托起下巴。此时同在圣莫尼卡大道上不到一英里远的地方，曾经让破败到极致的威兹暂时寄居的热带汽车旅馆早已被夷为平地，变成了高档酒店。而威兹从圣地亚哥灰狗大巴站出发赶到洛杉矶西好莱坞这间小俱乐部的每周三百多英里固定路线，后来也早已消融在他数以十万计的在路上里程表中。是美国这片交织着粗鄙和诗意的广袤土地带给汤姆·威兹的故事灵感，随着公路网铺开迸发在世界面前，从此改变了歌曲和故事写作的方式，也为世界带来了一种全新的、人类通用的语言。

进入这本书后，最让我欣喜的是多年前从威兹唱片聆听中发出的疑问得到了彻底的解答。威兹如何坠入自己创造的人物定式，又如何战胜了破败的自己破茧而出，达到人格涅槃，更将自己推向创作力的一个又一个巅峰，而他又如何用无关的边角料、奇谈怪论、云山雾里的双重语义与对话者周旋，在本书一篇篇坦诚的访谈中都能让读者一览无遗。在本书的翻译过程中，语言的挑战随处可见。感谢来自美国明尼苏达州的翻译家汉娜·伦德（Hannah Lund）女士和来自爱尔兰都柏林的作家卢克·希恩（Luke Sheehan）给予的各种帮助，惠及双关语、隐含文化背景、街头语言等各种精妙之处。能通过威兹的原话遍历他如此精彩跌宕的艺术生涯，并与进入自己语言的人在某个维度上隐然汇合，实乃此生之幸。

业之